AF261986

RECHERCHES

SUR

L'ORGANISATION

DU

PARLEMENT DE PARIS

AU XVIᵉ SIÈCLE (1515-1589)

PAR

FÉLIX AUBERT

Extrait de la Nouvelle Revue historique de droit français et étranger,
1912).

17583

LIBRAIRIE
DE LA SOCIÉTÉ DU

RECUEIL SIREY
22, rue Soufflot, PARIS, 5ᵉ arrᵗ
L. LAROSE & L. TENIN, Directeurs

1912

RECHERCHES

L'ORGANISATION

DU

PARLEMENT DE PARIS

AU XVIᵉ SIÈCLE (1515-1589)

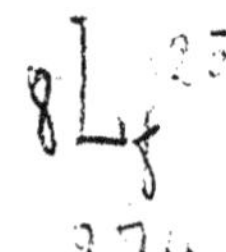

IMPRIMERIE
CONTANT-LAGUERRE
BAR-LE-DUC

RECHERCHES

SUR

L'ORGANISATION

DU

PARLEMENT DE PARIS

AU XVI° SIÈCLE (1515-1589)

PAR

Félix AUBERT

(Extrait de la *Nouvelle Revue historique de droit français et étranger*, 1912).

LIBRAIRIE
DE LA SOCIÉTÉ DU
RECUEIL SIREY
22, rue Soufflot, PARIS, 5° arr⁴
L. LAROSE & L. TENIN, Directeurs

1912

L'ORGANISATION DU PARLEMENT DE PARIS

AU XVI⁰ SIÈCLE (1515-1589)

CHAPITRE I
Les Chambres du Parlement.

A la mort de Louis XII (1ᵉʳ janvier 1515), le Parlement de Paris se composait de la Grand'Chambre, de deux chambres des Enquêtes et d'une chambre des Requêtes. Le nombre des membres, en dépit des ordonnances, variait trop souvent selon le bon plaisir du prince. La Grand'-Chambre comptait quatre présidents (1), quarante conseillers clercs, trente-six conseillers laïques ; les gens du Roi, c'est-à-dire le procureur général et les deux avocats du Roi (2) ; les trois greffiers (3) ; les quatre notaires (4) et les quatorze huissiers (5) du Parlement se rattachaient

(1) Antoine Duprat, chevalier, premier président, Thibaut Baillet, Jacques Olivier et Charles Guillart. Arch. nat., Xˡᵃ, 8611, fᵒˢ 1 à 2 vᵒ ; 2 janvier 1515 et *Ordonnances des Rois de France, Règne de François Iᵉʳ*, nᵒ 2. Imprimerie nationale, 1902, in-4ᵒ.

(2) Guillaume Rogier, procureur général, Jean le Lièvre, avocat civil et Roger Barme, avocat criminel (*ibid.*).

(3) Nicole Pichon, greffier civil et greffier en chef ; Denis Pesquet, greffier des présentations et Antoine Robert, greffier criminel (*ibid.*).

(4) Jean le Camus, Jean Parent, Jean de Vignolles et Jean Beldon (*ibid.*).

(5) Jean Pagevin, 1ᵉʳ huissier ; Georges Maçon, Louis Bourgeois, Mathieu Macheco, Jean le Jart, Jean Allart, Jean Bachellier, Louis Tillet, Mathurin Baudu, Jacques de Mailly, Jean Texier, Eustache Guerreau, Pierre de Joy et Jean Soulette (*ibid.*).

à cette chambre célèbre dans laquelle avaient droit de siéger les huit maîtres des Requêtes de l'Hôtel (1) et les douze pairs. A la grande chambre (ou première chambre) des Enquêtes siégeaient deux présidents, dix maîtres clercs et six laïques; à la petite chambre, deux présidents, neuf clercs et six laïques. Les présidents des chambres des Enquêtes (2) figuraient aussi parmi les maîtres clercs de la Grand'Chambre. La chambre des Requêtes du Palais avait un président et cinq conseillers dont deux clercs (3).

Une ancienne tradition voulait que le Parlement comptât, en chiffre rond, cent personnes, en y comprenant les douze pairs; cependant le rôle des membres de la Cour présenté à François Ier le 2 janvier 1515, pour qu'il les confirmât dans leurs charges, émoluments, honneurs et privilèges, renfermait 124 noms (4).

On peut aussi rattacher au Parlement son receveur des gages et son receveur des amendes (5).

Cette organisation qui n'avait pas subi de sérieuses modifications depuis le rétablissement du Parlement royal à Paris sous Charles VII (6) ne fut pas respectée par François Ier. La première année de son règne (1er avril 1515). il fit de la *Tournelle criminelle*, jusque-là délégation de la Grand'Chambre (7), une chambre distincte « faicte

(1) Maitres Guillaume Dauvet, Charles de Pontolz, messire Adam Fumée, maître Pierre de la Vernade, messires Jean Sallat, Claude de Seyssel, maitres Antoine le Viste et Jean Hurault (*ibid.*).

(2) Pierre du Refuge, Thomas Pascal, Jean de Bony et Nicole le Maistre (*ibid.*).

(3) Jean de la Haye, président, maitres Michel V'gnet (que Jean Duret remplaça le 20 mars; Duret mourut peu après et fut remplacé par Jean Viole, reçu le 26 juillet); Falco d'Aurillac; Louis Tiercelin, clerc; André Porte, clerc; Pierre de Vaudetar. v. Arch. nat., X^{1a} 1517, f° 117; X^{1a} 1518, f° 250; X^{1a} 1519, f°s 43, 56; X^{1a} 1520, f° 186, v°; X^{1a} 1523, f° 14.

(4) Dont huit maîtres des requêtes de l'Hôtel et douze pairs.

(5) Le premier était Jean Duval; Hervé de Kerquifinem remplissait l'autre office, Arch. nat., *loc. cit.*

(6) Cf. Aubert, *Histoire du Parlement de Paris de l'origine à François Ier*, t. I, pp. 14 à 16; 25 à 27; 37 à 39.

(7) On sait que le nom de Tournelle venait de ce que cette délégation

continuelle » et composée par un roulement semestriel
de deux présidents et de huit conseillers laïques de la
Grand'Chambre et aussi de deux conseillers laïques pris
dans chacune des chambres des enquêtes — ces derniers
servant à tour de rôle pendant trois mois — en tout
quatorze magistrats (1). Le recrutement de la Tournelle
n'avait pas nécessité la création de nouvelles charges de
présidents ou de conseillers; mais bientôt le besoin de se
procurer de l'argent pour lutter contre l'Espagne, peut-
être aussi le bien des plaideurs de plus en plus nombreux
et celui des juges surchargés d'affaires, décidèrent le roi
à instituer de nouveaux offices qu'il vendait à des prix
élevés. Le 31 janvier 1522 (n. st.) il annonça donc la formation d'une *troisième chambre des Enquêtes* composée
de vingt conseillers désignés par lui seul. Les concur-
rents ne manquèrent pas et les nouvelles charges se ven-
dirent jusqu'à 6.000 livres (2), mais le Parlement, jugeant
avec raison que cela constituait un précédent fâcheux,
n'enregistra les lettres royaux qu'après avoir reçu des
lettres de jussion (30 mars) (3). A son avis, il eût suffi,
sans rien modifier, de rendre la procédure plus brève,
d'établir pendant les vacations une chambre pour juger

siégeait dans la petite tour ou tournelle Saint-Louis. Sans la constituer en
véritable chambre, Charles VII en 1446 en avait fait une délégation permanente. Cf. Id., *ibid.*, pp. 18 à 21.

(1) *Ordonnances citées, règne de François Ier*, t. I, n° 49. Enregistrement le 3 mai 1515; cf. Arch. nat., X^{1a}, 8611, f°s 47, 48, 145; X^{1a} 8612.
f° 344 v°. — La Roche Flavin, *Treze livres des parlemens de France*,
Bordeaux, Simon Millanges, 1617, in-f°, liv. I, chap. 17, § 1; Girard et
Joly, *Trois livres des offices de France*, Paris, Richer, 1638, in-f°, liv. I,
titre 5; au t. I, p. 33.

(2) *Journal d'un bourgeois de Paris, sous le règne de François Ier*,
éd. V.-L. Bourrilly, pp. 9, 10. L'année suivante, François Ier créa aussi
quatre offices aux Requêtes de l'Hôtel, cf. Arch. nat., X^{1a}, 8611, f° 427.

(3) Girard et Joly, *op. cit.*, t. I, p. 2 et *additions*, p. LXXV. Pendant la
délibération au sujet de la création de cette troisième chambre des Enquêtes
« on apperceust, dit le greffier, ung pigeon ou colombe blanche sur le pillier
estant au droict et sur le siège du Roy, qui si est toujours teneus : quod
multis fuit in admiracionem et ne quid mali protendat Deus avertat »,
Arch. nat., X^{1a} 1524, f° 46 v°.

les petits procès et d'envoyer plus souvent dans les provinces des commissions de Grands Jours (1).

La Grand'Chambre avait vu juste : encouragé par ce premier succès et sous l'empire de la même nécessité, François Ier organisa vingt ans plus tard (mai 1543), sous le nom de *Chambre du Domaine*, une *quatrième chambre des Enquêtes* avec vingt magistrats dont deux présidents, un greffier et un huissier. Lui seul se réservait encore le droit de les nommer, et la Grand'Chambre était invitée à les recevoir sans délai (2). L'année suivante (10 juin 1544) il créa deux charges de président à la Grand'Chambre pour deux présidents des Enquêtes, Augustin de Thou (3) et Antoine Minard (4), qui furent reçus les 7 et 14 juillet.

(1) 1519, 2 juillet, Arch. nat., Xıa, 1521, f° 230. Le Parlement était aussi mécontent de voir violer le droit, qui ne lui avait pas été officiellement enlevé, d'élire à chaque vacance trois candidats parmi lesquels le roi devait choisir le nouveau conseiller.

(2) Arch. nat., Xıa 8613, f° 473 : enregistrement le 10 juillet. Cf. Girard et Joly, *op. cit.*, t. I, pp. 3 à 5 ; Isambert, *Recueil des anciennes lois françaises*, t. XII, p. 812, art. 6 et 7.

(3) Augustin I de Thou, seigneur de Bonneuil, fils de Jacques de Thou et de Geneviève Lemoine, était président aux Enquêtes depuis le 29 juillet 1535 (Arch. nat., Xıa 1538, f° 442 v°). Le 7 juillet 1544, il fut reçu président à la Grand'Chambre (*ibid.*, Xıa 1553, f° 216 v°) et il mourut le 6 mars de l'année suivante. Le Parlement l'estimait beaucoup et l'avait reçu conseiller dès 1522, sans lui faire subir l'examen d'usage. Le 24 septembre 1541, il fut chargé de présider les Grands Jours de Poitiers au lieu de François de Saint-André (son successeur à la chambre des Enquêtes le 18 juillet 1544) empêché. De son mariage avec Claude de Marle il eut quatre fils dont deux, Christophe et Augustin, furent aussi présidents. Quoique marié, il avait un office de clerc qu'il échangea, le 27 avril 1539, pour celui de laïque de feu Me André Sanguin. François Ier le gratifia d'une pension de 600 livres tournois. Il avait fondé une chapelle à Saint-André des Arcs et il y fut enterré avec sa femme. Cf. Arch. nat., Xıa 8615, f° 95 v°. Blanchard, *Présidents au mortier du Parlement de Paris*, Paris, Besongne, 1647, in-f°, pp. 95, 189 ; *Catalogue* à la suite, p. 50 ; *Catalogue des actes de François Ier*, nos 22229, 27384.

(4) Antoine Minard, seigneur de la Tour Grollier et Montgernault en Bourbonnais, de Villemain et Grisy-en-Brie, naquit à Gannat où son père était trésorier général. Avocat remarquable au Parlement il fut nommé « gratis » avocat du roi à la chambre des Comptes (4 févr. 1539) et le roi lui fit payer 500 livres de gage au lieu de 200. Des lettres du 26 mai 1542 le nommèrent conseiller clerc et président des Enquêtes à la place de René Gentils destitué

A vrai dire la mort d'Augustin de Thou (6 mars 1545) et la nomination de Minard (juillet 1545) comme président ordinaire à la place de François Olivier (1) devenu chancelier, amenèrent bientôt la disparition de ces charges

pour forfaiture, mais avec dispense; car il était marié à Catherine Bochart et François I⁰ʳ lui donna une pension de 600 livres tournois. Il fut reçu le 6 juin. Le 25 mars 1544, il obtint l'office de conseiller laïque vacant par la mort d'Antoine Hélin et fut reçu le 28. Le 26 juin 1546, il perdit sa femme dont l'enterrement eut lieu le 28 aux Blancs-Manteaux. Cette année il présida les Grands Jours de Riom et l'année suivante, ceux de Tours. Il remplit quelques missions diplomatiques, et par lettres du 20 juin et du 24 octobre 1553, Henri II le nomma curateur et principal conseiller de Marie Stuart; à ce titre il autorisa le mariage de cette princesse avec François II. Pour intimider les juges d'Anne du Bourg les huguenots l'assassinèrent le 12 décembre 1559, rue Vieille-du-Temple, comme il revenait de l'audience d'après-dîner. Il fut enterré près de sa femme, le lendemain, en la sacristie de l'église de Blancs-Manteaux. Son fils, Pierre, licencié ès lois, avait été reçu avocat au Parlement le 10 avril 1553. Cf. Arch. nat., X¹ᵃ 1549, fᵒ 135 vᵒ; X¹ᵃ 1552 fᵒ 344; X¹ᵃ 1553 fᵒ 245 vᵒ; X¹ᵃ 1558, fᵒ 209; X¹ᵃ 4953, fᵒ 7; Blanchard, *Présidents au mortier*, pp. 193 à 195; *Catalogue des actes de François I⁰ʳ*, nᵒˢ 27111, 27113.

(1) Fils du premier président, Jacques Olivier et de Geneviève Tulleu. Maître des Requêtes de l'Hôtel (16 janv. 1536), commissaire général sur le fait des vivres de l'armée du Hainaut (1ᵉʳ mai 1542), chancelier du duc d'Alençon, il fut reçu président à la Grand'Chambre le 12 juin 1543 au lieu de François de Montholon devenu chancelier. Le 28 avril 1545 il fut promu chancelier, avec jouissance des émoluments de président et de chancelier (18 mai 1545), au lieu de Guillaume Poyet. Comme il était né à Paris, cette ville lui fit don de 10.000 livres à l'occasion de cette nomination. Une attaque de paralysie (9 juin 1549) et surtout l'hostilité d'une partie de la Cour obligèrent Henri II, malgré les résistances du Parlement et du procureur général, Noel Brulart, à le considérer comme démissionnaire et à nommer garde des sceaux le premier président Jean Bertrand. Il mourut à Amboise le 30 mars 1560, ses obsèques eurent lieu à Paris le 26 avril. On composa sur lui l'*Olivarius sire elogium Fr. Olivarii Francie cancellarii* qu'Antoine Loisel attribue à l'Hospital. En décembre 1541, François I⁰ʳ l'avait nommé ambassadeur à la diète de Spire. Il habitait à Paris rue des Mauvaises Paroles. Cf. Arch. nat., X¹ᵃ 1551, fᵒˢ 221 vᵒ, 264; X¹ᵃ 4925, fᵒ 380 vᵒ; X¹ᵃ 8615, fᵒ 117 vᵒ; X¹ᵃ 8617, fᵒ 163; P. Anselme, *Histoire généalogique de la maison royale de France*, 3ᵉ édit., 1730, t. VI, p. 482; A. Tessereau, *Histoire chronologique de la chancellerie de France*, Paris, 1710, liv. II, pp. 103, 104, 108, 131, 133; Blanchard, *Présidents au mortier*, p. 185, *Opuscules tirés des Mémoires de Mᵉ Antoine Loisel*, éd. Joly, 1652, in-4ᵒ, p. 729 et *Dialogue des avocats, ibid.*, p. 509; Sauval, *Histoire et recherches des antiquités de la ville de Paris*, Paris, 1724, in-fᵒ, t. II, p. 149; *Catalogue des actes de François I⁰ʳ*, nᵒ 14446.

extraordinaires, car leurs titulaires ne furent pas remplacés (1). Mais, en même temps qu'il les avait nommés, le roi avait aussi augmenté de douze — huit laïques et quatre clercs — le nombre des conseillers de la Grand'-Chambre et cette mesure ne fut pas rapportée (2). Enfin, à la chambre des Requêtes, en mai et en août 1544, trois charges de conseillers et une de président, avaient été ajoutées aux anciennes (3).

Pendant son règne, François Ier avait donc institué définitivement deux nouvelles chambres des Enquêtes et augmenté de 56 le nombre des magistrats. Quelques mois avant sa mort il reconnut que ces créations étaient abusives, et par l'édit de Moulins (août 1546) il déclara qu'il ne serait pas pourvu aux charges devenues vacantes tant que le nombre des membres de toutes les chambres du Parlement n'aurait pas été ramené au chiffre qui existait à son avènement (4). Le Parlement délibéra (6 septembre) sur cet édit qui supprimait en réalité tous les offices que le roi lui avait imposés pendant son règne; présidents et conseillers ne se plaignaient plus de cet accroissement dont bénéficiaient surtout leurs enfants et leurs parents, et ils prétextèrent que si on diminuait leur nombre, la justice subirait de fâcheux retards : en conséquence ils adressèrent des remontrances à François Ier. Celui-ci ne répondit pas, mais l'année suivante, quand mourut maître de Longuejoue, il nomma maître Antoine Senneton (5) à sa place.

<hr>

(1) Un édit du 6 août 1545 supprima l'office. Cf. Arch. nat., X^{1a} 8615, f° 95 v°.

(2) Arch. nat., X^{1a} 1553, f°s 122 à 124, 216 v°; X^{1a} 1554, f° 1; X^{1a} 8615, f° 95 v°; Blanchard, *op. cit.*, pp. 189; 183; *Catalogue des actes de François Ier*, n°s 13967, 13989.

(3) P. de Miraulmont, *Mémoires sur l'origine et institution des cours souveraines et autres juridictions subalternes encloses dans l'ancien Palais Royal*, Paris, A. L'Angelier, 1584, in-8°, pp. 46 à 48.

(4) Girard et Joly, *op. cit.*, t I, pp. 19, 20; Isambert, *op. cit.*, t. XII, p. 912.

(5) Antoine Senneton, docteur en droit, obtint, le 20 février 1547, provision de l'office de Longuejoue à cause de son mariage avec la fille aînée de Guil-

Avec raison le Parlement fit observer, le 1ᵉʳ mars 1547, que si l'édit de Moulins était maintenu, la réception de Senneton n'aurait pas lieu. Le roi répondit (26 mars) que la nomination demeurait valable puisque l'édit n'avait pas encore été publié; mais sur ces entrefaites il mourut, et le Parlement (4 mai) ajourna la réception pour attendre la décision du nouveau roi, Henri II (1). Enfin le 16 août, le procureur général, Noël Brulard (2) présenta les lettres de ce prince qui confirmaient l'édit de Moulins et en demandaient la publication ainsi que l'enregistrement. Aucun président n'assistait à l'audience et aux huissiers qui vinrent les chercher, tous répondirent qu'ils étaient empêchés. Cette conduite singulière fit retarder jusqu'au 22 la lecture et l'enregistrement de ces lettres royaux (3).

L'année suivante, et seulement le 20 septembre, Henri II confirma en leurs charges et privilèges les membres du Parlement (4), savoir : quatre présidents de la Grand'Chambre (5), quarante conseillers clercs, dont

laume Millet, médecin ordinaire de François Iᵉʳ. Cf. *Catalogue des actes de François Iᵉʳ*, n° 15505. —Jean de Longuejoue, seigneur d'Iverni, conseiller laïque au Parlement avait épousé Geneviève Baillet. Son fils Mathieu fut conseiller au Parlement, évêque de Soissons (6 févr. 1535), garde des sceaux, et remplit plusieurs missions diplomatiques importantes. Cf. Anselme, *op. cit.*, t. VI, pp. 464, 480, *Gallia christiana*, t. IX, col. 377, 378.

(1) Arch. nat., Xᴵᵃ 1558, fᵒ 563, Xᴵᵃ ₌559, fᵒˢ 3, 17, 66, 254, 341, Xᴵᵃ 1560, fᵒ 63.

(2) Noël Brulard, deuxième fils du conseiller Jean Brulart et de Jeanne Jayer, marié à Isabeau Bourdin, avocat au Parlement, fut reçu procureur général le 20 août 1541. Il mourut conseiller du Roi en ses Conseils d'État et privé, seigneur de Crosne en 1557. Arch. nat., Xᴵᵃ 1547, fᵒ 309 vᵒ. Blanchard, *op. cit.*, pp. 360, 363; A. Loisel, *Dialogue des avocats* à la suite des *Opuscules tirés des Mémoires de Mᵉ Antoine Loisel*, par Claude Joly, Paris, 1652, in-4°, p. 506.

(3) Girard et Joly, *op. cit.*, t. I, liv. I, tit. 1, pp. 7, 8. Arch. nat., Xᴵᵃ 1560, fᵒˢ 443 vᵒ, 447 vᵒ, 448 vᵒ.

(4) Girard et Joly, *op. cit.*, t. I, *Additions*, pp. LXXVIII et LXXIX. La quatrième chambre des Enquêtes perdit son nom de chambre du Domaine et n'eut plus de causes spéciales.

(5) Messires Pierre Lizet, premier, François de Saint-André, messire Jean Bertrand et Mᵉ Antoine Minard.

quatre présidaient les Enquêtes (1); quatre-vingt-huit
conseillers laïques, dont quatre présidents aux Enquêtes (2) et le président des Requêtes (3) ; la liste comprenait aussi les gens du roi : Noël Brulard, procureur
général, Gilles le Maistre (4), avocat civil du roi et Gabriel
de Marillac (5), avocat criminel ; seize maîtres des
Requêtes de l'Hôtel (6), quatre greffiers (7), deux
notaires — il y avait deux places vacantes (8); — vingt-
deux huissiers (9) ; un avocat du roi aux Requêtes de
l'Hôtel, Mᵉ Jean le Boulleur ; le receveur des gages,
Jean Hésnard ; le greffier des Requêtes du Palais : Fran-

(1) Messires Nicole Quélain, Jean de Gouy, Jacques de Ligneris et Jacques
du Faur.

(2) Jacques Berruyer, André Baudry, Jean de Longueil et Claude
Tudert. — Berruyer, marié à Marguerite du Puy, avait été reçu président à
la seconde chambre des Enquêtes, au lieu de J. Spifame, le 28 mars 1548.
Arch. nat., X¹ᵃ 1561, fᵒ 1 vᵒ, 2, 36 vᵒ, 52 vᵒ, 274 vᵒ, 278, 343, 346, 387,
411, 418, 420; Blanchard, *Généalogies des Maîtres des requêtes de l'Hôtel*,
p. 296.

(3) Jean Prévôt, seigneur de Morsan.

(4) Né à Montlhéry, conseiller au Parlement en 1536, reçu premier avocat
du roi le 29 août 1541, à la place de Jacques Cappel et avec dispense, car
il était marié et en principe l'office était réservé à un clerc. V. plus bas sa
notice.

(5) Licencié ès lois, Marillac avait succédé à l'avocat criminel du roi,
Pierre Rémond, le 14 décembre 1543. Il mourut en 1551 et fut remplacé par
Denis Riant (11 juin). Cf. Arch. nat., X¹ᵃ 1552, fᵒ 114 ; Blanchard, *op. cit.*,
pp. 247, 248.

(6) Messire Claude Dodieu, Mᵉˢ Amaury Bouchard, Thibaut de Longuejoue, Ymbert de Saveuse, Martin Fumée, François du Bourg, Jean Cotel,
René Bouvry, Charles de Marillac, Charles de Nully, Nicolas du Pré, Jean-
Jacques de Mesmes, Nicolas Dangou, Étienne de Poncher, François de Civain
et Geoffroi de Hauteclerc.

(7) Jean du Tillet, greffier civil, Simon Hennequin, greffier des présentations, Nicolas Malon, greffier criminel, Palamède Gontier, greffier du
Domaine.

(8) Maîtres Gui Lormier et Germain de Marle.

(9) Jacques de Mailly, 1ᵉʳ huissier ; Nicolas Carat, Pierre Richer, Étienne
Canto, Guillaume Gastelier, Jean Bachelier, Pierre de Launay, François
Bastonneau, Martin Guérin, Ambroise Lingaut, Nicole de Lorman, Jean
Péan, Denis de Léau, Jean David, Michel Perrot, Denis Cardon, Robert
Aubier, Jean Boilard, Jean Drouard, Mathurin Martin, Jacques Deschamps
et Eustache Pichon.

çois Balahan et les trois huissiers desdites Requêtes (1).

Henri II ne sembla pas d'abord vouloir modifier l'organisation du Parlement de Paris, mais en avril et mai 1554 (2) il entreprit une grande réforme. Il prétendit ramener la Cour souveraine à l'état dans lequel son père l'avait trouvée à son avènement (1er janvier 1515) (3). Réorganisée « en ung seul corps », elle comprendrait à la Grand'Chambre quatre présidents et autant à chacune des chambres des Enquêtes, trente-sept conseillers clercs et soixante-six laïques (4).

L'avancement aurait lieu comme autrefois pour les présidents — la place de premier restant réservée, — quand la place du second serait vacante, le troisième lui succéderait, le quatrième passerait troisième et on lui désignerait un successeur. Les douze pairs et les maîtres des requêtes de l'Hôtel continueraient à siéger au Parlement. Chaque semestre aurait trois chambres : la Grand'Chambre du plaidoyé avec quatre présidents et trente conseillers dont dix clercs; deux chambres des Enquêtes avec, chacune, deux présidents et vingt conseillers dont quatre clercs. Pour constituer la Tournelle criminelle, on prendrait à la Grand'Chambre deux présidents et huit conseillers laïques et à chacune des deux chambres des Enquêtes trois conseillers laïques, en tout seize magistrats.

(1) Charles Vinot (1er), Jean Malingre, Alexandre Savary.

(2) Isambert, *op. cit.*, t. XIII, p. 373. — Pour l'édit de Compiègne, enregistré le 28 mai, Cf. Arch. nat., X1a 8619, fo 61 vo, 63. — Cf. C. Malingre, *Les antiquités de la ville de Paris*, Paris, Rocolet, 1640 in-fo, pp. 101, 102.

(3) La chambre des Requêtes continuait à être considérée comme une juridiction spéciale, bien que rattachée au Parlement.

(4) Sur ces trente-sept conseillers clercs, seize seulement étaient dans les ordres, les autres avaient des dispenses car ils étaient mariés; trois quoique non mariés ne se trouvaient pas « ès ordres sacrés ». Henri II érigea en offices de conseillers laïques les offices des magistrats mariés et obligea les trois célibataires à entrer dans les ordres ou à demander un office de conseiller laïque. Cf. Arch. nat., X1a 8619, fo 63.

Nous arrivons au côté original de la réforme projetée : les présidents et conseillers seraient divisés en deux sections fonctionnant tour à tour *par semestre,* « par demyes années ». La session annuelle commencerait alors, non plus le 12 novembre, mais le 1er janvier (1) : le premier semestre irait du 1er janvier au 30 juin et le second du 1er juillet au 31 décembre. Il n'y aurait donc plus d'interruption, de vacances. Mais pour le bon fonctionnement de cette organisation il fallut augmenter de quatre le nombre des présidents (2) de la Grand'Chambre et de trente-sept — dont vingt laïques — le nombre des conseillers. On arriva ainsi au chiffre de cent cinquante-six « sept vingt et seize » magistrats servant soixante-dix-huit à la fois « par demy année ». Naturellement la somme annuelle allouée pour les gages du Parlement

(1) Grün, *Notice sur les archives du Parlement de Paris,* chap. III, § 4, p. XXII au t. I des *Actes du Parlement de Boutaric* ; P. de Miraulmont, *Mémoires sur l'origine et institutions des cours souveraines,* éd. cit. pp. 14 à 17.

(2) Ces nouveaux présidents furent Jacques de Ligneris, René Baillet, Christophe de Thou et l'avocat du roi Pierre Séguier (mai-juin 1554). — Cf. Arch. nat., X^{1a} 1578, f°s 626 r° à 627 v°, 654 v°, 690. Un édit enregistré en juin 1554 (*ibid.,* X^{1a} 8619, f° 97 v°) fit ainsi le « département des présidens et conseillers de la court de céans pour le service du semestre » : à partir du 2 janvier suivant Gilles le Maistre, premier président, Jean Meigret, J. de Ligneris et C. de Thou, présidents ; Mes François Denier, Nicolas Prévost, Jean Corbin, J. Verjus, Denis Bodin, Louis de Montmirail, Arnaud du Ferrier, Jean Jaquelot, clercs ; J. Le Roux, Nicolas Hurault, Guillaume Allard, J. de La Haye, C. de Harlay, Antoine de Lyon, J. Le Cirier, Antoine Fumée, Jacques Potier, Charles de Dormans, Cleriadus de la Rosière, Nicolas Leclerc, J. Burdelot, Claude le Fèvre, Étienne Fleury, Jacques de Varade, J. Morin, André Tiraqueau, Barthélemy Faye et André Maillart, lais. — A partir du 1er juillet (1555) F. de Saint-André, A. Minard, R. Baillet et P. Seguier, présidents ; Mes François d'Isque, Cl. de Marle, René Lefèvre, Louis Chabanier, Jérôme Burgensis, Guillaume Viole, Antoine le Cirier, Philippe Hurault, clercs ; Louis Gayant, Jean le Charron, Robert Bouètte, Guillaume Abot, Claude Anjorrant, Ponce Brandon, Gaston Grieu, Adrien du Drac, Eustache Chambon, Étienne Charlet, J. Belmont, J. Belot, Ch. Chanteclerc, L. Allegrin, N. Duval, Mathieu Chartier, J. Odoart, François Thomas, Oger Pinterel et Pierre Grassin, laïques. Ces conseillers sont ceux de la Grand'Chambre (Arch. nat., *loc. cit.*). — Cf. Miraulmont, *loc. cit.*

fut augmentée; quant à l'interdiction de recevoir des épices, elle ne put avoir d'effet.

En réalité le nombre des chambres des Enquêtes était maintenu à quatre : la première et la troisième seraient de service pendant le semestre de janvier, la deuxième et la quatrième pendant le semestre de juillet(1).

Cette réforme approuvée par l'Hôpital, blâmée par de Thou(2), ne plut pas au Parlement qui manifesta surtout sa résistance quand les nouveaux titulaires demandèrent à être reçus. Les 6 février, 6 mars, 14 et 23 avril (1555), les chambres se réunirent pour délibérer, gagner du temps et rédiger des remontrances à l'adresse du roi. A vrai dire celui-ci ne s'émut pas : le 26 avril il envoya des lettres de jussion, le 29 mai il les renouvela en ordonnant de traiter les nouveaux magistrats comme les anciens(3). Pour se justifier, Henri II alléguait le besoin de rendre la justice plus prompte; il aurait pu dire qu'il avait aussi besoin d'argent pour continuer la lutte contre l'Espagne et que la vente des offices lui en fournirait beaucoup.

La réforme ne donna pas les résultats espérés; et en janvier 1558 un édit daté de Paris ordonna de rétablir le Parlement « en l'état qu'il étoit » avant l'institution du semestre(4); mais on ne pouvait songer à renvoyer les magistrats nommés alors en si grand nombre : pour les

(1) Arch. nat., *loc. cit.*

(2) Girard et Joly, *op. cit.*, t. I, *additions*, p. v. Jean Daurat, précepteur des enfants du roi, célébra en beaux vers cette réforme.

(3) Arch. nat., X¹ᵃ 1578, f⁰ 507 v⁰, 543, 545, 546, 548 v⁰, 650.

(4) Mais la Grand'Chambre se subdivisait en Chambre du plaidoyé, chambre du Conseil et Tournelle; c'est pour cela que Miraulmont et Maliugre. *op. cit., loc. cit.*, parlent de sept chambres. Des lettres du 8 février 1558 nommèrent *à la Chambre du plaidoyé* Mᵉ Gilles le Maistre, premier président, avec Fr. de Saint-André et A. Minard, présidents, onze conseillers clercs et douze laïques; *à la chambre du Conseil* : les présidents René Baillet et Christophe de Thou, sept conseillers clercs et seize laïques; *à la Tournelle*, les présidents Pierre Séguier et Christophe de Harlay, dix conseillers lais de la Grand'Chambre et huit (c'est-à-dire deux pris dans chacune des quatre chambres) des Enquêtes (*id., ibid.*).

garder et les occuper Henri II organisa une *Chambre du Conseil* — « *supernuméraire* » dit La Roche Flavin, — devant laquelle devaient être jugés en concurrence « avec la dite Grand'Chambre du plaidoyer les procès civils appointés au conseil, les causes de notre domaine et ce qui en dépend, et les petits procès criminels où il n'écherra peine capitale ». Une déclaration royale prescrivit, le mois suivant, de renvoyer tous les procès et instances appointés au conseil pour être instruits et jugés en cette chambre du Conseil.

Dix ans plus tard, le nombre des membres du Parlement étant revenu au chiffre normal, cette chambre cessa d'exister (1), mais en réalité elle continua transformée en une cinquième chambre des Enquêtes, comme on le verra plus loin. Au commencement de l'année 1558 il y avait donc au Parlement sept chambres : la Grand'Chambre, la chambre du Conseil supernuméraire, la chambre de la Tournelle et les quatre chambres des Enquêtes — la chambre des Requêtes demeurant à part bien que rattachée au Parlement. — La session devait commencer à la Saint-Martin, comme autrefois ; les conseillers clercs recevraient 400 livres tournois, les laïques 500, ceux de la Tournelle 600 et les maîtres des Requêtes de l'Hôtel 1.200. Les épices, tolérées, seraient taxées raisonnablement sur extraits fournis par un rapporteur (2).

Pendant son règne si court, François II n'eut que le temps de confirmer les édits restrictifs de son père et de son aïeul sans rien changer à l'organisation du Parle-

(1) Cf. La Roche Flavin, *Treze livres des parlemens de France,* liv. I, chap. xviii ; Grün, *Notice cités,* chap. xii, pp. cl, cli. — Les présidents de la Grand'Chambre présidaient aussi à cette chambre du Conseil. Pierre de Miraulmont dans ses *Mémoires sur l'origine et institution des Cours souveraines* a cru que cette *chambre du Conseil* avait été instituée une première fois par François Ier en juin 1544 avec *A. de Thou* et *A. Minard* comme présidents, mais il confond avec *la chambre du Domaine* dont il a été parlé plus haut.

(2) Arch. nat., X¹ᵃ 8621, f° 286, enregistré le 15 janvier ; Isambert, *op. cit.,* t. XIII, p. 482.

ment: Son frère et successeur institua malgré les remontrances de la Grand'Chambre, une *cinquième chambre des Enquêtes* (juillet 1568) (1) dont les membres seraient pris dans les quatre anciennes chambres. Cette création venait à point pour remplacer la chambre du Conseil inaugurée dix ans auparavant et qui devait être supprimée. Charles IX ne s'était pas contenté de cette innovation; l'année précédente (octobre 1567) il avait créé douze offices de conseillers laïques (2) et, si on en croit Miraulmont, trois offices semblables à la chambre des Requêtes (3). La résistance du Parlement ne l'arrêta pas et en février 1568 il établit en faveur de Pierre Hennequin (4) une sixième charge de président à la

(1) Remontrances des 20 juillet, 3, 4, 6 et 8 août : Arch. nat., X^{1a} 1623, f°s 358, 411 v°, 417, 420 v°, 441. Les lettres furent enregistrées le 19 août. Cf. Girard et Joly, *op. cit.*, t. I, additions, p. LXXXI; La Roche Flavin, *op. cit.*, liv. I, ch. XIX.

(2) Cet édit, enregistré le 4 novembre, érigeait aussi treize nouveaux offices de maîtres des Requêtes de l'Hôtel et laïcisait au Parlement l'office de conseiller clerc de Pierre Séguier. Cf. Girard et Joly, *op. cit.*, liv. II, titre IV, pp. 671, 672; Miraulmont, *op. cit.*, pp. 16 à 18 donne pour motif de la création que les quatre chambres des Enquêtes se trouvaient avoir trop de membres, vingt-quatre environ au lieu de quinze ou seize. Les deux présidents devaient être laïques. Un édit donné à Fontainebleau en mai 1573 déclara que les nouvelles charges seraient supprimées par extinction pour qu'on revint au chiffre ancien (*id., ibid.*).

(3) Miraulmont, *op. cit.*, édit de novembre 1567, pp. 46-48.

(4) Pierre Hennequin, de la célèbre « maison des Hennequin » seigneur de Boinville, fils de Oudart Hennequin contrôleur général des finances outre Seine et Yonne, débuta comme avocat au Parlement; le 26 mars 1556, il avait succédé au conseiller résignant Jean Anjorrant. Il mourut le 25 juillet 1577 et fut enterré le surlendemain, auprès de son père, à Saint-Merry. En 1571 on le voit conseiller au Conseil privé. Cf. Arch. nat., MM 172, f° 144. — Trois jours avant sa mort, il avait résigné ses fonctions de conseiller de la ville de Paris en faveur de son frère Jean, sieur de Cury et secrétaire des finances. Lui-même avait, le 25 février 1557, obtenu ce titre par la résignation de son père. — Arch. nat., X^{1a} 1556, f° 45; X^{1a} 1622, f° 287; X^{1a} 1623, f° 138, 3 juin 1568; Blanchard, *Présidents au mortier*, p. 255; *Registres des délibérations du bureau de la ville de Paris*, t. IV, p. 470, t. VIII, p. 125. Zélé catholique, il fut naturellement dénigré par l'Estoile. Cf. P. de L'Estoile, *Mémoires-Journaux*, édit. Jouaust, t. I, pp. 193 à 201.

Grand'Chambre. Hennequin fut reçu le 9 avril (1).

Les changements dus à Henri III s'expliquent mieux que ceux imaginés par Charles IX. En effet il fallait donner satisfaction aux exigences des protestants qui accusaient la Grand'Chambre de partialité à leur égard; aussi l'édit de pacification rendu en mai 1576 (art. 18) prescrivit l'établissement d'une chambre spéciale composée de deux présidents et de seize conseillers dont la moitié appartiendrait à la religion prétendue réformée. De là le nom de *Chambre mi-partie* donnée à cette nouvelle chambre (2) qui jugerait en dernier ressort les procès « où les réformés étaient partie principale » ou « garants en demandant ou en défendant en toute matière, tant civile que criminelle... par escript ou appellation verbale, et ce si bon semble aus dites parties, et (si) l'une d'icelles le requiert » (3). Chaque année, du 1er août au 31 octobre, les membres de cette chambre iraient siéger à Poitiers pour rendre la justice aux huguenots répandus dans les

---

(1) Arch. nat., X¹ᵃ 8627, f° 198; X¹ᵃ 1622, f° 287. René Baillet, avec Christophe de Thou devenu en 1562 premier président, demeurait seul des quatre présidents « extraordinaires » nommés par Henri II en 1554. Il était alors second président. Voici la liste des présidents de la Grand'-Chambre en mai et juin 1568 : Christophe de Thou, premier; René Baillet, Pierre Séguier, Bernard Prévost, Pierre Hennequin. Cf. Arch. nat., X¹ᵃ 1623, f°ˢ 31 r°, 73 v°, 211 v°. Quand Hennequin mourut, sa charge, qui n'était que viagère, fut maintenue. V. Miraulmont, *op. cit.*, pp. 16, 18; Malingre, *op. cit.*, *loc. cit.*, parle d'un édit de juin 1576 qui instituait une sixième charge de président.

(2) Isambert, *op. cit.*, t. XIV, pp. 280, 285; La Roche Flavin, *op. cit.*, liv. I, chap. 22; Girard et Joly, *op. cit.*, liv. I, tit. 7. On verra qu'Henri III avait aussi, en 1574, créé quatre nouvelles charges aux Requêtes du Palais. Cf. Miraulmont, *op. cit.*, pp. 46-48. — D'après Malingre, *op. et loc. cit.*, les juges de la chambre mi-partie (qu'il appelle chambre de l'Édit) furent pris dans les diverses chambres de la Cour.

(3) Girard et Joly, *loc. cit.*, p. 40. — Étaient exceptés de la compétence des chambres mi-parties, les matières bénéficiales, les possessions des dîmes inféodées, patronats ecclésiastiques, et les causes ecclésiastiques qui demeuraient réservés au Parlement. V. *Le vray styl du Conseil privé du Roy, de la Cour de Parlement, de la Cour des Aydes, des Requêtes du Palais et du Chastellet de Paris*, par L. D. C. (Ducrot), advocat en Parlement, Paris, Jean Richier, 1623, pp. 71 à 74.

régions de l'Ouest qui ressortissaient au Parlement de
Paris (1). Il est à rem..quer que les « catholiques asso-
ciés » « unis » de ces régions de l'Ouest pouvaient aussi
recourir à cette chambre (2). Henri III fut donc obligé
de créer de nouvelles charges. En mai 1579, l'ordonnance
dite de Blois déclara, il est vrai (art. 212, 213), qu'à
l'avenir aucune nomination ne serait décidée jusqu'à ce
que le nombre « effréné » des magistrats ait été ramené,
à Paris, à quatre présidents, seize maîtres des Requêtes
de l'Hôtel, quarante conseillers clercs — les présidents
des chambres des Enquêtes compris — soixante conseillers laïques (le président de la chambre des Requêtes
compris), et douze huissiers (3). Sans y contredire, le roi
se contenta d'annoncer que jusqu'à la fin de la guerre
il continuerait à pourvoir aux offices vacants au Parlement sans en diminuer le nombre, puis le lundi 4 juillet
1580 « les gens du roy » présentèrent à la Cour « ung
edict faict par le dit seigneur sur l'établissement d'une
seconde chambre des Requestes du Pallais ès lieux où y
a requestes du Pallais, et d'un président » (4); deux présidents, huit conseillers et deux huissiers composèrent
cette nouvelle chambre. Bien plus, l'année suivante (mai
1581), sous prétexte qu'il fallait augmenter le nombre des
magistrats pour assurer l'exécution de l'édit de pacifi-

(1) Les articles secrets ajoutés à l'édit de Poitiers (septembre 1577) accordaient aux huguenots de Rouen qui récuseraient les juges du parlement de
Rouen (en attendant qu'il y fût organisé une chambre mi-partie) l'évocation
de leurs causes soit à la chambre mi-partie de Paris, soit au Grand Conseil.
Isambert, *op. cit.*, t. XIV, p. 330, art. 13.

(2) Girard et Joly, *loc. cit.* Il y avait des chambres mi-parties à Castres,
Nérac et Grenoble. V. *Le vray styl, loc. cit.*

(3) Girard et Joly, *op. cit.*, t. I, p. 8 et *additions*, pp. v, vi, clxii; Isambert, *op. cit.*, t. XIV, pp. 380, 431. — Naturellement on conservait le procureur général, les deux avocats du roi, les trois greffiers, le payeur des
gages, les quatre notaires et la juridiction des Requêtes du Palais.

(4) Arch. nat. X¹ᵃ 1668, f° 442. — Enregistrement le 26 juillet : Isambert, *op. cit.. loc. cit.*, p. 484; La Roche Flavin, *op. cit.*, liv. I, pp. 32, 33.
— Cet édit instituait aussi une seconde chambre des Requêtes dans les parlements provinciaux qui en avaient déjà une.

cation, la tenue des Grands Jours, et ne pas diminuer le nombre des maitres nécessaires à la Cour, par un édit daté de Blois il instituait vingt nouveaux offices de conseillers laïques à répartir entre les cinq chambres des Enquètes (1); les motifs invoqués semblaient bons, mais il s'agissait surtout — si nous ajoutons foi à La Roche Flavin — d'arriver à former une sixième chambre des Enquètes. A l'annonce de ce projet, le Parlement prépara une telle résistance que, cette fois, le prince n'osa pas passer outre et les nouveaux conseillers (dont La Roche Flavin) — furent maintenus dans les chambres déjà existantes (2). Pour annuler le mauvais effet causé par ces différents édits et calmer les esprits, Henri III confirma solennellement en juillet 1582 sa déclaration de mai 1579 (3).

Trois ans plus tard (juillet 1585), la suppression de la chambre mi-partie n'amena pas une réduction immédiate du nombre exagéré des magistrats; car ceux qui en avaient fait partie furent maintenus en exercice (4). Cette sup-

---

(1) E. Pasquier, *Recherches de la France*, liv. II, chap. 4. p. 70 (dans les *Œuvres*), édit. Amsterdam, 1723, in-f°; Girard et Joly, *op. cit.*, t. I, p. 8, liv. I, tit. 8, p. 60 et *additions* au liv. I, p. CLXII; Malingre, *op. cit.*, *loc. cit.*, p. 102. — L'édit fut enregistré en présence du roi le 4 juillet, cf. Arch. nat., X¹ᵃ 1675, f° 270 v°, 16 juin 1582. Le 21 juillet suivant M° Pierre Lescalopier, et le 23 Mᵉˢ Baptiste le Marchant et Étienne Tournebus, pourvus de ces nouveaux offices sont reçus après les formalités d'usage.

(2) La Roche Flavin, *op. cit.*, liv. I, p. 27.

(3) Isambert, *loc. cit.*, p. 517. On supprimerait les offices de judicature devenus vacants par mort, forfaiture ou autrement jusqu'à ce qu'on fût revenu au nombre fixé par les art. 212 et 213 de l'ordonnance de Blois. — Quand Arnold van Buchel visita le Parlement en juillet 1585, il y trouva cinq présidents et quatre-vingt-six conseillers (*Mémoires de la Société de l'histoire de Paris et de l'Ile de France*, t. XXVI, p. 85); mais il y avait des membres absents.

(4) Girard et Joly, *op. cit.*, liv. I, tit. 5, pp. 44, 45. — Cet édit enregistré le 18 juillet, révoqua aussi la *chambre tri-partie* établie à Agen en juillet 1578 conformément à la paix de Bergerac. Composée de deux présidents et de douze conseillers — la moitié protestants — cette chambre ne rendait de véritables arrêts que si un tiers au moins des juges présents appartenaient au culte réformé. De 1581 au 8 juin 1584 une *chambre de justice* siégea aussi à Bordeaux, Agen, Périgueux, puis à Saintes pour les protestants. Elle semblait une délégation du Parlement de Paris tant elle comprenait de

pression ne fut pas confirmée par Henri IV qui révoqua les mesures prises par son prédécesseur contre les réformés pour satisfaire les ligueurs [édit de Mantes, juillet 1591 et déclaration de Saint-Germain-en-Laye, novembre 1594]; mais il fallut attendre jusqu'au 24 janvier 1596 [édit de Folembray] pour établir à Paris la *Chambre de l'Édit* en remplacement de la chambre mi-partie. Potier de Blancmesnil la présidait, assisté des conseillers Jérôme Angenoust, Prosper Bovyn, Olivier le Bossu, Mathieu Jourdain, Charles Mesnard, Claude Malon, Antoine d'Espinay, Etienne Tournebus, Jacques Blanchet, Jean de Moussy, Pierre Catinat, Nicolas-Edouard Olier, Pierre Villemor et Samuel Spifame (1).

L'Édit de Nantes, en confirmant celui de Folembray, fixait à un président et seize conseillers le chiffre des membres (2). Cette chambre de l'Édit avait pour ressort l'étendue des parlements de Paris, de Rouen et de Rennes. Des chambres semblables furent aussi établies à Grenoble et à Bordeaux. Un procureur du roi et un avocat du roi qui ne pouvaient s'intituler que « substituts du procureur général » (3) siégeaient à ces chambres où il suffisait qu'il y ait seulement deux membres de la religion protestante (4).

L'Édit de Nantes réservait au Parlement de Paris six offices à des magistrats « de la dite Religion prétendue réformée », et ils pouvaient tous faire partie de la chambre de l'Édit, puisque ce même édit laissait au roi le

magistrats de cette cour; Pierre Pithou, qui avait abjuré en 1573, et Antoine Loisel en furent nommés l'un procureur général, l'autre avocat du roi. Cf. Cl. Joly, *Vie d'Antoine Loisel, avocat au Parlement*, publiée en tête des *Divers opuscules tirés des mémoires de Loisel*, 1652, in-4°, pp. xxiv à xxvii.

(1) Girard et Joly, *op. cit.*, liv. I, *loc. cit.*, pp. 45 à 48. — Le douzième enfant de M° Pierre Catinat devint le célèbre maréchal de Louis XIV.

(2) Isambert, *op. cit.*, t. XV, p. 170, art. 30, p. 179; Girard et Joly, *loc. cit.*, pp. 49-50.

(3) La Roche Flavin, *op. cit.*, liv. II, chap. 7, n° LVI, p. 101.

(4) Aux chambres de l'Édit il n'y avait que six conseillers, d'après *Le vray styl*, *loc. cit.*

A.

droit de choisir lui-même les conseillers qui la composeraient (1) On sait qu'en janvier 1669, Louis XIV supprima la chambre de l'Édit (2).

A la fin de son règne, Henri III revint encore à la charge pour essayer de créer une sixième chambre des Enquêtes et une troisième chambre des Requêtes; ce fut sans succès : le besoin ne s'en faisait pas sentir et ce moyen de se procurer de l'argent devenait trop abusif(3). A son tour, Henri IV n'obtiendra pas l'enregistrement d'un édit nommant, en plus du nombre existant, un président et dix conseillers (4). Cependant il maintint comme septième président à la Grand'Chambre (édit de mars 1594), Jean Le Maistre bien qu'il eût été nommé par le duc de Mayenne, après la mort de Brisson. Il est vrai que ce magistrat avait rendu au roi et au pays un service éminent en rendant le célèbre arrêt qui déclarait nul tout ce qui serait fait à l'encontre de la loi salique (5).

A ce nombre si considérable de présidents et de conseillers, il faut ajouter les personnages auxquels leur rang élevé ou leurs hautes fonctions permettaient d'entrer au Parlement : les princes du sang et les *pairs laïques et ecclésiastiques.*

(1) Girard et Joly, *op. cit.*, p. 55, n⁰ˢ XIV, XV. L'art. 30 de l'édit de Nantes parlait d'une chambre dite de l'Édit composée à Paris d'un président et de seize conseillers pour connaître des procès des protestants soit entre eux soit avec des catholiques. Le 2 février 1599 l'édit fut enregistré; mais les conseillers protestants ne furent plus réunis tous dans la chambre de l'Édit, un seul y demeurait, les cinq autres seraient répartis dans les chambres des Enquêtes. Cf. Glasson, *Le Parlement de Paris, son rôle politique*, t. I, pp. 96 à 99.

(2) Isambert, *op. cit.*, t. XVIII, p. 199.

(3) 1587, 27 juin. P. de l'Estoile : *Mémoires-Journaux*, éd. Lemerre, t. III, p. 49.

(4) Il voulait aussi créer deux offices de conseillers dans chacun des présidiaux du ressort. Cf. Chamberlant, *Le conflit de 1597 entre Henri IV et le Parlement*, Paris, Champion, in-8°, 1904. *Extrait des travaux de l'Académie de Reims.*

(5) Les présidents étaient : Achille de Harlay, premier (successeur de

Ils ne viennent guère qu'aux séances d'apparat ou quand il s'agit de juger un de leurs collègues, et les pairs « à cause de la dicte perrye » prêtent serment à la Grand'Chambre (1). Aux audiences les pairs laïques siégeaient à droite et les pairs ecclésiastiques à gauche; les pairs de création récente se plaçaient d'après le rang d'ancienneté d'érection de leur pairie, à moins que le roi n'eût décidé autrement; jamais les pairs ne devaient précéder les princes du sang, ni au xviᵉ siècle les princes de Lorraine (2).

L'abbé de Saint-Denis et *l'évêque de Paris*, considérés depuis l'origine comme conseillers nés, avaient le droit de siéger à la Grand'Chambre. Ils venaient très rarement; l'évêque de Paris ne paraissait guère que pour faire sa visite officielle, après son entrée à Paris, et pour prêter le serment ordinaire exigé des conseillers (3);

son beau-père Christophe de Thou), depuis 1582; il démissionna en 1616. — Jean Forget (1590-1611), Pierre Séguier (1578-1602), Nicolas Potier (1585-1616), Gilles Riant (1591-1597), Augustin de Thou (1585 à 1595) et Jean le Maistre. Ce dernier était fils du célèbre avocat Julien le Maistre; il mourut à la fin de l'année 1596. Cf. Blanchard, *op. cit.*, pp. 337 à 339.

En décembre 1635 (édit de Saint-Germain-en-Laye) Louis XIII créa un huitième président à la Grand'Chambre, vingt conseillers (dont seize clercs) aux Enquêtes et quatre aux Requêtes du Palais (Girard et Joly, *op. cit. Additions au premier livre*, p. xcii).

(1) Par exemple : 1515, 10 mars : serment de Charles duc de Bourbon, duc de Vendômois et pair de France. Arch. nat., Xıa 1517, fᵒ 92 vᵒ. — Dans les cérémonies officielles, les évêques pairs, ecclésiastiques passaient avant les archevêques qui n'étaient pas pairs, comme le déclara le 16 avril 1526 la Grand'Chambre en faveur de l'évêque de Langres, Michel de Boudet, contre François de Rohan, archevêque de Lyon, *ibid.*, Xıa 1529 fᵒ 209 vᵒ.

(2) La Roche Flavin, *op. cit.*, liv. VII, chap. 10, nᵒ 1 ; cf. liv. XV, nᵒˢ 1, 4. En 1583, quand il nomma pairs les ducs de Joyeuse et d'Épernon, Henri III leur donna le pas sur les autres pairs de création récente.

(3) 1532, 23 novembre : Jean du Bellay, nommé évêque de Paris, fait son entrée solennelle, le 25 il vient au Parlement saluer les magistrats. — 1551, 19 novembre : son successeur et cousin germain Eustache du Bellay, fait visite au Parlement. Le premier président, Gilles le Maistre, lui rappelle qu'il doit prêter serment de conseiller. Cette formalité remplie, l'évêque s'excuse de n'avoir pu venir inviter la Cour à son entrée solennelle dans Notre-Dame,

il se présentait aussi pour « faire sa révérence » lorsqu'il avait été nommé cardinal (1) ; sa place était aux « hauts sièges » à côté du premier président, mais du côté des conseillers laïques. C'est à son titre de conseiller que l'évêque de Paris devait de garder au Parlement la préséance sur tous les autres évêques, même plus anciens que lui dans l'épiscopat, venus pour saluer la noble assemblée ou pour accompagner le roi et les princes du sang.

Dans ces grandes circonstances ces évêques allaient s'asseoir à gauche au-dessus, non seulement des maîtres des Requêtes et des présidents des parlements provinciaux, mais aussi des membres du Grand Conseil.

En dehors des audiences, dans les cortèges, ils prenaient rang après le premier président — ou celui qui le remplaçait — et avant les autres présidents de la Grand'-Chambre (2).

Les *maîtres des Requêtes de l'Hôtel*, dont le nombre varia souvent au xvi° siècle (3), siégeaient, nous l'avons vu, au Parlement, et cela aussi dès l'origine ; ils prêtaient serment devant la Grand'Chambre et celle-ci, par

puis il va s'asseoir près du premier président du côté des conseillers laïques. Cf. Félibien, *Histoire de Paris, Preuves*, t. II, pp. 680, 754. — L'évêque Jean du Bellay prêta le serment de conseiller le 26 novembre 1582. Arch. nat., X¹ᵃ 1536, f° 18 v°.

(1) 1535, 30 juin : visite de Jean du Bellay, nommé cardinal. Cf. Félibien, *op. cit., loc. cit.*, p. 680.

(2) La Roche Flavin, *op. cit.*, liv. VII, chap. 16, n°° 1, 2.

(3) Huit à l'avènement de François Iᵉʳ (V. *suprà*, p. 1), douze en juin 1523 Arch. nat., X¹ᵃ 8611, f°° 1, 2, 427], 16 à l'avènement d'Henri II [v. *suprà*.] les maîtres des Requêtes de l'Hôtel virent encore leur nombre s'accroître en novembre 1568 par la création de treize nouveaux offices [Girard et Joly, *op. cit.*, liv. II tit. 4, pp. 671, 672]. L'ordonnance dite de Blois (mai 1579), ramena leur nombre à seize. — Cf. Girard et Joly, *op. cit.*, liv. II, titre 4, listes de 1526, 1531, 1554, 1555, pp. 663 à 666 *et additions*, p. v. — Autres listes dans le *Catalogue des actes de François Iᵉʳ*, n°° 6700, 7696, 30233, 30814, etc. Sur ces « creues », d'offices de maîtres des requêtes de l'Hôtel au xvi° siècle, cf. La Roche Flavin, *op. cit.*, liv. I, chap. 23, n° 3. En 1534 ils touchaient 250 liv. (Cf. Blanchard, *Généalogie des maîtres ordinaires des requêtes de l'Hôtel*, Paris, 1670, in-f°).

l'organe de son président, prononçait leur réception (1). Leur place se trouvait immédiatement après les présidents de la Grand'Chambre, et ils avaient « voix et opinion délibérative », dit La Roche Flavin, tant aux audiences qu'aux rapports et aux jugements des procès par écrit. Le 23 octobre 1591 il fut décidé qu'ils ne pourraient assister aux Mercuriales. Quand ils restaient à Paris sans être de service au Conseil du roi, ils se réunissaient en chambre au Parlement; et le plus ancien présidait (2).

La mort des maîtres des Requêtes de l'Hôtel, comme celle des conseillers et des présidents, était annoncée au Parlement; et les magistrats se rendaient aux obsèques comme à celles de leurs propres collègues (3).

Au XIVᵉ siècle *les membres du Conseil privé* avaient siégé au Parlement; ce privilège leur fut reconnu au milieu du XVIᵉ (4) et, à cause de cela, ils prêtaient serment

(1) Girard et Joly, *loc. cit.*; Isambert, *op. cit.*, t. XIV, p. 431, art. 213 de l'ordonn. de mai 1579. — Réceptions après serment des maîtres des Requêtes de l'Hôtel : Denis Poillot, Ambroise de Florence, Pierre Anthoine, Gabriel de Gramont, évêque de Tarbes, Pierre du Faur de Pibrac son successeur, d'Amaury Bouchard, de Thibaut de Longuejoue, successeur de son père qui a résigné, d'Imbert de Saveuse, de Charles de Nully, de François Errault, successeur de Guillaume Budé. V. Arch. nat., Xᵗᵃ 1524, fᵒ 272 vᵒ, Xᵗᵃ 1530, fᵒ 435; Xᵗᵃ 1531, fᵒ 2; Xᵗᵃ 1534, fᵒ 268 vᵒ, 369 vᵒ; Xᵗᵃ 1536, fᵒˢ 6 vᵒ; 42, 118 vᵒ; Xᵗᵃ 1538, fᵒ 25 vᵒ; Xᵗᵃ 1541, fᵒ 264; Xᵗᵃ 1547, fᵒ 107; Xᵗᵃ 1560, fᵒ 165.

(2) La Roche Flavin, *op. cit.*, liv. I, ch. 23, liv. VII, ch. 28. — Girard et Joly, *op. cit.*, liv. II, tit. 4, nᵒ 33, p. 675, 24 janvier 1594 « ordonnance faicte par messieurs des requestes de l'Hostel pour la tenue des audiences en leur audience au Palais ».

(3) 1540, 23 août : annonce de la mort du célèbre Guillaume Budé, avec invitation à ses funérailles. Le Parlement lève l'audience à neuf heures « en la manière accoustumée » pour y assister. — 1549, 24 octobre : annonce de la mort de Charles de Nully et invitation à ses funérailles. Cf. Arch. nat., Xᵗᵃ 1545, fᵒ 618; Xᵗᵃ 1565, fᵒ 595. Nully, conseiller au Parlement, avait été reçu maître des Requêtes de l'Hôtel le 23 juillet 1543 au lieu de François Olivier nommé président. *Ibid.*, Xᵗᵃ 1551, fᵒ 264.

(4) La Roche Flavin, *op. cit.*, liv. VII, chap. 26, nᵒˢ 22 à 26. Cet auteur dit que François Iᵉʳ aurait voulu faire régner une grande union entre le Grand Conseil et le Parlement, les faire « fraterniser », mais que le Parle-

à la Grand'Chambre (1). Réciproquement les présidents, le procureur général et les avocats du roi avaient leur entrée au Conseil, avec voix délibérative, mais seulement quand on les y appelait ou lorsque les devoirs de leurs charges les y amenaient (2).

Cependant cette admission des membres du Conseil privé aux séances de la Cour ne se fit pas sans résistance de la part du Parlement : déjà en 1554 (22 juin) Nicolas de Pellevé n'avait été admis qu'à titre d'ancien conseiller. Quand Henri II voulut leur accorder le droit de siéger « aux hauts sièges », à la suite des présidents de la Grand'Chambre, avec voix délibérative — ce qui était une grande nouveauté — tant aux audiences de conseil qu'aux plaidoiries, il rencontra de la résistance ; il finit par concéder que le droit d'entrer aux séances des plai-

ment s'y refusa. N. Valois, *Étude historique sur le Conseil du Roi. Introduction*, pp. xiii, xiv.

(1) 1562, 5 mars : serment de François de Montmorency comme membre du Conseil privé. Arch. nat., X¹ᵃ 1600, fᵒ 239. — L'année précédente, le 15 février, Odet de Selve, membre du Conseil privé, siège à la Grand'-Chambre : *ibid.*, X¹ᵃ 1596, fᵒ 324. De Selve, quatrième fils du premier président Jean de Selve et de Cécile de Buxis, sieur de Marignan, Chavenoy, etc., n'était pas inconnu au Parlement où il avait siégé comme conseiller du 31 décembre 1530 au 15 avril 1542. A cette dernière date, il devint président du Grand Conseil et le resta jusqu'au 28 décembre 1546. Du 3 août 1557 au 31 octobre 1560, on le voit maître des Requêtes de l'Hôtel. Ambassadeur en Angleterre (4 juillet 1546 au 20 décembre 1548), puis à Venise, à Rome et en Espagne, il mourut le 15 mars 1564 et fut enterré près de son père à Saint-Nicolas-du-Chardonnet. Il avait épousé Renée de Montmirail. Cf. Blanchard, *Catalogue cité*, p. 61 ; F. Vindry, *Les ambassadeurs français permanents au xviᵉ siècle*, Paris, 1903, in-4ᵒ, p. 35 ; G. Lefèvre-Pontalis, *Correspondance politique d'Odet de Selve*, 1888, in-8ᵒ.

(2) 1582, 31 mai. Cf. Girard et Joly, *op. cit.*, liv. II, tit. 2, p. 629. — N. Valois, *op. cit.*, pp. xii, xiii : règlements du 17 septembre 1574, du 11 août 1578, du 31 mai 1582 et du 8 janvier 1585. — De 1563 à 1567, les présidents Pierre Séguier et Christophe de Harlay, le premier 27 fois et le second 26, Christophe de Thou (14 fois), Bernard Prévot (10) et René Baillet (8) siégèrent au Conseil. Cf. N. Valois, *Le Conseil du Roi aux xivᵉ, xvᵉ et xviᵉ siècles*, pp. 189, 190. — En 1594, le président aux Enquêtes et premier président au Parlement de Bretagne, Claude Faucon de Ris, assiste au Conseil privé (*ibid.*, p. 228). Sur lui, V. la notice de Fr. Saulnier, *Le Parlement de Bretagne*, 2 in-4ᵒ, 1909, t. I, p. 344.

doiries appartiendrait à tous les gens de son Conseil, mais
que le droit d'opiner ne serait conféré que par lettres particulières et avec l'obligation formelle de prêter d'abord
serment devant le Parlement. Celui-ci ne se résigna pas
complètement et, en réalité, la lutte ne se termina que
sous Henri IV (1). L'arrivée des membres du Conseil du
roi ne fut donc jamais accueillie avec faveur par le Parlement; et à la fin du siècle (2 décembre 1583 et 26 juillet
1599), il demanda que pour jouir de ce privilège les intéressés justifiassent de vingt ans de service chez lui ou
d'avoir été dix ans conseillers dans une des chambres (2).
Enfin, dans les premières années du xvii° siècle, l'accord se
fit et les membres du Conseil privé furent définitivement
admis avec voix délibérative.

Quant aux conseillers d'État qui étaient évêques, le
Parlement décida (24 juillet 1573) de ne les admettre aux
séances de Conseil que s'ils se présentaient revêtus du
rochet et du camail, et aux audiences que s'ils avaient la
crosse et le chaperon (3).

Enfin, comme autrefois, les grands officiers de la couronne pouvaient assister aux lits de justice et aux séances
solennelles; mais on ne peut pas dire qu'ils aient eu réellement le droit de siéger. Exception était faite pour le
gouverneur et lieutenant général du roi dans l'Ile de
France; on considérait ce haut dignitaire comme conseiller, au même titre que l'évêque de Paris. Ainsi, le
4 janvier 1580, à la requête du procureur général Jean La
Guesle (4) et après enquête sur la vie, les mœurs et « sa

(1) N. Valois, *Étude historique*, cité p. xiv, 23 février 1557.
(2) Arch. nat., X¹ᵃ 1683, fᵒ 48 ; X¹ᵃ 1764, fᵒ 327 vᵒ.
(3) N. Valois, *Étude historique sur le Conseil du Roi. Introduction*,
p. xv, note 11, d'après X¹ᵃ 1640, fᵒ 139 vᵒ, 24 juillet 1573.
(4) Sieur de La Chaux, de Loreau, originaire d'Auvergne, fils de François de la Guesle et de Marguerite d'Anglars, conseiller au Parlement de
Paris en 1546, premier président au Parlement de Dijon (reçu le 7 décembre
1566), Jean La Guesle avait succédé, le 23 février 1570, et sur l'expresse
recommandation de Catherine de Médicis, à Gilles Bourdin (V. *Lettres de*

conversation catholique » (1), René de Villequier, chevalier de l'ordre, premier gentilhomme ordinaire de la Chambre du roi, conseiller en son Conseil, capitaine de cent hommes d'armes, nommé par Henri III lieutenant général de Paris et de l'Ile de France, fut reçu conseiller au Parlement en qualité de gouverneur de la ville, après avoir fait profession de foi catholique et avoir prêté le serment d'usage, mais « sans le tenir à conséquence pour l'advenir » (2). C'est encore à cause de ce titre de gouverneur et lieutenant général de Paris et de l'Ile de France, et non pas comme amiral, que Gaspard de Coligny fut admis à siéger (3).

La Roche Flavin (4) prétend à tort que le connétable, les maréchaux, les gouverneurs et lieutenants généraux des provinces avaient le droit de siéger. Ils ne venaient, comme les grands officiers de la couronne, que pour les séances d'apparat ou à titre de visiteurs : c'était tout ce qui leur restait du rôle important qu'ils avaient rempli dans l'ancienne *Curia Regis*.

Catherine de Médicis, publiées par le comte de la Ferrière, t. III, p. 298, 24 février 1570). Nommé président à la Grand'Chambre à la place d'Achille de Harlay et installé le 7 janvier 1583, il laissa son office de procureur général à son fils Jacques dont l'éloquence était célèbre. Quand Paris se souleva contre Henri III, il se retira dans une de ses terres du Loreau et y mourut à la fin de l'année 1588 (Cf. Blanchard, *Présidents au mortier*, pp. 299 à 301 et *Catalogue*, p. 71; F. Vindry, *Les parlementaires français au xvie siècle*, t. I, pp. 141, 142).

(1) Dès 1543, on avait exigé des candidats aux offices du Parlement la profession de foi et de vie catholiques. Arch. nat., X1a 8613, fo 462. N. Weiss, *La chambre ardente*, p. xxvi-xxvii. — En 1563, on avait étendu la mesure aux membres du Conseil privé (cf. N. Valois, *op. cit.*, p. xv, note 4), et à toutes personnes employées au service du Roi (Aubert, *Le Parlement et la Réforme*, *Revue des questions historiques*, janvier 1908, p. 118, et tirage à part, p. 30); *Journal de François Grin*, éd. de Ruble, tirage à part, pp. 21, 22 : les 367 avocats et les 201 procureurs au Parlement prêtèrent aux mains du chancelier le serment de profession de foi catholique prêté la veille par les magistrats.

(2) Félibien, *op. cit.*, *Preuves*, t. III, p. 11.

(3) Papon, *Recueil d'arrests notables*, 6e édit., Lyon, J. de Tournes, 1586, liv. IV, tit. 6, no 13, janvier 1552 (n. st.).

(4) *Op. cit.*, liv. VII, chap. 18 à 19 et 24; liv. IX, chap. 4.

On trouve encore au xviᵉ siècle ces anciennes délégations de la Grand'Chambre qui avaient le nom de chambres, sans en former de véritables. Telle la *Chambre de la Marée* qui remonte au xivᵉ siècle (1). Comme le remarque Delamare (2), le règlement d'avril 1361, confirmé en 1414, a subsisté dans son entier et sans aucune interruption près de deux siècles. Les registres du Parlement, le registre particulier de la Marée et ceux du Châtelet sont remplis d'une infinité d'exemples qui en établissent les preuves. La déclaration royale du 27 février 1557 (3) régla encore sa compétence. Cette compétence, on le sait, s'étendait à tous ceux qui faisaient le commerce de la marée. Le roi était représenté par un procureur général qu'il nommait directement (4).

Telle aussi la *Chambre des Vacations* dont l'organisation remonte à Charles VI (24 août 1405); composée de membres de la Grand'Chambre et de conseillers des Enquêtes, elle expédiait, pendant les vacances judiciaires, les affaires urgentes, tout en laissant le prononcé des arrêts à la Grand'Chambre après la rentrée de novembre et sauf à n'enregistrer que provisoirement les ordonnances, lettres et édits royaux (5). La nécessité d'une chambre des Vacations demeurait évidente surtout pour l'expédition des procès criminels et des petits procès civils [de 100 livres de rente ou de mille une fois payées] laissés en suspens et aussi des causes bénéficiales jusqu'à 200 livres

(1) Aubert, *Le Parlement de Paris de Philippe le Bel à Charles VII. compétence et attributions*, pp. 78 à 81.

(2) *Traité de la police*, liv. V, tit. 37, au t. III, p. 219, Paris, 1719, in-fº. En août 1602, le roi modifia sérieusement la Chambre de la Marée.

(3) Enregistrée le 7 septembre 1559. Cf. Isambert, *op. cit.*, t. XIII, p. 480.

(4) En 1544 [16 février], maître Pierre Clereau est pourvu de l'office, mais il meurt peu après et maître Pierre Tanneguy, procureur au Châtelet, le remplace (5 mai). Arch. nat., X¹ᵃ 1552, fº 226 vº et X¹ᵃ 1553, fº 594 vº.

(5) Aubert, *op. cit.*, *Organisation*, pp. 181 à 186. — Le même, *Histoire du Parlement de Paris de l'origine à François Iᵉʳ*, t. I, pp. 202 à 204.

de revenu annuel (1). François Ier donna encore à cette
chambre la connaissance des procès touchant le domaine
royal, les eaux et forêts et les autres droits royaux, lors
même que la valeur dépasserait 500 livres de rente (2).
En 1531 (9 août), le prince maintint sa composition à un
président et douze conseillers qui recevraient des gages
supplémentaires (3). La chambre des Vacations siégeait
depuis la clôture ordinaire des sessions (14 septembre)
jusqu'à la rentrée ordinaire du Parlement (12 novembre) (4).

En 1522, à cause de la peste qui désolait Paris, les
conseillers délégués aux Vacations se réunirent à Melun
pour vérifier les lettres d'aliénation du domaine (5).
L'année suivante, *per modum provisionis*, la chambre
des Vacations enregistra (19 octobre) une ordonnance
rendue (25 septembre) contre les bandes d'aventuriers
et de pillards qui terrorisaient le pays (6). Il fallait en
effet se hâter et on ne pouvait attendre la rentrée du
Parlement; mais l'enregistrement définitif demeurait
réservé à la Grand'Chambre.

Henri II défendit à cette chambre de juger les procès
de commissaires et réserva les quarante premiers jours
de chaque session à l'expédition des procès criminels
restés en suspens avant les vacances; on pouvait toujours,
mais le plus sommairement possible, juger les affaires de
police et de provision qui se présenteraient (7). En 1581,

1) La Roche Flavin, *op. cit.*, liv. I, chap. 20; Girard et Joly, *op. cit.*,
liv. I, chap. 17, pp. 203, 204, et *additions*, p. clxvii.

(2) *Catalogue des actes de François Ier*, n° 25847, sans date, mais
probablement de 1522.

(3) Arch. nat., X^{1a} 8612, f° 280. *Catalogue cité*, n° 28093; sans date :
mandement au receveur des gages du Parlement de payer 2.396 livres aux
conseillers des vacations.

(4) La Roche Flavin, *op. cit.*, liv. I, chap. 20; liv. XIII, chap. 66,
pp. 836, 837.

(5) 10 septembre. Arch. nat., X^{1a} 1524, f° 407.

(6) Arch. nat., X^{1a} 8611, f° 436.

(7) 1550, mars. Isambert, *op. cit.*, t. XIII, p. 156, art. 11.

à la suite d'une mercuriale, il fut décidé que les magistrats désignés pour composer la chambre des Vacations iraient, à la fin de chaque session, deux par deux, visiter dans les prisons de Paris tous les détenus et qu'ensuite ils adresseraient un rapport à la Grand'Chambre.

Quand le nombre des procès en retard était trop considérable, la Grand'Chambre continuait à siéger pendant les vacances, prolongeant ainsi la session et supprimant les vacations; ce fait, d'ailleurs très rare, se produisit en 1551 (1). Dans les dernières années du xviᵉ siècle, la chambre des Vacations était présidée par les présidents de la Grand'Chambre qui s'y rendaient à tour de rôle pendant quinze jours; avec eux travaillaient treize conseillers, dont cinq clercs; mais ce chiffre n'avait rien d'immuable, car d'autres conseillers restés à Paris pouvaient venir les aider. C'est quelques jours avant la clôture de la session que les présidents prenaient les noms des magistrats qui désiraient siéger pendant les vacances; et les plus anciens obtenaient la préférence (2).

A ces délégations régulières et ordinaires du Parlement, il faut ajouter, au milieu du xviᵉ siècle, des délégations temporaires et extraordinaires chargées de juger les protestants. Le 21 décembre 1534, François Iᵉʳ invitait le Parlement à désigner une commission de plusieurs de ses membres pour instruire et juger les procès en matière d'hérésie. Les quatorze magistrats choisis furent le président de la Grand'Chambre Denis Poillot (3), le prési-

(1) La Roche Flavin, *op. cit.*, liv. XIII, chap. 66, pp. 836, 837.

(2) E. Cavet, *Stile de la cour de Parlement de Paris*, liv. 1, tit. 2. Paris, J. Regnoul, 1615. Ce praticien énumère, en détails, tout ce que la chambre des Vacations pouvait avoir à connaître et à juger à cette époque.

(3) Denis Poillot, seigneur de Lailly, procureur général au Parlement de Dijon, 18 décembre 1514, conseiller au Grand Conseil en 1515, ambassadeur en Angleterre (1522), maître des Requêtes de l'Hôtel (1523), fut reçu quatrième président à la Grand'Chambre le 21 octobre 1526. Il mourut subitement le 29 décembre 1534 et fut enterré à Saint-Eustache, cf. Blanchard, *Présidents au mortier*, p. 147; *Chronique parisienne de P. Driart*, édit. Bournon, an 1534; F. Vindry, *Les parlementaires français au xviᵉ siècle*,

dent à la troisième chambre des Enquêtes François de
Saint-André (1) et les conseillers Louis Rouillard (2), Martin
Fumée (3), Jean Tronson (4), Jean Hennequin (5), Jean
Ruzé (6), Charles de la Mothe (7), Ponce Brandon (8),
Pierre Tournebulle (9), François Ayrault [ou Errault] (10),
Jean Sanson (11), Antoine Heslin (12) et Claude Tudert (13);

Paris, Champion, 1909, t. I, p. 137. Arch. nat., X¹ᵃ 1529, f° 444. Sur la
commission du 21 décembre 1534, v. Aubert, *Le Parlement et la Réforme*,
loc. cit., p. 106 et tirage à part, p. 18).

(1) François de Saint-André, originaire de Toulouse, conseiller au Parlement le 31 mars 1515, président aux Enquêtes le 31 août 1533, devint quatrième président à la Grand'Chambre le 18 juillet 1535; le 22 septembre 1563,
il résigna en faveur de Bernard Prévost. Cf. Blanchard, *op. cit.*, p. 183. —
Arch. nat., X¹ᵃ 1538, f° 436 ; X¹ᵃ 1536, f° 413. François Iᵉʳ lui donna une pension de 600 livres tournois (*Catalogue des actes de François Iᵉʳ*, n° 28643).

(2) Louis Rouillart, prévôt d'Orléans, reçu conseiller lai le 21 août 1517;
mort en 1541 et remplacé par André Tiraqueau, Arch. nat., X¹ᵃ 1519,
f° 248 v° et X¹ᵃ 1548, f° 9, v°.

(3) Martin Fumée, reçu conseiller le 13 mai 1519 (Blanchard, *Catal.*, p. 48).

(4) Jean Tronson, reçu conseiller en 1510 (Blanchard, *loc. cit.*, p. 44).

(5) Jean Hennequin, reçu conseiller en 1511 (Blanchard, *Catalogue*, p. 44).

(6) Jean Ruzé, 1ᵉʳ avocat du roi (14 nov. 1521, X¹ᵃ 1524, f° 3 au lieu de
Jean Le Lièvre) neveu de Samblançay. Il fut impliqué dans sa disgrâce (1528)
et remplacé par Ollivier Alligret (5 mars 1530, X¹ᵃ 1533, f° 133 v°).

(7) Charles de la Mothe, reçu conseiller en 1522 (Blanchard, *Catal.*,
p. 53).

(8) Ponce Brandon, reçu conseiller le 3 juin 1532, il fut ensuite grand
rapporteur et correcteur des lettres de la Chancellerie (Blanchard, *Catalogue*, p. 58).

(9) Pierre Tournebulle, reçu conseiller en 1533 et en 1541, 12 décembre,
président au Parlement de Rouen (Blanchard, *Catal. cit.*, p. 58; F. Vindry,
op. cit., t. I, p. 261).

(10) François Ayrault ou mieux Errault, reçu conseiller lai au lieu de feu
Louis Fumée, le 12 novembre 1532. Arch. nat., X¹ᵃ 1536, f° 2. Il devient
garde des sceaux (12 juin 1543). Premier président au parlement de Turin
(28 août 1540), cf. F. Vindry, *op. cit.*, t. I, 2ᵉ fasc. p. 365; Blanchard, *Généalogie des Mᵉˢ ordin. des Req. de l'Hôtel*, pp. 274, 275.

(11) Jean Sanson, docteur en droit, eut le 6 octobre 1532 provision de
l'office de conseiller lai de Jean Bertrand nommé au Grand'Conseil. *Catal.
des actes de François Iᵉʳ*, n° 4953. 1ᵉʳ président au parlement de Grenoble
(31 janvier 1536), cf. F. Vindry, *op. cit.*, t. I, fasc. 1, p. 69.

(12) Antoine Heslin ou Hélin, reçu conseiller en 1522 (Blanchard, *Catal.
cit.*, p. 53), François Iᵉʳ l'envoya négocier en Flandre : *Catal. des actes*,
nᵒˢ 27650, 28705.

(13) Claude Tudert, reçu conseiller le 4 décembre 1534, puis président à la

pour l'instruction, les deux présidents devaient être assistés de quatre conseillers au moins. Poillot mourut le 29 décembre (1534) et fut remplacé (6 janvier 1535) par le président Guillaume Poyet (1). Dix ans plus tard, au Parlement de Rouen, le roi institua une chambre chargée de connaître du fait d'hérésie et de poursuivre les luthériens (17 avril 1545); et peu après (8 octobre 1547), toujours dans le même but, son successeur Henri II érigeait une *seconde Chambre ou Tournelle criminelle.* Plus connue sous le nom sinistre de *Chambre ardente,* cette chambre, composée de présidents et de conseillers de la Grand'Chambre et des Enquêtes, fut supprimée le 11 janvier 1550 conformément à l'édit du mois de novembre précédent; elle reparut le 1er mars 1553, puis disparut au bout de quelques mois. On y suivait la procédure indiquée dans l'édit de Fontainebleau (1er juin 1540) et dans la déclaration du 23 juillet 1543. Aux audiences, il y avait ordinairement douze magistrats — quelquefois moins et quelquefois quatorze — payés 20 sous parisis par jour de séance, mais sans épices;

3° chambre des Enquêtes à la place d'Augustin de Thou, en 1544; il donna sa démission en 1552 et fut remplacé par Jean Picot (Blanchard, *Catalogue*, pp. 14, 59, 74. Arch. nat., X¹ª 1553, f° 245 v°).

(1) *Catalogue des actes de François I*", n°s 20841, 20842, 20847; Guillaume Poyet, 2° avocat général (10 janv. 1530) à la place de Pierre Lizet, président à la Grand'Chambre (4 janv. 1535), chancelier en novembre 1538 à la place d'Antoine du Bourg, jouissait de la faveur royale et fut comblé de dons et pensions. Soutenu par le parti des Montmorency, dénué de scrupules, d'une grande capacité, il fut accusé de forfaiture, abus et malversations; arrêté le 1er août 1542, après un procès fameux, il fut condamné le 23 avril 1545 (V. Arch. nat., X¹ª 407, f° 10; X¹ª 1543, f° 53 v°; 286 v°; X¹ª 1538, f° 45; X¹ª 1555, f° 21; X¹ª 1556, f° 104; X¹ª 8613, f° 115; X¹ª 8615, f° 174. *Catalogue des actes de François I*", n°s 3584, 6642, 6681, 28486, 26980, 26982, 27084; E. Pasquier, *Recherches de la France*, liv. VI, ch. 9 au t. I, des œuvres Amsterdam, 1723, in-f°; le P. Anselme, *op. cit.*, t. VI, p. 469; F. Aubert, *Le Parlement de Paris au xvi° siècle* dans *Nouvelle Revue historique de droit français et étranger*, novembre-décembre 1905, p. 747 à 749). — V. surtout Ch. Porée, *Un parlementaire sous François I*", *Guillaume Poyet*, Angers, 1898, in-8°.

l'huissier et le clerc du greffier criminel qui les assistaient recevaient chacun 10 sous par jour. En 1548 cette chambre fonctionna pendant les vacations; et un édit du 18 janvier 1549 alloua 40 sous parisis par jour aux juges (1).

En terminant ce qui a trait au Parlement considéré dans son ensemble; il faut signaler que ce corps illustre avait au xvi° siècle un sceau spécial, rond, de 90 millimètres, portant l'écu de France couronné et soutenu par deux anges à genoux; au contre-sceau : l'écu de France; on y lisait la devise : *Sigillum Francisci (Henrici, Caroli) Dei gratia Francorum regis in absencia magni Parisius ordinatum* (2).

Après ces généralités, il faut parler de chaque chambre avec quelques détails.

La Grand'Chambre. — La Cour du Parlement de Paris « souveraine et capitale du royaume, siège et lict de justice des Roys de France », était représentée surtout par la Grand'Chambre appelée aussi « chambre de la plaidoirie » et « en laquelle se vuident toutes appellations verbales, appointemens au conseil et toutes les instances qui sont inscrites à la barre, desquelles les chambres des Enquestes ne peuvent cognoistre si la Grand'Chambre n'en fait renvoy ».

(1) N. Weiss, *La Chambre ardente, étude sur la liberté de conscience en France sous François Ier et Henri II, 1540-1550, suivie d'environ cinq cents arrêts inédits*, Paris, Fischbacher, 1889. Cf. surtout, pp. LXXII à LXXVII, XC, XCI et p. 427. Le 8 octobre 1547 faisaient partie de cette chambre : les présidents Pierre Lizet et François de Saint-André, les conseillers (14) Jacques le Roux, Jean Hennequin, Jean Tronson, François Tavel, Louis Gayant, Jean Allard, Etienne de Montmirail, Jacques Potier, Guillaume Lhuillier, Jean Barjot, Pierre Hotmann, Nicole Martineau, Nicole Chevalier et Antoine le Coq. L'huissier était Pierre Richer et le clerc du greffe criminel, Simon Chartier, faissit fonction de greffier (*ibid.*, p. 420, 423, 424). — Dans la suite des audiences on trouve aussi les noms d'autres conseillers venus remplacer leurs collègues : François Boylève, Étienne Fleury, N. du Val, C. Anjorrant, P. Grassin, M. Le Camus, P. Pinterel (*ibid.*, passim).

(2) Cf. Douet d'Arcq, *Collection de sceaux*, t. II, n°° 4388, 4389, 4390, 4391, 4392, ans 1516, 1550, 1561, 1601.

Les présidents de cette chambre pouvaient seuls
prendre le titre si envié de présidents de la Cour; à la
fin du xvi° siècle ils étaient sept. Leur costume de cérémonie faisait un effet splendide, et dans leur robe rouge
recouverte du grand manteau rouge fourré d'hermine,
avec le chaperon fourré et le mortier de velours cramoisi brodé d'or, ils avaient très grand air. Les conseillers portaient aussi, les jours solennels, la robe rouge et
le chaperon fourré d'hermine (1).

C'est à la Grand'Chambre, dans cette salle refaite par
Louis XII avec ors et fleurs de lys à profusion et
nommée, à juste titre, « la chambre dorée », que
venaient siéger les pairs et maîtres des Requêtes de
l'Hôtel. Quand on attendait le roi, les princes et les
grands seigneurs, on tendait la grande salle de superbes
tapisseries et on apportait des coussins de velours rouge,
violet ou bleu, et « tannéz », parsemés de fleurs de lys d'or;
au roi était réservé un dais de drap d'or posé sur un
trône avec la devise et le porc-épic de Louis XII et, en
souvenir de la brillante victoire de Ravenne, ces mots
« Ultus avos Trojæ ». Un grand crucifix dominait toute
l'assistance (2). L'hiver on étendait des nattes (3) et l'été

(1) E. Cavet, *op. cit.*, liv I, titre 1 ; La Roche Flavin, *op. cit.*, liv. I,
p. 23.

(2) La Roche Flavin, *op. cit.*, liv. IV, n°° LXXXIII à XCIV, a décrit le
mobilier de la Grand'Chambre ou chambre dorée. Pour la description
détaillée de cette chambre célèbre et des autres chambres du Parlement, en
1599 on peut consulter : *La description de Paris*, par Thomas Platter le
jeune, de Bâle, au t. XXIII des *Mémoires de la Société de l'histoire de
Paris et de l'Ile de France* (1896), pp. 180, 181 ; G. Hanotaux, *Histoire du Cardinal de Richelieu*, t. I, p. 291. — On sait que la grande
salle fut détruite le 7 mars 1618 par un incendie. V. H. Bonnardot, *L'incendie du Palais de Paris en 1618*, L. Willem, 1879, in-16. — En 1529,
après une pluie torrentielle (24 juillet), la Grand'Chambre dont la couverture
se trouvait endommagée, fut inondée. A la requête du procureur général,
Guillaume de la Ruelle maître des œuvres de maçonnerie, Josse Maillard,
maître ès œuvres de charpenterie et Jean Aubeuf, couvreur du roi, furent
invités à inspecter chaque mois la toiture et à faire les réparations nécessaires. V. Arch. nat., X¹ª 1582, f° 365 ; 27 juillet.

(3) 1519, 21 mai : « A Richard Prévost, maître nattier à Paris, 20 livres

on jonchait le sol d'herbe verte pour rafraîchir (1).
L'usage de cette chambre était réservé aux audiences et
aux réunions solennelles ; par exception le 3 mars 1520,
les marguilliers « de l'œuvre et fabrique de Saint-Barthélemy en la cité de Paris » obtinrent la permission de
« fere prescher les jours de dymanche de ce quaresme,
du grand vendredy et feries de Pasques », dans cette
vaste salle (2).

Comme par le passé, la Grand'Chambre connaissait en
première instance des causes qui concernaient le roi, la
couronne et le domaine royal; les personnes et communautés, églises et abbayes, tous les établissements
placés sous la sauvegarde du prince; elle recevait, en
outre, les appels des sentences rendues par les baillis et
les sénéchaux, les chambres des Enquêtes et des
Requêtes, les juges délégués aux Grands Jours, royaux
ou seigneuriaux, et aussi des sentences des juridictions
spéciales de la Table de marbre. Enfin, et malgré des
défenses sans cesse réitérées, elle revisait les arrêts des
autres Cours souveraines. Seule au Parlement, elle avait
le droit de prononcer des arrêts définitifs et d'ordonner la
publication et l'enregistrement des actes royaux.

Avant leur entrée en fonctions, et à raison de la juridiction qu'ils allaient exercer, les baillis et les sénéchaux,
les gouverneurs et les capitaines des provinces et des
villes, les amiraux et les maréchaux, prêtaient serment
devant la Grand'Chambre aux mains du président, et
alors seulement ils étaient reçus dans leurs charges.

Comme elle représentait l'unité de tout le Parlement,
la Grand'Chambre était quelquefois appelée « le Parlement », mais, le plus souvent, « la Chambre », c'est-à-dire

18 sous parisis pour avoir fourni des nattes ». Arch. nat., X¹ᵃ 1521,
f° 194.

(1) 1520 : « A Martin Drublet, 6 livres, 6 sous parisis pour avoir répandu
de l'herbe verte dans les chambres du 2 mai au 7 septembre 1520. Arch.
nat., X¹ᵃ 1522, f° 325 v°.

(2) Arch. nat., X¹ᵃ 1522, f° 102.

la chambre par excellence, celle dont toutes les autres n'avaient d'abord été que des délégations (1).

La Grand'Chambre avait un sceau spécial, distinct du sceau du Parlement proprement dit (2).

La Tournelle. — C'est à François Iᵉʳ — on l'a déjà vu — qu'il faut attribuer l'organisation d'une chambre criminelle distincte « faicte continuelle ». Il n'eut qu'à rendre indépendante et permanente la délégation de la Grand'Chambre chargée jusque-là de juger les affaires criminelles dans la petite tour Saint-Louis, ou Tournelle, d'où lui venait son nom. On disait « aller en la tour criminelle » et « la tournelle criminelle derrière la chambre de parlement » (3). Au xviᵉ siècle on prétendit, mais à tort, justifier cette appellation de Tournelle par le fait qu'à cette époque des conseillers de la Grand'-Chambre et des chambres des Enquêtes y servaient tour à tour.

L'édit « perpétuel et irrévocable » d'avril 1515, lu, publié et enregistré le 3 mai au Parlement, expliquait les motifs qui avaient décidé le roi. Il voulait que la justice fût rendue plus promptement et à moins de frais. Les matières criminelles seraient « expédiées et jugées tant en playdoirie que autrement, pourveu toutesfois que, s'il estoit question de cléricature ou d'immunité — au jugement desquelles ont accoustumé d'estre les conseillers clercs — et aussi des crimes concernant les gentilshommes et les personnages d'estat, leur procès sera rapporté en la Grand'Chambre » (4). Par des lettres de juin, enregis-

(1) Cf. Aubert, *Histoire du Parlement*, t. I, pp. 17, 18.

(2) Douet d'Arcq, *Collection des sceaux*, t. II, *loc. cit.*

(3) Aubert, *op. cit.*, t. I, pp. 16, 18 à 21. — Arch. nat., Xᵢₐ 1469, fᵒ 384, 28 septembre 1369; Xᵢₐ 1479, fᵒ 116, 21 mai 1410; Xᵢₐ 1509, fᵒ 161 vᵒ, 21 mai 1504.

(4) *Ordonnances des Rois de France*, règne de François Iᵉʳ, in-4ᵒ, t. I, nᵒ 49 d'après Arch. nat., Xᵢₐ 8611, fᵒ 47. *Catalogue des Actes de François Iᵉʳ*, nᵒ 20886 : jugement des gens accusés d'avoir voulu empoisonner le seigneur de Boisy, premier gentilhomme de la chambre du roi. Les

A.   3

trées le 30 août, le roi rappela que les conseillers nommés « à tenir et faire chambre en la tour criminelle » devaient s'occuper exclusivement des procès criminels, et il fixa leur nombre : il y aurait deux présidents, huit conseillers laïques de la Grand'Chambre, servant par semestre et avec une augmentation de gages de 80 livres tournois, et quatre conseillers laïques, deux de chacune des chambres des Enquêtes, de service par quartiers et recevant chacun 20 livres tournois en plus de leurs gages ordinaires (1).

En 1535, il fallut reconstruire et agrandir « la Tour et chambre criminelle »; pendant la durée des travaux les magistrats siégèrent dans la salle Saint-Louis; puis le nombre des conseillers fut augmenté de deux choisis parmi les conseillers de la troisième chambre des Enquêtes (qui venait d'être instituée) et servant aussi par quartiers (2).

Aux quatre grandes fêtes de l'année : Pâques, Pentecôte, Toussaint et Noël, les présidents et conseillers de la Tournelle allaient visiter les prisonniers à la conciergerie du Palais et au Grand Châtelet (3), comme jadis les membres de la Grand'Chambre (4).

procès de ce genre étaient jugés par les conseillers laïques de la Grand'-Chambre et ceux de la Tournelle.

(1) La Roche Flavin, *op. cit.*, liv. I, chap. 27, § 1 et Arch. nat., X¹ᵃ 8611, fᵒˢ 47, 48, 145; Girard et Joly, *op. cit.*, liv. I, titre V au t. I, p. 33 et aux *Additions*, pp. cvii à cix. 1515, 4 septembre, déclaration portant règlement pour les gages des conseillers occupés à la Tournelle. V. *Catalogue cité*, nᵒ 350. — En 1531 et 1533 François Iᵉʳ donna, sur les amendes infligées par les juges de la Tour Carrée, assignation de 1.000 livres pour payer les gages des conseillers de la Tournelle. Cf. *Catal. cité*, nᵒˢ 27834, 28602.

(2) En la salle Saint-Louis étaient alors les sacs du greffe civil (1535, 29 janvier). *Catal. cité*, nᵒ 20861 et Arch. nat., X¹ᵃ 8612, fᵒ 344 vᵒ. — Cf. 1539, 21 juin, *Catal. cité*, nᵒ 11068.

(3) Girard et Joly, *op. cit.*, *loc. cit.*, p. 33.

(4) Après avoir délibéré avec le prévôt des marchands, ils délivraient les prisonniers les plus méritants. V. Aubert, *Le Parlement et les prisonniers* (dans le *Bulletin de la Société de l'histoire de Paris et de l'Ile de*

En réalité, quant à la composition de son personnel, la Tournelle criminelle demeurait une délégation de la Grand'Chambre et des chambres des Enquêtes. Jusqu'à la célèbre ordonnance de Villers-Cotterets (août 1539), on y plaida, mais, l'ordonnance supprimant le ministère des avocats dans les matières criminelles, les plaidoiries cessèrent (1). La compétence fut étendue par un édit enregistré le 7 juin 1540 (2) : désormais les causes criminelles des nobles et des officiers royaux, « s'ils ne sont de bien grande et notable qualité », c'est-à-dire s'ils ne sont princes du sang, pairs ou grands officiers de la couronne, n'iraient plus à la Grand'Chambre, mais viendraient à la Tournelle. En matière criminelle, si l'inculpé prétextait le privilège de clergie, de « réintégration de franchise ou immunité ecclésiastique », les « dites cléricatures et immunités » seraient examinées en la Tournelle avec le concours de deux conseillers clercs; puis, l'incident vidé, les présidents et conseillers laïques rendraient leur jugement. En vertu de cet édit, le procès criminel entre Gilles du Tiercent, écuyer, et Jean Botherel, sire d'Appigné, évoqué de l'audience du sénéchal de Rennes au Parlement de Paris, fut confié à la Tournelle criminelle (3).

Cette chambre, on le comprend, avait donc fort à faire; et déjà en 1525 la multitude des causes criminelles obligea la cour à constituer, du 21 octobre à la Toussaint, trois chambres criminelles : tous les conseillers laïques de la Grand'Chambre et des Enquêtes y furent appelés; les conseillers clercs formèrent une chambre civile. Ces trois chambres criminelles siégèrent à la Grand'Chambre, à la Tournelle criminelle et à la petite chambre des Enquêtes.

France, juillet-octobre 1893); Aubert, *Histoire du Parlement*, t. I, p. 188. Arch. nat., X1a 1480, fos 162 v°, 202, 14 décembre 1418 et 22 décembre 1419.

(1) Grün, *Notice citée*, chap. 24, pp. ccxxvii, ccxxviii.
(2) Arch. nat., X1a 8613, fo 251.
(3) 1542, 28 avril. *Catal. cité*, n° 12467.

Un président de la Grand'Chambre et deux des plus
anciens conseillers laïques les présidaient (1). Cette organisation ne dura que quelques jours, mais elle annonçait qu'il faudrait arriver à la création d'une *seconde
chambre criminelle;* la propagation de la Réforme et les
poursuites intentées à ses partisans en fournirent l'occasion en 1543. La Tournelle criminelle fit une sérieuse opposition ; mais François Ier parla en maître et il fallut obéir.
Le 16 juin 1544, l'enregistrement eut lieu « de expresso
mandato regis » (2); cependant la nouvelle chambre, composée comme la première, avec la même compétence, ne se
trouva définitivement constituée qu'en octobre 1547. Elle
eut d'ailleurs une courte existence; sous le nom redouté
de *chambre ardente* (3), une délégation de la Grand'-
Chambre destinée à juger les hérétiques la remplaça et
ne dura elle-même que quelques années, comme on l'a
déjà vu (4). Après sa disparition, il ne resta plus qu'une
seule chambre criminelle, l'ancienne Tournelle, dont un
édit de Henri II (mars 1550) venait de préciser encore les
attributions. A l'avenir, elle ne devait rendre aucun arrêt,
aucun jugement en matière civile ni dans les procès civile-
ment intentés. A ses membres plus qu'à tous autres, il
était défendu de s'arrêter dans les chambres dont ils ne
faisaient pas partie. à moins d'un ordre formel consigné
sur le registre par le greffier. S'il intervenait dans les
matières criminelles des arrêts interlocutoires ou prépa-
ratoires, les rapporteurs et les greffiers les baillaient
dans les trois jours au procureur général, autrement le
rapporteur négligent se voyait puni la première fois par
la suppression de ses gages pendant trois mois, la seconde

(1) Arch. nat., X¹ᵃ 1528, fᵒˢ 821, 822. Le président de la Tournelle criminelle avait été pendant la session Antoine Le Viste.
(2) 1543, 13 novembre. V. *Catal. cité*, nº 13445. — 1544, 26 juin, *ibid.*,
nᵒˢ 13967, 13989. Arch. nat., X¹ᵃ 8614, fº 336.
(3) N. Weiss, *La chambre ardente*, ouvrage déjà cité. On l'appelait aussi
« Chambre ordonnée sur le fait des Luthériens ».
(4) Voir *suprà*.

fois par la suspension de sa charge; le greffier coupable était privé de gages aussi pendant un trimestre et, à la seconde infraction, pendant une année entière. Leur service fini à la Tournelle, les conseillers délégués des Enquêtes devaient,.dans les trois jours, remettre au greffier criminel tous les procès relatifs aux prisonniers, sans en garder un seul, sous peine de privation de gages aussi longtemps qu'ils seraient négligents.

Les grandes ordonnances de la fin du xvi° siècle s'occupèrent encore de la compétence de la Tournelle. Celle de Moulins (février 1566) réserva pour la Grand'Chambre les procès criminels des gens d'Église, des nobles et des officiers royaux introduits au Parlement en première instance, du moins si les accusés le demandaient ; dans les autres cas la Tournelle gardait les procès et la Grand'-Chambre lui envoyait les pièces. Quand la Grand'Chambre rendait des arrêts criminels, elle convoquait ceux de ses présidents et de ses conseillers de service alors à la Tournelle. Les appels interjetés des instructions faites par les juges inférieurs et les appels de leurs jugements définitifs — si les inculpés ne demandaient pas à aller à la Grand'-Chambre — étaient jugés par la Tournelle (1). L'ordonnance dite de Blois (mai 1579) rappela que les conseillers en fonction à la Tournelle devaient décider du sort des prisonniers et terminer les procès criminels sans se laisser distraire par d'autres affaires (2).

. Pendant les troubles qui signalèrent la fin de la Ligue, cette chambre, comme les autres, fut quelque peu désorganisée. Du 7 avril 1590 au 9 mars 1592, il n'y eut pas d'audience à la Tournelle criminelle « tant à cause du siège de Paris que de l'assassinat commis en la personne de feu M. le président Brisson (3) par Leclerc Bussy, le

(1) Girard et Joly, *op. cit.*, liv. I, tit. V, p. 37 et Isambert, *op. cit.*, t. XIV, p. 189, art. 38, 39.

(2) Isambert, *op. cit.*, t. XIV, p. 415, art. 139, 140.

(3) Brisson, né en Poitou, débuta au barreau de Paris avec éclat; sa répu-

commissaire Louchart et plusieurs autres conjurateurs et séditieux » (1).

C'est à la Tournelle criminelle que le gouvernement s'adressait pour avoir les prisonniers condamnés à des peines graves et les envoyer ramer, comme forçats, sur les galères (2).

Il est bon de citer en terminant un arrêt de règlement du 3 mai 1614 qui rappelait que « si les opinions sont égales, on décide toujours *in mitiorem* » : la sanction la plus douce devait l'emporter (3).

Chambres des Enquêtes. — François Ier à son avènement trouva deux chambres des Enquêtes : la *grande* ou mieux la *première*, c'est-à-dire la plus ancienne et la *petite* (4). Les présidents — il y en avait deux à chaque

tation le fit nommer deuxième avocat général quand du Faur de Pibrac eut résigné (1570). Dix ans plus tard, Pomponne de Bellièvre résigna en sa faveur sa charge de président à la Grand'Chambre. Henri III l'envoya en Angleterre négocier avec la reine Élisabeth ; il le chargea aussi d'étudier la réforme des coutumes et la codification des ordonnances. Chevalier, conseiller d'État et au Conseil privé, il fut assassiné le 15 novembre 1591 par les énergumènes de la Ligue. Dans sa *Description de Paris* (loc. cit., pp. 146-147), Arnold van Buchel rapporte que Brisson passait pour « très éloquent et fort savant en matière historique ; tous sont d'accord pour louer son mérite, la finesse de son jugement, sa science, sa probité ». En mars 1587, à titre de colonel « pour les quartiers au delà des Ponts », il avait été chargé de recherches dans les maisons, les garnis et de faire des rondes de nuit. V. *Registres des délibérations du bureau de la ville de Paris*, t. IX, pp. 37, 38. Sur lui, cf. Blanchard, *op. cit.*, pp. 293 à 295 ; E. Pasquier, *Lettres à Sainte Marthe*, au liv. XVII des *Lettres*, au t. II des *Œuvres*, pp. 481 et suiv.; Loisel, *Dialogue des avocats* (dans les *opuscules cités*, p. 642); F. Cl. Taisand, *La vie des plus célèbres jurisconsultes de toutes les nations*, Paris, Sevestre, 1721, in-4°, p. 85.

(1) Grün, *Notice citée*, loc. cit., p. ccxxx.

(2) 1544, 29 décembre ; 1545, 30 octobre. V. *Catalogue des actes de François Ier*, n°s 14, 291, 14, 621, etc.

(3) François de Jouy, *Arrêts de règlements recueillis et mis en ordre*, v° *Question*, p. 535. Paris, 1753, in-4°.

(4) Aubert, *op. cit.*, t. I, pp. 26 à 30. Par la grande ordonnance de Montils-les-Tours, Charles VII divisa la chambre des Enquêtes en deux sections qui devinrent bientôt deux chambres distinctes. Le Parlement ne considérait pas comme officielles les dénominations de grande et de petite chambre des enquêtes et il les faisait supprimer sur les lettres des candidats. Cf. Arch.

chambre — n'avaient pas, comme ceux de la Grand'-Chambre, le titre de président de la cour, mais simplement de présidents de chambre; ils ne portaient ni le mortier ni les manteaux des présidents de la Grand'-Chambre, excepté quand ils devaient les remplacer, et il faut noter qu'ils les remplaçaient en qualité de plus anciens conseillers et non pas en qualité de présidents des Enquêtes. Ils n'avaient eu d'abord rang et siège au-dessus des conseillers de leurs chambres qu'au Palais même ; comme le dit La Roche Flavin, ils ne siégeaient « que suivant leur antiquité, temps et date de leurs réceptions, bien qu'il semble indécent que le conseiller précède son président et que celuy qui précède dans le Palais soit précédé hors d'iceluy » : aussi, depuis un arrêt du 8 février 1491, ils eurent à Paris toujours le pas sur les simples conseillers des Enquêtes, « sauf quand la cour marche solennellement en corps ». Ces présidents conservaient « un estat de conseiller en la cour annexé à leur estat (de président); et peuvent résigner le dit estat, tiltre ou qualité de président à un autre pourveu que soit conseiller en la cour, et se réserver l'estat de conseiller ». Pendant longtemps les offices de présidents à la première chambre des Enquêtes avaient été réservés à des conseillers clercs, mais à la fin du xvie siècle on les donna aussi à des laïques ; aux autres chambres le roi les attribuait indifféremment à des clercs ou à des laïques (1).

nat., X¹ᵃ 1530, f° 83, 18 janvier 1527, X¹ᵃ 1517, f° 191, juin 1515. Il voulait éviter toute confusion avec la « Grand'Chambre » de la cour, et préférait l'appellation de première chambre : « ce jour (20 janvier 1557) la court a permys à Mⁿ Baptiste Sapin d'aller en *la première Chambre des Enquestes* et d'icelle rapporter quelques proces dont ils estoit chargé par avant que monter à la Grand'Chambre ».

(1) La Roche Flavin, *op. cit.*, liv. II, chap. 8. Les charges de ces présidents n'étaient que des commissions possédées par des conseillers, dit Sauval dans *Histoire et recherches des antiquités de la ville de Paris*, Paris, 1724, t. II, p. 392.

La dénomination de grande chambre des Enquêtes (1) fut toujours conservée à celle qui remontait aux origines du Parlement, et celle de petite chambre resta à celle que Charles VII avait instituée, même après la création de la troisième et de la quatrième chambre des Enquêtes (2); cependant, après ces créations, on l'appela souvent la seconde chambre des Enquêtes (3).

En l'année 1522, François Ier en lutte avec Charles-Quint et à court d'argent établit une *troisième chambre des Enquêtes* dont il nomma directement les vingt nouveaux conseillers, mesure qui lui procura 70.000 écus d'or, si nous en croyons Dumoulin (4). Il avait besoin de 120.000

(1) Cf. Arch. nat., X¹ᵃ 1512, f° 67 : 21 octobre 1538; X¹ᵃ 8613, f° 256 : janvier 1541 ; f° 470, 14 mai 1543, X¹ᵃ 1548, f° 140, 20 janvier 1542 : réception du conseiller François Delage à l'office de président vacant par la mort de Nicolas Brachet, X¹ᵃ 1559, f°ˢ 341, 362 v° : 26 et 30 mars 1547, etc. La Roche Flavin, *op. cit., loc. cit.*

(2) Cf. *ibid.*, X¹ᵃ 1538, f° 372, 25 juin 1535 : réception du conseiller Pierre de l'Estoile nommé président au lieu de feu Nicole le Maistre. X¹ᵃ 1540, f° 79, 2 janvier 1538 : réception du conseiller Louis Caillaud à l'office de président de feu l'Estoile. X¹ᵃ 1544, f° 211, 5 mars 1540.

(3) 1534, 7 septembre : A Mathurin Régnier, m° painctre, demeurant à Paris, dix livres, dix sous tournois à lui taxés après rapport et estimation des peintres Jacques Labbé et Henri Gallopin, peintres, jurés et gardes du dit métier à Paris, pour travail fait « en une estude près la *seconde chambre des Enquestes* ou Palais à Paris; en ce comprins le sallère des diz jurez ». Arch. nat., X¹ᵃ 1537, f° 459 v°. L'année suivante, à cette même étude, travaux de charpente et de menuiserie et aussi de verrerie, exécutés par le m° verrier Jean de la Hamée (?) savoir « 56 pieds et 1 poulce de voirre (verre) partie blanc et partie à fleurs de lys, et 10 pieds, 2 poulces de voirre blanc « en façon de pierres carrées ». Le m° verrier Jean le Chastellain avait estimé le dit travail. Cf. *ibid.*, X¹ᵃ 1538, f°ˢ 106 v° et 199, 20 février et 1ᵉʳ avril 1535.

(4) Cf. *suprà.* — Girard et Joly, *op. cit.*, t. I, p. 2. *Additions*, p. LXXV. — Écoutons Dumoulin (dans une note en tête des *Instructiones abbreviatae* à la suite de son édition du *Stilus* de Guillaume du Breuil) : « An. 1522 rex Franciscus ut corraderet LX millia aureorum quartam (sic) cameram inquestarume XX novis consiliariis, quam novam vocant, creavit, a singulis capiens ter mille aureos, unde curia valde deturpata fuit. Primus enim dictorum emptorum, Petrus Ledet, multis corruptionibus damnatus regradatus, ejectus est; postea presidentium quoque numerus precio auctus. Rursus idem rex anno 1543 alios XX, quaestus causa, creavit. Tandem, Olivario cancellario, sancitum salubre edictum suppressionis omnium novorum offi-

livres (1); et la vente des vingt offices, à raison de 6.900
livres chacun (2), lui assura cette somme considérable.
A vrai dire, le budget se trouvait grevé de nouveaux gages
à payer indéfiniment. Les pourparlers engagés entre le
monarque et le Parlement au sujet de l'organisation de
cette nouvelle chambre remontait au mois de novembre
de l'année précédente. La cour faisait valoir que le roi
avait promis de ne pas augmenter les offices et de ne pas
en vendre; elle adressa d'humbles remontrances (11 février
1522), puis refusa l'enregistrement (17 et 27 février). Cepen
dant dès le 15, François Ier était venu lui-même au Parlement; mécontent, il appela le président Charles Guillart (3) à Saint-Germain et lui signifia que les magistrats
devaient obéir; sinon le comte de Saint-Pol irait faire
enregistrer l'édit de force : la Grand'Chambre impuis-
sante céda et le 10 mars l'édit royal fut enregistré. Deux
ans plus tard (mars 1524), elle enregistra encore une

ciorum, prout morte vacarent, quod ad finem Augusti 1517 publicari vidi ».
— Il est vrai que trois des nouveaux élus : Leydet, Gentils et Nicolas de la
Chesnaye eurent à subir de scandaleux procès.

(1) Arch. nat., X^{1a} 1524, f° 52, 10 janvier 1522.

(2) C'est le prix indiqué par le *Journal d'un bourgeois de Paris sous
François Ier*, édit. Lalanne, p. 123-124. On a vu que Dumoulin parle de
3.000 écus d'or.

(3) Guillart, avocat, puis conseiller (30 décembre 1482), avait été maître
des Requêtes de l'Hôtel (1496), 4° président le 3 juin 1508, il résigna en
faveur de l'avocat général François de Montholon (1534) qui fut reçu le
3 février 1535 (Arch. nat., X¹ 1511, f° 157; X¹ 1538, f° 83). Le greffier
du Tillet fait de lui un grand éloge. Sa famille était originaire du Poitou (de
Châtellerault) et descendait, disait-on, de saint Hubert, aussi ses membres
passaient pour guérir de la rage (V. Blanchard, *Présidents au mortier*,
pp. 135, 136). En 1519, il prit part aux négociations entamées pour empêcher
l'élection de Charles-Quint à l'Empire (*Journal de Barrillon*, édit. de la
Société de l'histoire de France, t. II, pp. 80, 88, 120, 121). A cause de son
zèle à poursuivre les livres suspects d'hérésie, Josse Clichtove lui dédia son
Antilutherus (1524) (L. Christiani, *Josse Clichtove et son Antilutherus*,
dans *Revue des questions historiques*, 1911, p. 122). Il fut donné comme
tuteur et curateur au Dauphin devenu héritier universel de sa mère décédée
et des autres enfants de France pour leur part dans le comté de Montfort
(26 mars 1530, X^{1a} 1533, f° 156 v°). En 1537, il mourut. V. sur lui, Hau-
réau, *Histoire littéraire du Maine*, t. VI, pp. 45-50.

déclaration du 5 juillet précédent relative à son exécution (1). Le 13 mars 1523, la chambre des Comptes avait
reçu des lettres patentes l'invitant à expédier leurs cédules
aux vingt conseillers que le roi venait de nommer (2).

La Grand'Chambre aurait voulu que les nouveaux conseillers ne fussent pas considérés comme membres de la
cour, qu'ils ne parussent pas aux assemblées générales,
qu'ils subissent un examen très sévère et qu'on ne les
payàt de leurs gages qu'après tous les autres conseillers;
enfin que leurs offices devenus vacants fussent supprimés (3). François Iᵉʳ ne fit aucune concession; les
vingt conseillers désignés eurent les mêmes droits, les
mêmes privilèges, les mêmes honneurs que les anciens (4).

En 1531 (juillet), pour en finir avec la sourde résistance
du Parlement, il rappela encore qu'il exigeait pour tous
les magistrats une égalité complète, menaçant au besoin
d'envoyer à la nouvelle chambre six des plus anciens
conseillers des autres chambres des Enquêtes qui permu-
teraient avec six des nouveaux nommés. Il parla même de
répartir entre les trois chambres des Enquêtes ses vingt
créatures et de suspendre de sa charge quiconque ferait
la moindre opposition. Enfin il déclara que la troisième
chambre des Enquêtes ne serait jamais supprimée (5).
Quelques jours après, devenu plus audacieux, François Iᵉʳ

(1) Arch. nat., Xᴵᵃ 8611, fᵒ 371 vᵒ; Xᴵᵃ 8612, fᵒˢ 7, 276; Xᴵᵃ 1524, fᵒˢ 27,
45, 46, 52, 89, 95, 97 vᵒ, 117 vᵒ, 122, 178 vᵒ, 179. — Guillart dut se rendre
en poste à Saint-Germain où le roi exigeait sa venue immédiate. Le 4 février
(Xᴵᵃ 1524, fᵒ 64 vᵒ), une délégation du Parlement avait été, sans succès,
trouver François Iᵉʳ.

(2) *Catalogue des actes*, nᵘ 1778.

(3) Leur chambre eût été séparée « a corpore curiae, nec reputabuntur illi
aggregati ». Cf. Arch. nat., Xᴵᵃ 1524, fᵒ 88.

(4) 1523, 9 juillet, Arch. nat., Xᴵᵃ 8612, fᵒ 7. — Par ironie, le greffier
appelle cette agrégation des nouveaux conseillers une « mixture ». — On
a vu que Dumoulin ne ménageait pas son mépris à cette nouvelle chambre.

(5) 1531 (juillet). Arch. nat., Xᴵᵃ 8612, fᵒ 276. — Voici les noms des nouveaux conseillers reçus en 1522 (Cf. Arch. nat., Xᴵ 1524, fᵒˢ 280, 362,
369 vᵒ, 407; Xᴵᵃ 1525, fᵒˢ 2, 2 vᵒ, 12 vᵒ, 25 vᵒ, 28, 31, 42 vᵒ, 45 vᵒ :

Pierre Laydet licencié ès lois, conseiller clerc, reçu le 18 juin 1522.

tenta l'essai d'une *quatrième chambre des Enq.êtes*
(9 août), moins nombreuse que les autres (1 seul président
et 12 conseillers), avec mission de juger spécialement, pendant les prochaines vacances, les causes qui concernaient
le domaine de la couronne et le service des eaux et forêts.
Il ne semblait pas qu'il y eût dans cette affaire autre
chose que l'organisation d'une commission temporaire

Pierre de Montmerle, sénateur de Milan, conseiller clerc, reçu le 18 août
1522.

François le Charron, docteur ès droits, conseiller lai, reçu le 23 août
1522.

René Gentils, sénateur de Milan, conseiller clerc, reçu le 23 septembre
1522.

Jacques Boullent, licencié en droit, conseiller clerc, reçu le 13 novembre
1522.

Pierre Brulart, conseiller clerc, reçu le 14 novembre 1522.

Francisque de Medulla, conseiller clerc, reçu le 28 novembre 1522.

Jean le Charron, conseiller clerc, reçu le 12 décembre 1522.

Jean Luillier, avocat au Parlement, conseiller clerc, reçu le 17 décembre
1522.

Louis Gayant, conseiller clerc, reçu le 17 décembre 1522.

François de Loynes, Jacques de la Barde, reçus présidents le 20 décembre
1522.

Pierre Viole, conseiller lai, reçu le 30 décembre 1522.

Reçus en 1523 (Cf. Arch. nat., X¹ᵃ 1525, fᵒˢ 45, 47, 66 vᵒ, 77 vᵒ, 78, 83,
105, 184) :

Gassiot de Lacombe, conseiller à Rouen, reçu conseiller lai le 5 janvier
1523.

Tristan de Reilhac, notaire, secrétaire du Roi, reçu conseiller lai, le 8 janvier 1523.

Nicolas Berruyer, reçu conseiller lai le 31 janvier 1523.

Pierre Gontier, conseiller au Trésor, reçu conseiller lai le 1 février
1523.

Ambroise de Florence, reçu conseiller lai le 4 février 1523.

Jean de Villemar, reçu conseiller lai le 11 février 1523.

Guillaume Bourgoing, reçu conseiller lai le 28 février 1523.

Nicole de la Chesnaie avait eu lettres de provision le 17 mars 1523, mais
déjà soupçonné de faits graves, il vit sa réception ajournée. V. *ibid.*,
X¹ᵃ 1527, fᵒ 135, 14 février 1525. — Bertrand Soly et Nicole de Grandrue,
bien que nommés, furent aussi ajournés après les sérieuses remontrances du
Parlement. V. *ibid.*, X¹ 1533, fᵒˢ 183 vᵒ, 188, 5 mars 1530.

Le président, François de Loynes, mourut bientôt (30 juin 1524) et il fut
remplacé par le conseiller Pierre Clutin qui fut reçu le 14 novembre 1524.
Cf. *ibid.*, X¹ᵃ 1526, fᵒ 364 ; X¹ᵃ 1527, fᵒ 2.

dont les membres rentreraient ensuite dans les autres
chambres des Enquêtes, aussi dans la huitaine (14 août)
le Parlement enregistra les lettres royaux (1). Les conseillers désignés toucheraient des épices jusqu'à concurrence de la somme de 1.000 livres (2). Le président choisi
fut Pierre Clutin (3) auquel succéda, le 30 août, François
de Saint-André, conseiller clerc (4).

Cette chambre subsista plus longtemps que l'avait dit
le prince (5); elle disparut cependant, et les causes du
domaine revinrent à la Grand'Chambre, quelquefois à la
première chambre des Enquêtes (6). Mais François Ier
était tenace : sous prétexte de soulager la Grand'-
Chambre, très occupée il est vrai, plutôt peut-être pour
se procurer encore de l'argent, après avoir évoqué le
souvenir de la chambre temporaire du 9 août 1531,
il établit à titre définitif (mai 1543), sous le nom de
Chambre du Domaine, une quatrième chambre des
Enquêtes. Composée de deux présidents, de dix-huit
conseillers, tous laïques, d'un greffier (7) et d'un huis-

---

(1) Arch. nat., X¹ᵃ 8612, f° 280. — *Catalogue des actes*, n°⁵ 4221, 4248,
20521 (7 janvier 1533); 20551, 20552 (27 février 1533).

(2) *Catalogue* cité, n° 5480; Arch. nat., X¹ᵃ 1586, f° 413.

(3) Général sur le fait de la justice des Aides, conseiller lai depuis le
13 novembre 1515, sur résignation de Martin Ruzé devenu conseiller clerc,
Clutin avait succédé comme président à la 3ᵉ chambre des Enquêtes à François de Loynes (14 novembre 1524); le 23 décembre 1528, il passa conseiller
à la Grand'Chambre à titre de conseiller clerc, Louis Fumée ayant résigné
en sa faveur. Il mourut le 16 juillet 1533 (V. Arch. nat., X¹ᵃ 1518, f° 2;
X¹ᵃ 1527, f° 2; X¹ᵃ 1532, f° 41), et fut enterré à Saint-Jean-en-Grève (Blanchard, *Catalogue* cité, p. 52; *Catalogue des actes de François I*ᵉʳ,
n° 14608). Il avait été remplacé aux Aides par le secrétaire du roi, Jean
Arbaleste (16 novembre 1515).

(4) Sur ce magistrat, v. *supra*.

(5) *Catalogue des actes*, n°⁵ 20521, 20551, janvier et février 1533.

(6) 1543, 14 mai : évocation et renvoi à la grand'chambre des Enquêtes
d'un procès pendant au Parlement de Toulouse et relatif au domaine royal.
Arch. nat., X¹ᵃ 8613, f° 470.

(7) Palamède Gontier, secrétaire de la Chambre du roi, reçu le 14 novembre
1543 (Arch. nat., X¹ᵃ 1552, f° 2), il touchait 100 livres tournois de gages,
plus le produit d'une amende égale à 60 livres parisis. — Ordre à Nicolas

sier (1); elle devait connaître en appel et en dernier ressort de toutes les causes intéressant le domaine du roi,
les eaux et forêts, les grueries et autres droits royaux
tant en France qu'en Dauphiné, Provence et Bretagne.
Son ressort se trouvait donc plus étendu que celui du
Parlement de Paris dont elle faisait pourtant partie, mais
en avril 1546 on la ramena aux limites de cette cour (2).
Désormais les causes indiquées n'iraient plus à la chambre
du Trésor (3) ni devant le Grand Maître et général réfor-
mateur des eaux et forêts siégeant à la table de marbre (5). La nouvelle chambre devait avant tout se consacrer à ces causes mais elle conservait la même compétence que les trois autres chambres des Enquêtes.

La nomination des deux présidents et des dix-huit
conseillers entraîna naturellement la création — et la
vente — de vingt nouveaux offices; les titulaires demeuraient en tout assimilés aux autres conseillers et leurs
gages seraient payés par les receveurs des exploits et
des amendes du Parlement. Les maîtres rapporteurs
pouvaient percevoir des épices (4). La désignation et

Hardy, receveur des exploits et amendes du Parlement, de payer à Jean
Canyvet, libraire à Paris, 7 livres, 16 sous parisis, pour fourniture et reliure
d'un registre de 10 cahiers de parchemin, tout réglés, pour servir à l'enregistrement des dépôts des sacs du greffe du Domaine; et d'autres sommes
pour avoir fourni du papier, des tablettes et des règles d'acier. Cf. Arch.
nat., X¹ᵃ 8856, f° 8 v°, décembre 1543.

(1) Nicole de Louvain, *ibid.*, X¹ᵃ 1551, f° 548 v°.

(2) Arch. nat., X¹ 8615, f° 227 v°. — 1544, 9 mai : ordre à Nicolas Hardy
de bailler à Lazare Thomas, clerc au greffe du Domaine, 200 livres tournois
pour frais du voyage accompli sur l'ordre du Parlement afin de faire publier
aux Parlement et Chambres des comptes de Bordeaux, Toulouse, Aix, Grenoble et Dijon, les édits d'élection et de création de la Chambre du Domaine
à Paris. *Ibid.*, X¹ᵃ 8856, f° 21 v°.

(3) 1544, 1ᵉʳ septembre : le cardinal Jean du Bellay, évêque de Paris, en procès
à cause du prieuré de Saint-Éloi; la chambre du Domaine ordonne à M° Jean
de Rueil, greffier de la chambre du Trésor, de lui remettre toutes les pièces
du procès déjà commencé à ladite chambre, afin que les droits du roi et
de son domaine soient vérifiés. Arch. nat., X¹ᵃ 8856, f° 42 v°; cf. f° 69,
31 juillet.

(4) Cf. 1544, 15 mars : Arch. nat., X¹ᵃ 8856, f° 16. Longueil, président.

surtout la réception de ces magistrats traîna quelque
peu en longueur : dès le mois de juillet (14 et 27), les
présidents André Baudry (1) et Jean de Longueil (2) avec
quatre conseillers (les 14, 18, 27) furent reçus (3), puis il
se produisit un temps d'arrêt. Il est vrai que, le 14 septembre, le Parlement avait eu l'idée d'attendre le résultat
de tous les examens des élus afin de les recevoir tous

Le Clerc, rapporteur, à Jean Malepipe, greffier de la juridiction des eaux et
forêts, ordre de renvoyer les sacs, registres et pièces des causes des eaux
et forêts avant trois jours. Cf. *ibid.*, f° 128, 10 juin 1544. — Dans tout procès
pouvant intéresser le domaine, le procureur général demandait qu'avant de
faire droit, la chambre du Domaine examinât l'affaire; en cas de saisie
d'immeubles, cette chambre était consultée avant que la mainlevée fût
accordée. Cf 1544, 7 avril et 31 juillet, Arch. nat., X¹ᵃ 8856, f° 69 :
demande de mainlevée sur immeubles saisis rues de la Verrerie, de la
Poterie et de la vieille Tissandrie, faisant partie de l'hôtel d'Anjou. —
Déclaration royale de janvier 1544 lue. publiée et enregistrée le
19 février après avis du procureur général. Cf. Girard et Joly, *op. cit.*,
liv. I, tit. I, art. 1, p. 3 à 6. L'édit de création de la chambre fut enregistré le 10 juillet 1543. Cf. Arch. nat., X¹ᵃ 8613, f° 473. — Comme les
autres chambres, la chambre du Domaine demeurait soumise au droit que
conservait le roi d'évoquer au Conseil privé les causes introduites au Parlement. Cf. *Catalogue des actes de François Iᵉʳ*, n° 13837, 11 mai
1544.

(1) André Baudry avait été reçu conseiller laïque à la 1ʳᵉ chambre des
Enquêtes au lieu de feu Mᵉ Louis Thiboust. Le 10 mai 1544, François Iᵉʳ lui
accorda une pension de 600 livres. Il mourut le 19 octobre 1550 et son titre
de président passa à François Dormy. Arch. nat., X¹ᵃ 1524, f°ˢ 3 v°, 19 v°;
X¹ᵃ 1551, f°ˢ 201 v°, 230, 265, 268. *Catalogue des actes de François Iᵉʳ*, n° 13836. Blanchard, *Catalogue* cité, p. 49.

(2) Jean VI de Longueil, licencié ès lois, fils de Jean V de Longueil et de
Marie Clutin, seigneur de Maisons, marié à Marie de Dormans (31 janvier
1522), avait été reçu conseiller laïque le 22 décembre 1529 au lieu de feu
Jean de Villemur. Président à la 4ᵉ chambre des Enquêtes dès sa création,
comme Baudry, Il reçut du roi, le 4 mai 1544, une pension de 600 livres, en
dépit de l'opposition de la chambre des Comptes. Le 14 février 1550, ses
lettres de conseiller d'État furent vérifiées au Parlement. Il employait ses
loisirs à recueillir les principaux arrêts notables — au nombre de 271 —
rendus de son temps. Après sa mort (1ᵉʳ mai 1551), il fut enterré dans la
chapelle que l'illustre famille parlementaire des Longueil avait édifiée en
l'église des Cordeliers de Paris. Arch. nat. X¹ᵃ 1583, f° 30 v°; X¹ᵃ 1551,
f°ˢ 201 et 230, 265, 267 v°, 268. — Blanchard, *Présidents au mortier*,
pp. 467, 468; *Catalogue des actes de François Iᵉʳ*, n°ˢ 13835, 13836.

(3) Jean Odoard et André Maillart, déjà conseillers laïques au Parlement

ensemble, mais ce projet ne fut pas mis à exécution (1).

Aussi bien François 1er, ennuyé de ces lenteurs qu'il estimait calculées, écrivit à la Cour (8 août 1543) que la Chambre du Domaine entrerait en fonctions sans attendre que tous les conseillers désignés pour en faire partie eussent été reçus, et en s'adjoignant provisoirement dix conseillers pris dans les autres chambres des Enquêtes. Peu après il revint à la charge en enjoignant à la Grand'-Chambre de recevoir sans délai tous ceux qui attendaient encore leur réception (2).

Quatre chambres des Enquêtes existaient donc à l'avènement de Henri II ; et ce nombre semblait plus que suffisant, si on se rappelle que la création des parlements provinciaux avait beaucoup diminué l'étendue du ressort du Parlement de Paris. Tel ne fut pas cependant l'avis de Charles IX ; et en juillet 1568 il lançait un édit qui organisait une *cinquième chambre des Enquêtes* ; mais comme il ne créait pas de nouveaux offices, la cour enre-

de Rouen (Cf. F. Vindry, *Les parlementaires français au xvi° siècle*, t. I, p. 272, 2° fascic., n° 82 et p. 287, n° 166), Jean de Longuyon, avocat du roi à ce Parlement et Charles Quierlamoine.

(1) Arch. nat., X¹ᵃ 1551, f° 496 v°. — Martin le Camus, Jérôme Duval et Jean Picot, licenciés ès lois, furent reçus le 26 septembre ; Robert de Harlay le 1er octobre ; Guillaume Courlin, Antoine le Coq, Oger Pinterel, Denis Bodin, licenciés ès-lois, le 2 octobre ; Jean Socier, docteur régent de l'Université d'Orléans, le 4 octobre. Cf. *ibid.*, f° 525 v°, 544 v°, 545, 547. *Catalogue des actes*, n°° 26092, 26093, 26094. L'année suivante, Vaast le Prévost, qui avait échoué à son examen, fut, à la demande de l'avocat général Gilles le Maistre, convoqué devant un nouveau jury et reçu le 9 janvier ; Guillaume Luillier, prévôt de Sens, et Jean Texier ne furent reçus que le 5 décembre 1544. Michel Boudet fut aussi refusé à l'examen, mais, moins heureux que Le Prévost, il ne put en passer un second et Jean Turquan fut reçu à sa place le 26 janvier 1544 ; à la mort de Lescot, il passa cependant conseiller à la Grand'Chambre et fut reçu le 12 novembre 1545. — Cf. *ibid.*, X¹ᵃ 1552, f°° 50, 130 v°, 153 v°, 155 v°, 175 et *Catalogue* cité, n°° 26095, 26098, 26099, 26102. Après le premier échec de La Prévost, le roi avait donné l'office à M° Jean Anjorrant (21 novembre 1543), mais après son admission, Le Prévost reprit la charge et Anjorrant, en dédommagement, eut celle de conseiller clerc de Louis Cailland décédé ; il fut reçu le 29 février 1544. Cf. *ibid.*, X¹ᵃ 1552, f°° 12 v°, 264.

(2) Arch. nat., X¹ᵃ 1551, f°° 315 v°, 544 v°.

gistra (19 août) sans soulever d'opposition sérieuse, sans
réitérer les remontrances (1). Les deux présidents, tous
deux laïques, et les conseillers devaient être pris dans
les quatre autres chambres existantes. Au dire de La
Roche Flavin(2), ces chambres comptaient trop de magistrats ; et il n'y eut qu'à prendre ceux qui étaient de trop
pour former cette cinquième chambre.

Henri III, on l'a vu, songea pour se procurer l'argent
dont il avait si grand besoin à imiter l'exemple de son frère ;
mais, sur les sages remontrances de la Grand'Chambre,
il consentit à ne pas instituer la sixième chambre des
Enquêtes projetée et se contenta de créer vingt nouveaux
offices de conseillers laïques à répartir entre les cinq
chambres (mai 1581) : six ans plus tard il essaya encore
de reprendre son projet, mais devant l'opposition persis-
tante du Parlement il y renonça définitivement (3).

Le fonctionnement et la compétence de toutes les
chambres des Enquêtes, sauf en ce qui concerne spécialement celle dite du Domaine, n'avaient pas varié. Les
devoirs des conseillers, des commissaires et des rapporteurs demeuraient les mêmes (4). Notons cependant qu'à
partir du milieu du xvi⁰ siècle les plaidoiries furent admises
aux Enquêtes malgré l'opposition de la Grand Chambre

(1) Girard et Joly, *op. cit.*, t. I, p. 2 et *additions*, pp. v, vi, lxxxi. E. Pasquier, *Recherches de la France*, in-f° éd. cit., liv. II, ch. 4. — Après avoir
délibéré les 20 juillet, 3, 4, 6 et 8 août, les chambres assemblées avaient
adressé des remontrances. Cf. Arch. nat., X¹ᵃ 1623, f⁰⁰ 358, 411 v⁰, 417,
420 v°, 441.

(2) La Roche Flavin, *op. cit.*, liv. I, chap. 19. — Il a été dit précédemment
que cette nouvelle chambre permit d'utiliser les conseillers de l'ancienne
chambre du conseil et de l'ancien parlement semestre qui encombraient les
quatre chambres des Enquêtes déjà existantes. Peu à peu, par voie d'extinction,
les charges seraient supprimées afin que le nombre des membres du Parlement
revînt à ce qu'il était autrefois (édit de Fontainebleau, mai 1573). Cf. Miraulmont,
op. cit., pp. 16 à 18.

(3) Isambert, t. XIV, p. 493 ; Girard et Joly, *op. cit.*, t. I, pp. 2, 8, *additions*, pp. v, vi ; La Roche Flavin, *op. cit.*, *loc. cit.* ; P. de L'Estoile, *op. cit.*,
t. III, p. 49.

(4) Aubert, *op. cit.*, t. I, pp. 30 et 40.

et des gens du roi, le 4 janvier 1555 : « néantmoins
comme il était nécessaire que les juges d'un procès en
fissent les instructions, cela s'est établi, et l'on donne deux
audiences par semaine pour cet effet dans chacune des
cinq chambres, après que celle de la Grand'Chambre est
finie ». Un praticien de cette époque résume ainsi les
attributions des chambres des Enquêtes : elles « connaissent toutes les appellations des sentences rendues
dans les sièges du ressort du Parlement sur des procès
par écrit, et sur lesquelles il y a des épices. Ces procès se
concluent à la Grand'Chambre, c'est-à-dire que les procureurs des parties passent volontairement un arrêt au
greffe par lequel le procès par écrit entre un tel appelant et un tel intimé est conclu et reçu pour juger si
bien ou mal a été appelé, ordonné que l'appelant four-
nira de griefs, et l'intimé de réponses, dans les délais
marqués par l'ordonnance. S'il y a quelque procédure à
faire au sujet desdits procès, elle se fait à la Grand'-
Chambre avant lesdits arrests de conclusion ; en la première chambre des Enquêtes depuis les conclusions jusqu'à la distribution et depuis la distribution en la Chambre
où le procès est tombé » (1). Pour les procès revus à juger,
dès la fin du règne de Louis XII, on baillait des requêtes
à la chambre des Enquêtes (2).

L'édit de mars 1550 (3) prescrivit qu'aucun jugement ne
serait rendu s'il n'y avait au moins dix conseillers présents ; le rapporteur de chaque procès devait écrire en
marge du dictum de l'arrêt les noms des présidents qui
assistaient au jugement et le faire signer par l'un d'eux ;
enfin tous ces « dictons » d'arrêts civils ou criminels, les

(1) Grün, *Notice citée*, p. cxxii, et Bibl. nat., ms. Clairambault, 754, f° 24,
texte cité par P. Guilhiermoz, *Enquêtes et procès*, p. 158, note 1. *Ms. Clairambault cité*, f° 23, *loc. cit.*
(2) *Mémorial de Germain Chartelier*, texte du 13 novembre 1510, dans
Guilhiermoz, *loc. cit.*
(3) Isambert, *op. cit.*, t. XIII, pp. 157, 158, art. 17, 28.

A.   4

extraits des reproches et des faits négatifs, comme ceux
de tous les procès, seraient faits et écrits de la main
même du rapporteur ou d'un conseiller de la chambre
saisie, et cela sous peine d'une suspension de trois mois.
L'ordonnance de Moulins (février 1566)(1) décida qu'à
l'avenir aucun procès ne serait jugé par les commissaires
excepté dans les cas suivants : instances de dommages
et intérêts, criées, redditions de comptes, liquidation de
fruits et taxes de dépens excédant trois articles. Elle
défendit les réunions pour procéder à l'examen et au
jugement des procès par commissaires le matin de 10 à
11 heures et le soir de 5 à 6 heures ainsi que les dimanches et fêtes, ou hors des chambres, et aussi de « ne pas
faire doubles commissaires en une après-dinée ». L'ordonnance dite de Blois (mai 1579) confirma ces dispositions en précisant que dans les parlements où il fallait
dix conseillers pour rendre la sentence, désormais il en
faudrait douze — les présidents compris, — si les parties
le demandaient et si l'importance du procès engagé le
méritait. Comme la Grand'Chambre continuait à être
surchargée de besogne, elle pouvait renvoyer aux chambres des Enquêtes les procès instruits par ses membres et
qui n'avaient pu être expédiés. Désormais il y aurait publication d'enquêtes, comme devant les juges ordinaires(2).

Dans les dernières années du xvi° siècle, « les cinq
chambres des Enquêtes jugent tous les procès par escript
qui sont concluds et reçus pour juger en la dicte cour
sur appellations interjetées des sentences données sur les
dits procès par escrit » (3). Quant à « messieurs de la première chambre des Enquêtes, ils ont ce privilège de faire
départir les procès partis en la Grand'Chambre et la
5° des Enquêtes »(4).

(1) Isambert, *op. cit.*, t. XIV, p. 207, art. 68, 69.
(2) Isambert, *loc. cit.*, pp. 413, 414, 317, art. 133, 134, 150.
(3) E. Cavet, *op. cit., loc. cit.*
(4) Laurent Jouet, *Jurisprudence du Palais réduite en maximes tirées*

Cette première chambre des Enquêtes avait un sceau spécial, rond, de 27 millimètres, avec une fleur de lys dans un quadrilobe et la mention « sigillum camere » (1).

Au XIV° siècle, des deux commissaires enquêteurs désignés, l'un était généralement un clerc et, à ce titre, son nom venait le premier dans le procès-verbal des opérations de l'enquête. Souvent au conseiller choisi pour commissaire principal, le parlement adjoignait un prud'homme que le conseiller prenait au pays même, du consentement des parties, lors de l'ouverture de l'enquête. Au XVI° siècle, les fonctions d'*adjoint aux enquêtes* furent érigées en titres d'offices (2).

Chambre des Requêtes du Palais. — Jusqu'au mois de juin 1580, il n'y eut au Parlement de Paris qu'une seule chambre des Requêtes, et même quand Henri III crut devoir en organiser une seconde, il fut convenu qu'elles ne formeraient qu'un seul corps, celui des Requêtes du Palais divisé en deux chambres et dont le vrai chef serait le magistrat qui remplissait à la première de ces chambres les fonctions de premier président; les autres présidents n'étaient en réalité, malgré leur titre, que des conseillers (3). Au XVI° siècle, les Requêtes du

et compilées du droit et des arrêts, des ordonnances et de la coutume de Paris. *Maxime 305*; Paris, J. Guignard 1676, in-4°.

(1) Douet d'Arcq, *Collection des sceaux*, t. II, n° 4393, XVI° siècle.

(2) Guilhiermoz, *Enquêtes et procès*, p. 35, notes 4, 5 et 46, note 8. — *Style des commissaires*, pp. 5, 6; Olim, III, p. 39, n° LIV. — Ordonn. de 1357 et décembre 1364 (Ordonn., t. III, pp. 131, 654). — Arch. nat., X¹ª 1675, f° 16; 1582, 27 avril : vu les lettres de provision octroyées par le roi à M° René Chaillou pourvu de l'office d'adjoint aux Enquêtes, ouï le procureur général, après en avoir délibéré, le Parlement décide qu'il ne sera pas reçu.

(3) Cf. Lettres royaux du 11 mai 1584 cité par La Roche Flavin, op. cit., liv. II, chap. 5, n° 5, pp. 64 à 69. — On sait que La Roche Flavin fut président des Requêtes, au Parlement de Toulouse. — Pour les deux chambres des Requêtes il n'y avait aussi qu'un seul premier huissier (celui de la première chambre). Cf. arrêt du 16 mai 1604 cité par Girard et Joly, op. cit., liv. 1, titre XXVI, pp. 268, 274. Comme aux Enquêtes, la charge de président des Requêtes n'était, dit Sauval, qu'une commission possédée par un conseil-

Palais conservent leur caractère de juridiction spéciale :
lorsque maitre Pierre Violle (1) succède à son frère
Jean (2), il présente à la Grand'Chambre de la Cour sa
« lettre de commission » (3). Quand une vacance se produisait, on procédait « à l'élection de l'office de conseiller
en la dicte court et en commission des Requestes » (4).
Ceux qui font partie de cette chambre continuent à être
appelés « commissaires » (5). Cependant les Requêtes et
leurs membres font toujours partie du Parlement, mais
dans une situation spéciale : la chambre est une juridiction, une commission distincte et ses membres sont des
conseillers du Parlement commissaires, délégués aux
Requêtes (6). C'est pour cela que le mot Parlement ne
désigne souvent que la Grand'Chambre et les chambres
des Enquêtes.

Au commencement du XVII⁰ siècle les praticiens, avec
textes à l'appui, considèrent les Requêtes comme un
« auditoire » composé de juges délégués qui « font un
corps séparé pour ce qui est des instructions et jugemens des procèz, encore qu'ils soient de la Cour, toute

ler, *Histoire et recherches des antiquitéz de la ville de Paris* (Paris,
1724, t. II, p. 392).

(1) Pierre Violle avait été reçu conseiller le 30 décembre 1522, quand
le roi créa vingt nouveaux offices à la Grand'Chambre. Arch. nat.,
X¹ᵃ 1524, fᵒˢ 42 vᵒ, 45 vᵒ. Il devint prévôt des marchands de Paris (Blanchard, *Catalogue cité*, p. 52).

(2) Jean Violle, seigneur d'Andrezay et d'Aigremont, avait été reçu
conseiller le 26 juillet 1516 (Blanchard, *ibid.*, p. 47).

(3) 1534, 4 février. Arch. nat., X¹ᵃ 1537, fᵒ 117 vᵒ. Il serait facile de
citer beaucoup d'autres exemples.

(4) 1515, 5 mars. Arch. nat., X¹ᵃ 1517, fᵒ 87 vᵒ; cf. X¹ᵃ 1522, fᵒ 187,
11 mai 1518.

(5) 1541, 19 novembre : toutes chambres assemblées, Mᵉ Bertrand Le
Lièvre, conseiller au Parlement, présente les lettres du roi qui lui confèrent
« l'état et commission des requestes » vacant par le décès de Mᵉ Arnoul
Ruzé « en son vivant conseiller céans et commissaire ès dictes requestes ». —
1546, 16 novembre : Mᵉ Jacques Leclerc est nommé « commissaire » aux
Requêtes à la place de feu M. Bertrand Le Lièvre, *ibid.*, X¹ᵃ 1548, fᵒ 2 vᵒ;
X¹ᵃ 1559, fᵒ 2.

(6) « Tribunal inferius » dit Dumoulin, *loc. cit*

la Cour assemblée » (1). La Roche Flavin demeure fidèle
à la tradition quand il explique que le titre de « commissaire », vient de ce que jadis quelques membres de la
Grand'Chambre y étaient commis et députés « pour ouïr,
juger et respondre les requestes ès causes des domestiques, commensaux ou officiers du Roy (2) ».

En 1544, François Ier créa une deuxième charge de président (22 mai) et trois charges de conseillers (deux en
mai et une le 8 août); dès lors la Chambre des Requêtes
compta deux présidents et huit conseillers. Peu après
(9 juin), il y nomma aussi un nouvel huissier appelé (3),
huissier-sergent : car le titre d'huissier demeurait toujours réservé à la Grand'Chambre.

Le nom d'*huissiers-enquêteurs* leur fut aussi donné
quand le Roi leur eût permis et à eux seuls (1546), pour
augmenter leur modique salaire et les indemniser en
partie des grosses sommes qu'ils versaient pour acheter
leurs charges, de faire enquêtes « ès procès pendant
devant les Requestes » à Paris et jusqu'à douze lieues au-
tour de cette ville (4).

(1) Cavet, *op. cit.,* liv. I, titre I, p. 2, 46 (Cf. Arch. nat., X¹ᵃ 8312,
fᵒˢ 132 à 137 v°, 22 nov. 1471), G. Louet, *Recueil d'aucuns notables arrêts
donnés en la Cour de Parlement,* édition, revue par J. Brodeau. Genève,
Gamonet, 1618, in-4°, arrêt du 18 mai 1595; Laurent Jouet, *La jurisprudence du Palais réduite en maximes,* Maxime LXVII.

(2) *Op. cit.,* liv. XIII, chap. 66.

(3) Le président, Pierre de Hacqueville, fut reçu le 29 octobre; les trois
conseillers furent reçus : François Alligret le 9 juin, Jean Hennequin le 30 juin
et Thierry Dumont le 3 octobre. Le nouvel huissier fut Alexandre Savary,
v. Arch. nat., X¹ᵃ 1553, fᵒˢ 69, 121 v°, 187 v°; X¹ᵃ 8614, fᵒˢ 207, 211 v°;
X¹ᵃ 8615 fᵒˢ 16, 137; X¹ᵃ 4922, fᵒˢ 191, 253. *Catal. des actes,* nᵒˢ 25089;
25091; 25092; 25098; 25130. — Cf. La Roche Flavin, *op. cit.,* liv. I,
chap. 2, 4. Miraulmont, *op. cit.,* pp. 46, 48. — En 1536, aux quatre offices d'huissiers-sergents existants, le roi avait ajouté un cinquième pour Antoine Con-
tour, v. Girard et Joly, *op. cit.,* t. I, p. 280. A la date de 1544, le premier
huissier était Charles Vinot, successeur de Jean Maillard; Jacques Jalain
le remplaça bientôt, après lui vint Jean Mathey qui exerçait encore au
début du xvii° siècle. Cf. Girard et Joly, *op. cit.,* liv. I, titre XXVI, pp. 268
à 274.

(4) Dans leur humble requête, les huissiers faisaient valoir qu'il n'y avait

Il y avait encore aux Requêtes du Palais un *greffier* auquel le roi faisait don chaque année du produit d'une amende de 60 livres parisis (1). A la fin du xvi⁰ siècle on trouve aussi un *greffier des présentations*. Ces greffiers étaient reçus à la Grand'Chambre après avoir présenté au procureur général leurs lettres de provision d'office et après avoir subi une enquête sur leur vie, leurs mœurs et leur religion.

Les huissiers-sergents ou enquêteurs et les greffiers des Requêtes n'avaient pas rang hors du Palais avec le « corps du Parlement ». Malade ou absent, le greffier était remplacé par un des *deux garde-sacs*; un *clerc audiencier* l'aidait dans son travail (2).

Il faut noter que l'institution du semestre sous Henri II (3) ne modifia rien à la chambre des Requêtes.

La grande ordonnance rendue sur les plaintes des États assemblés à Orléans (4), en diminuant le nombre des juridictions extraordinaires, maintint cependant celle des Requêtes du Palais, mais en ramenant le nombre de ses membres à celui qui existait à la mort de Louis XII. Elle stipula aussi qu'à chaque vacance le Parlement désignerait au choix du Roi trois conseillers choisis parmi les

---

guère à plaider aux Requêtes que des présidents, conseillers des avocats ou procureurs « desquels par honnesteté les dits supplians ne peuvent rien prendre ». Pour soutenir cette instance, ils payèrent 200 écus d'or soleil valant chacun 45 sous, soit en tout 450 livr., v. Girard et Joly, *op. cit.*, *loc. cit.*, p. 276. Arch. nat., X¹ᵃ 8615, f⁰ 137; X¹ᵃ 4928, f⁰ 290, 14 janvier 1546.

(1) Ces greffiers furent Jean Boudet (1515-1518), Raoul de La Faye (1519-1522). François de Balahan, leur successeur recevait aussi le même don (6 avril 1535); le 10 juin 1537, le roi lui fit remise d'une amende de 200 liv. parisis à laquelle il avait été condamné par arrêt des Généraux de la justice des Aides, v. *Catalogue des actes*, n⁰⁰ 26141; 26285; 9090; 20892, Balahan mourut le 8 août 1556 et fut remplacé par M. Hugues Formaget, (Grün, *lor. cit.*, p. ccxxxviii), qui est encore en fonctions vers 1583 : v. *Layettes du Trésor des Chartes*, t. V, p. clxxix.

(2) La Roche Flavin, *op. cit.*, liv. II, chap. 11, n⁰⁰ 1, 2, 3, 4.

(3) Mai 1554. Arch. nat., X¹ᵃ 8619, f⁰ 61 v⁰.

(4) Isambert, *op. cit.*, t. XIV, ⸗ 73, art. 34.

plus anciens : il était en effet de tradition qu'aucun candidat ne pût se présenter pour entrer aux Requêtes du Palais s'il n'avait déjà le titre de conseiller au Parlement, à moins qu'il n'ait obtenu une dispense (1).

Charles IX n'observa pas cette clause quand (novembre 1567) il nomma trois nouveaux conseillers laïques pris en dehors de la cour et dont l'un devenait second président. Sur les représentations énergiques de la Grand'Chambre (mars 1571), il promit cependant de revenir à l'application de l'ordonnance. A son exemple Henri III, toujours sans argent, institua, pour les vendre, quatre nouvelles charges (1574) et promit aussi (6 mars 1576) de mieux observer ladite ordonnance. Vaines promesses ! quatre ans plus tard (juin 1580), il organisait une *deuxième Chambre des Requêtes* composée de dix « conseillers (dont deux avec titre de présidents) en nostre court de Parlement et commissaires ès dites Requestes » et de deux huissiers. La Grand'Chambre fit de grandes difficultés pour enregistrer cet édit : il fallut que le Roi vînt lui-même et parlât en maître absolu pour être obéi (2).

En terminant ce qui concerne l'organisation des Requêtes du Palais, il faut rappeler qu'en 1587, Henri III songea encore à créer une troisième chambre, mais qu'il recula cette fois devant l'opposition de son Parlement (3).

(1) 1544, 12 mars : Jacques Duryant, avocat au Parlement, est reçu conseiller aux Requêtes du Palais a la place de son beau-père Jean Tronson qui a résigné, et avec dispense ; car il n'est pas conseiller au Parlement. Arch. nat., X¹ᵃ 1552, f° 300 v°.

(2) La Roche Flavin, *op. cit.*, liv. I, chap. 24; Girard et Joly, *op. cit.*, t. I, pp. 60, 61 ; E. Pasquier, *op. cit.*, liv. II, chap. 4 (à lire avec précautions); Miraulmont, *op. cit.*, pp. 46, 48. Arch. nat., X¹ᵃ 1668, f° 442, lundi 4 juillet 1580 « ce jour les gens du Roy ont présenté à la court ung édict faict par le dit seigneur sur l'establissement d'une seconde chambre des Requestes du Palais ». — En 1596 les présidents étaient Hennequin et Perrot ; en réalité, l'unité ⌣ : la chambre des Requêtes fut maintenue mais il y eût deux sections. V. La Roche Flavin, *op. cit.*, liv. II, chap. 5, n° 5.

(3) V. *suprà* d'après P. de l'Estoile, *Mémoires-Journaux*, édit. Lemerre, t. III, p. 49.

A la fin du XVI⁰ siècle, le sceau de la chambre des
Requêtes était ovale, haut de trente millimètres, avec
l'écu de France entouré du collier de Saint-Michel et
cette mention « seel des Requestes » (1).

Comme aux siècles précédents (2), les Requêtes du
Palais ont une *compétence spéciale* et une juridiction
limitée (3). Cette chambre connalt des actions possessoires, bénéticiales. et « des hypothèques mixtes avec les
personnelles » (4) entre personnes jouissant du privilège
de *committimus* (5), des instances féodales à cause des
prestations personnelles ; des fiefs, foi et hommage,
reconnaissance, guet, garde, journées, corvées et autres
devoirs personnels des vassaux hommagers ou emphy-
téotes envers leurs seigneurs féodaux.

Elles ne connaissent des matières criminelles qu'inci-
demment et accessoirement, comme des excès intervenus « en exploitant les lettres de committimus ou autres
lettres et commandements de la Chambre, ou en exécu-
tant le jugement d'icelle » ; ou, si un acte produit en la
chambre est juré de faux, on instruit le procès et on procède à la condamnation et punition pécuniaire et corporelle, le cas échéant, tant contre le notaire que contre les

---

(1) Douet d'Arcq, *op. cit.*, n° 4396, an. 1594.

(2) Aubert, *op. cit.*, t. I, chap. 1, pp. 40 à 43. Sur la compétence et le style
des Requêtes du Palais à la fin du XV⁰ siècle, v. Aubert, *Bibl. de l'École des
Chartes*, 1908 et tirage à part 62 p.

(3) Girard et Joly, *op. cit.*, liv. I. tit. VIII, p. 56.

(4) La Roche Fluvin, *op. cit.*, liv. XIII, chap. 66.

(5) Les officiers de la maison du Roi et de la Reine, les grands officiers
de la couronne, les membres des cours souveraines, avaient tous leurs causes
personnelles et possessoires commises aux Requêtes du Palais. Voir Guy
Coquille, *Ancien droit français*, n° XVIII, dans l'édition de la *Coutume
du Nivernais* donnée par Dupin, p. 114 ; Paris, 1864, in-8°. — « Messieurs
des Requestes du Palais ne connaissent point des matières réelles et péti-
toires : néanmoins ils connaissent avec Messieurs des Requestes de l'Hostel
des droicts fonciers, des saisies féodales à cause de l'éminence du committimus, peuvent ordonner qu'il sera informé par turbes sur l'usage d'une coustume, à cause qu'ils sont du corps de la cour » ; cf. Laurent Jouet, *op. cit.*,
Maxime 338.

témoins qui sont convaincus de faux. Elles pouvaient faire évoquer par un simple sergent royal, et de tous juges en vertu du committimus, les causes de leur compétence sans que la partie fût tenue de poursuivre, et aussi sans attendre que le juge fit le renvoi : il suffisait que le sergent fit commandement au juge de renvoyer la cause aux Requêtes; en cas de refus, le sergent adressait lui-même le renvoi « sauf le débat », car « les dits sieurs des Requestes sont juges de leur compétence, et quand on renvoye les causes par devant eux, on en fait le renvoy, sauf le débat » (1). Mais les « sieurs » des Requêtes ne pouvaient évoquer ni les causes criminelles ni celles où le procureur du Roi se trouvait partie (2); il leur fut encore défendu d'exécuter les arrêts du Parlement, c'est-à-dire de la Grand'Chambre « d'autant qu'ils font un corps séparé pour ce qui est des instructions et jugemens des procès, encore qu'ils soient de la cour, toute la cour assemblée » (3).

On pouvait appeler des sentences de la chambre des Requêtes à la Grand'Chambre — et au Conseil — par simple vérification de l'appel et sans plaider : la sentence fût-elle qualifiée définitive (4).

Comme autrefois, les affaires portées aux Requêtes se jugeaient soit sur rapport soit sur simples plaidoiries; et

(1) Girard et Joly, *op. cit.*, t. I, p. 56. Cf. Papon, *op. cit.*, liv. IV, tit. IX, n° 1, 19 août 1530.

(2) Papon, *loc. cit.*, n° 3.

(3) Laurent Jouet, *op. cit.*, maxime LXVII, arrêt du 12 mai 1596.

(4) 1521, 13 décembre : la Grand'Chambre reçoit l'appel d'Antoine de Fontaines, écuyer, qui appelle « des gens tenans les Requestes du Palais ». Arch. nat. X¹ᵃ 1524, f° 19. — 1547, 2 décembre : Jeanne du Val, femme de Mᵉ Guillaume Ribier, autorisée par justice, se disant héritière de feu Mᵉ Jean du Val, changeur du Trésor, son frère; et Mᵉ Jérôme du Val, conseiller au Parlement; Nicole Malon, notaire-secrétaire du Roi, greffier criminel, et sa femme Anne du Val; Nicole Buyer, aussi notaire-secrétaire du Roi, et sa femme Marguerite du Val; appelant à la Grand'Chambre d'une sentence définitive rendue par les gens tenans les Requestes du Palais. *Ibid.*, X¹ᵃ 1561, f° 14. — Cf. La Roche Flavin, *op. cit.*, liv. XIII, *loc. cit.*

la sentence rendue sur rapport s'appelait un « dictum » (1).

Les causes personnelles et possessoires des conseillers des Requêtes du Palais, de leurs veuves et de leurs enfants allaient, pour être instruites et jugées, aux Requêtes de l'Hôtel (2). Un arrêt du Conseil privé, en date du 16 décembre 1602, le rappelait encore aux maîtres des Requêtes du Palais qui l'oubliaient et voulaient remettre leurs causes à leur propre chambre malgré le committimus dont ils jouissaient aux Requêtes de l'Hôtel (3).

En quoi consistait ce privilège de committimus ?

« Les committimus sont lettres de garde gardienne, lesquelles se baillent à ceux qui par privilège ont leurs causes commises par devant les dits sieurs des Requestes [ou par devant les conservateurs des Universités ou juges des exempts], et servent à exempter de la justice ordinaire et pour en évoquer et distraire les causes. Toutefois les privilégiez ne peuvent joyr de ce privilége contre le droict du Roy (arrests des 17 mars 1533 et 13 mars 1583) » (4). Le nombre des personnes qui jouissaient de ce privilège était considérable au xvi° siècle; il comprenait : le prévôt des marchands, les échevins et les procureurs du roi au Châtelet; le greffier, le contrôleur et le receveur de la ville de Paris (5); les vingt-quatre conseil-

(1) Grün, *Notice citée, loc. cit.,* p. ccxxxvii.

(2) La Roche Flavin, *loc. cit.* — « Les dits conseillers (des Requêtes du Palais) pour les causes qu'ils ont, plaident par devant messieurs des Requestes de l'hôtel, commis en cette partie, qui ont leur auditoire au Palais à Paris », dit Guy Coquille, au n° 18 de son *Ancien droit français, loc. cit.,* p. 114.

(3) Girard et Joly, *op. cit.,* t. I, p. 677.

(4) Girard et Joly, *op. cit.,* t. I, p. 56.

(5) 1543 : septembre; lettres royaux enregistrées le 4 octobre, Arch. nat., X¹ₐ 8614, f° 5. — *Catal. cit.,* n° 13.370. — 1533, juillet : « De par le prévôt des marchans et des eschevins de la ville de Paris, M° Jehan Maurice, procureur des causes de la dicte ville au chastelet de Paris, joignez-vous à la cause d'entre André de la Porte, M°° Guillaume Drouin, Guillaume Visart et consors contre M° François le Roux, conseiller au grand Conseil pour l'interest que la dicte ville peult avoir en la dicte cause, et

lers de la ville (1) ; les lieutenants civil et criminel du prévôt de Paris, les avocats du roi au Châtelet et les douze plus anciens conseillers du dit Châtelet (2) ; les notaires et secrétaires du Roi ; les douze plus anciens avocats au Parlement de Paris (3) ; les clercs du greffe de ce parlement (4) ; les chanoines et le chapitre de Notre-Dame de Saint-Germain-l'Auxerrois (5) ; les lecteurs royaux du collège de France (6) ; les religieux Minimes de Passy, les Bénédictins de Saint-Germain-des-Prés (7) ; les chapitres de plusieurs cathédrales, spécialement de Sens (8) ; des communautés et des collèges qui avaient obtenu ce privilège envié en versant de l'argent au Trésor royal (9). De temps immémorial le committimus était accordé aux principaux officiers de la couronne, aux conseillers du Roi en ces Conseils, aux maîtres des Requêtes de l'Hôtel, aux officiers domestiques aux gages du Roi, de la Reine-mère, des frères et sœurs, oncles et tantes du roi et des enfants de France (10).

Depuis l'ordonnance de janvier 1561, le conservateur des privilèges royaux et apostoliques, et les autres juges des exempts ou des privilèges se virent enlever le privi-

faictes renvoyer icelle cause en la court de Parlement en vertu de notre committimus. Fait au bureau de la dicte ville ». *Registres des délibérations du bureau de la ville de Paris*, t. 1ᵉʳ. p. 181.

(1) Lettres royaux données à Loches (nov. 586), enregistrées le 22 février 1587. Arch. nat., X¹ᵃ 8613, fᵒ 23.

(2) 1539, 16 juin, *ibid.*, fᵒ 153.

(3) Ordonnance de Moulins (févr. 1566), art. 56. Cf. Isambert, *op. cit.*, t. XIV, p. 203.

(4) 1544, 23 juin. Arch. nat., X¹ᵃ 8644, fᵒ 259 vᵒ.

(5) 1544, 29 mai, *ibid.*, X¹ᵃ 4922, fᵒ 215 ; 1581, octobre, *ibid.*, K. 101, nᵒ 192.

(6) 1546, 23 mars, *ibid.*, X¹ᵃ 4926, fᵒ 606 vᵒ.

(7) 1554, 26 janvier, *ibid.*, K. 91, nᵒ 21. *Catal. cit.*, nᵒ 1290, décembre 1520.

(8) 1548 ; enregistrement, 12 août 1555. Isambert, *op. cit.*, t. XIV, p. 65.

(9) Cf. 1566, 10 juillet, déclaration sur l'ordonnance de Moulins dans Isambert, *op. cit.*, t. XIV, p. 213.

(10) Ordonnance de Moulins, art. 56. Isambert, *loc. cit.*, p. 203.

lège du committimus; désormais on les ajourna devant les juges ordinaires (1).

Les renvois aux Requêtes du Palais devenaient donc très fréquents, et cela d'autant plus que quiconque pouvait invoquer le committimus fait en termes généraux avait le droit de se joindre dans toute cause où il se trouvait partie et d'obtenir ainsi le renvoi devant les Requêtes; il fallait, à vrai dire, que la cause ne fût plus en litiscontestation et qu'elle rentrât au nombre de celles dont les Requêtes devaient connaître (2).

CHAPITRE II

Les chefs du Parlement. — Le Roi. — Le chancelier.
Les Présidents de la cour.

I. — Le Roi.

Le roi demeure toujours le chef suprême de la justice en France « le vray chef de parlement » (Ch. Loyseau); et bien qu'il vienne rarement au Parlement auquel il délègue le pouvoir de rendre la justice, son autorité et son intervention sont incontestées. Aussi dit encore Loyseau la première place en la Grand'Chambre reste toujours vide « comme estant la place du Roy, appelée le lict de justice où sa Majesté se sied quand il luy plaist : et lors même qu'elle en est absente, les arrests du Parlement ne laissent pas d'estre expédiéz en son nom » (3).

(1) Art. 36. Isambert, *op. cit.*, t. XIV, p. 73.

(2) Imbert, *op. cit.*, *loc. cit.*

(3) Ch. Loyseau, *Cinq livres du droict des offices*, liv. 1, chap. 9, n° 22, dans les *Œuvres*, Paris, Villac, 1640, in-f°, p. 106. — D'après La Roche Flavin, *op. cit.*, liv. IV, chap. 1, n° 15, seul de tous les monarques le roi de France porte la main de justice « pour ce que la justice est née avec la France et a son droict héréditaire en la terre de France », et il continue : « l'Inde seule a ceste prérogative qu'il n'y a qu'elle qui porte des arbres odoriférants; il n'y a que le sein (golfe) persique qui porte des perles d'excel-

Quand elle daigne venir, c'est dans l'éclat splendide de la
puissance souveraine, accompagnée des princes du sang,
des grands officiers de la couronne et des grands personnages clercs ou laïques du royaume. En son nom, le
chancelier parle ou ordonne ; devant lui les magistrats
se taisent pleins de respect : seul le premier président
prend la parole pour exprimer le dévouement, le zèle et
le loyalisme de la cour ; d'ailleurs à pareil jour les protestations et les remontrances ne sont pas d'usage (cependant il y en eut). On sait que ces réunions solennelles
s'appellent les *lits de justice* (1).

Le plus souvent, le prince survient pour s'expliquer sur
la politique extérieure (2) ou sur la politique intérieure,
le gouvernement du royaume dans les circonstances dif-
ficiles — par exemple au moment de la trahison du
Connétable de Bourbon (3), — quand on craint à Paris
ou en province des troubles sérieux (4) et lorsque le roi
obligé de s'éloigner juge nécessaire de constituer une

lence, il n'y a que l'Aquilon qui donne l'ambre : aussi il n'y a qu'une France
où s'exercent les vrayes fonctions de la justice et principalement ès Parlemens ».

(1) Le cérémonial des lits de justice a été souvent décrit ; pour le xvrᵉ siècle,
on peut lire La Roche Flavin, *op. cit.*, liv. IV, chap. 1 et liv. VII, chap. 1.

(2) 1521, 15 février ; 1536, 11 janvier, pour démasquer les plans de
Charles-Quint et requérir contre lui qui était vassal du roi comme comte de
Flandre et d'Artois. V. La Roche Flavin, *op. cit.*, *loc. cit.* ; J. du Tillet, *Recueil
des rangs des grands de France*, édit. 1606, p. 91, 93 ; *Chronique du
roy François Iᵉʳ*, édit. Guiffrey, pp. 205, 206. — 1527, 16 décembre : discus-
sion de la validité du traité de Madrid : Arch. nat., Xˡᵃ 1531 à la date ;
Isambert, *op. cit.*, t. XI, pp. 285 à 302 ; E. Fayard, *Aperçu historique sur
le Parlement de Paris*, t. I, pp. 305 à 309.

(3) François Iᵉʳ assista aussi pour hâter la procédure et entendre le réqui-
sitoire et l'arrêt. Cf. La Roche Flavin, *op. cit.*, liv. IV, chap. 1, nᵒˢ 28, 53,
54, Arch. nat., Xˡᵃ 1526, fᵒˢ 130 vᵒ, 131, 198 vᵒ, 200 (mars 1524). — Xˡᵃ 1530,
fᵒˢ 340 à 357 vᵒ ; 359 vᵒ 360 ; 24, 26 juillet 1527. — La Roche Flavin blâme
avec raison les rois qui viennent assister aux débats des procès dans lesquels
ils sont intéressés, *ibid.*, nᵒ 28 ; — Du Tillet, *op. cit.*, pp. 84, 86 ; — La Roche
Flavin cite les venues de François Iᵉʳ en 1517, 1522, 1524, 1527 (*loc. cit.*,
nᵒˢ 47 et suiv.).

(4) 1528 ; 30 juin, Arch. nat., Xˡᵃ 1525, fᵒˢ 275, 276.

régence (1). Il arrive aussi, et peut-être trop souvent, pour vaincre les dernières résistances de la cour et la contraindre à enregistrer purement et simplement les actes royaux (2). D'autres fois, il venait « rendre visite » à la Grand'Chambre, s'asseoir comme simple spectateur « en son siège et throsne royal au parquet, pour monter auquel il y avoit 7 degréz couverts d'un tapis de velours bleu semé de fleurs de lys d'or en façon de broderie, et au-dessus un ciel de mesme, et à l'entour derrière le dit seigneur et sous ses pieds y avoit 4 grands carreaux de mesme ». Au-dessus de ce trône, dominant le roi et la salle, se dressait un grand crucifix; sur une chaise recouverte comme le siège royal — chaise occupée en temps ordinaire par le greffier civil — aux pieds du monarque se tenait le chancelier; enfin, à genoux et immobiles devant le trône demeuraient deux huissiers de la chambre du roi avec leur masse dorée (3). A l'exception du roi, toutes les personnes présentes restaient tête nue; puis le premier président prenait la parole pour remercier le roi de sa bienveillance; le 2 juillet 1549

(1) 1552, 12 février. Du Tillet, *op. cit.*, p. 99; Henri II allait se mettre à la tête de l'armée, et il laissait la reine comme régente. Cf. La Roche Flavin, *op. cit.*, liv. XIII, ch. 13, n° 3.

(2) 1517, 5 février, pour le concordat, Arch. nat., X¹ª 1519, f°⁵ 53 et suiv. La Roche Flavin, *op. cit.*, *loc. cit.* — 1563, 17 mai : pour obtenir l'enregistrement de l'édit de mai sur l'aliénation des biens du clergé, l'Hospital prononça une harangue énergique. V. Dufey de l'Yonne, *Œuvres complètes du chancelier de l'Hospital*; Paris, Boulland, 1824, t. II, p. 21. — 1597, 21 mai, pour faire enregistrer les édits créant des offices au Parlement et dans les cours royales; l'opposition avait été si forte que Henri IV avait exilé un des parlementaires les plus exaltés. V. A. Chamberland, *Le conflit de 1597 entre Henri IV et le parlement de Paris*, Paris, Champion, 1904, in-8°, 63 p. On pourrait citer d'autres exemples.

(3) Du Tillet, *loc. cit.*; La Roche Flavin, *op. cit.*, liv. IV, chap. 1, n° 92; liv. VII, chap. 1, n° 5. — Le 14 janvier 1600, Henri IV amène le duc de Savoie à assister à une audience du Parlement. V. L'Estoile, *Journal cité*, t. VII, pp. 204, 361. Dans ce cas le roi prévenait le Parlement et tout devait être réglé d'avance, comme il arriva quand François I⁰ʳ amena Charles-Quint « veoir sa court ». 30 déc. 1539, Arch. nat., X¹ª 1544, f° 57 et Deluchenal, *op. cit.*, p. 235, note 2.

il s'enhardit même — c'était Lizet (1) — à expliquer que
la longueur des procès devait être imputée aux avocats,
procureurs et agents subalternes, et aussi à réclamer
pour eux un style auquel ils seraient sévèrement astreints.
Le chancelier Olivier (2) répondit, au nom du roi, que
bonne note était prise de l'observation et demanda que
l'audience commençât; aussitôt l'huissier de service
appela, d'après l'ordre du rôle, la cause de demoiselle
Anne Dubois et à la fin le chancelier recueillit les voix
des conseillers, puis prononça l'arrêt (3).

Deux ans plus tard, Henri II se présenta [12 novembre]
pour assister à l'ouverture de la session, à la messe et à
la solennelle prestation des serments (4); Charles IX (5)
et Henri III (6) tinrent, eux aussi, des lits de justice. Mais
de ces séances solennelles les plus fameuses furent celles
du 14 juin 1559 et du 26 août 1572.

(1) Né à Villemur (Captal) en 1482, conseiller en 1514, 7 août (X¹ᵃ 1516,
f° 552), avocat du roi en 1517 (X¹ᵃ 1519, f° 227 v°, X¹ᵃ 1520, f° 179 v°).
Lizet devint premier président a la mort de Jean de Selve et fut reçu le
20 décembre 1529 (*ibid.*, X¹ᵃ 1533, f° 26). Président de la Chambre ardente,
il dut appliquer les édits et les réformés se vengèrent par des calomnies et
des diatribes. Dans son médiocre Passavant, de Bèze essaya de le ridiculiser.
En somme Lizet fut un bon magistra. et un savant jurisconsulte. Il démissionna en 1549 et mourut abbé de Saint-Victor le 7 juin 1554. V. Blanchard,
Catal. cité, p. 46; Douet d'Arcq, *Bibliothèque de l'Ecole des Chartes*,
1876, p. 358; *Livre de raison de N. Versoris*, éd. cit., n° 412; *Journal de
François Grin*, éd. Ruble, 11 an. 1554; F.-C. Taisand, *Les vies des plus
célèbres jurisconsultes*, Paris, 1721, in-4°, p. 388.
(2) Ancien chancelier de Marguerite sœur de François 1ᵉʳ, fils du premier
président Jacques Olivier, François Olivier avait été reçu le 18 avril 1543
président à la Grand'Chambre au lieu de François de Montholon devenu
chancelier (Arch. nat., X¹ᵃ 1551, f° 321 v°, et cf. *suprà*).
(3) Isambert, *op. cit.*, t. XIII, p. 95; Du Tillet, *op. cit.*, pp. 94-97. Arch.
nat., X¹ᵃ 1565, f° 208 à 213; La Roche Flavin, *op. cit.*, liv. IV, chap. 1,
n° 59.
(4) Du Tillet, *op. cit.*, pp. 97, 98.
(5) 1563, 17 mai; Du Tillet, *op. cit.*, pp. 105, 106; La Roche Flavin, *op.
cit.*, liv. IV, chap. 1, n° 57; Charles IX en son lit de justice au parlement
de Toulouse quand il fit dans cette ville son entrée solennelle en 1565.
(6) 1576, 28 avril, à la salle Saint-Louis, dès 7 heures du matin. V. *Registres des délibérations du bureau de la ville de Paris*, t. VII, p. 373. —

Dans la première, Henri II réclama d'énergiques mesures contre les réformés dont les provocations redoublaient; c'est alors que deux magistrats qui avaient embrassé les nouvelles doctrines, Louis du Faur (1) et Anne du Bourg, (2), prirent la défense des dissidents. Dans une insolente apostrophe, du Bourg traita le roi d'impie et fit une allusion grossière à ses mœurs — il oubliait les singulières complaisances de Luther à l'égard des scandales des princes protestants d'Allemagne. — Justement irrité, Henri II le fit arrêter séance tenante avec du Faur et six autres conseillers partisans de la Réforme (3). Des commissaires spéciaux instruisirent le procès que la mort tragique du roi et l'avènement du faible François II n'arrêtèrent pas. On sait que du Bourg, condamné à mort, fut exécuté le 23 décembre; et que, pour intimider les juges, les huguenots avaient assassiné en plein Paris, à la sortie du Palais, le président

1583. 3 mars, pour forcer le Parlement à enregistrer des édits bursaux. Cf. P. de l'Estoile, *op. cit.*, éd. cit., t. II, pp. 107, 108.

(1) Louis du Faur avait été reçu conseiller le 28 août 1555, il fut chancelier de Henri de Navarre ; voir sur lui Blanchard, *Présidents*, p. 284. *Catalogue*, pp. 73, 76.

(2) Neveu du chancelier Antoine du Bourg, fils puîné d'Étienne du Bourg, contrôleur général des finances, Anne du Bourg avait été reçu conseiller le 19 octobre 1557 (Blanchard, *Catalogue*, p. 77).

(3) Trois s'échappèrent. V. *Mémoires de Condé*, éd. Secousse, t. I, p. 217 et suiv., p. 263. E. Fayard, *op. cit.*, t. I, pp. 352, 353. Les six conseillers étaient Arnaud du Ferrier, président aux Enquêtes depuis le 12 novembre 1555 (il résigna en 1570 au profit de François Séguier) et plus tard représentant du roi au Concile de Trente ; Antoine Fumée, conseiller en 1524, Mⁱ des Requêtes de l'Hôtel le 10 décembre 1567, mort premier président au Parlement de Bretagne en 1569. Cf. Saulnier, *op. cit.*, t. I, pp. 404, 405. Paul de Foix, conseiller depuis 1546; relâché après amende honorable; en 1577, il devint archevêque de Toulouse; Eustache de la Porte, conseiller depuis le 21 nov. 1543; il fut relâché après amende honorable. N. du Val, reçu conseiller le 16 nov. 1543, relâché comme le précédent; Guillaume Viole, reçu conseiller le 30 avr. 1550; relâché après amende honorable, il devint évêque de Paris en 1564. Cf. Aubert : *Le Parlement et la Réforme*, dans *Revue des questions historiques*, janvier 1908 et tirage à part, pp. 23, 24.

Antoine Minard (1). Cinq des inculpés furent simplement condamnés à une amende honorable ; du Faur dut en plus payer une forte amende pécuniaire de 400 livres parisis et fut suspendu de sa charge pour cinq ans ; Fumée fut acquitté.

Le 26 août 1572, Paris était encore dans la stupeur à la suite des massacres de la Saint-Barthélemy. Charles IX qui avait pris la résolution d'en assumer la responsabilité, vint déclarer au Parlement que tout s'était accompli par son ordre ; et il invita la cour à faire immédiatement les recherches et les poursuites contre les huguenots qui avaient comploté pour le renverser. Le premier président de Thou (2) promit de procéder à l'instruction ; et l'avocat général, Guy du Faur de Pibrac (3) s'honora en demandant que cependant on mît fin aux tueries et au pillage (4).

Henri III tint aussi à imposer sa volonté en lit de justice, mais surtout pour faire passer des édits bursaux (27, le 16 juin 1586) destinés à subvenir à ses prodigalités envers ses favoris (5).

(1) Le 12 décembre 1559. Pour éviter qu'à l'avenir les magistrats ne fussent victimes de semblables attentats à la tombée de la nuit, le roi décida que désormais l'audience d'après dîner cesserait en hiver non plus à 5 heures mais à 4 heures. Cette ordonnance fut appelée la Minarde. — Sur ce président, voir *suprà*.

(2) Christophe de Thou, fils du président Augustin Ier de Thou, voir plus bas sa notice.

(3) Orateur fameux, auteur des *Quatrains moraux*, il avait été installé (28 mai 1565) avocat du Roi à la place de Boucherat, décédé. Il mourut le 12 mai 1584, sixième président à la Grand'Chambre où il avait remplacé Pierre Hennequin mort le 24 juillet 1577 (Blanchard. *Présidents*, pp. 279, 282 ; Arch. nat., X^{ia} 1656 f° 45). Ses qualités de diplomate et sa parfaite connaissance du latin le firent représenter le Roi au concile de Trente ; le duc d'Anjou l'emmena en Pologne.

(4) Cf. Kervyn de Lettenhove, *Les Huguenots et les Gueux*, t. II, 2° partie, chap. 32. — H. de la Ferrière, *La Saint-Barthélemy*, 1892, in-8° ; Aubert, *loc. cit.*, et *extrait cité*, pp. 37, 38.

(5) Fayard, *Aperçu historique sur le Parlement de Paris*, t. I, p. 398 ; *Mémorial juridique et historique de M° Guillaume Aubert* (*Mém. de la société Hist. de Paris*), t. XXXVI (1909), p. 74, n. 63.

A.   5

Le lit de justice tenu le 21 mai 1597 par Henri IV pour obliger le Parlement à enregistrer des édits qui créaient des offices dans les cours souveraines et royales est aussi célèbre. Le roi voulait, en vendant ces offices, augmenter ses ressources épuisées par la réorganisation du royaume et la lutte contre l'Espagne : le Parlement occupé à poursuivre les malversations ne voulait pas qu'on accrût les charges du pays; il avait raison : cependant il dut céder (1).

II. — LE CHANCELIER.

Occupé au gouvernement du royaume et par la politique extérieure, le roi se faisait représenter au Parlement par le chancelier qui devenait ainsi le chef direct du Parlement et de toutes les cours de justice du royaume. Ce personnage considérable était donc « l'interprète des volontés royales; sa bouche en déclare les pensées, sa langue en fournit et preste les paroles. C'est pourquoy son logement est près du sien ». C'est aussi pour cela qu'il a la préséance sur tous les grands officiers de la couronne et le droit de siéger au Conseil du roi (2).

Comme chef suprème de la magistrature, il préside la séance solennelle (3). Il siège au-dessus du premier président.

A la rentrée des chambres (12 novembre), il prononce

----

(1) Un des magistrats les plus opposés à l'enregistrement avait été exilé. V. A. Chamberland, *op. cit.*

(2) N. Valois, *Étude historique sur le Conseil du Roi. Introduction*, p. LXXX. — Sur le chancelier au XVIe siècle, V. P. Viollet, *Le Roi et ses ministres*, Paris, 1912, pp. 175 et suiv.

(3) Cf. séance du 9 juillet 1561 dans La Roche Flavin, *op. cit.*, liv. VII, chap. 1, n° 4. Michel de l'Hospital présida cette séance à laquelle vinrent des membres du Conseil privé, de la Chambre des comptes, des princes du sang et des cardinaux. — Quand le chancelier vient à une cour souveraine, il en prend la présidence, il expédie les lettres de provision à tous les officiers royaux et statue sur leur délivrance, d'après Loyseau, *op. cit.*, *Des offices*, liv. IV, chap. 2, n°° 22, 32, 90.

un grand discours pour rappeler les devoirs d'un bon
magistrat et souvent aussi pour attirer l'attention sur les
réformes judiciaires ou de procédure jugées nécessaires (1); ensuite il reçoit les serments d'usage de tous
les membres du Parlement : conseillers, avocats, procureurs, etc. C'est lui qui installe les nouveaux présidents,
qui veille à l'observation des ordonnances, édits et règlements et qui demeure toujours l'intermédiaire officiel
entre le prince et les magistrats. L'importance de cette
charge éminente, et aussi le rôle politique du titulaire,
expliquent que sa nomination n'appartienne qu'au roi (2).

Son costume se compose d'une robe de velours écarlate
doublée de satin rouge et d'un grand manteau rouge;
aux grandes cérémonies (sacre et entrée du roi dans
Paris), le manteau est de drap d'or (3). Le chancelier

(1) Il fait aussi des discours semblables en y joignant l'éloge de la cour,
quand il vient à la Grand'Chambre saluer les magistrats et assister à l'audience. Cf. Réception du chancelier Philippe Hurault de Cheverny venu ainsi
en grand cortège, dans Le Feron, *op. infra cit.*, pp. 123-124.

(2) Cf. Lettres de provision (7 janv. 1515, enregistrées le 15) de l'office de
chancelier, vacant par la mort de Jean de Ganay, en faveur d'Antoine Duprat,
chevalier, docteur *in utroque*, premier président du Parlement de Paris,
dans les *Ordonnances des rois de France. Règne de François Iᵉʳ*, t. I,
nᵒ 4. — Arch. nat., Xⁱᵃ 8611, fᵒ 3. — V. la formule du serment prêté par
Duprat nommé chancelier, Bibl. nat., *Ms. franç.*, Clairembault, 7544, fᵒˢ 267-
270 et dans A. Tessereau, *Histoire chronologique de la chancellerie
de France*, liv. II, p. 79, Paris, P. Emery, 1710, in-fᵒ. — Lettres semblables en faveur d'Antoine du Bourg (Coucy, 16 juill. 1525) qui prête le
serment de chancelier après avoir été fait chevalier « à l'issue de la table
du dîner du Roy ». V. Bibl. nat., Ms. fr. 7544 *cit.*, fᵒˢ 321, 323 vᵒ, et pour
Michel de l'Hospital, cf. Jean Le Feron, *Histoire des connestables, chanceliers et gardes des sceaux, mareschaux, admiraux..... et prévosts
de Paris depuis leur origine avec leurs armes et blasons; ouvrage
commencé et mis à jour par Jean le Feron l'an 1555; reveu et con-
tinué..... par Denys Godefroy.* Paris, Imprimerie royale, 1658, in-fᵒ,
Recueil de diverses pièces pour l'histoire des chanceliers, pp. 105, 106,
115 à 117. Des lettres du 2 mars 1571 décident que René de Birague,
garde des sceaux, aura comme le chancelier, rang au-dessus du premier
président, cf. Le Feron, *op. cit., loc. cit.*, pp. 119-122.

(3) A l'entrée solennelle d'Henri II dans Paris (16 juin 1549), le chancelier François Olivier arrive revêtu d'une robe de drap d'or frisé sur champ
cramoisi, monté sur une mule harnachée de « velours cramoisy brun,

touche 4.000 livres parisis pris sur les émoluments de la chancellerie (1), en outre le roi lui donne une forte pension et il a droit d'indult ou nomination aux bénéfices, aux exemptions de péage, travers, ban, arrière-ban et à tous les privilèges dont jouissait le Parlement. « L'assistance continuelle des maîtres des Requêtes à l'audience du chancelier » les obligeait à manger très souvent à sa table, « où l'esprit n'a (pas) moins de satisfaction que le corps. Le roy contribue 12 ou 15.000 livres pour le dernier, cest officier (c'est-à-dire le chancelier) des bons discours pour le premier ».

Comme le rappela un arrêt du Conseil (24 juillet 1527), le Parlement n'avait pas juridiction sur le chancelier ; le titre même de chancelier ne pouvait lui être enlevé que par forfaiture ou par mort, mais nullement par démission volontaire « ou destitution contrainte ». Dans ces derniers cas — démission volontaire ou forcée, mais non infamante — les fonctions de la charge revenaient à un garde des sceaux ayant mêmes pouvoirs et mêmes gages que celui qui conservait le titre.

La mort d'un si grand personnage était annoncée par 24 crieurs et l'enterrement devenait une pompeuse cérémonie officielle (2). Au xviᵉ siècle, la plupart des chanceliers sont encore choisis parmi les présidents du Parlement de Paris, appelés à diriger la justice et la

frangée d'or et couverte de boucles d'or ». Devant lui, dans un coffret placé sur une haquenée « enharnachée de velours tané, chargé de fleurs de lys d'or », menée par ses laquais vêtus de velours cramoisy » et « cotoyé des 4 chauffe-cires en robe de velours cramoisy » : le sceau de France. Cf. Le Feron, op. cit., *Recueil de pièces diverses*, cit., p. 113. — Dans son *Mémorial* (Bibl. nat., *Ms. fr.* 4431, fᵒ 250 vᵒ). Germain Chartelier parle aussi sous Louis XII d'une cornette de taffetas noir sur le cou, du chaperon d'écarlate fourré de « letices » (fourrure blanche) et de robe à haut collet.

(1) Duprat touchait, comme ses prédécesseurs immédiats : 10.000 livres dont 5.000 de gages ordinaires, 1.200 écus de pension, 300 livres pour le droit de Paques et 15 pour le droit de la Toussaint. V. Bibl. nat., Ms. fr. 7544 cit., fᵒ 273 vᵒ.

(2) Girard et July, op. cit., et *additions* au livre II dans le tome I,

magistrature ; ils se trouvaient ainsi bien préparés et très compétents (1). Beaucoup furent de savants jurisconsultes (2), naturellement tout dévoués au roi qui les nommait et devant lequel seul ils demeuraient responsables. Quelques-uns entraînés par un zèle excessif rendirent des services plutôt que des arrêts (tel René de Birague) (3) ; un des plus capables, Poyet fut même justement con-

pp. ccxxxv à ccxxxviii ; cclxxiv ; cclxxv, extrait des registres du Parlement pour les années 1551, 1557, 1558, 1571. — A. Tessereau, op. cit., liv. II, p. 87. — Comme le chancelier Antoine du Bourg tombé de sa mule à Laon y mourut, les obsèques eurent lieu dans cette ville les 18 et 19 novembre 1538 ; mais le 20 un grand service fut célébré à Saint-Germain-l'Auxerrois et le président de Saint-André prononça l'oraison funèbre. V. Tessereau, loc. cit., pp. 98-99 ; Le Feron, op. cit., loc. cit., p. 106. — La veuve, Anne Hémard, obtint sur la traite d'Anjou une pension de 1.200 livres. Cf. Catal. des notes, n° 27007.

On peut citer comme gardes des sceaux, *Mathieu de Longuejoue, François de Montholon, François Errault, Jean Bertrand, Jean de Morvillier, Philippe Hurault de Cheverny* (depuis chancelier). V. Tessereau, loc. cit., pp. 103, 104, 149, 206. — Le P. Anselme, loc. cit., pp. 461, 472, 480, 486, 490, 501. — Lettres de provision et serment de garde des sceaux de François de Montholon. 9 et 23 août 1542, V Le Feron, op. cit., loc. cit., pp. 110, 111.

(1) Ainsi Duprat (7 janv. 1515 à 8 juill. 1535). Cf. Tessereau, op. cit., liv. II, pp. 79, 80, 89 ; Le P. Anselme, op. cit., 3ᵉ édit. 1730, t. VI, p. 452 et suiv. ; Girard et Joly, op. cit., loc. cit., p. cclin. Arch. nat., X¹ᵃ 8611, n° 3. — Ant. du Bourg (16 juill. 1535-nov. 1538). Cf. Tessereau, loc. cit., p. 85 ; Le P. Anselme, loc. cit., p. 459 ; — Guillaume Poyet (nov. 1538-avr. 1545). — François Olivier (avr. 1545-1560, 80 mars) dont il a été déjà parlé. Cf. Tessereau, loc. cit., pp. 103, 104, 106, 131, 133 ; le P. Anselme, loc. cit., p. 482. Arch. nat., X¹ᵃ 8615, f° 117 v°, 8617, f° 163. — Dans l'ouvrage cité de Le Feron on trouve, avec une notice historique, les armoiries des chanceliers et des gardes des sceaux.

(2) Ainsi Poyet ; ainsi Michel de l'Hospital (30 juin 1560 à 13 mars 1573), ancien premier président à la Chambre des comptes. Son père avait été du parti du connétable de Bourbon ; d'Aubigné l'impliqua dans la conjuration d'Amboise ; ses goûts et ses relations l'attiraient vers la Réforme ; Pierre de l'Estoile, d'ailleurs sujet à caution, dit qu'il avait composé en 1569, des vers insultants pour Marie Stuart. L'hostilité des Guises, que lui-même détestait, et l'impopularité dont il jouissait l'obligèrent à quitter la cour en 1568. Cf. sur lui, P. Anselme, loc. cit., p. 488 ; Tessereau, loc. cit., p. 133 ; P. de l'Estoile, op. cit., t. XII, p. 374.

(3) Chancelier le 17 mars 1573, démissionnaire depuis le 26 septembre 1578, mort en 1583, Cf. Anselme, loc. cit., p. 492 ; Girard et Joly, loc. cit.,

damné pour forfaiture et malversation. Depuis les révélations survenues au cours de son procès (1542 août) et pour éviter les abus signalés, il fut interdit (7 sept. 1542) à tout chancelier de disposer des offices royaux ainsi que des amendes ou confiscations prononcées à raison des faux commis à propos du sceau (1).

III. — LES PRÉSIDENTS DE LA COUR ET DES CHAMBRES.

Si le roi ne pouvait plus depuis longtemps rendre lui-même la justice avec ses conseillers intimes, le chancelier, absorbé de plus en plus par ses fonctions politiques, ne pouvait pas davantage présider en personne les audiences et diriger les magistrat Il avait donc fallu, et dès l'origine du Parlement, confier ce rôle à des personnes signalées par leur rang ou leur science juridique qui, sans avoir le nom de présidents, exerçaient une autorité directe (3). Quand le sectionnement du Parlement primitif eut donné naissance aux chambres des Enquêtes et des Requêtes du Palais, le Roi y mit aussi des présidents qui se distinguèrent toujours

p. cclxiv; F. Vindry, *op. cit.*, t. I, 2ᵉ fasc., 1910, p. 368, nᵒ 2. Il était si peu estimé qu'il fallut les ordres d'Henri III pour que le Parlement se rendît en cérémonie à ses obsèques le 6 décembre 1583. Cf. *Registres des délibérations du bureau de la ville de Paris*, t. VIII, p. 352, 353. Son éloge dans Le Feron, *op. cit., loc. cit.*, pp. 121, 122.

(1) Il a été déjà parlé de ce personnage célèbre par son éloquence, par la part qu'il prit à l'ordonnance de Villers-Cotterets et son acharnement contre l'amiral de Chabot. Grisé par sa fortune et la faveur croissante de François Iᵉʳ, il avait à la fin changé le griffon du second quartier de ses armes en un lion avec la devise : « *Justitiæ colummam sequitur leo* ». Cf. sur lui, *La Chronique parisienne de P. Driart*, éd. Bournon, av. 1534. Le P. Anselme, *op. cit.*, p. 469. — Les lettres de provision de Poyet furent les dernières expédiées en latin (A. Tessereau, *op. cit., loc. cit.*, p. 98, 99). Sur son procès et sa condamnation (1543-1545), cf. Le Feron, *op. cit., loc. cit.*, pp. 107 à 110.

(2) Arch. nat., X¹ᵃ, 8613, fᵒ 359.

(3) Tels Mathieu de Vendôme et Renaud Barbou, cf. Ch.-V. Langlois, *Les origines du Parlement de Paris* (*Revue historique*, t. XLII, 1890), tirage à part, pp. 23-24.

des présidents de la Grand'Chambre — laquelle représentait l'unique chambre primitive et dont les autres n'avaient d'abord été que des délégations. — A ces derniers, on réserva le titre de présidents de la cour et la préséance sur tous les membres du Parlement; en passant aux sièges de présidents de la Grand'Chambre, ils abandonnaient leurs sièges de conseillers. Au contraire, les présidents des chambres des Enquêtes ou des Requêtes du Palais conservaient leur office de conseillers; des praticiens du xviᵉ siècle enseignent que leur titre ne franchissait pas le seuil de la chambre à laquelle ils appartenaient; en somme ils demeuraient conseillers avec le droit de présider leurs collègues, et à cause de cela ils touchaient des gages un peu plus élevés et obtenaient quelques distinctions honorifiques. La vacance de leur siège donnait lieu à une double élection, puisque le titulaire se trouvait à la fois président et conseiller : élection d'un conseiller qui tout en gardant son office de conseiller joindrait le titre et la charge de président de la chambre et élection d'un successeur au siège de conseiller devenu vacant. S'ils résignaient leur charge de président, ils pouvaient encore rester comme conseillers.

Un président de la Grand'Chambre, de la cour disait-on encore (un grand président disait le peuple), venait-il à mourir ou à résigner son office, il n'y avait lieu qu'à une seule élection, celle d'un nouveau président et s'il avait résigné ou démissionné, comme il ne tenait pas en même temps l'office de conseiller, il ne faisait plus partie du Parlement (1).

(1) Aubert, *Le Parlement de Paris de Philippe le Bel à Charles VII. Organisation*, chap. 4 ; Le même, *Histoire du Parlement de Paris de l'origine à François Iᵉʳ*, t. I, liv. I, chap. 4, pp. 135 et suiv. Quand un président de la Grand'Chambre, autre que le dernier, quittait sa charge, il était remplacé par le président qui siégeait immédiatement après lui; le troisième remplaçait le deuxième et le quatrième passait troisième. La nomination visait donc une charge inférieure à celle qui était vacante. Ainsi à la

1) *Présidents de la cour*. — Cette distinction bien établie, parlons des présidents de la Grand'Chambre, qui seuls ont donc droit à la qualification recherchée de présidents de la cour. Au xvi⁵ siècle on les voit revêtus, aux jours de cérémonie et aux audiences solennelles, de la robe rouge avec le long manteau d'écarlate fourré, doublé de peaux d'hermines blanches ou mouchetées de noir, renversé sur l'épaule pour laisser paraître la fourrure d'hermine, et orné sur l'épaule de trois passements d'or, longs d'un pied. Les jours ordinaires, la robe est noire et courte; quand il préside et quand il prononce les arrêts, le premier président, fût-il en grand deuil, doit porter la robe longue avec le manteau (1). Les frais de ce grand manteau étaient très élevés; mais ils se trouvaient en grande partie couverts par le « droit de manteau d'hiver et d'été », droit confirmé le 19 janvier 1563 par Charles IX en faveur des présidents et aussi des conseillers clercs, et estimé alors à douze livres et dix sous tournois (2). Les pensions, généreusement accordées par le roi (3),

---

mort de Thibault Baillet, deuxième président (19 nov. 1524), Denis Poillot fut nommé, mais Jacques Olivier et Charles Guillard montant d'un rang, Poillot siéga comme quatrième président. Cela rend difficile d'établir avec certitude dans quel ordre se sont succédé les présidents de la Grand'-Chambre au xvi⁵ siècle. Exception était faite pour la charge si importante du premier président, le roi désignait qui bon lui semblait sans s'occuper des présidents du rang inférieur.

(1) Ainsi est-il signifié au premier président, messire Jacques Olivier, qui venait de perdre sa femme Geneviève Tulleu. Cf. Arch. nat., X ¹ᵃ 1521, f⁰ 223 v⁰. Avocat du roi et depuis 1508 troisième président à la Grand'-Chambre, chancelier du duché de Milan en 1510, Jacques Olivier succéda dans la charge de premier président à Mondot de la Marthonie (1517). En secondes noces il épousa Madeleine Luillier qui mourut le 7 juin 1519 et lui-même mourut le 20 novembre suivant. V. Arch. nat., X ¹ᵃ 1511, f⁰ 73, X ¹ᵃ 1519, f⁰ 156, *Livre de raison* de M⁰ Nicolas Versoris, éd. cit., p. 104, n⁰ 5.

(2) Girard et Joly, *op. cit.*, *additions* au liv. I, t. 1, p. xcviii.

(3) Ainsi en 1537 et 1538 les présidents : Lizet, Poyet de Saint-André et de Montholon reçurent chacun une pension de 500 livres à prendre sur les exploits et les amendes du Parlement. Cf. *Catal. des actes*, n⁰ˢ 29.358; 29.646; 29.803; 30.801; 30.802. A partir du 1ᵉʳ juin 1539, le premier

aidaient aussi les présidents à tenir leur rang. On reconnaissait encore les présidents « au bonnet de velours rond, passemente d'or » que le peuple avait, à cause de sa forme singulière, baptisé du nom de mortier (1).

A la Tournelle, ou chambre criminelle, les présidents ne portèrent d'abord que le chaperon rouge, puis ils y joignirent le manteau rouge, mais jamais le mortier (2) qui demeurait réservé aux présidents de la Grand'-Chambre.

La nomination de ces hauts magistrats devait se faire comme celle des conseillers, mais la nomination directe par le roi, et sans tenir compte du droit d'élection ou de présentation par le Parlement, se produisait encore bien plus fréquemment que lorsqu'il s'agissait simplement de désigner un conseiller.

On sait que l'importance de la charge valut à la plupart des présidents de la cour l'honneur d'être chevaliers; mais il n'était pas nécessaire d'avoir déjà ce titre pour arriver à la présidence (3). A partir du règne de Charles IX, les présidents de la Cour eurent le droit d'entrer au Conseil du roi; et Henri III leur donna même, dans ce Conseil, voix délibérative par le règlement du 11 août 1578 (4).

Les présidents, non contents de maintenir les usages

président Lizet se vit donner 200 livres de pension annuelle, en quatre quartiers, payables six semaines après échéance, en plus de ses gages, droits et pensions accoutumés; *Catal. cité*, t. VIII, n° 145.

(1) Cf. La Roche Flavin, *op. cit.*, liv. X, chap. 25.

(2) *Id.*, *ibid.*, liv. II, chap. 2, n° 12, p. 58.

(3) *Id.*, *ibid.*, liv. II, chap. 1, pp. 48, 49 : « la qualité de chevalier et le titre de messire tant aux présidents que conseillers » — En 1546 François I⁰ʳ et l'année suivante Henri II décidèrent qu'aucun président, ni de la Grand'-Chambre, ni des Enquêtes, ne serait reçu s'il n'avait trente ans; Henri III demanda même quarante ans, après avoir été au moins dix ans conseiller; id. ibid., liv. VI, chap. 1, n° 2. — A leurs obsèques, les présidents chevaliers avaient sur le cercueil, « des bottines blanches, des éperons dorés et l'épée » ; Leurs femmes étaient appelées dames. Cf. *id.*, *ibid.*, liv. X, chap. 26.

(4) N. Valois, *op. cit.*, *loc. cit.*, pp. xii, xiii.

et les traditions, devaient veiller au bon ordre, à l'exécution des ordonnances et des règlements, diriger les audiences, prononcer les arrêts décidés en séance de conseil (1), et répartir dans leurs commissions les conseillers désignés par les chambres. Un édit de mars 1551 (2) défend au président arrivé en retard à l'audience, et par conséquent suppléé par un autre président ou par le plus ancien conseiller de la Grand'Chambre, de siéger pendant que se jugeait un procès commencé en son absence; il attendait pour rentrer qu'une nouvelle affaire fût appelée. Toute absence non justifiée exposait naturellement aux sévérités du règlement. Dix ans plus tard, l'ordonnance d'Orléans (art. 42) renouvelle aux présidents la recommandation de faire appeler par les huissiers de service les causes d'appellations verbales — comme les autres causes — dans l'ordre fixé par le rôle, c'est-à-dire dans l'ordre attribué aux bailliages et sénéchaussées qui dépendaient du Parlement de Paris, et cela sans aucune modification. Cependant ils pouvaient constituer un rôle extraordinaire de toutes les causes privilégiées qui seraient plaidées le jeudi de chaque semaine. Les procès par écrit se jugeraient d'après les rôles dressés suivant les dates des conclusions reçues au greffe; et pour les établir, les présidents s'adjoindraient quatre conseillers (3).

L'ordonnance de Moulins confia aux présidents le soin

---

(1) Il arrivait souvent qu'au moment de décider Il y eut « plusieurs opinions » : on les ramenait alors « à 2 cathégoriques ausquelles les autres sont astraintes de se ranger et ceux qui sont moins en nombre commencent les premiers à revenir, et si le raporteur est du plus petit nombre, il fait la planche et prend le premier parti ». En vertu d'une ordonnance de Henri III « s'il ne passe que d'une voix, il faut aller départir le procès en une autre chambre; mais s'il passe encore d'une autre voix en une autre chambre, cette voix est comptée avec l'autre et jugé qu'il a passé de 2 ». Cf. Laurent Jouet, *Jurisprudence du Palais réduite en maximes.* Maxime 305.

(2) Isambert, *op. cit.*, t. XIV, p. 453.

(3) Isambert, *op. cit.*, t. XIV, p. 75.

d'établir la taxe pour les magistrats qui, au civil comme
au criminel, avaient fait l'instruction (1).

Premier président. — Mais entre ces présidents de la
cour il y en a un, plus élevé que les autres, qui doit spécialement attirer l'attention, je veux parler du premier
président. L'autorité de ce personnage considérable
s'étendait à tout le Parlement où seul le chancelier l'em-
portait sur lui (2). Ordinairement il était nommé chevalier, et au XVI° siècle il figure toujours au nombre des
membres du Conseil privé (3).

Son costume ressemblait à celui des autres présidents
de la Cour, mais avec quelques différences. Le manteau
se distinguait par trois galons d'or et trois bandelettes
de fourrure blanche cousues en échelons sur chaque
épaule. Le chapeau différait aussi en ce qu'il était garni
en haut d'un galon d'or (4).

Le premier président avait surtout à présider et à
diriger la Grand'Chambre, mais il pouvait aussi présider
les autres chambres, bien qu'il usât rarement de ce
droit; comme les autres présidents, il pouvait aller en
commission, mais sans s'éloigner de Paris et pour des
affaires de grande importance. C'est lui qui fixait à
ceux qui étaient pourvus d'un office de conseiller le
jour où ils seraient examinés; enfin, la veille de la clôture des sessions, qui avait lieu le 14 septembre, il prononçait les arrêts généraux (5). Aux grandes cérémonies officielles et dans les processions générales,
quand le Parlement marchait en corps, il avait le pas
sur les gouverneurs et les lieutenants généraux du

(1) 1566, février, art. 37; Isambert, *ibid.*, p. 198.
(2) Le roi mis naturellement au-dessus de tous.
(3) La Roche Flavin, *op. cit.*, liv. II, pp. 48, 49. En 1420, les Gens du roi
déclarent que le premier président est de droit premier maître des Requêtes
de l'Hôtel et membre du Grand Conseil. Arch. nat., X 1a 1480, f° 205, v°.
(4) J. Quicherat, *Histoire du costume en France*, p. 324.
(5) La Roche Flavin, *op. cit.*, liv. II, chap. 1, sect. xiv, n°° 1619,
pp. 54-55.

roi (1); et lorsque le cortège entrait à Notre-Dame, il prenait la place du doyen du chapitre (2). Si le Parlement n'allait pas en corps, un cardinal, un archevêque ou évêque, passaient avant lui, mais il précédait toujours le corps universitaire. Seul il pouvait aller de chez lui au Palais, et inversement, avec le manteau de cérémonie que tous les autres présidents laissaient toujours au Palais; seul aussi, pendant la messe qui se disait chaque jour audit Palais, il avait un tapis pour s'agenouiller (3).

Comme signe de la grande estime que le Roi professait pour le premier président de son Parlement, on peut encore rappeler que Henri IV alla dîner seul, le 17 janvier 1600, et avec la reine, le 19 février 1601, chez Achille de Harlay (4).

PREMIERS PRÉSIDENTS (1515 à 1600).

Antoine Duprat (1515).

Lieutenant du bailli de Montferrand (1490), avocat au Parlement de Toulouse (1494), maître des Requêtes de l'Hôtel (24 nov. 1503), président au mortier (2 nov. 1506) puis premier président (31 janv. 1508) et enfin chancelier (7 janv. 1515). Devenu veuf en 1516, il entra dans les ordres, fut nommé archevêque de Sens (20 mars 1525), administrateur de l'évêché d'Albi (28 déc. 1528), de Meaux (20 janv. 1534), cardinal de Saint-Anastasie (21 nov. 1527), et légat *a latere* (*Bull.* du 1ᵉʳ déc. 1529 confirmée le 19 par le Roi). Il mourut le 9 juillet 1535 (5).

(1) La Roche Flavin, *op. cit., loc. cit.*, p. 49.
(2) *Registres des délibérations du Bureau de la ville de Paris*, t. IV, p. 410, an 1556.
(3) La Roche Flavin, *op. cit.*, liv. II, chap. 1, p. 50.
(4) Cf. P. de l'Estoile, *Journal*, t. VII, pp. 204, 265, 361.
(5) Cf. Le P. Anselme, *op. cit.*, t. VI, p. 452; A. Tessereau, *Histoire chronologique de la Chancellerie de France*, liv. II, pp. 79, 80. 89. Arch. nat., X¹ᵃ 1511, fᵒˢ 1, 52 vᵒ; X¹ᵃ 8611, fᵒ 3; X¹ᵃ 8612, fᵒ 198; X¹ᵃ 8617, fᵒ 350. Duprat était auvergnat; après les mariages d'Anne de Baujeu avec Pierre de Bourbon et de leur fille Suzanne avec Charles de Bourbon, il y eut une véritable émigration d'auvergnats à Paris. Plusieurs, Duprat, Lizet, les du Bourg, les Bohier, les Marillac, Baril-

Au Parlement, il se signala par son exactitude et son active surveillance (1). On connaît le grand rôle qu'il eut dans les négociations du concordat; il remplit aussi des missions diplomatiques (2).

Mondot de la Marthonie (1515-1517).

Reçu le 3 février 1515 (3). Duprat ayant accompagné François Ier en Italie, la Marthonie eut (25 septembre) la garde du petit sceau ordinaire en l'absence du grand sceau.

Jacques Olivier (1517-20 nov. 1519) (4).
Jean de Selve (déc. 1519-1529).

Sa famille était originaire du Limousin; le dixième des treize enfants de Fabien de Selve, notaire royal à la Roche-Canillac et de Margue-

lon, etc., jouèrent un grand rôle au xvi° siècle. Cf. P. de la Vaissière, *Journal de Jean Barrillon*, t. II, notice sur Barrillon, pp. iv à vi. Duprat avait une maison de plaisance à Vanves vers Clamart, le superbe château de Nantouillet et à Paris, au coin de la rue des Augustins, l'Hôtel d'Hercule que lui avait donné Louis XII en 1514. Cf. Sauval, *Histoire et recherches des antiquités de la ville de Paris*, 1724, in-f°, t. II, p. 149.

(1) « Tient monseigneur le premier président du Prat les rooles, les stiles, les ordonnances ad unguem et ne seuffre point clocher ». V. *Mémorial du conseiller Germain Chartelier* (an 1503-1511). Bibl. nat., Mss f. français 4431, f° 212 v°. — Sur lui, avec précaution, v. Mis Du Prat, *Antoine Duprat, chancelier de France*, 1857; les remarques intéressantes de M. Viollet, *loc. cit.* Sur sa carrière ecclésiastique, v. Eubel, *Hierarchia Catholica*, t. III, 1910, pp. 26, 66, 113, 258, 317.

(2) En 1519 il négocie pour empêcher l'élection de Charles-Quint; en juillet 1521, avec Jean de Selve et le maréchal de Chabannes, il va aussi négocier à Calais. V. *Journal de Barrillon*, t. II, pp. 119, 120, 121, 192, 200, 208; *Livre de raison de N. Versoris*, n° 45; *Journal d'un bourgeois de Paris*, éd. Bourrilly, p. 89. — Sur sa valeur diplomatique, v. G. Hanotaux, *Recueil des instructions données aux ambassadeurs et ministres de France depuis les traités de Westphalie*, Rome, t. I. Introduction, p. lvi et chap. 3.

(3) Arch. nat., X^{1a} 1517, f° 64 v°. Il avait été (15 oct. 1499), premier président à Bordeaux. *Catalogue des actes de François Ier*, n° 16015. — A. Tessereau, *op. cit.*, liv. II, p. 80. — Né en 1466, fils d'Étienne de la Marthonie et d'Isabeau de Pompadour, premier président d'abord à Bordeaux (15 oct. 1499). Il avait épousé Jeanne de Vernon-Montreuil-Bonnin et il mourut à Blois avant le 9 janvier 1517. Cf. F. Vindry, *Les parlementaires français au xvi° siècle*, t. II, 1er fascicule, 1910, p. 37, n° 1.

(4) Sur ce personnage, V. *suprà*. Il fut reçu premier président le 13 mai

rite de Misac, il naquit le 17 avril 1475. Avocat, puis professeur de droit à Toulouse, il fut conseiller au Parlement de Toulouse du 1er décembre 1500 au 27 janvier 1505, devint vice-chancelier du Sénat de Milan, premier président au Parlement de Rouen (1507), conseiller à celui de Paris (3 déc. 1511), premier président au Parlement de Bordeaux (25 déc. 1515); il fut reçu premier président le 17 décembre 1519. François Ier le chargea de missions diplomatiques en Angleterre et la régente l'envoya en Espagne négocier la libération du roi (1); il fut un des négociateurs de la paix de Cambrai. Le 8 décembre 1529, la mort le surprit en son hôtel des Bernardins et il fut enterré le 11 à Saint-Nicolas-du-Chardonnet (2). De ce bon serviteur de la France, cinq fils (3) et un gendre furent ambassadeurs. Le plus célèbre de ses fils, Odet de Selve, conseiller au Parlement le 31 décembre 1530, puis conseiller d'État, remplit plusieurs missions diplomatiques importantes (4).

Jean de Selve est l'auteur d'un *Traité des bénéfices* estimé et que Dumoulin a réédité en l'annotant (5).

1517 (*Catal. des actes de François Ier*, t. VII, p. 486, n° 25946, 488, n° 25973). Avec le sire de Boisy et Étienne de Poncher, évêque de Paris, il assista aux conférences de Noyon (1516); en 1519 il prit part à celle de Montpellier. Cf. *Journal d'un bourgeois de Paris sous le règne de François Ier*, éd. Bourrilly, pp. 40, 71. *Journal de Barrillon*, éd. de Vaissière, t. I, pp. 220 à 235 et 249; *Livre de raison de Me Nicolas Versoris*, éd. Fagniez, p. 104, n° 5.

(1) G. Clément Simon, *Un conseiller du roi François Ier, Jean de Selve, premier président au Parlement de Paris, négociateur du traité de Madrid* (dans *Revue des questions historiques*, janvier 1908); Blanchard, *Catalogue cité*, p. 45; *Éloge des premiers présidents*, 1645, in-f°, pp. 61, 63. Arch. nat., X^{1a} 1514, f°° 9, 14; X^{1a} 1523, f° 16 v°; F. Vindry, *op. cit.*, t. I, fascicule 2, p. 253, n° 2; *Journal de Barrillon*, pp. 192, 200, 203; *Livre de raison de Me N. Versoris*, n° 45, 411; *Journal d'un bourgeois de Paris*, éd. Bourrilly, p. 89.

(2) Arch. nat., X^{1a} 1533, f° 22. *Chronique parisienne de P. Driart*, éd. cit., an 1529; *Journal de Jean Barrillon*, édit. P. de Vaissière, t. I, p. 3. Arch. nat., X^{1a} 1533, f° 22.

(3) Il eut douze enfants. Paulin Paris, *Études sur François Ier*, t. I, p. 234, a dit de lui : « c'est l'homme de son temps qui a laissé le plus pur souvenir d'indépendance et de probité ».

(4) Il mourut en mars 1565. Cf. Lefèvre-Pontalis, *Correspondance politique d'Odet de Selve*, 1888, in-8°; F. Vindry, *Les ambassadeurs français permanents au xvie siècle*, 1908, in-4°, p. 35.

(5) Le traité parut chez Galiot du Pré, en 1514. Papon le cite, *Recueil d'arrêts notables*, 6e éd., J. de Tournes, Lyon, 1586, liv. II, titre VIII, n° 15.

Pierre Lizet (1529-1549).

Né à Villemur (Cantal) en 1482, conseiller au Parlement en 1514
(7 juillet), puis second avocat général en 1517, il fut reçu premier président le 20 décembre 1529 (1). Les protestants auxquels il avait dû,
comme présidant souvent la *chambre ardente*, appliquer les lois et
les édits en vigueur, le détestaient; ils tentèrent même, dit-on, de
l'empoisonner (27 juill. 1546) (2). On lui doit une *Pratique judiciaire*
estimée.

Jean Bertrand (1549-1551).

Licencié ès lois, bon jurisconsulte, ancien président au Parlement
de Toulouse, reçu conseiller laïque au Parlement de Paris (7 sept. 1531)
à la place de Pierre Laydet révoqué, président à la Grand'Chambre
depuis le 11 novembre 1539 (au lieu de Poyet, nommé chancelier), conseiller au Conseil privé, Jean Bertrand remplaça Lizet et deux ans
plus tard devint garde des sceaux. Il avait épousé Jeanne de Barras,
dame de Mirebeau et Villenor. Le roi lui confia des missions diplomatiques en Savoie et en Allemagne, et il dut beaucoup à la protection
du connétable de Montmorency (3).

(1) Blanchard, *Catal. cité*, p. 46. Arch. nat., X¹ᵃ 1519, f° 227 v°;
X¹ᵃ 1538, f°. 26. Loisel, *Dialogue des avocats, loc. cit.*, p. 509; Douet
D'Arcq, *Notice* (dans *Bibliothèque de l'École des Chartes*, 1876, p. 358).
Il a déjà été parlé de ce président.

(2) 1546, jeudi 27 juillet : « Ce jour, après avoir été oy par la Court le procureur général du Roy ce requérant, elle a ordonné et enjoinct tant aux
lieutenans civil que criminel de la prévosté de Paris eulx informer incontic
nant promptement et diligemment à l'encontre des personnes qui ont attenté,
conspiré et par effect procédé par intoxicacion et empoisonnement en la personne de Messire Pierre Lizet, premier président de la dicte court et de
procéder à l'encontre de ceulx qui seront trouvéz coulpables ainsi qu'il
appartient et que le cas le requiert ». Arch. nat., X¹ᵃ 1558, f° 350 v°.

(3) Arch. nat., X¹ᵃ 1334, f° 386; X¹ᵃ 1544, f° 1. Blanchard, *Présidents
au mortier*, p. 185; Gallia Christiana, t. I, col. 1106, t. XII, col. 92, 94;
le P. Anselme, *op. cit.*, t. VI, p. 486; Loisel, *Dialogue des avocats, loc.
cit.*, p. 509. Devenu veuf, Bertrand entra dans les ordres, fut nommé le
16 décembre 1551, évêque de Comminges en 1557, le 5 juillet 1557 administrateur du diocèse de Sens, cardinal des SS. Nérée et Achillée le 9 août 1557
puis de Sainte-Prisque, puis de Saint-Chrysogone (16 janvier et 23 mars 1560).
Il mourut à Venise le 4 déc. 1560. Cf. L. Auvray, *Funérailles du cardinal
Bertrandi à Venise en 1560* (dans la *Revue d'histoire diplomatique*, 1900,
n° 3); Eubel, *op. cit.*, t. III, pp. 39, 69, 198, 317. C'est à tort qu'on l'a appelé
Bertrandi. F. Vindry : *Parlementaires français*, t. II, fasc. 2, p. 141, n° 5.

Gilles le Maistre (1551-1562).

Né à Montlhéry, conseiller au Parlement depuis 1530, il avait été reçu premier avocat du Roi au lieu de Jacques Cappel (20 août 1541), mais avec dispense, car il était marié (1). Il mourut le 5 décembre 1562, âgé de soixante-trois ans, et fut enterré à Paris dans l'église des Cordeliers (2).

Christophe de Thou (1562-1582).

Seigneur de Bonneuil, fils du président Augustin 1er de Thou, d'abord avocat au Parlement, honoré de l'amitié du président Lizet, il devint, sans avoir été conseiller, président du semestre dès la création de cette institution (avr. 1554). Quand il ne siégeait pas, il examinait et réformait les coutumes avec les conseillers Violle et Faye. Dans ses fonctions de magistrat, il mit tant de zèle qu'en un seul semestre il jugea tous les détenus de la Conciergerie et en laissa les cachots vides (3). Élu conseiller de la ville de Paris (1537) (à la place de Germain de Marle), puis prévôt des marchands, il se signala par un grand dévouement aux intérêts de la capitale et une sage administration durant cette époque difficile (4). Au Parlement, il se montra toujours travailleur acharné, plein d'activité et veilla rigoureusement à l'observation des règlements. Sa piété, sa bonté et son amour des lettres contribuèrent aussi à sa grande réputation. La grosse fortune que lui avait apportée sa femme, Marie Tulleu, lui permit d'être le premier président qui eût une voiture (5). Il avait été chancelier des ducs

(1) En principe, cet office était réservé à un clerc. Le Maistre avait épousé Marie Sapin (18 septembre 1525), dont le père était receveur général des finances en Languedoc et fort riche. — Le Maistre fut remplacé comme avocat général par l'avocat général à la cour des Aides, Pierre Séguier.

(2) Blanchard, *Présidents au mortier*, p. 340. *Catalogue* cité, p. 60; Arch. nat., X¹ª 1547, f° 309 v°. *Journal de François Grin*, éd. de Ruble, tirage à part, p. 22. — Pour avoir critiqué le retard volontaire que mettait le roi à renvoyer les cahiers des États remis à son examen, Le Maistre se vit interdire quelque temps l'entrée du Parlement. Cf. Secousse, *Mémoires de Condé*, 1743, in-4°, t. I, p. 45, 18 août 1561. On lui doit un *Traité des régales* et un *Traité des appellations comme d'abus*. Cf. Schulte, *Die Geschichte der Quellen und Literatur des kanonischen Recht*, t. III, p. 555.

(3) E. Pasquier, *Lettres*, liv. VII, n° 10, au t. II des *Œuvres*, édition citée.

(4) *Registres des délibérations de la ville de Paris*, t. VIII, pp. 8, 9. — Le 23 août 1576, il résigna ses fonctions de conseiller de la ville en faveur de son fils aîné, Jean de Thou; ce dernier, reçu conseiller au Parlement le 26 novembre 1566, maître des Requêtes de l'Hôtel le 9 octobre 1570, mourut le 5 août 1579. Cf. Blanchard, *Présidents*, p. 355 et *Catalogue*, p. 81.

(5) « Primus (carruca) in Urbe fuit Christophoro-Thuani postquam princeps

d'Orléans et d'Alençon. Il mourut, âgé de soixante-quinze ans, le
1er novembre 1582, et fut enterré à Saint-André-des-Arcs dans une
sépulture de famille. L'Université en corps, le Parlement, la Chambre
des comptes, les Généraux des aides, les ducs de Nevers, de Guise,
de Mayenne et d'Aumale, de Nemours, de Joyeuse et d'Epernon suivirent le corps, et les présidents Prévot et Brisson avec les deux plus
anciens conseillers, Anjorrant et Chartier, tenaient les cordons du
poële (1). Le 14 novembre, le président Jean Prévôt prononça en l'église
Saint-André-des-Arcs l'oraison funèbre « de feu messire Christophe
de Thou, en son vivant chevalier, conseiller du Roy nostre sire en
son conseil privé et d'estat et premier président en sa cour de Parlement à Paris » (2).

Achille de Harlay (1582-1616).

Conseiller au Parlement depuis 1556, Achille de Harlay appartenait,
lui aussi, à une illustre famille de magistrats qui était originaire de
Franche-Comté. Il demeura fort longtemps dans sa charge de premier
président et sa réputation dépassa encore celle de son prédécesseur;
son rôle pendant la Ligue, le règne de Henri IV et la minorité de
Louis XIII, se confond le plus souvent avec l'histoire générale. Il
démissionna en 1616 et mourut le 21 octobre 1619. L'éloge funèbre
de Achille de Harlay, « à la gloire duquel les historiens rendront un
éternel hommage » (Blanchard), fut prononcé par Jacques de la Valée,
« conseiller et aumônier du Roy, principal du collège de Narbonne,
jadis domestique dudit seigneur de Harlay », qui célébra « la vie,
actions et mort de très illustre seigneur, messire Achille de Harlay,
en son vivant conseiller du Roy en ses conseils d'Estat et privé, premier président du Sénat de Paris et comte de Beaumont-en-Gatinois,
pour servir d'exemple à ceux qui, pour l'advenir, voudront saincte-
ment administrer la justice » (3).

senatus creatus fuit » (A. Loisel, *Dialogue des avocats*, loc. cit., p. 679,
note).

(1) P. de l'Estoile, *Mémoires, Journaux*, édit. Lemerre, t. II, pp. 88
à 91.

(2) Paris, Mathurin Prévost, 1583, petit in-8°. Sur ce grand président
v. Blanchard, *Présidents*, pp. 353, 354.

(3) Paris, Corrozet, in-12. Sur lui, v. Blanchard, *Présidents au mortier*,
pp. 230, 237; E. Pasquier, *Lettres*, liv. VII, n° 7 (dans *OEuvres*, t. II,
p. 179). Le 23 mars 1587, à titre de colonel de quartier de messire Pierre Charpentier, il fut chargé de faire des recherches dans les maisons et les chambres garnies et aussi des rondes de nuit. V. *Registres des délibérations du
Bureau de la ville de Paris*, t. IX, pp. 37-38.

CHAPITRE III

Les Gens du Roi au Parlement de Paris.

1) Procureur général. — 2) Avocats du Roi.

Depuis les origines du Parlement le roi avait eu pour le représenter aux audiences, défendre ses droits contre les tiers ou les faire valoir, des procureurs et des avocats spéciaux, payés par lui et désignés sous un nom qui indique bien ce qu'ils étaient réellement : *les Gens du roi*. Bientôt ils furent au nombre de trois : le procureur du roi, qui dès le milieu du xiv° siècle prit le titre de *procureur général*, et les *deux avocats du roi*, le premier, (en principe toujours un clerc) pour le civil et le second (toujours un laïque) pour le criminel. Au xvi° siècle on les appela *avocats généraux*. Subordonnés au procureur général qui siégeait au milieu d'eux, ils ne pouvaient prendre des conclusions qu'en son nom (1), et le procureur général ne pouvait en prendre aucune sans leur avis (2).

Un édit de septembre 1554 mit tous les gens du roi sur le pied d'égalité quant aux gages : ils recevaient chacun 2.000 livres, plus une pension de 500 livres à prendre sur le produit des amendes (3). Depuis longtemps ils ne

(1) Delachenal, *Histoire des avocats au Parlement de Paris*, chap. XI.

(2) La Roche Flavin, *op. cit.*, liv. II, chap. 7, n° 48, p. 100. « La fonction principale et normale du procureur général consiste bien à signer les conclusions par écrit ; celle de l'avocat général à les développer en plaidant ». Cf. G. Saulnier de la Pinelais, *Les Gens du Roi au Parlement de Bretagne*, 1553-1790 ; 1902, in-8°, p. 117.

(3) Des lettres patentes du 11 mars 1538 parlent d'une pension de 400 livres parisis à prélever sur ce qui restait chaque année de la crue du sel imposée pour le paiement des cours souveraines. V. *Catalogue des actes de François Ier*, n° 9835. — Pension de 500 livres aux avocats du roi Pierre Remond et Jacques Cappel pour l'année 1537 ; pension semblable pour la même année en faveur du procureur général Nicole Thibault, *ibid.*, n°° 29649 et 29650.

devaient servir que le prince seul et n'être payés ou pensionnés que par lui seul (1) ; cette dernière recommandation ne fut peut-être pas toujours très bien observée, car l'ordonnance de Moulins (février 1566) rappela à tous les procureurs royaux, tant à Paris qu'en province, l'obligation de se contenter de leurs gages réglementaires, sans rien exiger des parties (2). Un règlement du 17 septembre 1575 accorda aux Gens du roi l'entrée au Conseil, et celui du 11 août 1578 leur donna, comme aux présidents de la cour, voix délibérative (3).

1) LE PROCUREUR GÉNÉRAL.

Le procureur général du roi au Parlement de Paris regardait tous les procureurs royaux près les parlements provinciaux et les diverses juridictions comme ses substituts et se considérait comme le procureur général du roi dans tout le royaume (4) ; aussi lorsque Henri II voulut instituer au Conseil privé une charge de procureur général (1555), Noël Brulart (5), titulaire de l'office auprès du Parlement, fit entendre d'énergiques protestations, prétendit avoir seul le droit de remplir de semblables fonctions au Conseil privé, et obtint gain de cause.

Cet important magistrat jouissait de tous les privilèges accordés aux présidents et aux conseillers du Parlement, du droit d'entrée avec voix délibérative dans

(1) Delachenal, *op. cit., loc. cit.* ; La Roche Flavin, *op. cit.*, liv. II, chap. 7, n° 51, p. 102.

(2) Art. 20. Isambert, *op. cit.*, t. XIV, p. 189.

(3) N. Valois, *op. cit., loc. cit.*, pp. XII, XIII.

(4) Le 1er juin 1541, François Ier nomma Me Jean Martine procureur du roi aux Requêtes de l'Hôtel et à la Chancellerie, mais sans lui donner le titre de procureur général. En effet, comme les procureurs royaux à la chambre des Comptes, aux Aides ou au Châtelet, Martine était considéré comme substitut du procureur général au Parlement de Paris. Arch. nat., X¹ª 1547, f° 31 v°. — Cependant — mais en dehors du Parlement — Gervais du Molinet était appelé procureur général à la chambre des Comptes. Cf. *Catal. des actes*, an 1537, n°° 29440 et 30241.

(5) Il a été parlé de ce magistrat.

toutes les cours souveraines : il exerçait les offices de lieutenant civil et de prévôt de Paris devenus vacants par le décès des titulaires et jusqu'à leur remplacement ; aux processions il marchait à côté des lieutenants généraux ; son costume se composait de la robe rouge et du chaperon fourré d'hermine — ce qui est marque de sénateur, dit Cavet ; — enfin il recevait « son dernier honneur de la cour qui assiste toujours à ses funérailles » (1). Il fait partie du Parlement et, à ce titre, est tenu de résider à Paris, d'observer en plus des obligations de sa charge, les ordonnances, édits et règlements qui concernent le Parlement (2).

Au xvi° siècle la Grand'Chambre ne procède plus à son élection : c'est le roi qui le nomme directement, et la Grand'Chambre n'a plus qu'à le recevoir, après la prestation du serment, et à enregistrer sa nomination. Pour l'aider il a des *substituts* qu'il choisit lui-même parmi les jeunes avocats les plus distingués, mais qu'il paye fort peu (3), ce qui leur permet de continuer à plaider pour les parties et autorise le procureur général à en prendre un nombre parfois excessif (4).

(1) Cavet, *op. cit.*, *annotations* au liv. 1, tit. 4, pp. 59, 60. Cet auteur dit qu'on l'appelle procureur général « parce qu'il procure le bien du Roy et du public ; et a soin de conserver son domaine et tout ce en quoy il a interests ; est médiateur de la justice tant pour les procès civils que criminels ». — D'après Le Feron, *op. cit.*, *Prévôts de Paris*, pp. 34, 35, 36 ; Guillaume et François Rogier, Nicola Thibault, Noël Brulart et Jacques la Guesle exercèrent ainsi les fonctions de prévôt de Paris. — 1590, 24 janvier, sentence d'Edouard Molé, procureur général, garde de la prévôté de Paris pendant la vacance du siège (Bibl. nat., nouv. acquisit. fr. 8051, p. 967).

(2) La Roche Flavin, *op. cit.*, liv. II, chap. 7, n°° 30, 40, 52, 61.

(3) Claude Joly, *Vie de Loisel* (dans le recueil des *Opuscules d'Antoine Loisel*, édit. cit.), 1652, in-4°, p. xvi.

(4) L'ordonnance d'Orléans (janvier 1561, art. 79) défendit de prendre un nombre exagéré de substituts et à ces derniers de rien demander ni de rien accepter des parties, à peine d'être traités comme concussionnaires. Cf. Isambert, *op. cit.*, t. XIV, p. 84. — L'ordonn. de mai 1579 (art. 157) prescrivit encore de ne prendre que le nombre de substituts nécessaires afin que le procureur général agît le plus possible par lui-mên.. Cf. Isambert, *loc. cit.*, p. 419.

De ces substituts on peut citer : Nicolas Martineau qui suppléa le procu-

Toujours à court d'argent, Henri III voulut, en mai
1586, créer — pour les vendre avec profit — des offices
de procureurs généraux et de conseillers-substituts près
les cours souveraines du royaume : à Paris, il devait y en
avoir seize (1). Le Parlement adressa des remontrances ;
le roi riposta (22 août) par des lettres de jussion ; les magistrats différèrent encore l'enregistrement, mais le 9 septembre, ils durent céder, sauf à introduire quelques modifications. Leur résistance avait été appuyée par le
procureur général Jacques la Guesle (2). En outre, deux
notaires au Parlement, maîtres Jean Maignen et Michel de
Lauzon, s'opposaient à la réception de Martin Spifame et
de Pierre de Beauvais, pourvus de deux des offices nouveaux de « *conseillers substituts* », parce que, d'après
l'édit, les titulaires de ces offices devaient aussi être
adjoints aux magistrats pour la rédaction des enquêtes, des

reur général Thibault retenu par la maladie. Cf. Arch. nat., X¹ᵃ 1546, f° 367
v°, mai 1541. Le successeur de Thibault, Noel Brulart, conserva Martineau.
Le fameux Loisel devint à vingt-sept ans substitut du procureur général
Bourdin, grâce à l'appui de l'oncle de sa femme (Marie Goulas), Du Mesnil,
avocat du roi. Cf. Cl. Joly, *Vie de Loisel*, loc. cit., p. xvi. — Bourdin eut
aussi pour substituts M⁰ˢ Ange Coignet et Philibert Louguejoue. Cf. *Divers
opuscules de Loisel recueillis par Claude Joly*, édit. cit., pp. 710, 726
de l'*Indice alphabétique des advocats* à la suite du *Dialogue des advocats*.
   (1) Isambert, *op. cit.*, t. XIV, p. 601.
   (2) Fils de Jean la Guesle ; celui-ci était procureur général depuis 1570
quand en 1583 il fut nommé président à la Grand'Chambre. Son office de
procureur général revint alors à Jacques la Guesle dont l'éloquence a été
célébrée par le président Brisson et par Murnac. En 1594, il fit à Mantes
devant Henri IV une remontrance fameuse sur la mort de Henri III qu'il
avait suivi après la Journée des barricades. Pendant cette absence, les
ligueurs obligèrent le conseiller Édouard Molé à remplir les fonctions de
procureur général, mais à l'entrée de Henri IV dans Paris, Molé donna sa
démission et La Guesle demeura seul. L'année qui précéda sa mort (1611), il
publia ses *Remontrances* (Paris, Chevalier, in-4°) dédiées à Marie de
Médicis. Comme procureur de Marguerite de Navarre, il conseilla à la rup-
ture du mariage de cette princesse avec Henri IV. Le 3 avril 1602, il fut
reçu président à la Grand'Chambre au lieu de Nicolas de Verdun passé premier président à Toulouse, et mourut en janvier 1612. Nicolas de Bellièvre
lui succéda. Cf. Blanchard, *Présidents*, pp. 371, 381 ; Girard et Joly, *op.
cit.*, t. I, p. 78.

commissions et autres actes jusque-là réservée aux notaires des parlements. La Grand'Chambre déclara qu'elle
recevrait, sans examen et sans information préalable,
Spifame et P. de Beauvais s'ils s'engageaient par écrit à
n'agir que comme les anciens substituts ; on leur laisse-
rait un droit de taxe pour leurs rapports, mais rien de
plus à prendre sur les plaideurs ; enfin, comme adjoints
dans les enquêtes, ils ne feraient rien qui pût porter
atteinte aux droits des notaires (1). Devant les protestations, deux célèbres avocats qui avaient été nommés,
sans bourse délier, à ces nouveaux offices : Antoine
Loisel (2) et Pierre Pithou (3), donnèrent leur démission;
ils préféraient leur tranquillité et garder leur indépendance (4). Dix ans plus tard (juillet 1596), Henri IV
réduisit de moitié le nombre de ces offices (5).

La principale des écrasantes fonctions (6) d'un procureur
général consiste à défendre en tout, partout et toujours,
les droits du roi, de la couronne, du domaine royal et à
veiller à l'intégrité de ce domaine. Aussi son interven-

(1) Girard et Joly, *op. cit.*, t. I, pp. 65 à 68.

(2) Bien que son oncle, l'avocat du roi Du Mesnil, lui eût dit « de ne
point amuser à cette charge, que le parquet trompait son maistre et que un
escu gagné en l'estat d'advocat valait mieux que dix gagnés au parquet ».
Loisel se fit, avec son appui, nommer substitut du procureur général, Jacques la Guesle. Cf. *Sa Vie*, par Claude Joly, *op. cit.*, p. XVI.

(3) Pierre Pithou (1er novembre 1539-1er novembre 1596), avocat, puis
bailli de Tonnerre, épousa, en 1579, Catherine de Palluau, dont il eut sept
enfants. Il fut avec Loisel, son ami, substitut du procureur général Jacques
la Guesle. En 1581, on le trouve procureur général du roi à la chambre de
justice créée en Guyenne pour juger les procès des protestants ; trois ans
plus tard, il est redevenu simple avocat au Parlement. Il refusa la charge
de procureur général au Parlement royal installé provisoirement à Châlons-
sur-Marne. Cf. Loisel, *Opuscules* cités, p. 284 ; Taisand, *op. cit.*, p. 489.

(4) Claude Joly, *loc. cit.*, p. XXVIII.

(5) Girard et Joly, *op. cit.*, *loc. cit.*, p. 68.

(6) Cavet, *op. cit.*, *Annotations*, pp 56, 57 : « La fonction de la charge
de procureur général est grande, ayant congnoissance de tout ce qui se passe
de conséquence en son ressort qui luy sert de limite ; en iceluy il est comme
juge civil et criminel en tout ce qui concerne les droicts et interests du Roy.
Le plus souvent, la Cour ordonne suivant ses conclusions et specialement en
ce qui concerne les affaires du Roy ».

tion se manifeste dans les affaires les plus diverses, mais,
pas plus qu'autrefois, il ne peut, malgré l'appui énergique de la Grand'Chambre, empêcher le prince d'aliéner
soit des portions de ce domaine, surtout pour se procurer de l'argent, soit les produits des droits réga-
liens (1). A vrai dire, ces protestations ne demeurent pas
inutiles, et plus d'un prince en profita pour annuler les
actes onéreux de son prédécesseur et reprendre, en res-
tituant le prix d'achat, les droits et les terres aliénés.
Aucune donation, aucune exemption, aucun privilège,
n'étaient accordés par le prince sans que le procureur
général eût d'abord été invité à donner son avis, même
quand on ne devait pas l'écouter. Il est plus heureux
quand il s'oppose aux empiétements politiques, finan-
ciers et judiciaires des grands personnages, ou lorsqu'il
examine attentivement les traités et les conventions
diplomatiques pour formuler des réserves, dans le louable
espoir de leur faire produire leurs effets en temps oppor-
tun, de même aussi quand il est consulté sur les réformes à introduire dans l'administration de la justice (2).
Aussi bien, avant tout enregistrement, le procureur
général était consulté et, après avoir conféré avec les
avocats du roi, il donnait ou refusait son consentement (3). Ordinairement, ce consentement entraînait

(1) Par exception, le 3 décembre 1521, les gens du roi ne s'opposèrent
pas à ce que François Iᵉʳ mît en vente le sceau du Châtelet, « attendu la
qualité du temps ». V. Arch. nat., Xⁱᵃ 1524, fᵒ 13.

(2) Aubert, *Histoire du Parlement*, t. I, chap. V, pp. 147 et suiv. — Le
procureur général Brulart fit modifier l'édit du 20 novembre 1514 qui renvoyait au Parlement les appels au criminel et celui de février 1544 sur la
juridiction de l'amiral de France. — La déclaration de juin 1559 sur les pouvoirs des baillis, sénéchaux et prévôts ne fut enregistrée qu'après l'avis
motivé du procureur général, Gilles Bourdin. Cf. Isambert, op. cit.. t. XII,
pp. 759, 854 ; t. XIII, p. 588.

(3) Cf. Arch. nat., Xⁱᵃ 1521, fᵒ 66 vᵒ; 31 janvier 1519 : « Ce jour,
maistre Jehan Lelièvre, advocat du Roy, présent maistre Guillaume Rulger,
procureur du Roy, a récité qu'ilz ont veu les ordonnances faictes par le
Roy sur le fait des eaux et forêts; et déclairent qu'ilz consentent qu'elles
soient leues, publiées et enregistrées céans ». — 1549, octobre. Les avocats

celui de la cour, mais elle n'était pas obligée de s'y conformer.

Au Parlement, il se fait communiquer par le greffier les commissions, les accords, informations et enquêtes; les lettres d'État, de grâce et de rémission; les documents, titres et pièces de toute nature, afin de bien constater lui-même que les droits du roi, les règlements, édits et ordonnances sont respectés. Il avait donc besoin, à tout instant, de demander communication des pièces utiles à la défense des intérêts du roi, et, pour éviter des retards, Jean la Guesle obtint de Henri III que la charge de *garde du Trésor des chartes* fût désormais toujours unie à la charge de procureur général (1).

En vertu de l'ordonnance de Moulins (février 1566) les lettres en forme de requêtes civiles obtenues contre les arrêts et jugements donnés sur production au conseil ou sur procès par écrit ne furent plus plaidées en audience publique avant d'avoir été communiquées au procureur général ou aux avocats du roi (2).

Les nominations aux grandes charges, aux emplois lucratifs ou honorifiques, à cause de la juridiction qu'ils comportaient alors, doivent être soumises au procureur général qui surveille dans l'exercice de leurs fonctions les officiers royaux, même les membres du Parlement.

Il veille encore à ce que tous observent exactement les

du roi et le procureur général soumettent au roi des observations sur des articles de l'édit du 14 août défendant de porter des vêtements de soie (Arch. nat., Y¹⁰, fᵒ 86). — 1566, 21 juillet. Avis des Gens du roi sur des articles critiqués par le garde de la communauté des merciers. *Ibid.*, Y¹¹, fᵒ 160.

(1) 1582, janvier. Le 16 mars de cette année, son fils Jacques, déjà survivancier de la charge de procureur général, eut la survivance de la garde du Trésor des chartes. De ce chef, le procureur général vit ses gages augmentés de 500 livres. V. H.-Fr. Delaborde, *Étude sur la constitution du Trésor des chartes*, pp. CLXXIX, CCLXXXI, au t. V, des *Layettes du Trésor des chartes*.

(2) Isambert, *op. cit.*, t. XIV, p. 205.

lois, ordonnances, règlements et usages de leurs charges,
car le roi et la société y sont sérieusement intéressés.
Cependant ni lui, ni les avocats du roi, ne peuvent assister
à l'examen des candidats aux offices de conseillers, baillis,
sénéchaux ou des autres officiers royaux obligés de
prêter serment devant la Grand'Chambre le jour de leur
réception (1). Il exerce ou surveille l'action discipli-
naire; il veille à l'exécution des volontés du roi et
aussi à celle des arrêts du Parlement; par ses remontrances il provoque parfois des arrêts de règlement qui
font loi.

Plus encore que les empiétements des justices et admi-
nistrations seigneuriales et laïques, les Gens du roi, toujours zélés gallicans, guettent et répriment avec ardeur
les empiétements des cours et tribunaux ecclésiastiques;
ils défendent énergiquement ce qu'on est alors convenu
d'appeler les libertés de l'Église gallicane; la collation
des bénéfices, l'observation des devoirs des bénéficiers,
la régularité des communautés religieuses, leurs acquisitions les occupent encore et toujours pour les mêmes
raisons (2).

Bien absorbante aussi, surtout au XVI° siècle, est la
seconde attribution d'un procureur général : le maintien
de l'ordre par l'application des lois et la poursuite des
criminels (3). L'ordonnance de Villers-Cotterets (août
1539) ordonne (art. 147) de lui communiquer les interrogatoires des prisonniers afin qu'il les examine avec
l'avocat criminel du roi, et prenne, s'il le veut, des conclusions (4). Si la question est appliquée, il ne doit pas y
assister, et c'est dans ce sens que La Roche Flavin, alors
qu'il siégeait à La Tournelle criminelle de Paris, obtint

(1) Édit de février 1549. Isambert, *op. cit.*, t. XIII, p. 69.
(2) Pour le détail, v. Aubert, *op. cit.*, t. I, chap. v.
(3) La Roche Flavin, *op. cit.*, liv. II, chap. 7, n° 14, p. 94. Pour lui la
fonction des Gens du roi « se rapporte en quelque chose à celle des censeurs
romains ».
(4) Isambert, *op. cit.*, t. XII, p. 600.

gain de cause contre le procureur général Jacques la
Guesle (1). Quand il veut prendre l'initiative dès le
début de l'information, il faut qu'il ait l'assentiment
de la cour; puis il porte sa plainte au Parlement qui
seul peut commettre un conseiller enquêteur (2). L'ordonnance d'Orléans (janvier 1561, art. 64) rappelle
qu'aucun juge ne devait élargir un prisonnier avant
d'avoir communiqué au procureur général les pièces du
procès (3).

Au civil, « en dehors des procès touchant directement
aux intérêts du souverain, il en était d'autres qui inté-
ressaient de plus ou moins près la couronne, ou le bien
général et l'ordre public, ou des collectivités, ou des plaideurs ayant besoin d'une protection spéciale ». Dans
toutes ces causes, les Gens du roi intervenaient par leurs
conclusions. « En fait ils prenaient communication et
concluaient dans toutes les causes où ils croyaient devoir
le faire. Ces communications se faisaient au parquet en
temps utile, au plus tard le jour qui précédait l'audience... » (4).

C'est à titre de défenseur-né des pauvres et des plaideurs qui demandaient une protection spéciale, comme
les veuves et les orphelins, que le procureur général
s'occupait des causes des ordres mendiants (Cordeliers,
Jacobins, Carmes, Augustins, Capucins et Recollets), des
hôpitaux et des hospices (5).

On distinguait en matière civile l'intervention du procureur général par voie d'action comme partie principale
ou par voie de réquisition comme partie jointe et, ainsi

---

(1) En 1583, La Roche Flavin s'appuyait sur des arrêts du 13 mars 1533
et du 26 avril 1540, *op. cit.*, *loc. cit.*, n° 60, p. 102. Sur ce magistrat, Cf.
F. Vindry, *op. cit.*, t. II, fasc. 2, p. 162, n° 58.
(2) G. Saulnier de La Pinelais, *Les Gens du Roi au Parlement de Bretagne*, 1553-1790, p. 218.
(3) Isambert, *op. cit.*, t. XIV, p. 81.
(4) G. Saulnier de La Pinelais, *op. cit.*, pp. 355, 357.
(5) La Roche Flavin, *op. cit.*, *loc. cit.*, n° XVII, pp. 94, 95.

que le remarque Papon (1) : « il y a bien différence que le procureur du Roy soit joint en une instance ou partie principale, car au premier cas la partie privée, qui est consort du dit procureur du Roy, condampnée ès despens, les doit tous ; en l'autre cas, n'en doit que la moitié ».

Au criminel on pouvait aussi requérir que le procureur général fût partie jointe : « les parties privées s'estant rendus délateurs et ayans signé leur délation et accusation sur le *registre des Gens du Roy* et requis la jonction d'iceluy (du procureur général), affin que, si la délation était fausse, ou calomnieuse, les délateurs puissent être condamnés aux dépens et dommages et intérests envers la partie déférée et calomniée ». Si le procureur général, abusant du droit « qu'il a de librement accuser », avait agi « malicieusement et calomnieusement » et poursuivi sans cause, « sans délation », il pouvait, lui aussi, être condamné aux dépens, dommages et intérêts (2).

Il était de règle que le procureur général ne pût être récusé même par les parties civiles (3), et qu'il eût pleine liberté pour *appeler a minima* (4).

Au xvi° siècle, la répression de l'hérésie et des troubles considérables qu'elle suscita, fournit au procureur général une nouvelle occupation. Soutenue par l'immense majorité de la nation, son action était pleinement justifiée, car il devait sauvegarder les droits du roi et l'ordre public sérieusement menacés par les violences et les complots des novateurs réformés. En 1534 il demande à

(1) *Recueil d'arrests notables*, 6° édit. citée, liv. XVIII, titre 2, n° 2 ; arrêt de février 1534.

(2) La Roche Flavin, *op. cit., loc. cit.*, n° XVI, p. 94.

(3) Arrêt du 21 mars 1561 dans Imbert, *Pratique judiciaire*, édit. cit., liv. III, chap. 18, n° 3. Cependant François de Jouy, *Arrêts de règlements*. 1753, in-4°, p. 525, v° *Procureur du roi*, cite des arrêts contraires.

(4) 1574, 15 mai. Arrêt du parlement qui reçoit *l'appel a minima* interjeté par le procureur général d'une sentence du Châtelet (qui avait infligé les galères à Jean Robert, dit Bonneau, pour bigamie) et qui condamne le coupable à être pendu au cimetière Saint-Jean. Arch. nat., Y, 6°, f° 97.

la Grand'Chambre que Vatable et Danès qui, sans études
spéciales, sous prétexte d'expliquer la grammaire et
la rhétorique, interprétaient publiquement l'Écriture
Sainte, soient interrogés devant elle, lui présent, et aussi
en présence du syndic de la faculté de théologie de
l'Université de Paris (1). En vertu de l'édit du 23 juillet
1543, qui laissait aux inquisiteurs de la foi la poursuite des hérétiques comme séditieux et conspirateurs,
il peut, comme tout procureur royal, concurremment
avec les magistrats, désigner au parlement de leur
ressort les hérétiques notoires, les poursuivre, à peine
de suspension d'office pour la première infraction
et de destitution à la seconde. Partout les Gens du roi
devraient ranimer le zèle des tièdes et des négligents (2).
Six ans plus tard, Noël Brulart, procureur général, fit
admettre dans l'ordonnance du 19 novembre « qu'il ne
sera pas permis aux juges d'église de condamner pour
cas d'hérésie ni clerc ni lay en amende pécuniaire, et ils
ne pourront ajouter à leurs jugements *salva miseri-
cordia domini* » (3). C'est pour demeurer fidèle à son rôle
de gardien de l'ordre que le successeur de Brulart, Gilles
Bourdin (4), avertit le Parlement, le vicaire et les mar-

(1) Félibien, *Histoire de Paris*, Preuves, t. II, p. 682.

(2) Isambert, *op. cit.*, t. XII, p. 818.

(3) Isambert, *op. cit.*, t. XIII, p. 134.

(4) Gilles Bourdin avait succédé à Denis Riant d'abord comme deuxième
(1554-1556) puis comme premier avocat du roi (1556-1558). En 1558 il remplaça le procureur général Brulart, parent de sa femme. Érudit, jurisconsulte,
il charmait la société par sa belle voix et son habileté à jouer du luth et de
l'épinette; il excellait aussi à enluminer les livres. En 1569, on le trouva mort
dans son lit. Pasquier le célébra en vers latins et Philibert Desportes en vers
français. Son commentaire latin de l'ordonnance de Villers-Cotterets est estimé.
Fontanon l'a traduit en français, et à la troisième édition (petit in-8°, 1600,
Jean Houze) le Poitevin Jean Boisseau, sieur de la Borderie, y ajouta un
commentaire sur l'art. 54 des vœux des États tenus à Moulins. Au Palais on
disait que l'avocat du roi du Mesnil disait plus qu'il ne savait, que Bourdin
savait plus qu'il ne disait, mais que l'autre avocat du roi, Boucherat, ne savait
ni ne disait. Cf. Loisel, *Dialogue des avocats*, *loc. cit.*; E. Pasquier, *Epitaphiorum liber* n° 45 (dans *Œuvres*, *édit. cit.*, t. I); Girard et Joly, *op.
cit.*, t. I, p. 73 et *additions*, p. cxx.

guilliers de la paroisse de Saint-Barthélemy, des troubles
qui suivirent l'enlèvement du prédicateur de l'avent Jean
de Hans, et qu'il pria la Grand'Chambre d'y porter
remède (1).

Il ne faut pas s'étonner de voir le procureur général
s'occuper, au nom du roi, de la police générale du
royaume et tout spécialement de celle de la capitale,
avec toutes les conséquences : surveillance active de
l'administration urbaine, du Châtelet, du guet, des corporations, des commerçants (2), de l'approvisionnement
de Paris en blé, farine, poisson et en bois de chauffage,
ainsi que de l'hygiène, du régime des hôpitaux, surtout
en temps d'épidémie (3). Cela lui donnait une connaissance sérieuse de l'organisation parisienne, et on comprend alors qu'en l'absence du prévôt de Paris ce soit le
procureur général qui en fasse l'office (4).

Rappelons, en terminant, qu'à la fin du xviᵉ siècle (édit
de janvier 1582) l'office de garde des chartes et titres de
la couronne fut réuni à l'office de procureur général (5).

(1) 1561, 10 décembre, par ordre du roi. Sur cet épisode et le tumulte
de Saint-Médard qui suivit, cf. de Ruble, dans le *Bulletin de la Société
de l'histoire de Paris...*, 1886, et Arch. nat., X¹ᵃ 1599, fᵒˢ 163, 168, 170;
Cimber et Danjou, *Archives curieuses de l'histoire de France*, 1ʳᵉ série,
t. IV, pp. 51 à 63. *Mémoires de Claude Haton*, éd. Bourquelot, t. I, p. 176;
Aubert, *Le Parlement et la Réforme* (dans *Revue des questions historiques*, janvier 1908, et tirage à part, pp. 27, 28).

(2) L'avocat du roi, Gilles le Maistre, au nom du procureur général (Brulart) avant l'enregistrement d'un édit du 20 septembre 1543 fait adopter
(23 octobre) des modifications proposées par ledit procureur général sur le
métier d'orfèvre, sur la marque et le titre des ouvrages d'or et d'argent.
Cf. Isambert, *op. cit.*, t. XII, p. 828.

(3) Aubert, *Le Parlement et la ville de Paris au xviᵉ siècle*, dans *Revue
des études historiques*, 1905, p. 345 à 357, 435 à 461 et tirage à part, pp. 32
à 54).

(4) En attendant l'installation du nouveau prévôt (Jean de la Barre), le
procureur général, François Rogier, devra en remplir les fonctions. V. *Livre
de raison de Mᵉ Nicolas Versoris*, éd. Fagniez, nᵒ 310. La Barre était
déjà bailli de Paris, mais cette charge créée en avril 1523, fut réunie —
comme autrefois, — en mai 1526, à celle de prévôt de Paris. Cf. Félibien,
op. cit., *Preuves*, t. II, p. 747.

(5) Isambert, *op. cit.*, t. XIV, p. 510.

A l'époque qui nous occupe le procureur général recevait 2.000 livres plus une pension annuelle de 500 livres tournois (1).

2) AVOCATS DU ROI.

Les avocats du roi sont les auxiliaires indispensables du procureur général, au nom duquel ils prennent la parole ou des conclusions et qui doit les consulter. Depuis Charles VII leur nomination est réservée au roi dont ils avaient été à l'origine les avocats pensionnaires choisis parmi les plus fameux maîtres du barreau au Parlement, avec mandat temporaire et révocable à volonté. L'usage de les appeler *avocats généraux* remonte aussi au xv⁰ siècle, mais à la fin du siècle suivant le procureur général, Jacques la Guesle (2), ne l'admettait pas encore. Au xıv⁰ siècle l'avocat du roi pouvait plaider des causes privées à condition de ne pas plaider contre le procureur général, c'est-à-dire contre le roi; dès le début du siècle suivant ce droit lui est retiré, il ne plaide plus que pour le prince, à moins qu'il ait obtenu de lui une dispense expresse et spéciale de plaider telle cause privée et toujours sous les réserves d'usage en faveur des droits du roi. Pierre Lizet (3), au temps de François Iᵉʳ, jouit d'une dispense semblable malgré l'opposition du Parlement; mais l'ordonnance de 1579 (art. 115) décida définitivement que désormais procureur général ou avocat du roi ne pourraient servir que le roi (4).

---

(1) Delachenal, *op. cit.*, p. 188.

(2) Il a été déjà parlé de lui.

(3) Il a été parlé de ce magistrat. — Lizet, outre ses gages ordinaires d'avocat du roi, recevait une pension de 500 liv. François Iᵉʳ n'ayant pu continuer à la lui payer, lui permit en dédommagement de donner des consultations pourvu que cela n'allât point contre les droits et les intérêts de la couronne. Le Parlement décida que cette permission cesserait si Lizet recevait à nouveau sa pension (30 juill. 1526). Delachenal, *op. cit.*, p. 177.

(4) Delachenal, *op. cit.*, chap. xı.

Depuis le règne de Philippe VI on trouve deux avocats
du roi : l'un clerc, pour le civil ; l'autre, laïque ;un clerc
ne pouvant signer des arrêts de mort], pour le criminel.
Louis XI cependant, malgré les sages remontrances de
la cour, créa une charge de « *tiers advocat extraordinaire* ». Louis XII eut aussi ensemble trois avocats (1),
mais le dernier devint en 1508 troisième président de la
Grand'Chambre et, comme il ne fut pas remplacé, on
revint au nombre réglementaire. En 1570 (10 juillet)
Charles IX statua qu'à la mort de l'avocat civil, qualifié
depuis l'origine de *premier avocat du roi*, la charge
reviendrait désormais à un laïque : en effet, cette qualification de clerc et de laïque n'avait plus d'importance,
tant les rois prodiguaient facilement aux clercs les dispenses pour se marier et pour remplir les fonctions jadis
réservées aux laïques (2).

Membres du Parlement, les avocats du roi en avaient
les avantages, les privilèges, et devaient se soumettre
aux règlements de la cour. Aussi bien celle-ci avait sur
eux la même autorité que sur les autres magistrats.
En voici un exemple : à la mort de l'avocat civil Jean
Le Lièvre (3), François Iᵉʳ donna l'office au conseiller clerc
Jean Ruzé (4), cousin du receveur général et neveu de
Samblançay. La Grand'Chambre, soupçonnant qu'il avait
acheté la charge malgré les ordonnances qui défendaient la vénalité, lui fit subir un long interrogatoire pour
savoir comment il avait obtenu sa nomination. Ruzé jura
que son oncle, le sire de Samblançay, averti du décès de
Le Lièvre, avait demandé au roi la charge vacante afin de la

(1) Le Maistre, Volant et Olivier.
(2) Delachenal, *op. cit.*, pp. 178 à 184.
(3) Aubert, *Histoire du Parlement*, t. I, p. 393 et Arch. nat., Xᴵᵃ 1512,
fᵒ 192; Le Lièvre avait été reçu le 7 juillet 1510.
(4) Sur les Ruzé, v. Blanchard, *Catalogue des conseillers*, pp. 32, 33 ; Ruzé
fut remplacé comme conseiller clerc le 14 nov. 1521 par Charles de Louviers
qui obtint dispense le 27 mai suivant, car il était marié. Louviers mourut le
16 ou 17 mars 1545. *Ibid.*, Xᴵᵃ 1524, fᵒˢ 2, 3 vᵒ et 246 Xᴵᵃ 1557, fᵒˢ 309 vᵒ.

transmettre à son neveu et sans que lui Ruzé, alors absent
de Paris, en fût informé. Les explications satisfirent le
procureur général. Guillaume Rogier (1) et le second
avocat du roi Pierre Lizet; en conséquence Ruzé fut reçu
(14 nov. 1521), à condition d'obtenir dispense dans le
plus bref délai, car il était marié et avait un office de
clerc (2).

Les avocats du roi se font aider par de jeunes avocats
désireux de s'instruire, de se signaler, ayant le titre de
clercs.

Les gages des avocats royaux fixés à 500 livres tournois à la fin du xv° siècle furent doublés par Louis XII le
7 juillet 1510, avec cette réserve exigée par la chambre
des Comptes que moitié de cette somme représentait
les vrais gages et le surplus constituait un don (3).
A partir de François Ier ces gages sont définitivement
fixés, et sans réserve, à 1.000 livres tournois (4). Enfin
un édit de septembre 1554 attribua les mêmes gages
qu'au procureur général, c'est-à-dire 2.000 livres, plus
une pension annuelle de 500 livres tournois (5). Néanmoins, à la fin de ce siècle, Étienne Pasquier, écrivant
au premier président Achille de Harlay (6), déclarait
que cette charge n'était pas assez lucrative pour être
enviée; il l'estimait, tout compris, à 3.000 livres de gages

---

(1) Reçu le 3 juin 1508, au lieu de feu Jean Burdelot, Guillaume Rogier
résigna en faveur de son fils François Rogier à la fin de l'année 1522; la
réception de François eut lieu le 12 janvier 1523. Cf. Arch. nat., X^{1a} 1511,
f° 157; X^{1a} 1525, f° 51 v°; X^{1a} 1536, f° 230 v°. Guillaume avait un hôtel rue
des Mathurins, à Paris. Cf. Coyecque, *Inventaire sommaire d'un minu-
tier parisien* (*Bulletin de la Société de l'histoire de Paris et de l'Ile
de France*, 1893, pp. 116-117).

(2) Arch. nat., X^{1a} 1524, f°* 2 et 3. Le même jour le Parlement reçoit les
lettres par lesquelles le roi donnait à Me Charles de Louviers la charge de
conseiller qu'avait occupée Ruzé.

(3) Delachenal, *loc. cit.*, p. 187 et *Pièces justificatives*, n° XXIII.

(4) *Catalogue des actes de François Ier*, n° 27897.

(5) Delachenal, *loc. cit.*, p. 188.

(6) Il en a été parlé précédemment.

et ne pouvant pas se vendre plus de 15.000 écus (1).

La principale fonction des avocats du roi consistait à conclure dans les procès des particuliers dans lesquels le prince, ou bien l'ordre public, se trouvaient intéressés; à plaider pour le roi toutes les fois que son intérêt le demandait; enfin à seconder le procureur général, leur chef, au nom duquel ils prennent la parole.

Les fonctions de conseiller de la ville de Paris n'étaient pas incompatibles avec celles d'avocat du roi (2).

PROCUREURS GÉNÉRAUX (1515-1600).

A son avènement François Iᵉʳ trouvait et confirmait en cette charge :

Guillaume Rogier (1508-1522).

Reçu le 3 juin 1508 (3), Guillaume résigne à la fin de 1522 en faveur de son fils.

François Rogier (1523-1533).

Reçu le 12 janvier 1523 (4) il exerça dix ans. Le 2 mai 1533 ses parents et ses amis annoncent sa mort au Parlement et l'invitent aux obsèques (5).

Nicole Thibault (5 mai 1533-1541, 12 mai).

Le successeur de François Rogier, Nicole Thibault, conseiller d'État, était originaire de Senlis où il avait été procureur du roi au

(1) E. Pasquier, *Lettres*, livre XIII, lettre 2, *loc. cit.*, p. 359. Pour cette raison Pasquier n'avait pas cherché à obtenir l'office qu'avait eu Jacques Faye.

(2) En août 1575, Augustin II de Thou les exerçait. Cf. *Registres des délibérations du Bureau de la ville de Paris*, t. VII, p. 273.

(3) Arch. nat., X¹ᵃ 1511, f° 157. Sur lui cf. p. 192, note 3.

(4) *Ibid.*, X¹ᵃ 1525, f° 51 v°.

(5) *Ibid.*, X¹ᵃ 1536, f° 230 v°. — Pour avoir osé résister en 1525 à Duprat qui voulait évoquer au Grand Conseil les causes relatives à l'archevêché de Sens et à l'abbaye de Saint-Benoît-sur-Loire, Rogier fut suspendu de ses fonctions. Cf. Aubert, *Le Parlement de Paris au xvie siècle* (dans *Nouvelle Revue historique de droit français et étranger*, 1906, pp. 65, 66).

A.   7

bailliage (1er juin 1518) et où il mourut le jeudi 12 mai 1541. Nommé
le 5 mai, il fut reçu le 14 (1) et son siège de conseiller laïque échut à
Émilio Ferretto, docteur *in utroque* (2). Peu après son installation
François Ier lui fit un don de 600 livres à prendre sur la recette
ordinaire de Paris (3). Après sa mort il fut enterré dans l'église
des Cordeliers de Senlis (4), et son successeur fut l'avocat au Parlement :

Noël Brulart (août 1541-1557).

Il était le second fils du conseiller au Parlement Jean Brulart et de
Jeanne Jayer; sa réception eut lieu le 20 août. Conseiller du roi en
ses Conseils d'État et privé, seigneur de Crosne, Noel Brulart mourut
en 1557 (5) et sa charge passa à un proche parent de sa femme (Isabeau Bourdin).

Gilles Bourdin (1557-1569) (6).

Après lui, sur la recommandation plus que pressante de Catherine
de Médicis (7), le Parlement reçut le premier président au parlement
de Dijon :

Jean la Guesle (1570-1583) (8).

Reçu le 7 janvier 1583 président à la Grand'Chambre, il laisse
l'office à son fils.

(1) Blanchard, *Catal. cit.*, pp. 59, 60; il dit, à tort, que Thibault fut reçu
conseiller en 1536. — Arch. nat., X1a, fo 240, 16 juin 1533; Thibault avait
été reçu le 18 mars 1530 conseiller clerc, au lieu de Thomas Pascal, avec
dispense car il était marié, puis nommé conseiller lai (15 mai 1531) au lieu de
feu Jean de la Place; le 6 juin 1531 il est reçu, après avoir été examiné les
8 et 20 mai : X1a 1534, fos 223 vo, 253 vo.

(2) Arch. nat., X1a 1537, fo 70 vo.

(3) Les avocats généraux Cappel et Rémond, reçurent un don semblable.
V. *Catal. des actes de François Ier*, no 26814.

(4) Arch. nat., X1a 1546, fo 367 vo· 16 mai. V. sur ce procureur général
qui exerça en mars 1534 « le siège vacant » en la charge de prévôt de
Paris : J. Le Feron, *op. cit.*, *Prévôts de Paris*, p. 34.

(5) Arch. nat., X1a 1547, fo 309 vo, 367 vo. Blanchard, *Présidents au
mortier*, pp. 360, 363; Loisel, *Dialogue des avocats, loc. cit.*, p. 506. —
Jean Brulart, décédé, avait été remplacé comme conseiller lai par André
Guillart qui fut reçu le 10 décembre 1519. Arch. nat., X1a 1522, fo 11 vo.

(6) Il a déjà été parlé de ce magistrat.

(7) 1570, 24 février, *Lettres de Catherine de Médicis* publiées par le
comte B. de la Ferrière, t. III, p. 298.

(8) Sur Jean la Guesle, voir plus haut.

Jacques la Guesle (1583-1612, janvier).

Il a été parlé de ce magistrat célèbre par son éloquence, sa fidélité à Henri III et son recueil de remontrances (1). Son successeur fut Nicolas de Bellièvre (2), auquel succéda le 9 novembre 1614 le célèbre Mathieu Molé.

AVOCATS GÉNÉRAUX (1515-1600).

1er AVOCAT OU AVOCAT CIVIL

**Jean Le Lièvre
(7 juill. 1510-1521) (3).**
Jean Ruzé (nov. 1521-1528) (5).

**Olivier Alligret
(5 mars 1530 à sept. 1532) (7).**
Seigneur de Clichy et de Charentonneau, nommé en sus du nombre ordinaire (sept. 1528).

Ruzé (détenu à la Conciergerie pour avoir conseillé à la veuve et aux héritiers de Semblançay de faire appel du jugement), n'ayant

2e AVOCAT OU AVOCAT CRIMINEL

**Roger Barme
(3 mars 1508-1517).**
Nommé président en mai 1517 (4).

**Pierre Lizet
(1517-20 déc. 1529) (6).**
Reçu le 29 juillet 1517.
On a vu qu'il fut reçu premier président le 20 décembre 1529.

**Guillaume Poyet
(10 janv. 1530 au 4 janv. 1535).**
Ses lettres de provision sont du 4 janvier 1530; il fut reçu

(1) Voir plus haut.

(2) Blanchard, *op. cit.*, p. 381; Girard et Joly, *op. cit.*, t. I, p. 73. Le 13 mars 1614 de Bellièvre devint président.

(3) Arch. nat., X¹ᵃ 1512, f° 192; X¹ᵃ 1519, f° 156. Aubert, *op. cit.*, t. I, p. 393.

(4) Arch. nat., X¹ᵃ 1511, f° 73; Aubert, *loc. cit.*

(5) Arch. nat., X¹ᵃ 1524, f° 31; 14 novembre 1521, Charles de Louviers est reçu conseiller clerc au lieu de Jean Ruzé. On a vu que Ruzé fut inquiété pour avoir soutenu les revendications de la veuve de Semblançay. Cf. *Journal d'un bourgeois de Paris*, éd. Bourrilly, p. 260, 264.

(6) Arch. nat., X¹ᵃ 1519, f° 227 v°; X¹ᵃ 1533, f° 26. *Catal. des actes de François I°*, t. VII, n° 26047. Lizet fut remplacé comme conseiller clerc par le docteur *in utroque* Imbert de Saveuse, qui fut reçu le 5 mai 1518 (*ibid.*, X¹ᵃ 1520, f° 179 v°).

(7) Voir page suivante, note 2.

1er AVOCAT OU AVOCAT CIVIL

pas encore été destitué, Alligret ne fut donc reçu que le 5 mars 1530. Il mourut en septembre 1532 (2).

François de Montholon
(sept. 1532-31 janv. 1535 (4).

Ses lettres de provision sont du 28 septembre et il fut reçu le 3 février 1533. On a vu que le 31 janvier 1535 il fut nommé président au mortier.

2e AVOCAT OU AVOCAT CRIMINEL

le 10. Nommé le 31 décembre 1543 président au mortier, il fut reçu le 4 janv. 1535, puis chancelier et après un long procès il fut condamné pour forfaiture (1).

Pierre Rémond
(9 janv. 1535-1543) (3).

Né à Toulouse. Dès le 9 janvier il remplaça Poyet, sans subir l'examen d'usage tant il était estimé. En 1541 le Roi l'envoya négocier à Ratisbonne; en 1542 il le nomma conseiller au Conseil privé, puis premier président au Parlement de Rouen (reçu le 20 décembre en 1543), puis président à Paris à la place de François Olivier devenu chancelier (28 avr. 1545).

(1) Arch. nat., X1a 1543, fos 53 vo, 286 vo; X1a 1538, fo 45. *Catal. des actes cit.*, no 3584; Cf. *Ibid.*, nos 6642, 6681, 28486. Ch. Porée : *op. cit.*

(2) On lui rappela qu'il ne pouvait continuer à donner des consultations d'avocat aux parties que hors du Parlement et à condition que le service et les droits du roi n'eussent jamais à en souffrir. Arch. nat., X1a 1533, fo 133 vo. — Le roi ordonna (20 mars 1534) au trésorier de l'épargne de payer à la veuve Claire Legendre, comme tutrice des enfants mineurs, 364 liv. 5 sous t. pour ce qui restait encore dû de la pension de Alligret. Cf. *Catal. des actes*, no 6927. Ce catalogue au t. IX, p. 165 cite Alligret comme avocat général extraordinaire du 12 janvier 1530 au 5 mars 1530.

(3) Arch. nat., X1a 1538, fos 48; X1a 1551, fo 34,113 vo; X1a 1555, fos 132 vo, 138, 18 et 19 mai 1545 et mort le 14 juin 1553; Vindry, *op. cit.*, t. I, fasc. 2, p. 254, no 5; Blanchard, *Présidents au mortier*, pp. 199, *Catal.*. p. 60.

(4) Arch. nat., X1a 1536, fo 2; X1a 1538, fo 83. — En vertu d'un mandement royal du 12 juillet 1535 il reçut 666 liv. 13 s. 4 den., pour sa pension d'avocat du roi du 30 septembre 1532 au 31 janvier 1535. V. *Catal. des actes*, no 7983.

1°' AVOCAT OU AVOCAT CIVIL

Jacques Cappel
(févr. 1535-1541) (2).

Avocat au Parlement; laïque, il dut demander lettres de dispense et fut reçu le 4 février 1535.

Gilles le Maistre
(20 août 1541-1550) (4).

Marié, il eut recours à des lettres de dispense et fut reçu le 20 août. Nommé premier président, il quitta son office (1550).

Pierre Seguier (1550-1554) (6).

Il était auparavant avocat du roi près la cour des Aides; en juin 1554 il devint président du semestre.

Denis Riant (1554-1556).

Il devint président du semestre (8).

2° AVOCAT
OU AVOCAT CRIMINEL

Gabriel de Marillac
(14 déc. 1543-1551) (1).

Licencié ès lois, nommé le 8, reçu le 14 décembre 1543, il mourut en 1551.

Denis Riant
(11 juin 1551-1554) (3).

Reçu le 11 juin, il remplaça comme premier avocat Pierre Séguier devenu président (30 juin 1554).

Gilles Bourdin (1555-1556) (5).

En 1556 il passa premier avocat du roi, à la place de Denis Riant.

Baptiste Du Mesnil
(1556-1558) (7).

Né en 1517. Il avait été conseiller au Châtelet. Son affabilité, sa grande éloquence, son zèle et son amour des pauvres le rendirent fameux. En 1558 il remplaça comme premier avocat du roi Gilles Bourdin.

(1) Arch. nat., X¹ᵃ 1552, f° 114. *Catal. des actes cités*, t. IV, n° 13479.

(2) Arch. nat., X¹ᵃ 1538, f° 84.

(3) Blanchard, *Présidents au mortier*, pp. 247, 248.

(4) Arch. nat., X¹ᵃ 1547, f° 309 v°.

(5) Il a été parlé de ce magistrat.

(6) Blanchard, *op. cit.*, pp. 219, 220.

(7) Son père, Jean du Mesnil, était procureur au Parlement et commis au greffe des Requêtes du Palais, et sa mère sœur du président Rémond. Pasquier (*Epitaphiorum liber*, n° 37, au t. I, des *Œuvres*). Loisel, de Thou, Scévola de Sainte-Marthe ont célébré sa mémoire. Loisel avait épousé sa nièce. Cf. *Vie de Jean-Baptiste Dumesnil*, avocat du Roy. Dans les *Divers opuscules* de Loisel, éd. cit., pp. 176 et suiv., et au *Dialogue des avocats*, p. 511.

(8) Riant remplaça Jacques de Ligneris, ancien président des Enquêtes, puis président au semestre dès sa fondation, mort le 11 août 1556. Riant mourut en mai 1557. Arch. nat., X¹ᵃ 1585, f° 405; Blanchard, *op. cit.*, p. 247.

1ᵉʳ AVOCAT OU AVOCAT CIVIL

2ᵉ AVOCAT
OU AVOCAT CRIMINEL.

Gilles Bourdin (1556-1558).

On sait qu'il devint procureur général.

Baptiste Dumesnil (1558-1567).

Dans l'espoir d'une charge de président au Parlement de Paris il refusa celle de premier président à celui de Rouen. Devenu hydropique, il résigna en faveur de son fils l'avocat Denis Du Mesnil qui ne fut pas agréé; à nouveau il résigna en faveur d'Augustin de Thou et mourut le 2 juillet 1569.

Edmond Boucherat
(1559-1565) (1).

Créature de la maison de Guise; au dire de Loisel il n'avait aucune valeur.

Augustin II de Thou
(1567-1585) (2).

En 1585 il remplaça le président au mortier Guy du Faur de Pibrac.

Guy du Faur de Pibrac
(mai 1565-1570) (3).

En 1577 il devint président au mortier.

(1) *Dialogue des avocats*, loc. cit.

(2) Fils du président Augustin I de Thou et de Jeanne de Marle, ancien avocat au Châtelet 25 août 1559 (Bibl. nat., ms. fr. 23328, f° 30 v°) puis au Parlement (1567). Augustin II de Thou fut bailli du For l'Évêque, prévôt des marchands (1580-1581); quand la mort (12 mai 1584) de Guy du Faur de Pibrac laissa vacante la sixième charge de président au mortier, Augustin II l'obtint. L'année suivante il en reçut lettres de survivance pour son neveu Jacques-Auguste de Thou, baron de Meslay, fils du premier président Christophe de Thou, et en 1595 il donna sa démission (Cf. Blanchard, *Présidents au mortier*, p. 315; Leroux de Lincy, *Histoire de l'Hôtel de Ville, Appendice V*, p. 211). Colonel au quartier du sire Blaise Parlan, Augustin de Thou dut à ce titre rechercher en ce quartier les soldats et les étrangers (6 nov. 1587), puis mettre au cimetière des Innocents deux compagnies de gardes (11 mai 1588). Cf. *Registres des délibérations du Bureau de la ville de Paris*, t. IX, pp. 85, 116.

(3) Né à Toulouse où son père fut président (ainsi que son bisaïeul; son aïeul y avait été procureur général), Guy du Faur de Pibrac étudia à Paris, puis en Italie; avocat et ensuite conseiller au Parlement de Toulouse à vingt-cinq ans; avec Arnaud du Ferrier il fut envoyé au Concile de Trente;

1ᵉʳ AVOCAT OU AVOCAT CIVIL

Jacques Faye (1585-1589).

En 1589 il succéda au président à mortier Jean la Guesle, puis il présida le Parlement royal de Tours et mourut à Senlis, le 20 septembre 1590, dans les bras du président de Thou.

2ᵉ AVOCAT
OU AVOCAT CRIMINEL

Barnabé Brisson (1570 à 1580) (1).

En 1580 il devint président au mortier et, au dire de Loisel, donna le premier l'exemple d'un avocat général qui vendait son office.

Jacques Faye (1580 à 1585) (2).

c'est au retour que l'Hospital lui fit donner l'office de deuxième avocat du roi et il fut installé le 28 mai 1565. Ses qualités de diplomate, son éloquence et sa parfaite connaissance du latin, langue alors universelle, décidèrent Henri d'Anjou à l'emmener en Pologne où il joua un rôle important, surtout quand Henri quitta furtivement ce royaume. En récompense, du Faur fut nommé sixième président à la place de Pierre Hennequin décédé le 25 juillet 1577; il jouit de la confiance de la sœur du roi, Marguerite de Navarre, et du jeune duc d'Anjou, et fut leur chancelier. A peine âgé de cinquante-six ans, il mourut le 12 mai 1584, et fut enterré à l'église des Grands-Augustins à Paris. Pasquier, dans une lettre où il constate que cette année 1584 fut une année de deuil pour la cour qui perdit deux présidents et six conseillers (*Lettres*, liv. IX. n° 14, au t. II des *Œuvres*, p. 245), l'appelle le « brave président ». Cf. sur lui, Blanchard, *op. cit.*, pp. 279 à 282. — *Vie de Guy des Faur de Pibrac par Ch. Pascal*, au t. X des *Archives curieuses de l'histoire de France*; E. Pasquier, *Recherches*, liv. IV, chap. 27 et *Lettres*, liv. XIX, p. **529**. — Il fut un des réformateurs de la coutume de Paris et, avec Du Mesnil, fut chargé de rétablir les mercuriales. Cf. Taisand, *op. cit.*, p. 431. — Sur ces questions, cf. H. Guy dans *Annales du Midi*, 1903, pp. 449 à 468.

(1) Il a été parlé de ce magistrat.

(2) Jacques Faye, seigneur d'Espeisses, fils du président aux Enquêtes Barthelemy Faye et de Marie Violle, naquit à Paris le 6 janvier 1544. A vingt-trois ans (31 déc. 1567) conseiller au Parlement, le 19 août 1570 il succédait aux Requêtes du Palais à son père qui avait résigné et, la même année, fut nommé maître des Requêtes de l'Hôtel du duc d'Anjou qu'il accompagna en Pologne où il rendit des services signalés. Ensuite il alla en Italie négocier avec le duc de Ferrare et la République de Venise. En 1580 il remplaça Brisson comme deuxième avocat du roi, et après la journée des Barricades il suivit le roi à Tours où siégeait le Parlement royal. En 1589 il succédait au président à mortier Jean la Guesle; il accompagna Henri IV au siège de Paris « où sa robe ne l'empescha pas d'agir dans les fonctions militaires »; mais la maladie le força de gagner Senlis, où il mourut le 20 septembre 1590. Cf. Blanchard, *op. cit.*, p. 317 à 320, *Catal.*, p. 82; Mⁱⁱ de

1ᵉʳ AVOCAT OU AVOCAT CIVIL

Louis Servin (1589-1627) (2).

Conseiller du roi en son conseil d'État, il est célèbre par des plaidoyers suivis des arrêts intervenus « sur iceulx » (Paris, Jean de Hecqueville, 1603, in-12 de 1114 pages) et par ses remontrances, spécialement celles du 18 février 1620 et de 1627.

2ᵉ AVOCAT OU AVOCAT CRIMINEL

Jacques Mangot (août 1585-1587) (1).

Ancien procureur du roi à la chambre des Comptes, il mérita que du Vair célébrât sa science, son éloquence, son esprit et son jugement. Son père, Claude Mangot, avait été aussi un avocat fameux. Jacques mourut à peine âgé de trente-six ans, le 30 août 1587, et son collègue Faye fit son oraison funèbre.

Antoine Séguier (23 oct. 1587-1597) (3).

Fils du président Pierre I Séguier et de Louise Boudet, il fut conseiller au Parlement (1570), maître des Requêtes de l'Hôtel (9 nov. 1577), lieutenant civil à Paris, conseiller d'État (26 juin 1586) avec entrée dans toutes les cours souveraines (12 juillet). Reçu avocat du roi le 23 octobre 1587, il brilla par son éloquence, et Henri IV fit rétablir pour lui la sixième charge de président au

Persan, *Une mission diplomatique en Pologne au xviᵉ siècle, Jacques Faye d'Espeisses et Guy du Faur de Pibrac (1574-1575)* (dans *Revue d'histoire diplomatique*, 1904, nᵒˢ 1, 2); Loisel, *Dialogues des avocats,* loc. cit., pp. 662, 663, 674 et à la suite *Lettre du conseiller Gillot,* pp. 665, 673; Taisand, *op. cit.,* pp. 246 à 249.

(1) Loisel, *Dialogue des avocats, loc. cit.,* p. 520. Cf. de l'Estoile, *Mémoires-journaux,* éd. cit., t. III, p. 62.

(2) Loisel, *op. cit.,* p. 576.

(3) Seigneur de Villiers et de Fourqueux. Cf. sur lui : Blanchard : *Présidents au mortier,* pp. 367 à 369 et 398. — Girard et Joly, *op. cit.,* t. I, p. 72. — Bibl. nat., mss. fr. 14018 : biographies des Mᵉˢ des Requêtes de l'hôtel de 1575 à 1722. Arch. nat., Y 13, fᵒˢ 81, 124 : 2ᵒ 26 mai 1605; F. Vindry : *Les ambassadeurs français permanents au xviᵉ siècle,* p. 50.

mortier où Séguier fut reçu le 21 mai 1597. Dans les dernières années du xvi° siècle, ce magistrat remplit des fonctions diplomatiques à Venise et en Savoie. Le 17 avril 1624, il résigna son office de président pour son neveu Pierre III Séguier, et mourut en novembre (1624). Pour mieux travailler, il resta célibataire et se levait à 2 heures du matin. Par testament il légua 30.000 livres à diverses œuvres de charité et fut enterré à Saint-André-des-Arcs.

Simon Marion
(31 mai 1597-déc. 1597) (1).

CHAPITRE IV
Nomination et réception des conseillers.

Louis XII avait d'abord observé les règlements en usage depuis Charles VII pour la nomination des présidents et des conseillers des chambres du Parlement. On sait que ces règlements conservaient à la cour quelque chose du droit qu'elle possédait sous les règnes de Charles V et de Charles VI de se recruter elle-même par voie d'élection, et reconnaissaient aussi au monarque le droit de nomination directe que Charles VII avait dû introduire après sa rentrée dans Paris.

La chambre dans laquelle une vacance s'était produite élisait trois candidats, et le roi choisissait celui qui lui plaisait. Mais dès l'année 1501, sans tenir compte de ces règlements, à plusieurs reprises, Louis XII nomma directement avant que les magistrats eussent voté; jusqu'à la

(1) Blanchard, *Catal. cit.*, p. 109, Conseiller au Parlement (30 août 1593), il exerça peu de temps sa charge d'avocat du roi, car il devint président des Enquêtes le 30 décembre de cette année; il était né à Nevers.

lin de son règne, il y a des exemples de nomination
directe, à côté de choix faits sur la liste des trois candidats
présentés par le Parlement (1). Dans l'un et l'autre cas, le
candidat agréé recevait et remettait des *lettres de provision* (2). que Loyseau appelait « la porte de l'office ». En
effet la provision « met l'office entre les biens du pourveu, aussi la réception le joint et applique directement à
la personne; celle-là le fait seigneur de l'office et celle-ci
le fait officier; celle-là lui en attribue le droit et la
disposition, celle-cy la qualité et le rang... l'effet et l'exercice...; celuy qui a obtenu droict en l'office par une provision pure et valable ne le peut désormais perdre sans
son fait, de sorte qu'à son préjudice il ne peut plus estre
conféré à un autre, attendu que n'estant plus vacant, ains
remply de sa personne, il n'est plus à la disposition du
collateur. — Aussi entre deux personnes d'un mesme
office, le premier pourveu est préférable au premier
reçeu... » (3). Au xvi° siècle les lettres de provision scellées
du sceau royal devaient être signées par un des secrétaires de commandements, en bonne et due forme; un
simple brevet du roi ne suffisait pas encore. Avant d'obtenir la délivrance de ces lettres, la personne pourvue
devait rendre visite à tous les présidents et conseillers
alors présents à Paris; puis, les lettres obtenues, il fallait
les présenter à la cour, toutes chambres assemblées
à la requête du procureur général ou d'un avocat du
roi (4).

Lorsque, selon l'usage, François Ier eut confirmé en
leurs charges les magistrats en fonction à son avènement (5), il suivit l'exemple de Louis XII. Le Parlement

<hr>

(1) Aubert, *Histoire du Parlement*, t. I, pp. 59 à 63.
(2) Ch. Loyseau, *Cinq livres du droit des offices*, liv. 1, chap. 3, n° 1,
dans *Œuvres*, Paris, Villac, 1640. in-f°.
(3) Ch. Loyseau, *op. cit., loc. cit.*, liv. I, chap. 2. n°· 42, 52, 53.
(4) La Roche Flavin, *op. cit.*, liv. II. chap. 7, n°· 23, 24, 25.
5) 1515, 2 janvier : Arch. nat., X¹ᵃ 8611, f°· 1, v°; 2 et *Ordonnances
des Rois de France, Règne de François Ier*, t. I, n° 2. Au xvi° siècle, cette

continua bien « à procéder à l'élection de l'office de conseiller vacant » et à charger le greffier « de porter la dicte
élection au Roy », mais ce dernier continua aussi à ne pas
toujours en tenir compte et à nommer qui bon lui semblait,
soit en dehors de la liste de présentation (1), soit en désignant celui qui avait obtenu le moins de voix (2), soit celui

confirmation obligeait les magistrats à payer un droit. Cf. *Mémorial juridique et historique de Mre Guillaume Aubert*, éd. Fagniez, au t. XXXVI
(1909), p. 60, n° 6, des *Mémoires de la société de l'Histoire de Paris et
l'Ile de France.*

(1) 1515, 5 mars. Arch. nat., X¹ᵃ 1517, f° 387 v°; « élection à l'office de
conseiller lay en la dicte court et en la commission des Requestes que
souloit tenir feu Mᵉ Michel Viguel, vacans par son trespas; et ont esté
esleus au dit office de conseiller lay : Mᵉˢ Mathieu de Longuejoue qui a eu
31 voix ; — Jehan Baudry, 29 voix; — Françoys de Montholon, 26 voix ; et
ont esté esleuz en la dicte commission des Requestes, 3 conseillers clercs de
la dicte court, c'est assavoir : Mᵉˢ Nicole d'Origny qui a eu 51 voix ;—Jacques
Mesnager, 42 voix ; — Jehan Duret, 24 voix, et a esté ordonné au greffier de
la dicte court porter ce matin la dicte élection au Roy ». — François Iᵉʳ nomma
Nicole le Coq qui fut reçu le 24 mars après avoir juré, selon l'usage, n'avoir
donné ni promis or ni argent ou autre chose pour obtenir l'office. Cf. *ibid.*,
f° 120 Le 26 janvier le Coq avait déjà présenté ses lettres de provision à
l'office de Imbert de la Platière nommé évêque de Nevers. Pour avoir un peu
résisté à Duprat qui convoitait l'archevêché de Sens et l'abbaye de Saint-Benoit-
sur-Loire, il fut suspendu 6 mois de ses fonctions (1526). Il mourut président des Généraux de la justice des Aides; le service eut lieu le 30 avril
1538. Arch. nat., X¹ᵃ 1517, f° 68 v°, X¹ᵃ 1521, f° 617. *Journal d'un bourgeois de Paris*, éd. Bourilly, pp. 211 à 216 et *Livre de raison de Mᵉ N. Versoris*, éd. cit., p. 192-193, n° 335. — 1517, 14 novembre (*ibid.*, X¹ᵃ 1520,
f° 2), Lizet ayant été nommé avocat général, les chambres assemblées élurent
à sa place de conseiller clerc Mᵉˢ Nicole Tueleu (30 voix), Jean de Montelon
(16 voix) et Jean Bibault (15 voix). — Le 17 novembre François Iᵉʳ pourvut
(*ibid.*, f° 3) M. Imbert de Saveuse, docteur *in utroque*. Cf. *ibid.*, f° 179 v°.
En janvier 1521 il eut dispense pour se marier (X¹ᵃ 1523, f° 54 v°). Nommé
bailli d'Amiens il fut remplacé par Jacques Barthomier qui fut reçu le 12 août
1528 (X¹ᵃ 1531, à la date). Le 11 décembre 1534 il est reçu maître des
Requêtes de l'Hôtel au lieu d'Antoine du Bourg nommé président, Xᵃ 1538,
f° 25 v°.

(2) 1516, 17 mai et 26 juillet. Arch. nat., X¹ᵃ 1518, f°ˢ 181 v°, et 250; à
la place de feu Jean Duret, le roi nomme Jean Viole qui avait recueilli le
moins de voix. — 1545, 13 août, des trois candidats présentés (Jean de
Longueil, 28 voix, François Dormy 27 voix et Jean Lefebvre, 20) pour
remplacer feu Engilbert Clausse, le roi désigne Dormy, le 2ᵉ sur la liste,
Cf. *ibid.*, X¹ᵃ 1556, f°ˢ 82, 181. 3 septembre. Dormy fut reçu président à la

qui en avait obtenu le plus dans une élection anté-
rieure (1).

En somme et sans multiplier les exemples, le Parlement requis par les gens du roi conserva son droit d'élection et de présentation, mais le monarque garda aussi
celui de nommer lui-même directement sans se considérer lié par une loi ou par aucun règlement. Cette
manière d'agir n'empêchait pas le procureur général,
ou en son nom un avocat du roi, de requérir, et les
chambres du Parlement de se réunir « suyvant l'ordonnance ancienne » pour procéder à l'élection par
scrutin comme jadis, afin d'adresser au roi [les noms de]
« ceulx qui seroient nomméz et esleus, pour en faire après
par le Roy son bon plaisir » (2). Avant le scrutin, les
magistrats prêtaient le serment d'élire « le plus ydoine » (3).

4ᵉ chambre des Enquêtes le 20 février 1551 et mourut le 5 août 1570.
Cf. Blanchard : *Catalogue*, p. 69.

(1) 1516, 31 mai et 11 juillet. Arch. nat., Xᵢₐ 1518, fᵒˢ 191 *bis* et 248 vᵒ ; à
la place de feu Vincent Guichart, le roi nomme Jean Chauveron qui avait
eu le plus de voix au scrutin ouvert pour remplacer feu Jean Duret.

(2) 1540, 12 août. Arch. nat., Xᵢₐ 1545, fᵒˢ 575 vᵒ et 576 vᵒ. L'avocat du
roi, Cappel requiert la cour de procéder à l'élection « de deux conseillers
laiz en icelle au lieu de feus Mᵉˢ Jacques Boulant et Nicole Coton ». Le lendemain, Thibault, procureur général, se joignit à Cappel pour demander
l'ouverture du scrutin : Mᵉ Denis Rubentel, avocat au Châtelet, obtint
45 voix, Jean de Longuejoue, 24, Etienne Fleury, 23, Jacques du Moulin, 17,
Guillaume Faure 16 [une brûlure a fait disparaître le nom de celui qui
venait le second avec 27 voix]. Le roi n'en désigna aucun, mais le
12 novembre 1540 et le 28 juin 1541 il nomma Charles de Chantecler, juge
au bailliage de Touraine (reçu après l'examen d'usage le 2 juillet 1541) et
l'avocat au Parlement Claude Lefèvre, le premier à la place de Boulant, le
second à celle de Coton. Cf. *ibid.*, Xᵢₐ 1547, fᵒ 83 et Xᵢₐ 1546, fᵒ 100. —
Un des candidats portés sur la liste, Etienne Fleury, avait été nommé par le
roi conseiller lai au lieu de feu Robert Thiboust, et reçu le 3 mai 1541.
Cf. *ibid.*, Xᵢₐ 1546, fᵒ 328 vᵒ.

(3) Quand il fallut élire le successeur de feu Mᵉ Pierre de l'Etoile, président aux Enquêtes, la Cour hésita s'il fallait désigner « le plus ydoine » de
ceux qui avaient été élus, « ou seulement un d'eux ydoine et capable ». Les
présidents tenaient pour le plus « ydoine » ; la chose demeura sans effet, et
le roi désigna en dehors de la liste le fils du défunt, Louis de l'Etoile qui
fut reçu le 18 février 1538 (cf. Arch. nat., Xᵢₐ 1540, fᵒˢ 5, 179 vᵒ, 180) ; il
devint, lui aussi, président aux Enquêtes en 1554.

Henri II et ses successeurs, dans le cours du xvi° siècle, continuèrent les errements de François 1er tant pour la confirmation (1) des membres du Parlement qui se trouvaient en fonctions à leur avènement que pour la nomination aux places vacantes (2).

Ordinairement la nomination d'un magistrat ne se faisait guère attendre (3); cependant il arrivait que plusieurs mois s'écoulaient avant cette nomination (4).

Avec des princes amis du faste et des arts, sans cesse en lutte soit contre de puissants voisins, soit contre une partie de la nation, et qui entretenaient dans toute l'Europe quantité de diplomates officiels et de négociateurs officieux, il fallait trouver beaucoup d'argent, en plus des impôts déjà lourds, et par divers expédients. La désignation laissée au roi des titulaires aux offices et aux charges de judicature permit d'en tirer un sérieux profit, grâce à une vente plus ou moins déguisée. A vrai dire, comme, avant d'être reçu et installé, le candidat pourvu par le roi devait justifier de sa moralité et de sa capacité, le niveau de la magistrature ne fut pas abaissé.

Vénalité. — Recevoir de l'argent en remerciement de

---

(1) 1547, 1er avril : la cour reçoit la lettre de Henri II annonçant officiellement le décès de François Ier, invitant les magistrats à continuer à rendre la justice en attendant la cérémonie de la prestation de serment, et les assurant de toute sa bienveillance. Le 11, le premier président, Lizet, avec les présidents au mortier Saint-André et Minard, alla lui demander à Saint-Germain-en-Laye de confirmer en leurs charges les membres du Parlement, et le 15, après avoir fait l'éloge de son frère et exprimé son chagrin, Henri II leur accorda la dite confirmation. Arch. nat., X¹ᵃ 1559, f° 423 v°; X¹ᵃ 1560, f° 1.

(2) 1557, 3 février : à la mort de Mᵉ François Disque, l'avocat du roi, Bourdin, requit l'élection de son successeur. Le scrutin désigna Mᵉˢ Bastier, official de Laon, Griveau, chanoine de la sainte chapelle, et Charmolue, doyen de Noyon; mais le roi nomma (14 mai) Mᵉ Germain Vaillant, docteur ès droits. Arch. nat., X¹ᵃ 1584, f° 69 et X¹ᵃ 1585, f° 400 v°.

(3) Mᵉ Pierre Brulart étant mort le 3 octobre 1541, dès le 24, l'avocat au Parlement Mᵉ Charles de Nully présente à la cour les lettres du roi qui le nomme à cet office de conseiller laïque. Cf. Arch. nat., X¹ᵃ 1547, f° 375 v°.

(4) Ainsi quand Etienne Fleury, conseiller au Châtelet, fut nommé à la place de feu Mᵉ Hobert Thiboust (3 mai 1541). Arch. nat., X¹ᵃ 1546, f° 328 v°.

la charge obtenue, c'était bien réellement pratiquer la
vénalité si souvent défendue par des ordonnances et des
règlements qui n'avaient jamais été formellement abrogés.
On en trouve des vestiges à la fin du siècle précédent,
mais, avec Étienne Pasquier, La Roche Flavin et Charles
Loyseau, on peut affirmer que, le premier, François Ier
pratiqua ouvertement la vénalité des offices; en 1522 il
institua en effet le *trésorier des parties casuelles* et « le
bureau des parties casuelles pour servir de boutique à
cette marchandise » (1). Réservé d'abord aux charges de
finances, ce trafic fut étendu à celles de judicature, mais
d'abord par un détour ingénieux, « par *forme de prest
seulement* », afin de ménager la susceptibilité du Parlement qui exigeait toujours à la réception d'un candidat
qu'il prêtât le serment de n'avoir rien donné, promis, fait
donner ou promettre pour obtenir sa nomination (2). Ce
prêt d'argent n'était pas toujours restitué, et par conséquent il constituait bien « une vente déguisée de ce nom ».
Je n'estime pas, apprécie justement Loyseau, « qu'il y ait

(1) La Roche Flavin, *op. cit., loc. cit.*, n°ˢ 11 et 22 ; E. Pasquier, *Recherches de la France*, liv. IV, chap. 17. Au t. I, p. 405 des *Œuvres;* Loyseau,
Cinq livres du droict des offices, liv. III. chap. 1, n°ˢ 61, 86, 87, 91,
p. 287. D'après lui, dès Louis XI, le Parlement dissimulait le commerce des
offices de finances entre particuliers; puis, pour payer les dettes contractées
dans les guerres d'Italie par Charles VIII, Louis XII vendit des offices afin
de ne pas augmenter les impôts. Mais François Ier pratiqua ouvertement la
vénalité qui subsista désormais, « car, en France, une ouverture pour tirer de
l'argent, estant une fois commencée, s'accroist toujours de temps en temps
parmy l'extrème dévotion et obéissance de ce peuple et sous le spécieux et
ordinaire prétexte de la nécessité publique ». Cf. aussi liv. IV, chap. 7. —
Sur la vénalité, voir P. Louis-Lucas, *Étude sur la vénalité des charges
et fonctions publiques depuis l'antiquité romaine jusqu'à nos jours*,
t. II, *Ancien droit français*, chap. 1.

La résignation de l'office inspirée par la résignation du bénéfice en droit
canonique et la survivance de l'office favorisèrent beaucoup l'établissement de
la vénalité des offices. V. Esmein, *Cours élémentaire du droit français*,
10ᵉ édit., 1910, pp. 401, 404, 406.

(2) Le 13 novembre 1521, les gens du roi avaient requis ce serment de
quiconque présenterait lettres de provision à un office de conseiller au Parlement. Cf. Bibl. nat., fonds français, nouvelles acquisitions, 8039, f° 1 v°.

rien en nostre usage plus contraire à la raison que le commerce et vénalité des offices, qui préfère l'argent à la vertu en la chose du monde où la vertu est plus à rechercher et l'argent plus à rejetter. Car si l'officier mérite sa charge, ce n'est raison qu'il achepte; s'il ne la mérite pas, il y a encore moins de raison de la luy vendre » (1).

Pour éviter les doléances et les remontrances du Parlement soucieux de sauvegarder au moins les apparences (2), François Ier, par l'édit du 25 octobre 1529, attribua au Grand Conseil seul la connaissance des procès concernant les offices (3). De son côté, le Parlement, pour faciliter les choses, déclara qu'il ne s'opposerait qu'à la vente des offices résultant d'un véritable contrat (4); d'ailleurs il partageait l'opinion de La Roche Flavin, vieux parlementaire, qui expliquait le but poursuivi par Fran-

(1) Loyseau, *op. cit.*, *loc. cit.*, liv. I, avant-propos, liv. III, chap. 1, n°° 91, 93, liv. IV, chap. 7. Cf. E. Fayard, *Aperçu historique sur le Parlement de Paris*, t. I, pp. 280 à 282. — Le 13 novembre 1527, un mandement royal ordonne à Pierre d'Apestigny, *receveur général des finances extraordinaires et des parties casuelles*, de payer au premier président Jean de Selve 1.000 liv. tourn. à prendre sur les deniers provenant de la vente des offices, dans *Catalogue des actes de François Ier*, n° 13391.

(2) 1521, 13 novembre... « Ce jour, les Gens du Roy ont requis à la court que ceulx qui présenteront lettres pour estre receuz ès offices de conseillers céans soient interroguéz, avant tout œuvre, par le menu des moiens d'avoir obtenu les dons des diz offices (et), tous les interrogatoires et confessions communiquées, estre par eulx bailléz articles pour informer avant que procéder à aucune réception ». Le Parlement admit la requête et nomma un président et des conseillers pour procéder à cet interrogatoire, dont les pièces seraient ensuite remises aux gens du roi qui alors feraient l'enquête, si le cas le demandait. Arch. nat., X¹ᵃ 1524, f°° 2, 3.

(3) Isambert, *op. cit.*, t. XII, p. 332.

(4) Cette année même (1529), François Ier créa vingt nouvelles charges de conseillers, et écrivit (12 et 15 décembre) au Parlement de recevoir les titulaires qui attendaient encore. Lizet, premier président, fit alors allusion aux dons d'office consentis en retour de l'argent prêté au roi. On interrogea enfin M°° Bertrand Joly et Nicole de Grandrue sur le fait de la vénalité qui leur était reproché (27 janv. 1530). Au nom de Joly, l'avocat Nicolas le Comte avoua que 30.000 livres avaient été prêtées au roi, mais qu'il n'avait été passé aucun contrat. Le Parlement décida donc d'écrire au prince que Joly et Grandrue seraient reçus s'il n'y avait pas eu « vente des offices par convention ». Arch. nat., X¹ᵃ 1533, f°° 26 v°, 27, 69 v°.

çois I⁁ᵉʳ : en mettant les offices de judicature « en taxe » et
en recevant le quart de cette taxe à chaque résignation,
ce n'était pas sous le prétexte de vente, mais bien de nécessité publique, à preuve que plusieurs conseillers se
firent rembourser les sommes qu'ils avaient versées (1).

On rencontre quelquefois un intermédiaire entre le
candidat désireux de prêter de l'argent et le monarque; naturellement il faut le payer : en 1528 Thomas
Duprat, évêque de Clermont, fait obtenir au mari de sa
nièce, Jacques le Clerc, dit le Coictier, seigneur d'Aunay,
conseiller au Châtelet, une charge de conseiller au Parlement de Paris, et pour le remercier de son heureux
concours, le Clerc lui verse, comme il avait été convenu,
mille écus d'or soleil (2).

Tout en les critiquant, il ne faut pas exagérer les faits;
on trouve de nombreux mandements royaux qui ordon-
nent le remboursement des sommes prêtées au roi; souvent ces remboursements sont tardifs, mais ils ne sont
pas fictifs. Ainsi Pierre Viole, nommé à l'une des vingt
charges créées pour organiser la troisième chambre des
Enquêtes, et reçu conseiller laïque le 30 décembre 1522 (3),
fut remboursé le 23 mai 1532 des 12.000 livres qu'il avait,
en deux fois, avancées au prince (4).

(1) La Roche Flavin, *op. cit.*, liv. II, chap. 7, nᵒˢ 8, 11.

(2) Coyecque, *Inventaire sommaire d'un minutier parisien*, dans
Bulletin de la Société de l'Histoire de Paris et de l'Ile de France, 1894,
p. 147. — Le Clerc fut reçu le 7 septembre au lieu de feu Pierre Angenoust.
V. *Catalogue des actes cit.*, nᵒˢ 2639 et X¹ᵃ 1531 à la date.

(3) Arch. nat., X¹ᵃ 1525, fᵒˢ 42 vᵒ, 45 vᵒ; Viole fut aussi reçu en une
commission des Requestes du Palais au lieu de feu Jean Viole seigneur d'Andrezay et d'Aigremont son frère; en 1533 il fut prévôt des marchands. Cf.
Blanchard, *op. cit.*, *Catalogue de tous les conseillers*, p. 52.

(4) Viole prêta 6.000 livres en 1522 quand il fut pourvu de l'office, et versa
la somme à Jean Prévôt, commis à l'extraordinaire des guerres; en 1531 il
effectua un second versement de 6.000 livres à Jean Laguette, receveur des
parties casuelles, pour servir au rachat des terres de Vendôme engagées à
Charles-Quint. V. *Catal. des actes*, nᵒˢ 4582 et 27996; — Antoine Rouillard,
reçu en 1524 (mort en 1543), ne fut remboursé que vers mai 1537 de
2.000 livres prêtées au roi, v. *ibid.*, nᵛ 29387. Sur lui Blanchard, *Catalogue*

Le premier versement de 6.000 livres effectué en 1522 doit seul être considéré comme le prix de la charge de conseiller sous le règne de François Ier (1). Claude Anjorrant, reçu conseiller laïque en mai 1531 (2), Charles de Dormans reçu en 1537 (3), Louis de l'Estoile reçu conseiller laïque le 30 mars 1538 à la place de son père (Pierre de l'Estoile), décédé (4), comme Louis de Gayant (5) et Nicole le Berruyer (6), pourvus à la troisième chambre des Enquêtes (17 décembre 1522 et 31 janvier 1523), Nicolas Hurault, reçu conseiller clerc, bien que laïque (26 mars 1522) (7), Christophe de Harlay reçu conseiller laïque le 26 mai 1531 malgré les remontrances de la cour (8) et

cité, p. 56. A sa place Jean Boilève fut reçu le 11 janvier 1544; Arch. nat., X^{1a} 1552, f° 132.

(1) Ce prix de 6.000 livres est celui indiqué par l'auteur du *Journal d'un bourgeois de Paris*, éd., L. Bourrilly, p. 10. — Le 20 septembre 1543, Viole résigna en faveur de son gendre M° François Thomas, Arch. nat., X^{1a} 1551, f° 391.

(2) *Catal. des actes*, n° 26059; le prêt est du 25 novembre 1530, cf. *ibid.*, n° 7622.

(3) *Catal. des actes*, n° 26899. Fils de Guillaume de Dormans, premier président au parlement de Bourgogne et de Marie Piedefer, il épousa Jacqueline le Coq, fille de Nicolas le Coq président à la cour des Aides (v. Blanchard, *Catal. des conseillers*, p. 56); il mourut en 1543 et fut enterré à Saint-Benoît (*ibid.*). Il avait été conseiller au parlement de Rouen, cf. Vindry, *op. cit.*, t. 1, fascic. 2, p. 289, n° 173.

(4) Arch. nat., X^{1a} 1540, f°s 179 v°, 259, v° et *Catal. cit.*, n° 9779. Le 22 juin 1554 Louis de l'Estoile devint président aux Enquêtes, et mourut en 1559. Nommé grand rapporteur à la Chancellerie, il fut remplacé le 26 avril 1543. Cf. *Arch. nat.*, X^{1a} 1550, f° 417. Cf. Blanchard, *op. cit.*, p. 170 et *Catal. des conseillers*, p. 61.

(5) Arch. nat., X^{1a} 1525, f° 25; *Catal. des actes*, n° 8767. Gayant mourut le 1er octobre 1565 et fut enterré au cimetière des Innocents; v. Blanchard (*Catal. des conseillers*, p. 51), qui donne son épitaphe; Gayant avait prêté 9.000 livres dont 3.000 en août 1537, *Catal. des actes*, n° 30454.

(6) Arch. nat., X^{1a} 1525, f° 66, v° et *Catal. des actes*, n°s 8850, 7121; 26809. Berruyer mourut le 20 novembre 1549 et fut enterré en l'église Saint-Paul (Blanchard, *Catal. des conseillers*, p. 52).

(7) Arch. nat., X^{1a} 1524, f° 172, v° et *Catal. cit.*, n°s 11899, 1250.

(8) Il remplaçait Tristan de Reilhac; son prêt est du 25 novembre 1530, et le remboursement eut lieu en 1534. Le receveur général des finances extraordinaires et parties casuelles était alors Pierre d'Apestigny; v. *Catal. des actes*, n°s 26057 et 28875. En 1565 il remplaça comme président au

Guillaume Allard, d'abord conseiller au Châtelet (9 février
1519), puis au Parlement de Rouen (1er juillet 1522) (1),
furent tous remboursés du prêt forcé de 6.000 livres
consenti à François 1er entre les mains de son receveur
général des finances extraordinaires et parties casuelles
au moment où ils avaient été pourvus de leurs offices (2).

Le cas de Pierre Brulard (3) est plus compliqué; ce
magistrat, qui fut un des juges ordonnés sur le fait des
finances en la Tour Carrée, se vit rembourser le 23 juin 1534
des 6.000 livres fournies, versées par lui lors de sa nomination de conseiller à l'un des vingt offices créés pour
former la troisième chambre des enquêtes (le 14 novembre
1522), et le 1er décembre suivant une somme égale lui fut
encore rendue (4). Il est probable que le premier remboursement représente seul — comme on l'a vu précédemment pour Pierre Viole — le prix d'achat, et que les autres
6.000 livres constituaient une avance de fonds pour aider
François 1er dans sa grande lutte contre Charles-Quint.

Quand la personne que désignait le roi se trouvait écartée

mortier feu Jean Maigret et mourut estimé et vénéré de tous en juillet 1572,
v. Blanchard, *Présidents au Mortier*, p. 229, 230. Arch. nat., X1a 1534,
fos 69, 95 vo, 230. Il était le 2e fils de Louis de Harlay et de Germaine Cœur.
Il épousa Catherine du Val, petite-fille du président Guillaume de Corbie.

(1) *Catal. des actes*, nos 7298, 26, 736; Allart mourut le 11 juin 1559;
il avait épousé Valentine de Heilhac puis Geneviève Teste de Coupvray; il fut
enterré en l'Église de l'Ave Maria; sa réception est du 2 janvier 1523; v. Blanchard, *Catal. cit.*, p. 51; Vindry, *op. cit.*, t. I, 2e fasc. 1910, p. 286, no 156.

(2) Quand il fut pourvu, René Baillet prêta 6.000 livres au roi, *Catal.
des actes*, décembre 1537. Il fut reçu le 2 janvier 1538 (X1a 1540, fo 89) et
le 22 mai 1554 fut nommé premier président au parlement de Bretagne tout
en gardant sa charge à Paris. Cf. F. Saulnier, *Le Parlement de Bretagne*,
t. I, pp. 51, 52.

(3) Arch. nat., X1a 1524, fo 2 vo; il mourut le 3 octobre 1541, *ibid.*, X1a
1547, fo 356; Blanchard (*op. cit., Catal. cit.*, p. 361) date à tort de 1551.

(4) *Catal. des actes*, nos 7190, 7420. On trouve des remboursements
de petites sommes prêtées au roi [en août 1537 il est question de 112 livres
10) sous prêtées par Nicolas Quélain, président des Enquêtes; de 225 livres
prêtées par Me Nicole Molé, et de 1125 livres prêtées par le procureur
général Thibault] qu'il ne faut peut-être pas comprendre dans l'achat de
l'office, cf. *ibid.*, nos 30463 à 30465.

par le Parlement comme incapable, elle pouvait se faire rembourser par celui qui avait obtenu la charge. Ainsi M° Waast le Prévost, nommé en 1543 à la nouvelle chambre du Domaine, mais refusé à l'examen de capacité exigé par les règlements, s'entendit avec M° Jean Anjorrant choisi à sa place afin que celui-ci lui remboursât les 3.000 livres déjà fournies au roi, et aussi diverses sommes empruntées à un nommé Ysembert (1).

Plus on avance dans le XVI° siècle, plus la vénalité s'affiche et plus les prix augmentent (2). En vain Charles IX l'interdit (3), en vain Michel de l'Hospital, qui en avait profité (4), essaie de réagir : la vente des offices s'implante définitivement ; à la fin du siècle, une charge de premier président dans les parlements de Paris, de Toulouse ou de Rouen, se vendait jusqu'à 200.000 livres, et celle de conseiller jusqu'à 60.000 livres (5). Un édit de juin 1568

(1) Arch. nat., X¹ᵃ 1557, f° 12 v°, 83, 21 novembre et 17 décembre 1543 ; Le Prévost était auparavant procureur du roi aux Eaux et Forêts, cf. *ibid.*, f° 130, v°. L'avocat du roi, Gilles le Maistre, obtint que Le Prévost passât un second examen après récusation des conseillers qu'il taxait de partialité. Le Prévost fut alors admis, et Anjorrant passa conseiller clerc au lieu de feu Louis Caillaud. Cf. *ibid.*, f°ˢ 130 v°, 264 ; 9 janvier et 29 février 1544. Le Prévost mourut à la fin de cette année, le service funèbre eut lieu le 28 novembre, et le 11 décembre M° Nicole Martineau fut reçu conseiller lai à sa place, X¹ᵃ 1554, f° 83.

(2) 1568, 3 juin M° Jean Scarron, pourvu « de l'estat et office » de conseiller laïque de Pierre Hennequin (qui, devenu président, avait résigné) est soupçonné d'avoir donné à un Italien, Jean Androssy, 10.000 livres parisis pour les remettre à Hennequin. Ce dernier jure n'avoir rien reçu et déclare que la somme a été portée à l'Hôtel de Ville pour le service du roi. Cf. Arch. nat., X¹ᵃ 1623, f° 138.

(3) Ordonnance d'Orléans [janvier 1561, art. 39], de Moulins [février 1566, art. 9] ; v. Isambert, *op. cit.*, t. XIV, p. 74, 189.

(4) Taillandier, *Recherches sur l'Hospital*, p. 193.

(5) La Roche Flavin, *op. cit.*, livre II, chap. 7, n°ˢ 8, 11, l. VIII, p. 6, n° 7. Ces sommes rentraient dans les finances extraordinaires. D'après Loisel, Barnabé Brisson donna le premier l'exemple d'un avocat du roi vendant son office 4.000 livres (à Jacques Faye) ; il paya seulement 6.000 livres sa charge de président au Parlement quand Pomponne de Bellièvre se démit en sa faveur (août 1580), cf. P. Anselme, *op. cit.*, t. VI, p. 520. Loisel, *Dialogue des avocats. Index, loc. cit.*, p. 642.

accorda aux détenteurs des offices vénaux la résignation
de ces offices, ou leur transmission à leurs veuves et à leurs
enfants, à charge de payer au roi le tiers denier, c'est-à-
dire le tiers de la valeur dudit office ; ce droit acquitté,
l'office pouvait en effet être vendu à des personnes recon-
nues capables (1). « La propriété et l'hérédité des charges,
a dit un sage historien, se trouvaient admises du même
coup de telle sorte que, à partir de cette époque, on peut
dire que l'hérédité fut la règle et la vente l'exception » (2).

Désormais « tous offices vénaux en France sont sujets
à rapport, et se prend l'estimation des offices eu égard
au temps du contrat et non de la succession échue, sinon
que le père ait estimé l'office à une certaine somme ; ce
rapport est introduit *servandæ æqualitatis gratia inter
liberos ex edicto prætoris* » (3).

Le faible Henri III essaya de donner satisfaction aux
États de Blois désireux de supprimer les résignations
dites gratuites et les survivances qui permettaient de
perpétuer les charges de justice dans les mêmes familles,
mais rien ne fut changé : aussi « le serment que dressait
autrefois l'officier de la cour de n'avoir rien donné directement ou indirectement pour parvenir à l'office, a esté
aboli et n'est plus en usage en France » (4).

(1) Isambert, *op. cit.*, t. XIV, p. 227 ; cf. déclaration du 22 janvier 1568,
enregistrée le 17 février, *id. ibid.*, p. 226.

(2) G. Picot, *Histoire des Etats Généraux*, 2ᵉ édit., t. III, pp. 180 à 184.
Alors se constitua ce qu'on a cru devoir appeler la noblesse de robe, cf.
E. Fayard, *op. cit.*, t. I, p. 281.

(3) Laurent Jouet, *La jurisprudence du Palais réduite en maximes
tirées et compilées*..... Maxime LXVIII, arrêt du 7 septembre 1582 prononcé
en robes rouges ; Paris, J. Guignard, 1676, in-4°.

(4) Laurent Jouet, *op. cit., loc. cit.* Cependant en 1582 (1ᵉʳ juin et 9 juillet) M. Mery de Vié reçu conseiller et Mᵉ des Requêtes ordinaires de l'Hôtel
du roi, et Mᵉ Claude Faulcon reçu conseiller au Conseil d'Etat, prêtèrent
encore ce serment. Cf. Arch. nat., Xᶦᵃ 1675, fᵒ 206, 312 (23 juin) — Xᶦᵃ 1676,
fᵒ 118. Sur Claude Faulcon de Ris, fils d'Alexandre de Faulcon et de Françoise d'Albiac, né à Montpellier, conseiller au parlement depuis le 11 janvier
1567, président aux Enquêtes le 16 mars 1579, reçu premier président de
Bretagne le 27 avril 1587, mort à Paris le 29 septembre 1601, v. F. Saul-

Comme le fait judicieusement remarquer M. Esmein (1),
ce qui se trouvait vendu, c'était seulement la valeur pécuniaire de l'office, et le magistrat se voyait toujours nommé
par lettre du roi : cette lettre seule pouvait en faire un
fonctionnaire public. En réalité la provision n'émanait
que du prince, qui avait toujours le droit de la refuser à
tout indigne et à tout incapable, après l'examen de capacité et l'enquête sur la vie et les mœurs, quel que fût le
prix dont ait été payée la charge. Aussi bien la vénalité
des offices, avec sa conséquence logique, l'hérédité, eut
quelques bons résultats comme par exemple de mieux
établir l'inamovibilité des magistrats (2), d'assurer davantage leur indépendance et de maintenir chez eux les traditions de science et d'intégrité; elle en eut aussi de
fàcheux, tels que l'augmentation abusive des épices, car il
fallait rentrer dans les déboursés; la présence au Parlement de titulaires trop jeunes et peu capables, et surtout
une trop grande puissance du corps judiciaire, qui finira
par tenir la monarchie en échec, par donner des exemples
de révolte, et cela ne sera pas oublié aux approches de la
Révolution française.

Quand un membre du Parlement venait à mourir (3)

nier, *op. cit.*, t. I, p. 344. Ch. de Beaurepaire, *Notes sur les 4 Faulcon
de Ris, premiers présidents du Parlement de Normandie*, Rouen, 1897,
in-8°. Du 27 octobre 1576 au 10 mai 1580 il fut conseiller de la ville de
Paris. v. *Registres des délibérations du bureau de la ville de Paris*,
t. VII, p. 226.

(1) *Cours élémentaire d'histoire du droit français*, 10ᵉ édit., 1910,
pp. 408 à 412.

(2) La Roche Flavin, *op. cit.*, liv. II, chap. 7, n° 22, remarque que, en
reconnaissant la vénalité des charges, le roi déclara qu'à l'avenir la vacance
d'une charge de judicature ne pourrait se produire que par la mort du titulaire, sa forfaiture, ou sa nomination à une charge incompatible avec celle de
magistrat. — Depuis l'édit de la Paulette un magistrat ne put perdre sa
charge que s'il n'avait pas rempli les conditions exigées, s'il ne payait pas
la taxe annuelle, enfin en cas de forfaiture. Sur la forfaiture, cf. Ch. Loyseau :
Cinq livres du droit des offices, liv. I, chap. 13, *loc. cit.*

(3) En 1584, Pierre de l'Estoile signale de nombreux décès : en mars
ceux de Mᵉˢ Anjorrant, Lesueur. Dupuis, Vignolles; en mai, de Pibrac; le

sans avoir résigné, souvent son fils (1) ou son frère (2) obtenaient l'office vacant. Mais dans ce cas comme dans les cas de démission volontaire — il y en a quelques exemples (3), — de nomination à une autre charge, la résignation, sauf de rares exceptions (4), était, depuis longtemps, passée en usage. Au contraire, en cas de destitution du titulaire (5) et de suppression de

30 juillet, de Jacques Viole ; le 2 août, de Germain du Val: le 1ᵉʳ octobre, de Bouchard ; le 6, de la Vau [*Mémoires-Journaux*, édit. Lemere, t. II, pp. 177, 178].

(1) Ainsi Claudes des Asses, licéncié ès lois, est reçu le 28 août 1522 au lieu d'André des Asses ; Louis de l'Estoile est reçu le 30 mars 1538 au lieu de Pierre de l'Estoile ; Eustache de la Porte, avocat au Parlement, est reçu le 21 novembre 1543 au lieu de Pierre de la Porte. V. Arch. nat., X¹ᵃ 1524, f° 375; X¹ᵃ 1540, f° 179 v°, 259 v°, X¹ᵃ 1552, f° 12 v°.

(2) Le 4 février 1534, Mᵉ Pierre Viole remplace aux Requêtes du Palais son frère Jean, *ibid.*, X¹ᵃ 1537, f° 117 v°.

(3) 1545, 3 août, François 1ᵉʳ nomme Mᵉ Jérôme Burgensis (fils de Mᵉ Louis Burgensis) à la place de Mᵉ Jacques de Varade qui a donné sa démission. Arch. nat., X¹ᵃ 1556, f° 39.

(4) Voici quelques exceptions : René Brinon, conseiller laïque, nommé président au parlement de Bordeaux, est remplacé par M. René Bouveri (26 juill. 1539). Arch. nat., X¹ᵃ 1543, f° 615 v°, 620. Cf. Vindry, *op. cit.*, t. II, 1ᵉʳ fasc., 1910, p. 12, n° 22. Reçu maître des requêtes de l'Hôtel au lieu de feu Gérard le Coq, René Bouveri quitta la cour en août 1541 ; *ibid.*, X¹ᵃ 1547, f° 286 v° ; — Mᵉ Charles de Marillac quitte le Parlement pour aller aussi aux Requêtes de l'Hôtel, et Jacques Morin, seigneur de la Londe, lui succède (26 oct. 1541), *ibid. id.*, f° 376 v° ; — Mᵉ René Lefèvre remplace Odet de Selve passé au Grand Conseil, *ibid.*, X¹ᵃ 1549, f° 43 v°, 8 mai 1542. — Mᵉ Louis de l'Estoile, nommé grand rapporteur à la Chancellerie, est remplacé par Martin Chartier, 26 avril 1543, *ibid.*, X¹ᵃ 1550, f° 417 ; — le 3 juin 1532, Jacques Le Clerc, devenu aussi grand rapporteur à la Chancellerie, avait été remplacé par Ponce Brandon, *ibid.*, X¹ᵃ 1535, f° 251 v°. En revanche, Jean Briçonnet, deuxième président à la chambre des Comptes, résigne cette charge en faveur de son gendre Mᵉ Robert Dauvet, qui quitte alors le Parlement ; *ibid.*, X¹ᵃ 8612, f° 318 v°, 3 mars 1534.

(5) M. Pierre Laydet, révoqué, dégradé, puis banni (20 juin 1528) est remplacé par Mᵉ Jean Bertrand (Arch. nat., X¹ᵃ 1534, f° 386. *Livre de raison de Mᵉ Nic. Versoris*, éd. cit. p. 208, n° 380). Mᵉ Antoine Minard, avocat du roi à la chambre des Comptes, est reçu conseiller clerc au lieu de René Gentil, destitué pour concussion (et pendu le 25 sept. 1543), *ibid.*, X¹ᵃ 1549, f° 135 v°, 6 juin 1542 ; comme il était marié, il obtint une dispense, et le 28 mars 1544 : remplace à la Grand'Chambre feu Antoine Hélin, *ibid.*, X¹ᵃ 1552, f° 344. — Sans être destitué, un magistrat coupable pouvait être suspendu,

l'office (1), elle n'avait pas le temps de se produire.

Résignation. — Toujours très en faveur, la résignation d'un office donnait lieu au remplacement de celui qui résignait, soit qu'il eût lui-même désigné la personne qu'il désirait avoir pour successeur, soit qu'il laissât au roi le soin de la désigner ; les conditions restaient celles du siècle précédent (2), mais à partir de juin 1568 il fallut, comme il a été dit, verser au trésor royal le tiers denier de la valeur de l'office (3). En cas de vacation d'un office par décès, surtout quand il s'agissait d'une de ces résignations si fréquentes de père à fils, ou à gendre, de frère à frère, d'oncle à neveu, le Parlement n'était tenu de donner l'office qu'après un délai de quarante jours, et l'édit de Rouen (1597) le rappela. Ces quarante jours se comptaient du jour de la provision, et par conséquent, comme celle-ci du jour où la somme due au trésor avait été payée ; le collateur pouvait cependant dispenser de ce délai (4).

La résignation ne constituait pas « une tradition de l'office qui en puisse transférer la propriété, attendu que les offices ne sont pas en la libre disposition des pourveus pour les pouvoir directement immédiatement transporter à autruy, ains faut qu'ils passent auparavant par les mains du collateur (ici le Roi) duquel leur disposition dépend'principalement ». Si la résignation était onéreuse, les gages de l'office vendu appartenaient au résigna-

même pour un an, comme il arriva en 1527 (7 septembre) à Claude des Asses ; mais alors il n'était pas remplacé. Cf. *Livre de raison cit.*, p. 202, n° 362.

(1) La suppression d'un office portait sur le dernier titulaire reçu, cf. Loyseau, *op. cit., loc. cit.*, liv. I, chap. 10, n. 37.

(2) Aubert, *Histoire du Parlement*, t. I, pp. 63, 66. Cf. P. Louis-Lucas, *op. cit.*, t. II, chap. II, sect. 2, art. 3.

(3) Cf. Loyseau, *op. cit., loc. cit.*, liv. III, chap. 3, n. 14. Le 25 juillet 1579, Henri III rappela cette condition obligatoire. Cf. Bibl. nat., Nouv. acq. fr., 3651, p. 940.

(4) *Id. ibid.*, l. I, chap. 12, n⁰ˢ 4, 5, 6, 15, *loc. cit.*, pp. 136, 137. La règle qui déclarait que si le résignant mourait dans les quarante jours qui suivaient la résignation celle-ci était nulle, de nul effet, était empruntée à la chancellerie pontificale. Cf. Esmein, *Cours élémentaire cité*, p. 406.

taire dès sa provision, même quand il n'avait promis de payer qu'après sa réception; en cas de résignation gratuite, le résignataire ne prenait gage « que du jour qu'il dépossède son résignant par la présentation de ses lettres » (1).

Le plus souvent la résignation se faisait par procuration spéciale, particulière, devant notaire et attachée sous contre-seel à la provision. Si le résignant avait résigné en vue d'obtenir un autre office, et s'il en était évincé, il rentrait alors dans son premier office sans nouvelle provision, sans nouvelle réception et, lors même que le résignataire aurait déjà été reçu, il revenait à son ancien rang. En cas de crime, de forfaiture du résignant, tant que durait le procès criminel, la résignation demeurait en suspens; elle devenait valable si l'acquittement était prononcé ou si, pendant le procès, le résignant mourait; elle se trouvait aussi valable si le résignataire avait été reçu dans l'intervalle. Le résignataire décédait-il avant la réception, son droit à l'office ou en l'office se transférait à ses héritiers, et ceux-ci pouvaient en disposer sans payer de nouveaux droits (2). Les mentions de provision d'offices de conseillers clercs ou laïques au Parlement de Paris après résignation sont naturellement très fréquentes au xvie siècle, puisque l'usage s'en était établi et se conciliait parfaitement avec la vénalité. On résigne en faveur d'un fils pour qu'il continue la profession paternelle ou pour lui faciliter un beau mariage, pour un gendre, pour un frère, pour un neveu, pour un ami de la famille ou pour un candidat qui avait offert un prix raisonnable(3).

(1) Loyseau, *ibid.*, liv. I, chap. 2, p. 19, n°˙ 21, 22 ; chap. 8, n° 67, p. 101.
(2) Loyseau, *op. cit.*, *loc. cit.*, liv. I, chap. 11, n°˙ 33 à 40; chap. 12, n° 20 ; chap. 13, n°˙ 17 à 20.
(3) Provision de l'office de conseiller clerc de Louis Juvénal des Ursins au profit de François Desmiers, son neveu, en faveur duquel des Ursins avait résigné, 9 août 1519. Arch. nat., X¹ᵃ 1521, f° 293 v° et X¹ᵃ 1522, f° 1 v°. En août 1520 Pierre de Vaudétar, des Requêtes du Palais, résigne en faveur

Le même siège de conseiller pouvait donner lieu à plusieurs résignations successives : M° François Pajot, naguère conseiller à la cour des Aides, est reçu conseiller laïque au lieu de feu M° Nicolas Molé, lequel du vivant de François I° avait résigné en faveur de son fils Charles; celui-ci résigna lui-même en faveur de M° Godet, et c'est ce dernier qui avait enfin résigné en faveur de Pajot (1).

de son fils Guillaume qui doit épouser la fille du président Barme (*Livre de raison de N. Versoris*, pp. 108 et 111, n°° 23, 44 et X¹ᵃ 1523, f° 237 v°, 241). Jean Prévot résignera pour son fils Nicolas [8 août 1534] et Nicolas Molé pour son fils Charles [21 et 23 nov. 1545]; *ibid.*, X¹ᵃ 1537, f°° 354 v° et 397 v°; X¹ᵃ 1557, f° 28 v°. Bernard Prévot, conseiller clerc, résigne pour son frère Nicolas qui détenait un office de laïque, 20 mars 1549; *ibid.*, X¹ᵃ 1564, f° 391; Pierre Viole résigne pour son gendre François Thomas, 20 septembre 1543, *ibid.*, X¹ᵃ 1551, f° 391; de même François Crespin pour Jean de Cormeilles, 9 mai 1544, *ibid.*, X¹ᵃ 1553, f° 22; André Verjus, président aux Enquêtes, résigne pour son neveu Jacques Verjus, licencié ès lois, son office de conseiller : 26 avril 1543, *ibid.*, X¹ᵃ 1550, f° 417 v°, et Antoine Chabannier pour son neveu Louis Chabannier, docteur en décret, qui est reçu le 18 mai 1543, *ibid.*, X¹ᵃ 1551, f° 26. Le 23 avril 1532, Claude Levoix est reçu conseiller clerc au lieu de Nicolas de Bèze qui a résigné, et le 25 décembre il passe conseiller lai au lieu de André Guillart, nommé maître des Requêtes de l'Hôtel, *ibid.*, X¹ᵃ 1535, f° 259 v°; X¹ᵃ 1536, f° 66. — Toujours par résignation : Gaston Grieu, licencié ès lois, succède à Jacques Allegrin: 8 août 1534, *ibid.*, X¹ᵃ 1537, f° 397 v°; Agnet Chabut à Jean de Serre, comme conseiller clerc, 12 novembre 1538, *ibid.*, X¹ᵃ 1542, f° 233; Jacques des Loges à François Errault, 25 février 1539, *ibid.*, X¹ᵃ 1542, f° 233; Michel Quélain, licencié ès droits, à Jacques Barthomier, conseiller clerc, qui a résigné pour lui; Christophe de Boffignac au lieu de Léonard Guyonnet; aux Requêtes du Palais, l'avocat Jean Riant est reçu au lieu de J. Tronson; Guill. Barthélemy, au lieu d'Antoine Minard, 19 décembre 1543, 1°° février, 12 mars et 30 avril 1544; X¹ᵃ 1552, f°° 85 v°, 179, 300 v°: X¹ᵃ 1553, f° 1: Jean Barjot remplace René de Birague, nommé président au parlement de Turin et qui a résigné : 30 octobre 1543, X¹ᵃ 1551, f° 612. L'avocat Jacques Le Clerc reçu conseiller lai au lieu de Bertrand de la Loère, résignant : 17 mars 1544, X¹ᵃ 1552, f° 319. L'avocat Thomas Thiboust, reçu au lieu de Gabriel Lesueur, résignant, 20 mars 1545 : X¹ᵃ 1553, f° 6 v°; de même, Jérôme Angenoust (fils de M°° Pierre Angenoust) au lieu de Jacques Bouju, résignant : 16 décembre 1558, X¹ᵃ 1590, f° 125; l'avocat Antoine de Vignolles au lieu de Jean-Baptiste Regnault, résignant 8 février 1565 : X¹ᵃ 1615, f° 482; M° Godard au lieu de M° Ponce Brandon qui, nommé maître des Requêtes de l'Hôtel, a résigné : 21 juin 1580, X¹ᵃ 1668, f° 337.

(1) Arch. nat., X¹ᵃ 156, f° 336 v°... Blanchard, *Présidents*, p. 374; *Catal. cit.*, p. 73.

La résignation était remise aux mains du chancelier
ou du garde des sceaux (1) et, plus fréquemment du roi
lui-même; dans ce dernier cas le prince demeurait le
maître de nommer qui bon lui semblait, et son candidat
devait être reçu, s'il remplissait les conditions voulues (2).
Le chancelier pouvait refuser d'admettre la résignation
proposée, en février 1560 : le célèbre Antoine Loysel,
àgé de 24 ans, en fit l'expérience. Il venait d'être reçu
avocat au parlement de Paris, et son frère aîné, Jean,
voulait déjà lui acheter une charge de conseiller; on
traita avec M° Chevalier (3), nommé évêque de Senlis,
afin qu'il résignât en faveur d'Antoine Loysel ; malheu-
reusement le chancelier Michel de l'Hospital ne voulut
pas accueillir cette résignation (4).

Le magistrat qui avait résigné ne devait naturellement
plus siéger. Cependant François Ier permit en 1533 (30 août)
à Pierre Violle (5) de continuer à siéger et à délibérer
aux Requêtes du Palais; par lettres de jussion il défendit
au Parlement de s'y opposer (6), comme il l'avait fait le

(1) 1543, 30 octobre : René de Birague avait résigné aux mains du garde
des sceaux Errault : Arch. nat., X^{1a} 1551, f° 493 v°. Il a déjà été parlé de
Birague. Errault, angevin, sieur de Chemans, reçu maître des Requêtes de
l'Hôtel en juillet 1541, conseiller au Parlement de Paris, le 12 novembre
1532, puis premier président au parlement de Turin et enfin garde des
sceaux (12 juin 1543), mort le 3 septembre 1544 à Châlons-sur-Marne où,
avec l'amiral d'Annebaut, il négociait la paix avec l'Empereur. Cf. Vindry,
op. cit., t. I, deuxième fascicule, p. 365, notes, X^{1a} 1536 f° 2 et X^{1a} 1554,
f° 334 v° ; P. Anselme, *op. cit.*, t. VI, p. 480; A. Tessereau, *op. cit.*, p. 103,
104; Blanchard, *Généalogie des maîtres ordinaires des Requêtes de
l'Hôtel*, p. 274, 275.

(2) 1529, 20 décembre : Arch. nat., X^{1a} 1533, f° 26 v°, 27. C'est ce que
dit le premier président Lizet.

(3) Probablement Chevalier qui était conseiller depuis 1544. Blanchard,
Catalogue cité, p. 70, l'appelle Jean; l'évêque s'appelle Pierre.

(4) *Abrégé de la vie de M° Loysel*, par Eusèbe de Laurière, p. 411 et
en tête de l'édition des *Institutes Coutumières d'Antoine Loysel*,
revue par MM. Dupin et Laboulaye, 1846, in-12.

(5) Il a été parlé de ce magistrat qui résignait en faveur de son gendre
François Thomas.

(6) Arch. nat., X^{1a} 1551, f° 391, 496.

18 juillet précédent dans des remontrances adressées à
l'occasion de Guillaume de Vaudétar qui avait résigné
pour son fils Roger, tout en obtenant la permission de
continuer ses fonctions au Parlement (1). Henri II imita
l'exemple de son père, et le 5 février 1557, les chambres
assemblées, la cour rédigea des remontrances au sujet
de M° Etienne Fleury (2) « naguères conseiller en icelle
court », qui présentait les lettres royaux « par lesquelles
ledit sire lui permect avoir voix et opinion délibérative
ès jours de plaidoiries, et ce *pour la fréquence de semblables lettres* obtenues par plusieurs qui ont résigné
leurs offices de conseillers en la cour de céans » (3). On
voit que ces exceptions, d'ailleurs condamnables, s'étaient
multipliées.

Plus tard, dit La Roche Flavin (4), il fut admis que le
résignant qui ne justifiait pas de vingt ans de service ne
conserverait que le droit d'entrée et de séance à la cour ;
après vingt ans de service, il gardait en plus voix délibérative. Par exception et grâce à une faveur toute spéciale du roi, des conseillers obtinrent, après résignation,
de toucher leurs gages et leurs épices, de conserver
leurs privilèges et même de remplir toutes leurs fonctions comme s'ils n'avaient pas résigné.

Dans le cours du xvi° siècle, plusieurs ordonnances s'occupèrent des résignations d'offices et confirmèrent, en cette
matière, les usages et les règlements antérieurs. Celle de

---

(1) *Id.*, *ibid.*, f° 228 v°. Guillaume de Vaudétar, sieur de Condé, avait été
reçu conseiller le 14 juin 1521 au lieu de son père Pierre de Vaudétar, qui
avait résigné avant de mourir. Guillaume avait épousé la fille du président
Barme. Arch. nat., X¹ᵃ 1523, f°ˢ 232, 237 v°, 241. Cf. *Livre de raison
de N. Versois*, pp. 104, 111, n°ˢ 23, 44 ; *Catalogue des actes de François I*ᵉʳ, n° 7173. Blanchard, *Catal. cit.*, p. 49 le fait mourir en 1522. Roger
de Vaudétar, fils aîné du précédent, reçu conseiller le 4 janvier 1544, mourut
le 10 mars 1553. Blanchard, *loc. cit.*, p. 68.

(2) Etienne Fleury avait été reçu conseiller le 3 mai 1541 ; il était avant
conseiller au Châtelet. Blanchard, *loc. cit.*, p. 61.

(3) Arch. nat., X¹ᵃ 1584, f° 74.

(4) *Op. cit.*, liv. II, ch. 7, n°ˢ 27 à 31.

Moulins (février 1566, art. 12) décida que, lorsque le roi
aurait admis une résignation, il y aurait après la présentation des lettres de provision un délai d'un mois pour
que le procureur général fît enquête sur la capacité,
l'honnêteté du résignataire, et les conditions véritables
de la résignation; durant l'enquête, le procureur pouvait
entendre les intéressés en présence de la cour, si le résignant était présent, et devant le juge de son domicile s'il
était absent (1). L'ordonnance de Blois (mai 1579, art. 110)
statua que ceux qui avaient été, ou qui seraient gratuitement pourvus d'office par le roi ne pourraient les
résigner (2).

Survivance des offices. — Une conséquence de la résignation ou de la vénalité des offices avait été, avons-nous
dit, la *survivance des offices.* En principe, les survivances demeuraient interdites, et divers édits (8 juillet 1521,
26 décembre 1541, 4 septembre 1559) les révoquèrent (3);
cependant il fallut chercher un biais pour autoriser ce
qu'on tolérait en somme depuis si longtemps et l'ordonnance de Blois (art. 111) (4) fit savoir que le roi n'accor-
derait plus de lettres de provision d'offices avec la clause
de survivance, qu'il révoquerait celles déjà accordées,
sauf pour les offices achetés au prix fixé par l'édit sur
les survivances et sans effet rétroactif.

Comme le dit Loyseau (5), « quand on résigne l'office à
certaine personne, non pas purement et pour en jouir

(1) Isambert, *op. cit.*, t. XIV, p. 193.
(2) *Ibid.*, p. 408.
(3) Isambert, *op. cit.*, t. XII, p. 189, enregistré le 23 janvier 1522. Arch.
nat., X¹ᵃ 8611, f° 358, p. 762, t. XV, p. 8. Dans l'édit de juillet 1521, François Iᵉʳ se plaint que tous les offices du royaume soient à survivance, qu'il
ne peut plus en disposer pour ses meilleurs serviteurs, et que souvent les
offices passent à des enfants, a des incapables, au grand détriment de la chose
publique.
(4) Isambert, *op. cit.*, t. XIV, p. 409. Ch. Loyseau, *Les cinq livres du
droit des offices*, liv. II, ch. 10, nᵒˢ 9, 10, 13 à 16, *op. cit.*, on sait que
l'édit du 7 décembre 1604 [l'édit de Paulet ou Paulette] trancha la question.
(5) *Loc. cit.*, liv. I, chap. 12, nᵒˢ 88, 39, p. 140.

promptement, ains seulement au cas qu'il survive le
(au) résignant... cette survivance est proprement une donation à cause de mort qui ne peut avoir son effet
qu'après la mort ou démission volontaire du résignant ».
Si celui qui avait été reçu à survivance venait à mourir
le premier, le magistrat qui lui avait passé son office
pouvait à nouveau en disposer (1). Mais il fallait, dans
tous les cas, éviter que les droits du prince, les parties
casuelles, ne fussent lésés; aussi, dans la pratique, on ne
tint compte que des *survivances reçues*, c'est-à-dire qui
avaient acquitté un droit au fisc (2).

La personne qui avait obtenu du roi une lettre de survivance à un office de magistrature, la présentait au Parlement qui presque toujours l'acceptait (3). Une fois reçue
à survivance, elle ne jouissait ni des privilèges ni des gages
de l'office, mais elle avait l'assurance de le posséder désormais sans avoir besoin de nouvelles lettres de provision
ni de renouveler les formalités de la réception. Elle
avait entrée et séance au Palais, après les gens du roi
aux audiences ordinaires, à la rentrée solennelle de
novembre et aussi quand on procédait au prononcé des
arrêts généraux; si elle avait déjà prêté serment, elle
passait avant les gens du roi. En réalité elle n'obtenait
complètement rang et droit de séance que du jour où
elle exerçait effectivement ses fonctions, c'est-à-dire

(1) Loyseau, *loc. cit.*, nᵒ 48.
(2) Loyseau, *loc. cit.*, nᵒ 40, p. 141.
(3) 1557, 1ᵉʳ mars, Pierre de Hacqueville présente les lettres de survivance qu'il a obtenues pour son fils André. Cf. Arch. nat., Xⁱᵃ 1584, fᵒ 147.
Licencié ès droits Pierre de Hacqueville avait été reçu conseiller le 24 mai
1531 au lieu de feu Christophe Hennequin. En 1544, il fut désigné pour la première vacance de la place de président aux Requêtes du Palais. Il épousa
Marie Burgensis, mourut le 21 octobre 1563 et fut enterré le 22 à Saint-
Séverin. Cf. Blanchard, *Généalogies des maîtres des requêtes de l'Hôtel*,
p. 323. — *Catalogue des conseillers* à la suite des *Présidents au Mortier*, pp. 57, 80. Le 2 décembre 1591, André de Hacqueville est cité comme
président aux Enquêtes. Bibl. nat., *Nouvelles acquisitions franç.*, 8651,
p. 959.

après la mort ou la démission de celui qui lui avait résigné l'office à titre de survivance et non pas à compter du jour où elle avait été reçue (1).

Les lettres de provision aux offices étaient souvent délivrées par le roi en récompense des bons et loyaux services aux serviteurs dévoués, à l'occasion de leur mariage ou du mariage de leurs enfants (2). Parfois il arrivait que leur octroi précédait de beaucoup le temps où leur détenteur pourrait les faire valoir. Lazare de Baïf (3), docteur en droit, qui fut reçu conseiller clerc au lieu de feu Louis Courtin (4), le 27 mars 1534, avait lettres de provision datées du 17 novembre 1530 (5). Le titulaire d'une lettre de provision à un office de conseiller au Parlement pouvait, par exception, conserver aussi les lettres de survivance qu'il avait obtenues pour un poste plus important ou plus lucratif (6) et, après réflexion, user du droit d'option.

(1) La Roche Flavin, *op. cit.*, liv. II, chap. 7, nᵒˢ 27 à 31.

(2) Adrien du Drac, né à Meaux, reçu conseiller lai en vertu de lettres de provision à une charge de conseiller au Parlement de Paris obtenues à l'occasion de son mariage avec la fille du maltre des Requêtes de l'Hôtel, André Guillart, prend la place laissée vacante par Julien de Bourgneuf, nommé président au parlement de Bretagne, 15 février 1535. Arch. nat., X¹ᵃ 1534, fᵒ 97. Le 4 février 1555 il fut reçu conseiller au parlement de Bretagne; de sa deuxième femme Charlotte Rapouel, il eut 16 enfants. Cf. Saulnier, *op. cit.*, t. I, p. 307. Antoine Senneton, docteur en droit, à cause de son mariage avec la fille alnée de Guillaume Millet, médecin ordinaire de François Iᵉʳ, reçoit de ce prince des lettres de provision valables pour l'office de feu Jean de Longuejoue. V. *Catalogue des actes de François Iᵉʳ* nᵒ 15505.

(3) Lazare de Baïf, né vers 1496. Érudit et poète, il fut ambassadeur à Venise (1531), en Allemagne (1539) et joua un rôle important sous le règne de François Iᵉʳ. Cf. Fl. Vindry, *Les ambassadeurs français permanents au xvᵉ siècle*, notices.

(4) Courtin avait été reçu conseiller clerc le 20 janvier 1515, Arch. nat., X¹ᵃ 1517, fᵒ 53 vᵒ. Il mourut en 1538. Blanchard, *Catalogue cité*, p. 47.

(5) *Catalogue des actes*, nᵒ 20099.

(6) Le 8 août 1518, Martin Fumée obtint lettres de survivance pour l'office de maltre des Requêtes ordinaires de l'Hôtel que possédait son père Adam, seigneur des Roches, et néanmoins, le 10 mai 1519, il reçut lettres de provi-

Les registres permettent de constater *comment et dans quelles classes se recrutait le Parlement*, quelles personnes obtenaient le plus ordinairement les lettres de provision.

On trouve des membres des parlements provinciaux (1) ou des pays annexés (2), des membres du Sénat de Milan (3); on trouve aussi, mais très rarement, cela se

sion pour une charge de conseiller lai. Arch. nat., X¹ᵃ 1537, f° 454 v°; *Catal. des actes*, n° 17096.

(1) 1522, 11 août, Jean de Serre, chanoine de Chartres, conseiller au parlement de Rouen, est reçu conseiller clerc à celui de Paris. Arch. nat., X¹ᵃ 1524, f° 341 v°; Vindry, *op. cit.*, t. I, fasc. 2, p. 279, n° 119; 1523, 2 et 5 janvier, Guillaume Allard et Gassiot de Lacombe, du même parlement, sont aussi reçus à celui de Paris, *ibid.*, X¹ᵃ 1525, f° 44, 45; Vindry, *op. cit.*, t. I, fasc. 2, p. 286, n° 156, p. 288, n° 1430, 1548, 14 juillet et 1544, 30 juin, Jean Odoard et François Sédille, de ce parlement de Rouen, sont reçus à celui de Paris, Sédille au lieu de Charles Quier-Lavoine, Vindry, *loc. cit.*, p. 287, n° 166, p. 295, n° 202 et Arch. nat., X¹ᵃ 1551, f° 201; X¹ᵃ 1553, f° 187 v°. — Ravier, conseiller au parlement de Dijon, remplace à Paris Pierre Legendre (et est remplacé à Dijon par son gendre Philippe Moisson, le 9 août 1529), 1528, 13 novembre, *ibid.*, X¹ᵃ 1532, f° 2, Vindry, *op. cit.*, t. I, fasc. 1, n° 107 et *Catal. des actes*, n° 19887; Jean de Selve, premier président au parlement de Rouen et de Bordeaux, succède à Paris au premier président feu Jacques Olivier, 1520, 17 décembre, *ibid.*, X¹ᵃ 1528, f° 16 v°; Vindry, *op. cit.*, t. I, fasc. 2, p. 253, n° 2. Christophe de Roffignac, conseiller a Bordeaux, est reçu à Paris le 1ᵉʳ février 1544, *ibid.*, X¹ᵃ 1552, f° 179 v°; Vindry, *op. cit.*, t. II, fasc. 1, p. 40, n° 15; Jean Bertrand, président au parlement de Toulouse, remplace à Paris (12 nov. 1539) le président Guillaume Poyet, *ibid.*, X¹ᵃ 1554, f° 1. Vindry, *op. cit.*, t. II, fasc. 2, p. 141, n° 5. — Un magistrat de province pouvait changer de parlement sans aller à Paris : le 17 février 1515, Jean Perricard est transféré du parlement de Grenoble à celui de Dijon. V. *Catal. des actes*, n° 15769. Cf. Vindry, *op. cit.*, t. I, fasc. 1, p. 79, n° 56.

(2) Guérin d'Alzon, ancien président du parlement de Turin, reçu conseiller à Paris au lieu de feu Élie de Calvimont, 1539, 30 mai. Arch. nat., X¹ᵃ 1543, f° 184 v°; mort le 20 août 1570. Jacques Morin de la Londe, conseiller à ce parlement de Turin, reçu conseiller clerc à Paris à la place de Charles de Marillac, nommé maître ordinaire des Requêtes de l'Hôtel, 1541, 26 octobre et 19 novembre, *ibid.*, X¹ᵃ 1517, f° 376; X¹ᵃ 1548, f° 2 v°; Vindry, *op. cit.*, t. I, fasc. 2, p. 6, n° 4 et 367, n° 9 et t. II, fasc. 2, p. 168, n° 75.

(3) Les sénateurs de Milan, Pierre de Montmerle et René Gentil, sont reçus aux nouveaux offices de conseillers, 1522, 18 août et 5 septembre. Arch. nat., X¹ᵃ 1524, f°ˢ 362, 407; Pierre de Bussy, dudit Sénat, remplace à Paris feu Jean le Rouge, 1522, 5 septembre, *ibid.*, X¹ᵃ 1524, f° 389.

conçoit, des conseillers du parlement de Paris nommés
conseillers près des parlements de la province (1); à titre
de présidents de ces parlements, ils quittaient plus volontiers, mais sans doute encore avec regrets, la bonne capitale (2). Quelquefois il n'y avait qu'une simple permutation entre un conseiller de province et son collègue de
Paris, l'un et l'autre désireux sans doute de retourner
dans leur pays d'origine ou de se rapprocher de la région
où ils avaient soit de la famille, soit des intérêts (3).

On rencontre aussi au nombre des nouveaux magistrats reçus au parlement de Paris, des membres du grand
Conseil (4); des maîtres des Requêtes ordinaires de

(1) Guérin d'Alzon (déjà cité), quitte le parlement de Paris pour aller à
celui de Toulouse, 1541, 19 mars. Arch. nat., X¹ᵃ 1546, fᵒ 230; Vindry, *op.
cit.*, t. II, fasc. 2, p. 168, n° 75.

(2) Barthélemy de Chasseneuz, conseiller à Dijon (8 janv. 1325) puis à
Paris [où Jean le Cirier, docteur en droit, le remplace] est nommé président
du parlement de Provence, 1532, 17 août. Arch. nat., X¹ᵃ 1536, fᵒ 41; Bona-
venture Thomassin de Saint-Barthélemy, conseiller à Paris, est nommé président au parlement de Dauphiné, 1534, *ibid.*, X¹ᵃ 1538, fᵒ 1 vᵒ. — De même,
Julien de Bourgneuf est nommé président au parlement de Bretagne; 1535,
19 février, *ibid.*, X¹ᵃ 1538, fᵒ 97; François Errault est nommé président au
Parlement de Turin, 1539, 16 février. *Catal. des actes*, n° 21650; Étienne
Tournebulle est nommé président à Rouen (reçu le 14 févr.), 1542, *ibid.*,
X¹ᵃ 1548, fᵒ 248 vᵒ; René de Birague est nommé président à Turin, 1543,
30 octobre, *ibid.*, X¹ᵃ 1551, fᵒ 612; François Delage est reçu président à
Bordeaux en novembre 1545, *ibid.*, X¹ᵃ 1556, fᵒ 178; René Brinon fut
aussi président à Bordeaux en 1539, *ibid.*, X¹ᵃ 1543, fᵒˢ 615 vᵒ et 620.
Sur ces magistrats, Cf. Vindry, *op. cit.*, aux notices qu'il leur a consacrées
à la suite de ces listes de parlementaires français au xvıᵉ siècle aux parlements d'Aix, Grenoble, Rennes, Rouen, Turin, Bordeaux, t. I, fasc. 1,
p. 69, n° 4; fasc. 2, p. 20, n° 6; p. 261, n° 32; p. 366, n° 2; t. II, fasc. I,
p. 37, n° 4; p. 42, n° 22.

(3) Antoine Hélin, conseiller au parlement de Bordeaux, échange son office
avec son confrère de Paris, Gassiot de Lacombe (lettres de provision du
21 nov. 1529), X¹ᵃ 1533, fᵒ 281; François Iᵉʳ lui confia une mission en
Flandre (*Catal. des actes*, nᵒˢ 27650, 28705). Il mourut le 24 mars 1544.
Arch. nat., X¹ᵃ 1552, fᵒ 340 vᵒ. — Gassiot avait d'abord été conseiller au
parlement de Rouen, Cf. Vindry, t. I, fasc. 2, p. 283, n° 143.

(4) Ainsi François le Rouge et Jean Bulot (ce dernier successeur de
Guérin d'Alzon) sont reçus le 6 février 1518 et le 19 mars 1541. Arch. nat.,
X¹ᵃ 1520, fᵒ 159 vᵒ et X¹ᵃ 1546, fᵒ 230.

l'Hôtel (1), de la cour des Aides (2), de la chambre du Trésor(3); des avocats du roi à la chambre des Comptes(4); des auditeurs à la même chambre (5); des avocats du roi (6) et — en grand nombre — des avocats au Parlement (7); des notaires-secrétaires du roi (8); des conseillers (9) et un procureur du roi au Châtelet (10); un juge au bailliage de Touraine(11); des baillis, des sénéchaux(12) ou leurs lieutenants généraux civils ou bien criminels(13);

(1) Antoine le Viste, 23 déc. 1523. Arch. nat., X¹ᵃ 1526, fᵒ 26.

(2) Pierre Clutin, reçu au Parlement, est remplacé a la cour des Aides par Jean Arbaleste, secrétaire du roi : 1515, 13 et 16 novembre. Arch. nat., X¹ᵃ 1518, fᵒ 23 et *Catal. des actes*, nᵒ 16048 ; Robert Dauvet, reçu le 30 juillet 1524. Arch. nat., X¹ᵃ 1526, fᵒ 301 vᵒ ; François Pajot, reçu conseiller lai en août 1549, *ibid.*, X¹ᵃ 1565, fᵒ 336 vᵒ.

(3) Pierre Gontier, reçu le 4 février 1523. Arch. nat., X¹ᵃ 1525, fᵒ 77 vᵒ.

(4) Antoine Minard, reçu conseiller clerc et président des Enquêtes au lieu de René Gentil qui avait été destitué; 1542, 6 juin. Arch. nat., X¹ᵃ 1549, fᵒ 135 vᵒ.

(5) Louis Allegrin, reçu au lieu de feu Maurice Bullioud, le 8 février 1542. Arch. nat., X¹ᵃ 1548, fᵒ 203.

(6) Jean Ruzé, reçu conseiller le 7 février 1530, Arch. nat., X¹ᵃ 1533, fᵒ 80 vᵒ.

(7) Entre autres : Jean Luillier, reçu le 17 décembre 1522. Arch. nat., X¹ᵃ 1525, fᵒ 28; Jacques de Nully, reçu au lieu de feu Pierre Brulart, le 26 octobre 1541, *ibid.*, X¹ᵃ 1547, fᵒ 376; Mathieu Chartier, au lieu de Louis de l'Estoile nommé grand rapporteur en la Chancellerie, 26 avril 1543, *ibid.*, X¹ᵃ 1550, fᵒ 417; Jacques le Clerc, reçu au lieu de Bertrand le Lièvre, le 17 mars 1544, *ibid.*, X¹ᵃ 1552, fᵒ 319; etc.

(8) Tristan de Reilhac, reçu le 8 janvier 1523, et Louis Fumée, reçu le 23 décembre 1528, *ibid.*, X¹ᵃ 1525, fᵒ 47 et X¹ᵃ 1532, fᵒˢ 41, 58 vᵒ.

(9) Étienne Fleury, reçu au lieu de Robert Thiboust. Arch. nat., X¹ᵃ 1546, fᵒ 328. — Le 28 juin 1541, l'avocat au Châtelet, Denis Rubentel, obtint au scrutin le plus de voix (35), mais le roi ne le choisit pas. *ibid.*, X¹ᵃ 1547, fᵒ 83.

(10) Engilbert Clausse, reçu conseiller lai le 12 novembre 1537 au lieu de feu Jean Ruzé. Arch. nat., *Catalogue des actes*, nᵒ 25631.

(11) Charles de Chantecler, reçu conseiller lai au lieu de feu Jacques Boulant le 2 juin 1541. Arch. nat., X¹ᵃ 1547, fᵒˢ 82, 85.

(12) Jacques Allegrin, bailli de Meaux, nommé conseiller lai, est remplacé à Meaux par Jacques Vignon. Arch. nat., X¹ᵃ 4866, fᵒ 341 ; 12 juillet 1520.

(13) André Tiraqueau, lieutenant du sénéchal de Poitou à Fontenay-le-Comte, nommé au lieu de feu Louis Rouillard, et Jean de Thiard, lieutenant général au bailliage de Mâcon, sont reçus conseillers les 22 novembre et 17 décembre 1541. Arch. nat., X¹ᵃ 1548, fᵒˢ 9 vᵒ, 46; Nicole Chevalier, seigneur de

un prévôt de Sens et un prévôt d'Orléans (1); des doyens, des chanoines et des officiaux (2); des régents des Universités (3); un conseiller à la conservation des privilèges royaux de l'Université de Paris, et, en même temps, greffier des Requêtes de l'Hôtel (4), etc.

Souvent les candidats n'avaient encore exercé aucune fonction et n'avaient à faire valoir que leurs titres, d'ailleurs très utiles, de docteurs ou de licenciés en droit civil et en droit canon. Une condition essentielle était qu'ils fussent Français ou naturalisés (5), et on y veillait au xvi⁰ siècle où tant d'étrangers, la plupart italiens, vinrent se fixer en France (6).

Une fois pourvu de ses lettres de provision, le nouveau titulaire se présentait à la Grand'Chambre pour les lui soumettre, et, s'il ne s'élevait aucune opposition (7),

Vignault, lieutenant général civil et criminel au bailliage d'Amiens a lettre de provision de conseiller lai; 18 juillet 1544. *Catal. des actes*, n° 258119.

(1) De Sens : Guillaume Luillier, reçu le 5 décembre 1543; d'Orléans : Louis Rouillard, reçu le 21 août 1517. Arch. nat., X¹ᵃ 1552, f⁰ 50; X¹ᵃ 1519, f⁰ 248 v°.

(2) De Sens : Léonard Guyonnet, reçu le 29 août 1531. Arch. nat., X¹ᵃ 1534, f⁰ 376 v°; au scrutin du 14 novembre 1537 furent désignés l'official de Chartres (Médard Thiersault), celui de l'archidiacre de Gatinais; Charmolue, doyen de Noyon, et Antoine du Vivier, chanoine et sous-chantre de Paris, *ibid.*, X¹ᵃ 1540, f⁰ 5.

(3) De Poitiers : René Lefebvre, reçu le 8 mai 1542; d'Orléans : Jean Socier, reçu le 4 octobre 1543 : Arch. nat., X¹ᵃ 1549, f⁰ 43 v°; X¹ᵃ 1551, f⁰ 547.

(4) Jean Bouchard, reçu le 21 juillet 1544. Arch. nat., X¹ᵃ 1553, f⁰ 269 v°.

(5) René Gentil, conseiller au Parlement, et son frère Jules, originaires du duché de Milan, avaient obtenu en juin 1526 leurs lettres de « *naturalité* ». Ambroise de Florence, nommé conseiller lai le 20 juin 1522, mais retenu par des missions diplomatiques en Italie, pourvu, à son retour, de la place que tenait aux Requêtes du Palais Denis Poillot, passé président au lieu de Thibault Baillet, dut d'abord se faire naturaliser lui et sa famille (août 1526), avec dispense de payer les droits de chancellerie, *Catal. des actes*, n°⁸ 2407, 17604, 18750, 18783. Arch. nat., X¹ᵃ 1529, f⁰ 444, 12.

(6) La Roche Flavin, *op. cit.*, liv. VIII, ch. 26, n° 7 remarque que « pour les fils des marchands tous les Parlements de France en sont abondamment fournis », qu'on a vu les magistrats, même des premiers présidents fils de bouchers, de paysans, et cela grâce à la vénalité des charges.

(7) Raoul Aymeret présenta le 17 janvier 1515 ses lettres de provision de conseiller clerc à la charge d'Imbert de la Platière, nommé évêque de Nevers

s'il remplissait toutes les conditions de nationalité, d'âge, de capacité et de moralité, de religion... prévues par les ordonnances, les édits, déclarations et règlements, constatées par l'enquête et l'examen auxquels il avait été soumis, il se voyait alors admis à prêter le serment de conseiller au Parlement (1).

(Arch. nat., X¹ᵃ 1517, f° 68 v°) : mais peu après le roi donna cette charge à Nicole le Coq (qui se présenta le 9 février à la Grand'Chambre) ; aussitôt, Guillaume Aymeret, père de Raoul, forma une opposition qu'il retira sur l'ordre du roi, et le Coq fut alors reçu, *ibid., id.,* f°ˢ 72 v°, 73. — A la mort de Jean Viole, Pierre Viole s'oppose à la réception du doyen de Nevers, Noel Bourgoing, car il demande le dit office pour un de ses frères : 17 et 19 mai 1533, *ibid.,* X¹ᵃ 1539, f°ˢ 279, 281, 282 v°.

(1) Exemples de présentations de lettres, puis de réception au Parlement : Arch. nat., X¹ᵃ 1523, f° 4 v°, 21 novembre 1520 : réception de François Crespin au lieu d'André Porte. X¹ᵃ 1524, f° 284 : 2 juillet 1522 : de Jean Maigret, après la mort de Jean de Selve; X¹ᵃ 1526, f° 51, 11 janvier 1524, de François Delaage, docteur en droit (qui avait lettres du 8 décembre précédent), au lieu de feu Louis Doreille; X¹ᵃ 1528, f° 710; 19 août 1525, de Jean Lescuyer, au lieu d'André Verjus passé président des Enquêtes, au lieu de feu Philippe Pot; *ibid.,* f° 721; 26 août 1525, de René Brinon, au lieu de feu Guillaume Barthélemy; X¹ᵃ 1529, f° 353, 14 août 1526, de René du Bellay au lieu de feu Nicole Brachet: X¹ᵃ 1532, f° 2 : Jean de La Haye, licencié ès lois, présente ses lettres pour la place de feu Jean de Bony; X¹ᵃ 1533, f° 48, 17 décembre 1529, de même Jacques Spifame pour celle de feu Charles de Chancey; X¹ᵃ 1535, f° 1 v°, 15 novembre 1531, réception d'Antoine de Lyon au lieu de feu Guillaume Bourgeois; f° 251 v°, 3 juin 1532, de Ponce Brandon au lieu de Jacques Leclerc dit Coictier, passé grand rapporteur de la Chancellerie de France; X¹ᵃ 1536, f° 2, 12 novembre 1532, de François Errault au lieu de feu Louis Fumée; 8 janvier 1533, *ibid.,* f° 70 v°, de Jean Samson, docteur *in utroque,* Vindry, *op. cit.,* t. II. fasc. 1, p. 69, n° 5 (il sera premier président à Grenoble, 12 janvier 1536) au lieu de Jean Bertrand promu au Grand Conseil; X¹ᵃ 1537, f° 70 v°, 16 juin 1533, de Emilio Feretto au lieu de Nicole Thibault devenu procureur général ; X¹ᵃ 1538, f° 222 v°, 21 avril 1535, d'Antoine Chabannier au lieu de feu Jacques Menager; X¹ᵃ 1539, f°ˢ 19, v° 41, de Pierre Bardin au lieu de Nicole Dorigny : X¹ᵃ 1540, f° 89, 2 janvier 1538, de René Baillet, licencié ès droits, au lieu de feu Louis de Besançon; X¹ᵃ 1546, f° 100; 12 novembre 1540 : de Claude le Fèvre, docteur *in utroque,* au lieu de feu Nicole Coton, f° 243, v° 244 : de René de Birague au lieu de René Bouveri: X¹ᵃ 1553, f° 270 v°, 21 juillet 1544 : Claude de Vulcob, docteur *in utroque,* présente lettres de provision à l'un des douze offices créés au Parlement de Paris; X¹ᵃ 1554, f° 435; 4 mars 1545, réception de Jacques de Varade au lieu de Robert Berziau; X¹ᵃ 1556, f° 278; 30 octobre 1545, de Michel Boudet au lieu de feu Léon Lescot.

Conditions pour être admis. — Il ne suffisait pas d'être né Français ou d'avoir été naturalisé, il fallait en outre *avoir l'âge requis*, c'est-à-dire, depuis l'édit d'août 1546, 30 ans, et, depuis un autre édit d'avril 1553, 25 ans seulement (1). L'ordonnance de Blois confirma l'édit de Henri II à l'égard des conseillers, et pour les présidents recula jusqu'à 40 ans l'âge légal; elle ajoutait que les futurs conseillers devraient avoir déjà plaidé, et que nul ne deviendrait président s'il n'avait pendant au moins dix ans, et avec un réel mérite, rempli les fonctions, soit de conseiller à la cour, soit de lieutenant général dans un bailliage, ou bien encore exercé brillamment la profession d'avocat au Parlement (2).

Français ou naturalisé et jouissant de l'âge requis, le candidat devait encore justifier d'une *capacité* suffisante. Le grade de licencié ès lois ne semblait pas une garantie sérieuse; en effet, le licencié ès lois Gabriel de Loince, désigné comme conseiller laïque à la place de Charles de Nully, promu maître des Requêtes de l'Hôtel, ne fut pas reçu à l'examen de capacité et ne put pas être admis (3). Cet examen, d'origine déjà ancienne, servait donc à constater la capacité réelle du candidat et l'élection, pas plus

---

(1) Isambert, *op. cit.*, t. XII, p. 912; t. XIII, p. 313. Cf. Ordonnance de Moulins, art. 9, *ibid.*, t. XIV, p. 189; Girard et Joly, *op. cit.*, t. I, p. 19. — *Catalogue des actes de François I*. nᵒ 15340. — Cependant la volonté du roi pouvait l'emporter sur les règlements ; Mᵉ Adam Fumée, pourvu de l'office de conseiller laïque de Mᵉ Denis Bodin, est reçu sur l'ordre formel de François Iᵉʳ, bien qu'il n'ait pas 30 ans; Cf. Arch. nat., X¹ᵃ 1521, fᵒˢ 76,.97, 151 vᵒ; 416 vᵒ; X¹ᵃ 1562, fᵒ 6, 22 et 30 décembre 1547. 16 janvier, 23 mars et 13 avril 1548.

(2) Art. 105, 106. Isambert, *op. cit*, t. XIV, p. 406, 407. Cf. Delachenal, *Histoire des avocats*, p. 157. — La Roche Flavin enseigne qu'il fallait avoir été un bon avocat pendant au moins 4 ans, *op. cit.*, liv. IV, chap. I, nᵒˢ cvi, cviii, cix.

(3) Arch. nat., X¹ᵃ 1551, fᵒ 525 (24 septembre 1543). L'office revint à Mᵉ Nicolas du Val pourvu par le roi et admis à son examen. Cf. X¹ᵃ 1552. fᵒ 3 vᵒ; 16 novembre 1543. — Charles de Nully, avocat au Parlement, avait été reçu conseiller lai le 12 novembre 1541 au lieu de feu Pierre Brulart, Cf. X¹ᵃ 1548, fᵒ 1 et *Catal. des actes cités*, nᵒ 26082.

que la résignation, ou la nomination directe par le roi,
ne pouvaient en dispenser (1). Au temps de la vénalité et
de l'hérédité des charges et des offices, cet examen devenait encore plus nécessaire (2). Au mois d'août 1546,
François Ier voulut en modifier les conditions, mais sa
mort survenue peu après fit que le Parlement ne tint
aucun compte de ses intentions (3).

Les matinées des mercredis et des vendredis avaient
d'abord été consacrées à examiner les candidats :
Henri II permit d'y consacrer aussi les après-dînées (4).
Depuis le 18 mars 1549, et sur les instances du Parlement
(2 janvier), l'assistance du procureur général, ou d'un
avocat du roi, n'était plus obligatoire, mais seulement
facultative (5). Dès 6 heures du matin, le candidat venait
saluer la cour et, une heure après avoir prêté le serment
de bien observer les règles de sa nouvelle profession s'il
était admis, il subissait en présence des magistrats un
interrogatoire à livre ouvert sur le droit romain (6) et
sur « la théorique et pratique » (7). Tous les magistrats

(1) Arch. nat., X¹ᵃ 1521, f° 167 : 1519, 20 avril, François Crespin, passe
l'examen. — X¹ᵃ 1547, f°ˢ 83, 85 : 1541, 28 juin; M⁰ Charles de Chantecler,
naguère juge au bailliage de Touraine, nommé par le roi conseiller lai au lieu
de feu M⁰ Jacques Boulant, passe l'examen avec succès et est reçu le 2 juillet.
— X¹ᵃ 1556, f° 292 et X¹ᵃ 1557, f° 6 v° ; 1545, 31 octobre et 20 novembre :
examen et réception de M⁰ Thomas Thiboust, avocat au Parlement, — X¹ᵃ
1577, f° 373, 9 mars 1555; examen, puis réception de M⁰ Charles de Hurault, nommé par le roi conseiller clerc au lieu de M⁰ Michel de L'Hospital. — X¹ᵃ 1584, f°ˢ 163, 199 v° : 8 et 19 mars 1557; examen puis réception
de M⁰ de Loynes, conseiller lai au lieu de M⁰ Jean le Picart qui a résigné.
(2) Glasson, *Les examens d'entrée dans l'ancienne magistrature*
(*Revue du Palais*, 1⁰ʳ mars 1897, p. 34 à 53).
(3) 1547, 14 novembre. Arch. nat., X¹ᵃ 1561, f° 2.
(4) 1554, 1⁰ʳ août. Arch. nat., X¹ᵃ 8619, f° 120 v°.
(5) Arch. nat., X¹ᵃ 1564, f°ˢ 121 v° et 420 v°.
(6) Examen de Thomas Thiboust qui fut reçu : Arch. nat., X¹ᵃ 1556,
f° 292, 31 octobre 1545. — de M⁰ Guillaume de Laubespine « par la fortuite
ouverture du livre du Code... (et) sur la théorie et pratique », 19 mai 1568,
X¹ᵃ 1623, f° 74.
(7) Cf. examen d'Adrien de Launay, avocat au Parlement qui se présentait au siège de feu M⁰ Pierre de Mauléon ; il échoua et fut renvoyé à l'année

présents pouvaient prendre part à cet interrogatoire et
argumenter; ensuite tous votaient : si le candidat obtenait une forte majorité en sa faveur, il était déclaré
capable, et dès lors il devenait apte à toutes les charges
de la magistrature (1). L'ordonnance de Moulins (1566)
exigea que la majorité fût des deux tiers.

Le candidat malheureux pouvait se représenter (2), soit
l'année suivante (3), soit dans un délai beaucoup plus
rapproché et, avec l'autorisation des gens du roi, il pouvait récuser les conseillers qu'il soupçonnait de partialité (4).

Cette partialité, d'ailleurs fort rare, se manifesta par
l'hostilité que le Parlement témoignait à la chambre du
Domaine; pour en retarder l'ouverture, il différa longtemps les examens et affecta de refuser plusieurs candidats. Cela s'était déjà vu en 1522 lorsque François Ier
avait organisé une nouvelle chambre des Enquêtes; on
disait que les magistrats s'étaient vantés d'être très
sévères aux examens. François Ier prit alors un habile
détour : Pierre Laydet, licencié ès lois, examiné en particulier par Thomas Pascal président de la première chambre
des Enquêtes (5) et par le chancelier, fut déclaré dispensé

suivante pour subir un nouvel examen; 26 avril et 5 mai 1557. Arch.
nat., X¹ᵃ 1585, fᵒˢ 349, 370 vᵒ.

(1) Cf. Édit du 28 avril 1546 dans Girard et Joly, *op. cit.*, t. 1, p. 21.

(2) Refusé le 3 octobre 1543, Mᵉ Michel Boudet fut reçu plus tard et
remplaça feu Mᵉ Léon Lescot, le 12 novembre 1545. Cf. Arch. nat., X¹ᵃ 1552,
fᵒˢ 153 vᵒ, 155; 16, 18 et 19 janvier 1544. X¹ᵃ 1556, fᵒ 273, 30 octobre 1545;
après son échec, l'office que le roi lui destinait à la chambre du Domaine fut
donné à Mᵉ J. Turquan qui avait été reçu à l'examen. Cf. *ibid.*, fᵒ 175,
26 janvier.

(3) Ainsi Adrien de Launay cité plus haut.

(4) Le Prévost, procureur du roi aux Eaux et Forêts, nommé par le roi
à la chambre du Domaine, échoua à l'examen; l'avocat du roi, Gilles le
Maistre, lui permit de récuser les magistrats qu'il accusait de partialité, et
demanda qu'il passât au plus tôt un nouvel examen. Le Prévost fut alors
reçu. Arch. nat., X¹ᵃ 1553, fᵒˢ 12 vᵒ, 83, 130 vᵒ; 21 novembre et 17 décembre 1543, 9 janvier 1544.

(5) Docteur *in utroque*, Pascal avait été nommé directement conseiller

de l'examen public. Craignant d'avoir été trop loin, le Parlement s'empressa d'écrire au roi « qu'il lui plaise, en en suivant l'ordonnance, permettre que les autres conseillers soient examinés par la cour » (1) et l'incident prit fin.

L'ordonnance de Blois (mai 1579) (article 108) rendit plus difficile cet examen, en n'accordant plus au candidat que trois jours pour étudier le texte de droit qui lui était soumis (2), et en décidant qu'il serait interrogé séance tenante, par « fortuite ouverture de chacun livre qui se fera en trois endroits pour le moins ». En plus des conseillers qui voudraient argumenter, il y aurait les présidents et deux conseillers de chaque Chambre des Enquêtes. Elle décréta aussi qu'à l'avenir — et comme avant l'édit de Henri II — les examens auraient lieu dans les séances du matin. Enfin les parents, les amis et ceux qui auraient recommandé le candidat ne pourraient siéger parmi les examinateurs (3). L'art. 105, en déclarant qu'un stage comme avocat, serait désormais obligatoire pour quiconque aspirerait à devenir conseiller ou président d'une

clerc par Louis XII à la place de François Boucher, devenu conseiller lai (12 nov. 1501) et qui avait résigné son office de clerc aux mains du prince (Arch. nat., X¹ᵃ 1507, f° 2). Depuis 1508, Pascal présidait la première chambre des Enquêtes ; il mourut en 1526 et fut enterré à Nanteuil-le-Haudoin. Le 13 novembre 1526, François Iᵉʳ le remplaça par le président de la troisième chambre des Enquêtes, Jacques de la Barde (13 nov. 1526). Cf. Blanchard : *Catalogue de tous les conseillers*, p. 41 ; *id.*, *Généalogies des maîtres des Requêtes de l'Hôtel*. Paris, in-f°, 1670, p. 215. Arch. nat., X¹ᵃ 1528, f° 83 ; X¹ᵃ 1530, f°ˢ 4 v°, 79, 83. *Catal. des actes de François Iᵉʳ*, n° 16317.

(1) 1522, 18 et 20 juin ; Arch. nat., X¹ᵃ 1524, f° 280. Le choix n'était pas des meilleurs, et Laydet fut destitué comme on le verra plus loin. Son successeur, Mᵉ Jean Bertrand, le futur chancelier, fut reçu après examen le 6 septembre 1531. Cf. *ibid.*, X¹ᵃ 1534, f° 386.

(2) Avant l'ordonnance, le candidat avait un assez long délai pour étudier le texte proposé : le 17 novembre 1547, Louis de Montmirail reçut le texte du Code sur lequel il serait interrogé le 23 suivant. Cf. Arch. nat., X¹ᵃ 1561, f°ˢ 3 v°, 12 v°.

(3) Isambert, *op. cit.*, t. XIV, p. 408. Sur les formalités de l'examen, v. aussi La Roche Flavin, *op. cit.*, liv. VI, chap. 28, 36, 47.

Cour souveraine (1), entendait sans doute que cela dispenserait de l'examen de capacité.

La réception définitive du candidat suivait ordinairement de près l'examen, mais il n'y avait pas de délai fixé par les règlements : Jean de Longueil, licencié ès lois, examiné le 20 décembre 1529, fut reçu conseiller lai le 21 (2); Léonard Guyonnet, official de Sens, interrogé le 21 août 1531, ne fut reçu que huit jours après (3), et Maurice Bullioud, successeur de Gabriel de Florence, qui avait résigné, dut attendre encore plus longtemps (4).

Si le résultat de l'examen semblait douteux, le candidat était invité à en passer un second (5). Lorsque le candidat avait déjà une longue expérience de la pratique judiciaire et une connaissance approfondie du droit, le Parlement se contentait d'un examen de pure forme, « pro forma sommairement et promptement » comme il arriva pour Claude Lefèvre, le 12 novembre 1540, — en attendant l'heure de la messe du Saint-Esprit qui devait être dite à l'autel de la grande salle du Palais par l'abbé de Saint-Magloire, — et en présence de l'évêque de Senlis, docteur en droit, avocat au Parlement. Lefèvre, nommé par lettres royaux du 8 octobre à l'office de conseiller lai vacant par le décès de Mᵉ Nicole Coton, avait été pendant quinze ans « lisant à l'Université de Paris » et y avait obtenu « le tiers lieu

(1) Delachenal, *op. cit.*, p. 157. Cet article ne fut pas rigoureusement observé.

(2) Il remplaçait Jean de Villemer, Arch. nat., X¹ᵃ 1533, fᵒˢ 23, 26 vᵒ, 30 vᵒ.

(3) Guyonnet, remplaçait feu François de Médulla. En 1544 il résigna, et son successeur, Christophe de Roffignac, fut reçu le 1ᵉʳ février, X¹ᵃ 1552, fᵒ 179 vᵒ. Arch. nat., X¹ᵃ 1534, fᵒˢ 371 et 376 vᵒ. René Bouvery fut reçu cinq jours après son examen; 1539, 21 et 26 juillet, X¹ᵃ 1543, fᵒˢ 615 vᵒ, 620.

(4) Arch. nat., X¹ᵃ 1533, fᵒˢ 354 et 403 : 13 et 31 août 1530. Mᵉ Scarron examiné le 3 juin 1568 ne fut reçu que le 18; *ibid.*, X¹ᵃ 1623, fᵒˢ 138, 141 vᵒ, 174 vᵒ.

(5) Nicole Thibault, examiné une première fois le 8 mai 1531, le fut ainsi à nouveau le 20 suivant, et sa réception eut lieu le 6 juin. Arch. nat., X¹ᵃ 1534, fᵒˢ 208 vᵒ, 223 vᵒ, 253 vᵒ. Il remplaça feu Jean de la Place.

de docteur régent en la faculté de droict canon » : on
comprend qu'il put être reçu sans subir un véritable
examen (1). Quelquefois le Parlement se bornait à dispenser le candidat d'une partie de l'examen, ainsi fut fait
pour Claude Perrot : après avoir commenté à livre ouvert
un texte du Code, il fut exempté de l'interrogation sur la
pratique judiciaire (2). Enfin, lorsque le candidat était
notoirement connu pour sa capacité exceptionnelle ou
pour avoir rempli déjà de hautes fonctions dans la
magistrature, il était reçu sans aucun examen, comme il
arriva le 11 décembre 1544 pour M⁰ Nicolas Martineau,
ancien substitut du procureur général (3).

Après avoir témoigné de sa capacité, le candidat devait
encore avoir été l'objet d'une *enquête favorable sur
la vie et les mœurs* dirigée par le procureur général et
les avocats du roi soit devant le Parlement, soit devant
les juges des lieux où l'enquête avait résidé pendant les
cinq dernières années (4). Comme l'examen, dans bien
des cas, cette enquête était reconnue inutile : ainsi
M⁰ Etienne Dugué, chanoine de Notre-Dame depuis le
28 avril 1549, puis archidiacre de Brie depuis le 8 mai 1553,
fut reçu sans enquête préalable le 26 novembre 1555.
Avec l'apparition et les excès du protestantisme, il s'y
ajouta bientôt la nécessité d'une attestation de religion
catholique, et de la profession de foi catholique en
26 articles rédigées par la Sorbonne. Puis, sous le coup
de l'indignation causée par l'attitude sectaire et violente

(1) Arch. nat., X¹ᵃ 1546, fᵒ 1 vᵒ;

(2) 1579, 22 mai, Arch. nat., X¹ᵃ 1661, fᵒ 122 vᵒ.

(3) Arch. nat., X¹ᵃ 1554, fᵒ 83. Il remplaçait le conseiller lui décédé
M⁰ Vaast le Prévost. A titre de substitut, Martineau avait remplacé le procureur général Thibault retenu par la maladie (X¹ᵃ 1546, fᵒ 367 vᵒ, mai 1541),
et le successeur de Thibault, Noel Brulart l'avait gardé près de lui.

(4) Édit de 1543, 18 et 20 janvier; Arch. nat., X¹ᵃ 8613, fᵒ 462. Cf.
N. Weiss : *La Chambre ardente*, p. xxvi, xxvii, le 26 avril 1557, enquête
sur la vie, les mœurs et la religion de l'avocat au Parlement, Adrien de
Launay pourvu par le roi de l'office de feu M⁰ Pierre de Mauléon.

d'Anne du Bourg, et aussi par l'audace de plus en plus agressive des huguenots, le Parlement alla plus loin. Il décida, toutes chambres assemblées le 6 juin 1562, que ses membres sans exception, depuis les présidents jusqu'au dernier huissier, feraient publiquement profession de foi et de religion catholiques (1). En conséquence, trois jours après, l'édit de janvier 1543 fut lu à huis clos, et tous les magistrats procédèrent à la prestation de serment de religion catholique devant les délégués de l'évêque de Paris : M° Nicole Prévost (2), président des Requêtes, et Jacques Verjus (3) ; le lendemain, mais à huis ouverts, nouvelle lecture de l'édit aux 367 avocats et aux 201 procureurs de la cour qui tous prêtèrent aussi le serment aux mains du premier président Gilles le Maistre. Enfin la profession de foi rédigée par la Sorbonne fut signée de tous les membres et officiers du Parlement, et le procureur général, Gilles Bourdin, termina l'importante séance par une éloquente exhortation (4).

L'exclusion des réformés devenait une conséquence nécessaire de ces nouveaux règlements, et elle fut prononcée par les lettres royaux du 25 septembre 1568 ; elle s'étendait à tous les offices de justice et de finances (5).

1) Arch. nat., X^{ta} 1602, f° 355, 377, 382 ; 7 ans plus tard (14 mai 1569), un arrêt du Parlement enjoignit aux officiers des justices séculières ou ecclésiastiques de faire profession de foi et de religion catholiques dans le délai de quinze jours, et aux seigneurs justiciers de remplacer ceux qui seraient de la religion prétendue réformée : Arch. nat., Y. 12, f° 235.

2) Fils du président des Requêtes, Jean Prévost, Nicole Prévost, licencié ès lois, avait succédé à son père qui avait résigné pour lui.

3) Reçu conseiller le 26 avril 1543, Jacques Verjus mourut en 1566 (Blanchard, *Catalogue cité*, p. 63). La formule du serment a été reproduite par M. Delachenal, *op. cit.*, p. 30, note 1 d'après le registre du Parlement, X^{ta} 1602, f° 377.

4) Félibien, *Histoire de Paris*, Preuves, t. II, p. 802, 805. *Journal de François Grin*, éd. Ruble, au t. XXI des *Mémoires de la Société de l'Histoire de Paris et de l'Ile de France*. — Tirage à part, p. 2.

5) Arch. nat., X^{ta} 8627, f° 337. — Le 22 décembre 1582, un arrêt du Parlement déclare vacantes les charges de plusieurs officiers royaux qui professaient la prétendue religion réformée et avaient aidé leurs coreligionnaires révoltés. Cf. Arch. nat., Y. 12, f° 228 v°.

Plusieurs membres du Parlement se trouvèrent atteints par cette mesure, adoptée d'ailleurs depuis bien long-temps déjà par les gouvernements protestants contre leurs sujets catholiques. Les charges des magistrats hérétiques furent déclarées vacantes; quelques-uns abjurèrent et furent maintenus, quand leur abjuration eut été reconnue sincère après une persévérance d'au moins un an dans les pratiques de la religion catho-lique (1). Au nombre de ceux qui refusèrent de revenir au catholicisme, on trouve l'ancien conseiller clerc Guillaume de la Chesnaye, qui fut supplicié pour crimes le 13 juillet 1569 (2). Désormais, à l'ancienne prestation de serment se joignit la profession de foi catholique devant le Parlement (3).

Une dernière condition à remplir se rattachait à la *parenté* des candidats avec des conseillers ou des prési-dents des chambres du Parlement. Pour éviter que les offices de judicature ne finissent par devenir l'apanage de quelques familles puissantes, la grande ordonnance de 1493, confirmant d'anciens règlements, avait sagement interdit de recevoir en la même chambre les deux frères; puis la mesure fut étendue au père et au fils (4). A vrai dire, le roi ne se privait pas d'accorder des dispenses; « nonobs-tant l'ordonnance, laquelle prohibe le père et le fils estre reçeues en une mesme court », François I᷉ʳ remplaça feu Jean Brulard par André Guillard, licencié ès lois, fils du président Charles Guillart de la Grand'Chambre

---

(1) 1568, 12 décembre. X¹ᵃ 1625, fᵒ 75 vᵒ.

(2) Arch. nat., X¹ᵃ 1627, fᵒ 12. On verra plus loin la cause de sa condam-nation. Il y eut une modification quand fonctionnèrent les chambres de l'Édit.

(3) Réception de Guillaume de Lauhespine, 19 mai 1568. Arch. nat., X¹ᵃ 1623, fᵒ 74. — Enquêtes sur les mœurs et la religion de M᷉ˢ Pierre Lescalopier, Baptiste le Marchant, Étienne Tournebulle, 21 et 23 juillet 1582. Arch. nat., X¹ᵃ 1676, fᵒ 193 vᵒ, 251 vᵒ.

(4) Art. 71 et ordonnance de mars 1499. Cf. Aubert : *Histoire du Par-lement de Paris de l'origine à François Iᵉʳ*, t. 1, p. 87, 88.

encore en exercice (1). Grâce à des lettres de dispense de ce genre Louis de Montmirail se vit admettre à remplacer feu M⁰ Gilbert Vacant, bien que son frère fût déjà conseiller (2).

Néanmoins la règle subsistait, et Charles IX étendit même l'interdiction à l'oncle et au neveu. L'ordonnance de Blois (art. 116) renouvela ces dispositions, et en 1587 il fut nettement spécifié que ce qui concernait les oncles s'étendait aux oncles de la branche paternelle et à ceux de la branche maternelle.

Aux Requêtes du Palais, les conditions de parenté n'étaient pas observées; on pouvait y recevoir les proches parents des conseillers des autres chambres.

Sous prétexte qu'ils n'avaient pas voix délibérative aux audiences, les gens du roi n'étaient pas davantage soumis à ces règlements : cependant l'usage s'établit de les leur appliquer comme aux conseillers (3).

Conseillers clercs, conseillers laïques. — Depuis long-temps il existait un usage, confirmé par les ordonnances

---

(1) Arch. nat., X¹ᵃ 1522, fᵒ 11 vᵒ; 10 décembre 1519. — En 1547, 17 décembre, « lettres de dispense de parenté » à M⁰ Adam Fumée que le roi nomme à la place de feu M⁰ Jean Lopin. Arch. nat., X¹ᵃ 1561, fᵒ 57. — Charles Guillart, maître des Requêtes de l'Hôtel, avait remplacé, 3 juin 1508, comme 4ᵉ président, Antoine Duprat, devenu premier président, et il fut remplacé aux dites Requêtes par Guillaume d'Allègre. Arch. nat., X¹ᵃ 1511, fᵒ 157; X¹ᵃ 1513, fᵒ 27. — En 1525, il passa deuxième président et résigna en 1534. François de Montholon le remplaça et fut reçu le 3 février 1535. Arch. nat., X¹ᵃ 1538, fᵒˢ 83. — Conseiller depuis le 28 janvier 1502, Jean Brulard mourut en commission pendant les vacations, le 21 novembre 1519, âgé de 63 ans, et fut enterré à Saint-Innocent. X¹ᵃ 1522, fᵒˢ 4, 14 et *Livre de raison de M⁰ Nicolas Versoris*, éd. cit., p. 104, nᵒ 6. Marié à Jeanne Juyer, baron de Hez, Jean Brulard devint en 1516 conseiller de la ville de Paris. Blanchard, *Présidents au mortier*, p. 360, 363. Aubert, *Le Parlement et la ville de Paris au xvⁱᵉ siècle* dans *Revue des questions historiques*, 1905, p. 476, 479.

(2) 1547, 28 novembre. Arch. nat., X¹ᵃ 1561, fᵒ 12 vᵒ. Onze ans auparavant (1536, 10 février) M⁰ André Sanguin avait aussi lettres de dispense pour être reçu alors que son frère Nicole était encore en fonctions. Arch. nat., X¹ᵃ 1539, fᵒˢ 46, 84.

(3) La Roche Flavin, *op. cit.*, liv. VI, chap. 45, nᵒ 1.

mais souvent oublié, qui obligeait à donner la charge d'un
conseiller laïque à un laïque et, réciproquement, celle
d'un maître clerc à un clerc. L'observation de cette règle
fort sage devint difficile quand les rois eurent pris l'habitude de choisir, et souvent d'imposer leurs candidats.
Aussi les lettres de dispense se multiplièrent au xvi⁰ siècle
en dépit des remontrances du Parlement et des promesses
royales souvent renouvelées de respecter les règlements.
Et voici un exemple choisi entre plusieurs : « Ce jourduy
(4 mars 1517), toutes les chambres assemblées, a esté délibéré que les conseillers tenans les offices de clerc auxquelz
le roy a permis de eulx marier et qui ont présenté lettres
de dispense à la court, obtiendront du roy lettres de édict
par lesquelles le dit seigneur statuera et ordonnera que
doresenavant aucun ne pourra tenir office de conseiller
clerc en icelle court s'il n'est *in sacris*, ainsi qu'il pleust
au dit seigneur accorder faire quant il vint en la dicte
court le 5⁰ jour février dernier passé, avant que les dictes
lettres de dispense leur soient expédiées » (1). François I⁰ʳ
avait donc reconnu que l'office d'un conseiller clerc ne
pourrait être occupé que par une personne *in sacris*. Or,
quelques jours plus tard, il nommait à la place du conseiller clerc Pierre Lizet, devenu avocat du roi, M⁰ Imbert de
Saveuse (2), docteur *in utroque*, qui n'était pas *in sacris*,
et, trois jours après, en remplacement de feu M⁰ Jean de
Chavanhac, qui était clerc, il désignait M⁰ Jean de la

(1) Arch. nat., X¹ᵃ 1519, f⁰ 88 v⁰. — A la fin de son règne, le 8 avril 1546,
François I⁰ʳ promit encore de ne remplacer un conseiller clerc que par un
autre clerc « *in sacris* » (X¹ᵃ 8615, f⁰ 246 v⁰), mais il ne tint pas davantage
sa promesse.

(2) Au scrutin, M⁰ Nicole Tueleu avait obtenu 30 voix, M⁰ Jean de Montholon,
16 et M⁰ Jean Bibauit 15 ; mais c'est à Imbert de Saveuse que François I⁰ʳ
délivre les lettres de provision. Cf. Arch. nat., X¹ᵃ 1520, f⁰ˢ 2, 2 v⁰, 3.

Saveuse se présenta pour être reçu dès le 17 novembre 1517 ; le 22 mai 1526,
M⁰ Jacques Barthomier, seigneur d'Olivet et doyen de Jargeau (V. Coyecque,
Inventaire sommaire d'un minutier parisien, 1894, p. 163), fut reçu
conseiller clerc au lieu de Saveuse, nommé bailli d'Amiens, Cf. X¹ᵃ 1531 à la
date.

Louëre, laïque et marié. En vain le Parlement, avant de les recevoir, pria le roi « que son plaisir soit de ne pourveoir aux offices d'église de la dicte court que gens qui seront *in sacris en ensuivant la déclaration par lui faicte novissime esiant en la dicte court* » ; il fallut céder et recevoir les deux candidats, après l'examen, le 5 mai 1518 (1).

On peut encore citer les dispenses accordées à François Crespin, licencié en droit, successeur de François de Poncher, nommé évêque de Paris (2); à Philibert Masuyer qui, bien que marié, remplaça Crespin (3); à Jacques Olivier, pourvu de l'office de feu Jacques Lebrail(?) (4); à Nicolas Hurault (5); à Charles de Louviers, marié, choisi pour succéder à Jean Ruzé devenu avocat du roi (6); à Jean Ravier, marié, et venu du parlement de Dijon pour remplacer Pierre Legendre (7);

(1) Arch. nat., X¹ᵃ 1520, fᵒˢ 5, 179 vᵒ. — Jean de la Louëre s'était présenté pour être reçu dès le 20 novembre 1517. Chavanhac, mort le 26 septembre, (1517) fut inhumé à Saint-Martial de Paris ; il avait été reçu conseiller le 18 novembre 1506 (Blanchard, *Catal. cité*, p. 43).

(2) 1519 (2 et 9 avril). Arch. nat., X¹ᵃ 1521, fᵒˢ 138, 156, 164, 167. Poncher avait été reçu conseiller le 11 février 1512 ; il mourut au donjon de Vincennes le 12 septembre 1532 (Blanchard, *Catal. cit.*, p. 44). Sur François de Poncher, petit-neveu d'Étienne de Poncher, qui fut aussi évêque de Paris, cf. *Gallia*, t. VII, col. 150. — P. Anselme, *op. cit.*, t. VI, p. 430). *Livre de raison de Mᵉ Nicolas Versoris*, ed. cit., p. 104, n. 3. Blanchard : *Catalogue*, p. 44.

(3) 1521 4, et 26 janvier, X¹ᵃ 1523, fᵒˢ 31 vᵒ, 54, 86 vᵒ, 111 vᵒ ; Masuyer mourut le 8 mars 1541 et fut enterré à St-Séverin (Blanchard, *Catal. cit.*, p. 49).

(4) 1521, août. X¹ᵃ 1523, fᵒˢ 345, 350 vᵒ. Il a été parlé plus haut de Jacques Olivier.

(5) 1522, 26 mars. X¹ᵃ 1525, fᵒ 172 vᵒ. Il a été parlé déjà de Hurault.

(6) 1521, 14 novembre. X¹ᵃ 1524, fᵒ 30. 1522, 27 mai. X¹ᵃ 1525, fᵒ 246. Il a été déjà parlé de Jean Ruzé ; Charles de Louviers devint président à la 1ʳᵉ chambre des Enquêtes et mourut le 17 mars 1545 (Blanchard, *Catal. cit.*, p. 50).

(7) Arch. nat., X¹ᵃ 1532, fᵒˢ 2, 21 vᵒ, nov.; 11 déc. 1528. Il est vrai que Ravier prit un office de conseiller lai en novembre suivant, laissant son office de clerc à Pierre de l'Estoile qui fut reçu le 12 décembre; Ravier mourut en 1538 et fut remplacé par Jean Bermondet, reçu le 23 août. X¹ᵃ 1535, fᵒ 2 : sur Ravier, Cf. Vindry, *op. cit.*, t. I, fasc. 1, p. 160, n. 107. X¹ᵃ 1541, fᵒ 598. Reçu conseiller en 1496, chanoine de Paris, Legendre mourut le 20 octobre 1528 (Blanchard, *Catal. cit.*, p. 39).

à Étienne Tournebulle reçu le 20 décembre 1533 au lieu
de feu Pierre Clutin, et à son successeur Barthélemy
Faye, marié lui aussi, et que François Iᵉʳ fit recevoir
en adressant des lettres de jussion (1); à Jean Belot, successeur de Guérin d'Alzon, et imposé aussi par le roi (2);
à André Tiraqueau, lieutenant de la sénéchaussée de
Poitou à Fontenay-le-Comte, et marié, nommé en remplacement de feu Mᵉ Louis Roillard (3); à Guillaume Barthélemy, successeur d'Antoine Minard, qui laissait son office
de clerc pour prendre celui d'un laïque (4).

Le Parlement se voyait toujours dans la nécessité de
céder aux ordres du prince, mais il obtenait une certaine
sastisfaction en imposant des modifications dans la
rédaction des lettres de provision du candidat, par
exemple celle de mentionner qu'il était laïque ou marié et
qu'il avait eu son office de clerc par exception et avec dispense (5). La principale raison invoquée contre l'arbitraire du prince était que l'équilibre « de moitié clercs et
moitié laïques » se trouvait rompu, comme il fut dit à
Mᵐˢ François Briçonnet et Nicolas Pellevé, licenciés ès
lois, laïques et mariés nommés en remplacement des
conseillers clercs décédés, Pierre Bardin et Pierre

(1) 1542; 10 et 17 février. X¹ᵃ 1548, fᵒˢ 207, 248 vᵒ; Tournebulle avait été
reçu le 14 février 1542 président au parlement de Rouen ; d'origine écossaise,
il fut conseiller au parlement de Paris (12 dec. 1533). Cf. Vindry, *op. cit.*,
t. I, fascicule 2, p. 261, nᵒ 32. Faye devint président aux Enquêtes le 29 août
1570, au lieu de feu François Dormy et mourut en janvier 1581 (Blanchard :
Présidents au mortier, p. 323). Il a été parlé de Pierre Clutin.

(2) 1541, 19 mars, Arch. nat., X¹ᵃ 1546, fᵒ 230. D'Alzon avait été président au parlement de Turin. Cf. Blanchard, *Catal. cit.*, p. 61). F. Vindry,
op. cit., t. I, 2ᵉ fascicule, p. 366.

(3) 1541, 22 novembre, X¹ᵃ 1548, fᵒ 9 vᵒ. Il a été parlé de Louis Roillard
ou Rouillard.

(4) 1544, 30 avril. Arch. nat., X¹ᵃ 1553, fᵒ 1. Il a été parlé du célèbre
Antoine Minard.

(5) 1544, 29 février. Jean Anjorrant, marié, successeur de feu Louis
Caillaud qui tenait office de clerc. Arch. nat., X¹ᵃ 1552, fᵒ 264. Il avait été
nommé le 17 décembre 1543. Cf. X¹ᵃ 1557, fᵒˢ 88, 130 vᵒ, 264 : 9 janvier et
29 février 1544. Bibl. nat., ms. fr. 14018. *Biographies des Mᵐˢ des Req. de
l'hôtel de 1575 à 1722.*

Mathé (1). Ordinairement le roi, pour arranger tout, demandait au Parlement de laisser le nouveau conseiller siéger, quoique marié, à un siège de conseiller clerc en attendant qu'il pût l'échanger pour le premier siège de conseiller laïque qui deviendrait vacant (2), et si cela ne suffisait pas, il adressait alors des lettres de jussion et le Parlement cédait (3).

Avec les successeurs de François Iᵉʳ rien ne fut changé, et les magistrats continuèrent sans plus de succès à protester, à déclarer que le candidat pourvu d'un office de clerc ne serait reçu que lorsqu'il serait « constitué ès ordres sacrés » (4), mais ils faisaient en sorte pour rétablir l'équilibre que le premier office vacant de conseiller laïque fût accordé à un clerc (5). A la première occasion, le laïque pourvu d'un poste de conseiller clerc l'échangeait avec celui d'un conseiller laïque : ainsi firent Guillaume Barthélemy (6), et ce René Gentil dont la fin devait être si tragique (7). Inversement le conseiller clerc

(1) 1544, 14 novembre. Arch. nat., X¹ᵃ 1554, fᵒˢ 2, 2 vᵒ. Mathé avait été reçu conseiller clerc le 16 mai 1526 au lieu de feu Jean Gigault, X¹ᵃ 1529, fᵒ 236; Briçonnet et Pellevé furent reçus le 3 décembre 1544. X¹ᵃ 1554, fᵒ 57.

(2) 1545, 31 août, il s'agissait de faire recevoir Mᵉ Arnoul Boucher. Arch. nat., X¹ᵃ 1556, fᵒˢ 176 vᵒ, 177.

(3) Ainsi pour faire recevoir Mᵉ François Boiteve au lieu de Mᵉ François Delaxe, président aux Enquêtes, nommé premier président au parlement de Bordeaux. Arch. nat., X¹ᵃ 1556, fᵒ 178 vᵒ, 1ᵉʳ septembre 1545. Cf. Fl. Vindry, *Les Parlementaires français*, t. II, 1ᵉʳ fascicule, p. 37, nᵒ 4.

(4) 1554, 29 novembre. Arch. nat., X¹ᵃ 1577, fᵒ 38; cela fut dit à Mᵉ Jean Jaquelot pourvu de l'office de feu Martin Ruzé.

(5) 1568, 18 juin : Arch. nat., X¹ᵃ 1623, fᵒ 179.

(6) 1525, 26 août : François de Cambrai le remplaça comme conseiller clerc. Arch. nat., X¹ᵃ, 1528, fᵒ 721.

(7) Gentil laissa sa charge de clerc à Claude Tudert, qui fut reçu le 4 décembre 1524. Sénateur de Milan, Gentil avait été un des 20 conseillers nommés à la 3ᵉ chambre des Enquêtes instituée le 31 janvier 1522, et il fut reçu le 23 septembre suivant. Le 14 novembre 1528 il en fut nommé président. Accusé de forfaiture et de concussion, arrêté le 20 décembre 1537, il fut déclaré coupable, destitué de ses charges en mai 1542, et pendu le 25 septembre 1543. Arch. nat. X¹ᵃ 1524, fᵒ 407; X¹ᵃ 1532, fᵒ 2 vᵒ; X¹ᵃ 1536, fᵒ 73; X¹ᵃ 1540, fᵒˢ 64 vᵒ, 65; X¹ᵃ 1613, fᵒ 283 vᵒ; X¹ᵃ 1549, fᵒ 135 vᵒ; X¹ᵃ 1538, fᵒˢ 2 vᵒ, 19.

reçu à un siège de conseiller laïque passait au premier siège de conseiller clerc devenu libre (1). A défaut de vacance on procédait par permutation : un laïque passé clerc (2) ou un clerc muni d'une dispense pour contracter mariage (3) s'entendaient avec un confrère désireux d'occuper un office plus conforme à sa condition. Cela permettait au roi d'autoriser un conseiller clerc à se marier et à conserver son office jusqu'à ce que l'occasion survînt de le pourvoir d'un office de conseiller laïque (4).

En somme, le résultat de ces manœuvres et de ces combinaisons n'était pas heureux. Étienne Pasquier constatait que depuis « c'estoyt un vrai meslange par les dispenses que l'on y avoit apportées du temps des roys François premier et Henri deuxiesme, jusqu'à ce que l'introduction du semestre en l'an 1553, estans les juges redoubléz, ce nouvel désordre réduisit les choses à leur ancien ordre, parce que les laiz qui auparavant avoient des offices de clercs prinrent des offices de laiz nouvellement crééz, laissant les leurs aux gens d'église qui voudroient avoir entrée en la court ; et depuis la réunion des deux semestres, les choses demeurèrent longtemps en ce mesme état » (5).

---

(1) Ainsi fit François Dormy, reçu à un office laïque le 3 septembre 1545. Dormy fut reçu président à la 4° chambre des Enquêtes le 20 février 1551 et mourut le 5 août 1570. Il fut enterré aux Jacobins de Paris. Cf. Blanchard, *Catal. cit.*, p. 69.

(2) Échange d'offices entre M°° Antoine Roillart et son père Louis Roillart (1538, 18 avril). Arch. nat., X¹ª 1540, f° 304 v°.

(3) Cas de M°° Imbert de Suvouse (20 janvier 1521) ; Nicole Hurault, (8, 20 avril et 25 mai 1524) ; Elie de Calvimont (16 août 1538) ; Louis Allegrain (20 nov. 1542) ; Jacques de Varade (26 mai 1543) ; Michel Quélain (mai 1544) ; Christophe de Roffignac (24 mars 1545). Cf. Arch. nat., X¹ª 1523, f° 55 v° ; X¹ª 1526, f° 166 ; X¹ª 1544, f° 587 ; X¹ª 1551, f° 37 v° ; X¹ª 1553, f° 45, X¹ª 1554, f° 534 v°.

(4) Cas de M° Nicole du Val : 1542, 6 septembre ; de Arnould Boucher (1545, 7 juillet) ; v. Arch. nat., X¹ª 1549, f° 441 v° ; X¹ª 1555, f° 326 v° ; X¹ª 1557, f° 176 v°.

(5) E. Pasquier, *Les recherches de la France*, éd. cit. de 1723, in-f°, liv. II, chap. 3.

A.

Les conseillers clercs prenaient rang avant leurs collègues laïques et après les présidents; ils portaient une robe violette avec le chaperon fourré, et aussi la robe rouge avec le chaperon sans bourrelet ni fourrure; les manches de cette robe rouge étaient rouges et noires, étroites, avec parements de taffetas, au gré du magistrat. Au xvie siècle ils plaçaient le chaperon non plus sur la tête mais sur l'épaule, comme les laïques. On les employait de préférence aux affaires ecclésiastiques ou religieuses; l'un d'eux assistait aux assemblées de l'Hôtel-Dieu avec les présidents et les conseillers de la Grand'Chambre désignés pour surveiller ce grand établissement et en contrôler la gestion; avec les plus anciens conseillers laïques ils avaient encore mission d'inspecter et de réformer les collèges et les monastères(1).

Un édit de mars 1550(2) stipula que tout conseiller clerc qui remplissait la fonction de vicaire général devrait dans la quinzaine se démettre de cette fonction sous peine d'être exclu du Parlement. La Cour craignait en effet qu'il devînt plus dépendant de son évêque que du Parlement.

Réception et installation des conseillers. — Les conditions de nationalité, d'âge, de capacité, de moralité et de religion remplies, le Parlement procédait alors à la réception et à l'installation du nouveau magistrat. Les formalités n'ont guère changé au xvie siècle(3); la réception a lieu en séance de conseil, toutes chambres assemblées, après avis des gens du roi, quand le titulaire a prêté serment sur l'Évangile — il avait déjà prêté un premier serment avant de subir l'examen — de se conformer aux ordonnances, édits, règlements et usages concernant le Parlement. Depuis l'édit d'octobre 1578 il

---

(1) La Roche Flavin, *op. cit.*, liv. II, chap. 6, n°s 24, 28.

(2) Isambert, *op. cit.*, t. XIII, p. 453.

(3) Aubert, *op. cit.*, t. I, chap. 2, p. 72 à 80. — Au xvie siècle réceptions diverses : 1540, 31 décembre, Me Odet de Selve reçu conseiller clerc au lieu de feu Arnoul Ruzé; 1542, 13 mai, Me Alexandre Grenier, licencié

fallut encore payer un droit appelé le *droit de serment* (1), que l'office fût vénal ou non, et ainsi le fisc y gagnait toujours. En 1597 l'assemblée de Rouen supprima la partie du serment qui visait la vénalité (2). Le nouveau reçu était ensuite installé solennellement à son siège par le président de la chambre dont il faisait désormais partie (3). Un arrêt du 31 décembre 1560 décida que le fait de recevoir un conseiller et de rendre les lettres au compétiteur équivalait à un jugement du titre d'office et à un arrêt contre lequel il fallait se pourvoir par requête civile (4). Lors de l'établissement des *Chambres de l'Édit*, ou mi-parties, les conseillers protestants, naturellement dispensés de la profession de foi catholique, ne prêtèrent le serment qu'en levant la main (5).

Pendant les vacations, les réceptions n'avaient lieu qu'à titre provisoire et il fallait en renouveler les formalités, en novembre, à la rentrée solennelle des chambres, pour les rendre définitives (6).

ès lois, reçu conseiller clerc au lieu de feu Jacques de la Barde; 1543, 26 avril, M° Mathieu Chartier, le jeune, reçu conseiller clerc au lieu de Louis de l'Estoile, nommé grand rapporteur en la Chancellerie; 1545, 20 avril, réception de M° Jean Florete, conseiller lai; 4 mars, de Jacques de Varade, conseiller lai, au lieu de feu Robert Berziau; 12 novembre, de Michel Boudet, conseiller lai, au lieu de feu Léon Lescot; 21 novembre, de M° Charles Molé au lieu de son père, Nicole Molé qui avait résigné pour lui; 1546, 27 janvier, de M° Jean Lopin au lieu de feu Nicole Sanguin: 1547, 1er mars, de Antoine de Senneton au lieu de feu Jean de Longuejoue. Cf. Arch. nat., X1a 1546, f° 74; X1a 1548, f° 408; X1a 1549, f° 46 v°; X1a 1550, f°* 414 v°, 417; X1a 1554, f°* 384, 435; X1a 1555 f° 15; X1a 1556, f° 273; X1a 1557, f°* 1 v°, 7, 177 v°; X1a 1559, f° 254.

(1) Isambert, *op. cit.*, t. XIV, p. 350.

(2) Loyseau, *op. cit.*, liv. I, chap. 4, n° 88.

(3) Par politesse et pour faire connaissance avec leurs anciens, les nouveaux conseillers allaient leur faire visite ainsi qu'aux présidents. Cf. La Roche Flavin, *op. cit.*, liv. II, chap. 7, n° 24.

(4) *Mémorial juridique et historique de M° Guillaume Aubert*, éd. Fagniez au tome XXXVI (1909) des *Mémoires de la Société de l'histoire de Paris et de l'Ile de France*, p. 60, n° 8.

(5) La Roche Flavin, *op. cit.*, liv. VI, chap. 47, n°* 3, 4, 5.

(6) 1538, 12 novembre : Agnet Chabut, reçu provisoirement pendant les vacations, au lieu de Jean de Serre qui avait résigné, est reçu définitivement.

La date du jour de la réception avait une grande importance, car elle servait à fixer le *rang d'ancienneté* des conseillers; le plus ancien conseiller d'un parlement portait le titre de doyen et, en l'absence du président, il en prenait la robe, le mortier, les insignes et en remplissait les fonctions (1). S'il passait d'un parlement dans un autre, un conseiller perdait le bénéfice du temps passé dans la cour qu'il quittait : son rang d'ancienneté ne comptait qu'à partir du jour de la réception dans le parlement où il venait d'être nommé (2).

Un conseiller absent à cause du service du roi obtenait un sursis pour venir se faire recevoir et installer, mais, si le roi le désirait, ses gages lui étaient payés comme s'il avait été reçu tout de suite après l'enquête et l'examen d'usage (3). On comprend d'ailleurs que, désireux de toucher ses gages et de prendre rang d'ancienneté, le titulaire d'une charge ait hâté l'époque de sa réception; cependant parfois il se produisait des retards (4); des faits graves imputés au récipiendaire et connus depuis sa nomination obligeaient à renvoyer la réception à une date éloignée, quand la situation était devenue bien nette. C'est pour un motif de ce genre que la réception de Nicolas de la Chesnaie fut ajournée en 1525 (14 février). Le 1er juillet 1538 il renouvela sa demande de réception et les 11 et

Arch. nat., X¹ᵃ 1542, fᵒ 2. — 1541, 12 novembre : « Ce jour, toutes les chambres assemblées, Mᵉ Charles de Nully, lequel avoit fait le serment de conseiller lay en la chambre ordonnée le temps de vacacions, a esté reçeu au dit office et a derechef fait le serment acoustumé ». Arch. nat., X¹ᵃ 1548, fᵒ 1. Il remplaçait feu Pierre Brulart et mourut le 23 oct. 1549, X¹ᵃ 1565, fᵒ 595.

(1) La Roche Flavin, *op. cit.*, liv. II, chap. 6, nᵒ 38.

(2) *Id., ibid.*, nᵒ 37.

(3) 1523, janvier : cette faveur est accordée à Mᵉ Ambroise de Florence, nommé conseiller laïque après naturalisation le 20 juin 1522, mais envoyé à Venise comme ambassadeur, Cf. *Catal. des actes de François Iᵉʳ*, nᵒˢ 17494, 17495, 17604. Arch. nat., X¹ᵃ, 1524, fᵒ 444. -- Même faveur à Mᵉ Robert Berziau (12 août 1527). *Ibid.*, nᵒ 19321.

(4) Thierry Sevin, seigneur de Quincy, nommé le 29 avril 1686, ne fut reçu que le 4 février suivant. Cf. *Mémoires du chevalier de Quincy*, édit. Lecestre, notice préliminaire, p. viii.

12 octobre suivants la cour fit commencer les procédures pour régler cette affaire (1).

La réception de Denis Bodin se trouva aussi retardée parce que le procureur général demandait qu'il se justifiât d'abord d'une accusation lancée contre lui par la veuve de l'ancien conseiller, Léon Lescot (2).

Loyseau explique que l'effet principal de la *réception* était de « produire la puissance publique, l'honneur qui comprend le titre et le rang et finalement les privilèges dépendans de l'office... ». La provision mettait l'office entre les biens du candidat pourvu, mais « la réception le joinct et applique directement à sa personne... ». Elle produisait la possession de droit, « et la permission d'appréhender celle de fait qui est la vraye et parfaite possession ». Les menus profits, et même les taxations, ne revenaient à un magistrat qu'à partir de la réception, mais il fallait aussi qu'il y eût *installation*. Celle-ci en effet attribuait les profits provenant de l'exercice de la charge, marquait vraiment la prise de possession de l'office et permettait de former complainte, s'il y avait lieu. Cette complainte était jugée par les Requêtes de l'Hôtel, et, en appel, par la Grand'Chambre (3).

Une fois reçu et installé, le nouveau magistrat devait remplir exactement, comme il en avait fait le serment, les devoirs de sa charge ; à vrai dire, ses fonctions l'absorbaient considérablement, et pour bien s'en acquitter il lui fallait résider à Paris (à moins que le service du roi ne le tînt éloigné de cette ville, et alors une dispense devenait nécessaire) et ne pas exercer d'autre profession, ni avoir d'autre office (4).

(1) Arch. nat., X¹ᵃ 1527, fᵒ 135 ; X¹ᵃ 1539, fᵒˢ 337, 629, 630 vᵒ. Docteur in utroque, ancien podestat de Milan.

(2) Arch. nat., X¹ᵃ 1564, fᵒ 76 vᵒ, 19 décembre 1548, jour de la réception.

(3) Ch. Loyseau, *Cinq livres du droit des offices*, liv. 1, chap. 2, nᵒˢ 47, 61, 62, 63, 74 ; chap. 4, nᵒˢ 1, 92 ; chap. 8, nᵒ 55.

(4) Ces observances étaient fort anciennes ; pour le xvⁱᵉ siècle, cf. édits du 28 novembre 1539 et du 16 novembre 1556, dans Isambert, *op. cit.*,

Le cumul interdit. — Le cumul des offices demeurait donc interdit aux magistrats (1), et cependant ici encore il y avait des exceptions, des lettres de dispense; M* Charles Quierlavoine put ainsi rester, à la fois, conseiller au Parlement de Paris et conseiller à l'Échiquier et Conseil d'Alençon (2); René Baillet, fils unique du président Thibault Baillet, avocat, nommé conseiller lai le 12 décembre 1537, reçu le 7 janvier 1538 maitre des Requêtes de l'Hôtel (4 sept. 1550), nommé à l'une des quatre charges de président créées en mai 1554 par l'édit d'institution du parlement semestre, fut en même temps maintenu pour six ans, premier président au Parlement de Bretagne (3). A vrai dire le roulement du semestre lui permettait de siéger tantôt à Paris, tantôt à Rennes.

Les membres du Parlement élus prévôts des marchands, syndics ou conseillers de la ville de Paris (4) n'avaient pas à demander de dispense puisqu'ils n'occupaient pas un office, ne s'éloignaient pas de Paris et

t. XII, p. 649; t. XIII. p. 466. — Quant aux nombreuses qualités exigées d'un bon conseiller, Cf. La Roche Flavin, *op. cit.*, liv. VIII, chap. 6 à 16, 30 à 40, 73, 76, 78 à 80.

Il n'est pas inutile de dire qu'en vertu d'un arrêt de règlement donné, toutes chambres assemblées, le 21 novembre 1565, sur les conclusions du procureur général, les conseillers du Parlement, leurs veuves et leurs héritiers se trouvaient après trois ans déchargés de tous les procès (Cf. J. Brodeau, *Coutume de la prévosté et vicomté de Paris*, t. II, titre VI de la prescription, p. 157.

(1 Loyseau, *op. cit.*, liv. 1, chap. 10, n° 47.

(2) Arch. nat., X¹ᵃ 1552. f° 172; 1544, 25 Janvier.

(3 Baillet continuait aussi à être du conseil de la reine; après la suppression du semestre, il conserva le titre et le rang de président et mourut le 5 juin 1576; il fut enterré à Saint-Merry (Blanchard. *Les présidents à mortier*. p. 215 à 217, et F. Saulnier. *le Parlement de Bretagne*, 1554-1790. Rennes, 1909, t. I, p. 51, 52). Avant l'institution du semestre, Guillaume Poyet avait exercé à la fois les fonctions de président à Paris et au Parlement de Bretagne. Cf. *Catalogue des actes de François Iᵉʳ*, nᵒˢ 7992, 1535, 16 juillet; 19803, 20803, 29804, janvier 1538 et Ch. Porée, *Un parlementaire sous François Iᵉʳ*, Guillaume Poyet, Angers, 1898, in-8° ; il touchait ainsi doubles gages, même quand il ne siégeait pas. Cf. *ibid.*, 31882.

(4 Ainsi les conseillers Jean Brulard, en 1516, Jean Tronson en 1536, Violle, de Thou, Hennequin, etc. (V. les divers volumes des *Registres des*

ne se trouvaient pas empêchés dans l'exercice régulier de leurs fonctions judiciaires. Pour ces motifs Claude Marcel put rester en même temps (1573) conseiller au Parlement, conseiller de la ville et intendant des finances royales (1). Quant aux conseillers clercs, ils pouvaient, toujours pour les mêmes raisons, exercer leur ministère dans les églises de la capitale.

Aussi bien les dérogations au règlement ne se produisaient pas souvent et la cour avertissait les intéressés tentés de l'oublier. Quand Ponce Brandon fit entériner ses lettres de provision de lieutenant général civil et criminel de la sénéchaussée d'Auvergne en survivance de son père, ce fut à la condition formelle qu'il ne cumulerait pas (2).

Comme autrefois, le titulaire d'une charge du Parlement ne devait s'occuper ni de commerce ni d'industrie par lui-même directement ni par personne interposée; enfin il lui était défendu de rien faire qui pût jeter une ombre, même légère, sur l'éclat et la juste renommée dont jouissait, à bon droit, l'illustre cour souveraine (3). Les missions diplomatiques ou administratives confiées par le roi à un membre du Parlement ne tombaient pas sous le coup de cette interdiction (4) :

délibérations du bureau de la ville de Paris et Aubert, *Le Parlement et la ville de Paris au xvi° siècle* (*Revue des études historiques*, p. 476 à 179, 1905 ; tirage à part. p. 68 à 71 : *Le Parlement et l'administration de la ville de Paris*).

(1) *Registres cités*, t. VII, p. 77.

(2) 1544, 21 juillet : Arch. nat., X¹ᵃ 1553, f° 270. Reçu conseiller lai le 3 juin 1532 (Arch. nat., X¹ᵃ 1535, f° 251 v°), il fut aussi conseiller au Parlement de Bretagne le 11 février 1555. Sur lui, Cf. F. Saulnier, *op. cit.*, t. I, p. 163.

(3) L'ordonnance d'Orléans (janvier 1561, art. 81) défendit à tous les officiers royaux, à ceux du Parlement et des autres cours de participer aux fermes des amendes. Cf. Isambert, *op. cit.*, t. XIV, p. 84.

(4) Aubert, *Le Parlement de Paris au xvi° siècle*; *Le Parlement et la politique*, dans la *Nouvelle Revue historique de droit français et étranger*, mars-avril 1906, p. 179 et s., tirage à part, p. 80 à 85. Congé accordé à Mᵉˢ Nicole d'Origny commis, à la place de son collègue Antoine du Bourg, à

il suffisait au magistrat honoré du choix royal de demander un congé. En dehors du temps fixé pour les audiences et les commissions d'enquêtes, les membres des diverses chambres demeuraient libres de s'occuper des intérêts des villes, communautés et personnes qui, avec l'autorisation du roi, recouraient à leurs lumières et les pensionnaient. Bien peu laissaient passer l'occasion d'augmenter ainsi les revenus de leurs charges; on en vit accepter les fonctions d'exécuteurs testamentaires ou d'arbitres. Quelques-uns, profitant d'un congé, allaient en province, pour faire exécuter les arrêts de la cour (1); d'autres obtenaient d'être désignés comme tuteurs ou curateurs. M⁰ Charles Guillart mérita l'honneur d'être nommé tuteur et curateur du Dauphin devenu héritier universel de la feue reine, et aussi des autres enfants de France, pour la part qui leur revenait au comté de Montfort d'après les coutumes (2).

Inamovibilité. — Reçu et installé, le titulaire se trouvait tranquille pour l'avenir, car, depuis le xiv⁰ siècle, l'inamovibilité existait au moins en fait et reconnue par l'usage; à son avènement, en effet, le nouveau roi confirmait en leurs charges les magistrats qu'il trouvait en fonction, et les rares exemples du contraire fortifient cette assertion. En réalité, pour obtenir la destitution d'un membre de la cour, il fallait invoquer un cas de forfaiture.

la recherche et perception des droits de francs-fiefs et nouveaux acquêts dans le duché de Normandie et le comté d'Eu. Cf., *Catal. des actes de François I⁰ʳ*, n⁰ 25406, sans date. — Des conseillers vont recouvrer les deniers du domaine royal, lever des sommes d'argent pour l'entretien des gens de guerre, repartir la décime octroyée au roi, bailler à ferme une aide... V. *Catal. cit.*, n⁰ˢ 5295, 5296, 10215, 18044, 22984, 22985.

(1) 1524, 29 avril. M⁰ François Tavel va dans ce but en Bretagne. Cf. Arch. nat., X¹ᵃ 1526, f⁰ 194 v⁰, cas semblables pour M⁰ Pierre Mathé et M⁰ François Desmier (*ibid.*, X¹ᵃ 1551, f⁰ˢ 438, 468, an 1543). Par mandement royal, M⁰ Jacques Mesnager est autorisé à faire exécuter les arrêts rendus entre Jean de Châtillon, d'une part, et Hélère de Chambon, veuve de Philippe de Commynes, et René de Bretagne, comte de Penthièvre (*ibid.*, X¹ᵃ 4862, f⁰ 4).

(2) 1530, 26 mars. Arch. nat., X¹ᵘ 1588, f⁰ 156 v⁰.

Louis XI, auquel on a voulu attribuer l'honneur d'avoir
établi l'inamovibilité de la magistrature en France, se
borna à ratifier avec une certaine solennité l'usage qui
existait depuis longtemps, mais, plus que tout autre, il
l'oublia surtout quand il eut des rancunes à satisfaire.
Après lui, avec la vénalité devenue chose coutumière et
tolérée, l'inamovibilité se trouva définitivement consa-
crée. Loyseau concluait cependant du fait qu'à chaque
ouverture de session les membres du Parlement renouvelaient leur serment au roi et aux lois que leurs offices demeuraient révocables; mais sa conclusion est exagérée ;
si on l'adoptait, il faudrait dire que ce renouvellement indi-
quait que la fonction de membre du Parlement ne durait
qu'un an, ce qui est faux; le renouvellement annuel des
serments ne servait qu'à rappeler, aux débuts de la
session, les devoirs des magistrats(1). D'ailleurs Loyseau
reconnaît que depuis Louis XI, et surtout depuis l'établissement de la vénalité, les offices ne devenaient pas vacants
par le fait de la mort du prince, même lorsqu'ils semblaient révocables en vertu de la clause « tant qu'il nous
plaira » (2).

La Roche Flavin, lui aussi, constate que la vénalité
entraîne avec elle l'inamovibilité, et que désormais le
roi ne pourrait reprendre l'office que dans les cas de
mort, forfaiture ou incompatibilité d'offices. Quand la
Paulette fut établie il n'y eut plus, hormis le cas de non-
paiement de la taxe annuelle, que la forfaiture à faire
perdre l'office (3).

Costume. — La robe et le chaperon noirs consti-

(1) Il peut aussi rappeler qu'à l'origine du Parlement les magistrats étaient
désignés à chaque session.

(2) Loyseau, *op. cit.*, liv. 1, chap. 3, n°° 88, 89; chap. 10, n°° 59 à 62.
Sur l'inamovibilité des magistrats on peut lire Albert Desjardins, *L'inamovibilité de la magistrature dans l'ancienne France* (*France judiciaire*,
5° année, 1880-1881, 1°° partie, p. 49 et 82).

(3) La Roche Flavin, *op. cit., loc. cit.*, n° 22.

tuaient le costume ordinaire des conseillers ; dans les
cérémonies solennelles l'étiquette exigeait qu'ils revêtis-
sent la robe et le chaperon « d'écarlate rouges ». La
robe rouge leur était réservée et, en 1549 (13 juin),
comme le lieutenant du bailli du Palais songeait à en
prendre une pour assister à l'entrée du roi et de la reine
dans Paris, le Parlement le lui défendit expressément (1).

Dans la première moitié du xvi⁰ siècle le *port de la
barbe* avait été interdit, et on disait que François Olivier,
le futur chancelier, n'avait été admis au Parlement qu'à
la condition de se raser. Sous Charles IX, au contraire,
c'eût été manquer de gravité pour un magistrat que de
ne pas garder sa barbe (2).

Mercuriales. — En dépit des serments, il pouvait arriver, par négligence ou par simple routine, que les magistrats n'exécutassent pas exactement les règlements ;
aussi, pour mieux veiller au maintien des traditions de
travail et de dignité du Parlement, la grande ordonnance
de mars 1499 (3) avait institué les *Mercuriales*, réunions
privées du mercredi — d'où leur nom — dans lesquelles
les présidents de la Grand'Chambre et des Enquêtes, et au
moins deux conseillers de chaque chambre désignés par
eux, entendaient le procureur général, ou les avocats du
roi, signaler les fautes, même les plus légères, de tous
les membres de la cour, sans aucune exception. Ces
réunions intéressantes, consacrées à une sorte d'examen

(1) Arch. nat., X¹ᵃ 1565, f⁰ 169. — En parlant des présidents du Parlement
et des chambres j'ai parlé de leur costume. D'après la Roche Flavin le rouge,
couleur de la souveraineté, était par là même réservé aux parlements. Le
chaperon se portait abattu sur l'épaule et on se couvrait la tête d'une barrette.
Cf. Glasson : *Origines du costume de la magistrature dans Séances et
travaux de l'Académie des sciences morales et politiques*, 1883, t. CXIX,
p. 92, 95.

(2) Jules Quicherat, *Histoire du costume en France*, p. 370. Glasson,
loc. cit.

(3) Isambert, *op. cit.*, t. XI, art. 27, 28, 29. Cf. les modifications apportées le 13 juin suivant, art. 2, 3, *ibid.*, p. 420. — Girard et Joly, *op. cit.*,
liv. I, tit. 4, p. 31, 38 et additions p. cv, cvi.

de conscience, devaient avoir lieu tous les quinze jours,
ou tout au moins une fois par mois, dans « l'après-
dinée » du mercredi. Après une sérieuse délibération on proposait soit de réprimander les délinquants
soit, dans les cas graves, de les priver de leurs gages
seulement pendant un mois, car pour une peine plus
grave il fallait consulter le Parlement et avertir le
roi (1); le tout était soigneusement consigné sur un
registre spécial que le prince examinait deux fois par an.
Le lendemain de la mercuriale, devant les chambres
réunies, un rapport était rédigé de tout ce qui avait été
dit ou proposé, puis les membres présents prononçaient
« selon l'exigence du cas » et selon « que la dicte court
verra estre à faire par raison » (2).

(1) D'après Loyseau (op. cit., liv. I, chap. 13, n°° 81, 83 à 85) la suspension de l'office « ne regarde que l'exercice et non pas la seigneurie ni le
titre ni le rang de l'office ». Aussi elle permettait de résigner, et les gages
échus pendant la suspension étaient rendus à l'officier quand elle cessait, à
moins que l'arrêt de suspension ne les eût adjugés au fisc ou à moins que,
pendant sa durée, le titulaire n'eût dû désigner un remplaçant lequel alors
touchait les gages.

(2) « Ce jour (9 sept. 1525) toutes les chambres assemblées a esté fait le
récit par m° Charles Guillart, président en la dicte court, de ce qui fut fait
mercredy derrenier en la mercuriale ». Arch. nat., X¹ᵃ 1528, f° 780. —
1528 (27 nov.) : dans les mercuriales le procureur général avait parlé des
« brigues et monopolles céans qui semblent mal sonnans », mais le Parlement lui fit rayer ces mots. Ibid., X¹ᵃ 1532, f° 11. — 1530, 9 juin : devant
les chambres assemblées le premier président Lizet rapporte ce qui a été
décidé à la dernière mercuriale : que les magistrats entrent dans les chambres
dès 6 heures en été et dès 7 heures en hiver ; qu'ils ne sortent qu'une fois
pendant l'audience ; que l'on rappelle tout le monde au respect des ordonnances de la cour, et que les délinquants soient signalés à la prochaine mercuriale. Ibid., X¹ᵃ 1533, f° 264 v°. — 1538, 18 janvier : « Ce jour, toutes
les chambres assemblées, a esté rapporté ce qui avait esté fait à la mercuriale tenue mercredi dernier ». Ibid., X¹ᵃ 1540, f° 105 v°. — 1542, mercredi
4 janvier : à cause de la maladie du premier président Lizet, le Parlement
dit au procureur général, Noël Brulart, que la mercuriale sera renvoyée au
mercredi suivant ; le 20. « Ce jour, toutes les chambres assemblées, a esté fait
le rapport des articles posés en la mercurialle tenue le XI° jour de ce mois »,
Ibid., X¹ᵃ 1548, f° 104, 140 v°. — 1568, mercredi 7 juillet, « de relevée en
la Salle Saint Louis pour la mercurialle », et vendredi 9, délibération des
chambres sur celle mercuriale. Ibid., X¹ᵃ 1623, f°° 262 v°, 263, v° 269.

L'ordonnance d'octobre 1535 sur l'administration générale de la justice en Provence (1) qui édictait presque
tout ce qui se faisait au Parlement de Paris, renouvela ces dispositions en statuant que ce qui aurait été fait
le mercredi serait mis par écrit, puis soumis le vendredi
suivant à la délibération de tous les membres de la cour
qui décideraient; le greffier mentionnerait le tout sur un
registre spécial. Il faut croire que François I⁰ʳ ne fut pas
obéi, car en août 1539 l'ordonnance de Villers-Cotterets,
tout en rappelant les dispositions précédentes (2), fit une
concession en ne parlant plus que d'une seule mercuriale
mensuelle; mais elle demanda que tous les trois mois, et
non plus deux fois par an, un rapport fût adressé
au roi. Onze ans plus tard (édit de mars 1550) il n'est
question que de mercuriales trimestrielles, que de deux
rapports par an (3), et l'ordonnance de Moulins (février
1566) n'en demande pas davantage (4). C'était encore
trop sans doute, car, malgré les États de Blois qui avaient
manifesté le désir qu'il y en eût toujours autant, l'ordonnance de mai 1579 (art. 144) (5) n'en maintint plus que
deux : le premier mercredi après la solennelle rentrée de
novembre et le premier mercredi après la rentrée de
Pâques.

Le Parlement ne tint aucun compte de ces ordonnances,
et, au mois d'avril 1587, l'avocat du roi, Jacques Faye, seigneur d'Espeisses, dans une remontrance célèbre, avoua
que depuis 1570 il n'y avait pas eu de mercuriale au Par-

(1) Art. 57, 58, 59. Isambert, *op. cit.*, t. XII, p. 424 et suiv.
(2) Art. 130. Isambert., *op. cit.*, *loc. cit.*, p. 626. Cf. Girard et Joly,
op. cit., liv. I, tit. 4, p. 32.
(3) Art. 22. Isambert, *op. cit.*, t. XIII, p. 158. Le greffier devait convo-
quer aux mercuriales « sans attendre aucune autre sommation et ce sur
peine de suspension de son estat ».
(4) Art. 3 et 4. Isambert, *op. cit.*, t. XIV, p. 189. — L'art. 6 demandait en outre que les ordonnances relatives à la justice fussent lues publiquement chaque fois.
(5) G. Picot, *Histoire des États généraux*, 2⁰ éd., in-12, t. III, p. 203,
204, cf. Girard et Joly, *op. cit.*, *loc. cit.*, p. 88.

lement de Paris! Dans sa conclusion il demandait qu'on
revint à cette sage institution et que, conformément à
l'ordonnance de 1579, il y eût chaque année deux réunions solennelles ; en plus, il exprimait le désir que le
mercredi de chaque semaine, la Grand'Chambre entendît
une harangue du procureur général ou d'un avocat du roi
sur les devoirs et la tenue des magistrats — harangue qui
devait prendre elle aussi le nom de mercuriale ; — cette
harangue terminée, les membres présents délibéreraient
sans discontinuer sur ce qui aurait été proposé, et la délibération serait consignée dans un registre spécial. En outre
tous les deux mois, les présidents se réuniraient seuls —
un premier mercredi — pour entendre encore les gens
du roi et s'informer si les règlements ou les ordonnances relatifs à ces réunions et à ces harangues
avaient été observés; et aussi pour censurer quiconque
aurait manqué aux devoirs de sa profession, en référer
à la Grand'Chambre, si le cas semblait grave, puis prendre
une décision définitive toutes chambres réunies (1).

A vrai dire le Parlement n'était pas le seul coupable;
le ministère public, en effet, avait aussi failli à un de
ses principaux devoirs, celui de prévenir le roi de
l'inexécution des ordonnances (2).

Dans les dernières années du xvi⁰ siècle et au début du
xvii⁰, on revint à la tradition, mais une seule fois par an;
à cette mercuriale annuelle assistaient les présidents de
la Grand'Chambre et des Enquêtes, un président des
Requêtes, deux conseillers de la Grand'Chambre, deux de
chaque chambre des Enquêtes et de la Tournelle, et un
seul des Requêtes (3).

(1) Cette remontrance se trouve à la suite du *Dialogue des avocats*
d'Antoine Loisel, aux pages 674 à 686 des *Divers opuscules* de cet avocat
recueillis par Claude Joly.

(2) Cf. ordonnance citée de 1579, art. 144.

(3) La Roche Flavin, op. cit., liv. XI, chap. 23. — Sur les mercuriales
on peut encore lire E. Pasquier au liv. XIX de ses *Lettres* : lettre t à
Édouard Molé, président de la Grand'Chambre, cf. *OEuvres*, 1723, in-f⁰, t. II,

L'utilité des mercuriales (1) ne saurait être contestée, et il faut regretter que le Parlement n'ait pas eu davantage à cœur leur maintien. Grâce à sa négligence, ces réunions ne furent guère que l'occasion de beaux discours, et Etienne Pasquier n'avait pas tort quand il écrivait au procureur général, Jacques la Gueste, que l'on en faisait peu de cas. Il donne d'ailleurs une bonne raison : « Les faites-vous — les remontrances — en général; pardonnez-vous au nom des personnes pour toucher seulement les vices, l'exhortation en est froide, chascun se donne beau jeu au partir de là, se persuadant que le deffaut qui abonde en luy est couvert pour n'avoir esté découvert qu'en termes généraux. En touchez-vous l'un des vostres par nom ou par remarque infaillible, vous vous faictes un ennemy irréconciliable... il faut que celuy qui se rend ennemy formel des vices se rende par mesme moyen ennemi capital des hommes » (2).

Et cependant, à la faveur des agitations et des troubles du xviᵉ siècle, il se produisit, à diverses reprises, des défaillances et un certain relâchement dans la discipline; il survint même de véritables scandales, sévèrement réprimés il est vrai et rares : il serait injuste d'en prendre prétexte pour attaquer l'honorabilité du Parlement.

En 1526, les conseillers Christophe Hennequin (3), Fran-

p. 540. — La Roche Flavin, *loc. cit.*, chap. 1, compare les mercuriales aux assemblées des chapitres « pour censurer et corriger les vices et mœurs d'un chacun ».

(1) Elles servaient aussi à « renouveller et rafreschir (la discipline du Palais) à cause des conseilliers nouvellement receus qui ignorent les anciennes mercurialles comme n'estant imprimées ny divulguées ». La Roche Flavin, *loc. cit.*, ch. 5. « C'est pourquoy, dit-il, il ne faut rester de continuer ces mercurialles, de censurer jusques aux moindres fautilles, et ne les mespriser, de peur de l'accroissement et licentiement peu à peu aux autres » (*ibid.*, ch. 7), et parce que « les fautes des magistrats ou gens de justice doivent estre moins tollerées qu'en tous les autres estats et vacoations du monde » (*ibid.*, chap. 9), et « aussi il est certain que les magistrats d'autant qu'ils sont plus élevez, leurs fautes sont plus remarquées » (*ibid.*, ch. 12, n° 21).

(2) E. Pasquier, *op. cit.*, *Lettres*, liv. XI, lettre 1, *loc. cit.*, p. 283.

(3) Christophe Hennequin reçu conseiller en juillet 1504 sur l'ordre formel

çois Disque (1) et Nicole le Coq (2) furent accusés, avec le
procureur général, François Rogier (3), « d'avoir attenté
aulcune chose sur l'ordonnance du Grand Conseil » en
matière bénéficiale. Interrogés par François I⁰ʳ le 29 novembre devant le roi de Navarre, les seigneurs de Vendôme, de Saint-Pol et plusieurs autres personnages,
déclarés coupables de rébellion aux ordres de la régente
et du Grand Conseil, ils furent mis aux arrêts chez eux
en attendant la sentence qui n'arriva qu'en janvier. Elle
statuait que les magistrats inculpés resteraient six mois
suspendus de leurs fonctions, et le 26 juillet le roi leur
permit de les reprendre (4). En réalité les magistrats
punis n'avaient été coupables que de résistance à des
lois de circonstance faites pour plaire au chancelier
Duprat, qui voulait avoir l'archevêché de Sens et l'abbaye
de Saint-Benoît-sur-Loire (5). Les cas de maîtres Claude
des Asses, Pierre Laydet et Guillaume de la Chesnaye
sont plus concluants.

Fils du conseiller André des Asses qu'il remplaça le
28 août 1522 après résignation faite en sa faveur, Claude
des Asses, licencié ès lois, s'était laissé persuader, pour
être plus sûr d'obtenir la charge, de prêter au roi
3.000 écus; il versa la somme, et le roi de Navarre promit
qu'elle lui serait remboursée. Sous cette forme du prêt

du roi (Arch. nat., X¹ᵃ 1509, f° 202); mort en 1531, fut remplacé par Pierre
de Hacqueville reçu le 24 mai de cette même année (ibid, X¹ᵃ 1534, f° 227 v°).

(1) François Disque ou d'Isque, reçu conseiller le 18 novembre 1508, mort le
29 janvier 1557 (Blanchard, *Catalogue de tous les conseillers, loc. cit.*, p. 43).

(2) Nicolas le Coq présente sa provision à l'office de conseiller clerc de
Imbert de la Platière nommé évêque de Nevers, le 26 janvier 1515. Arch.
Nat., X¹ᵃ 1517, f° 68. Il meurt président des Généraux sur le fait de la
justice des Aides en août 1538, Arch. nat., X¹ᵃ 1541, f° 617.

(3) Il a été déjà parlé de ce procureur général.

(4) Arch. nat., X¹ᵃ 1530, f°⁸ 28 v°, 35, 36, 360 v°. La *Chronique parisienne de Pierre Driart* (éd. Bournon, dans les *Mémoires de la Société
de l'histoire de Paris*, an. 1895) en parle sans citer les noms.

(5) *Journal d'un bourgeois de Paris*, éd. Bourrilly, p. 211 à 216 et
264; *Livre de raison de M⁰ N. Versoris*, éd. Fagniez, p. 192, 198,
n° 335.

c'était bien de la vénalité, mais des Asses pouvait dire que
nombre de ses collègues avaient agi de même sans être
inquiétés, et que depuis longtemps la vénalité était tolérée.
Quoi qu'il en soit, le 14 août 1527, accusé d'indélicatesse, il
demeura au secret et aux arrêts sous la surveillance de
l'huissier au Parlement, Jean Bachelier (1). L'instruction
fit découvrir un cas plus grave et, le 7 septembre, convaincu de n'avoir pas rendu les pièces d'un procès et
d'avoir commis « un gros dol » au préjudice d'un plaideur
pauvre, il fut suspendu de son office puis condamné aux
dommages et intérêts. Comme excuses il avait, sans
succès, allégué la maladie et le fait de n'avoir pas reçu
d'épices (2). Ce procès amena la cour à rechercher si
d'autres magistrats n'avaient pas failli à leurs devoirs et,
à sa grande douleur, il lui fallut encore arrêter et poursuivre un de ses membres, Pierre Laydet ou Leddet
(1528).

Ce conseiller clerc, licencié ès lois, avait été nommé
conseiller de la nouvelle chambre des Enquêtes et reçu
le 28 juin 1522 (3); il eut beau demander le renvoi de son
procès au Grand Conseil, il fut jugé par la Grand'Chambre, convaincu de concussions, de malversations, privé
de son office et déclaré indigne de remplir à l'avenir
aucun emploi ; enfin il dut payer au roi une amende de
mille livres parisis et rendre les sommes extorquées
(28 juin 1528). La signification de l'arrêt fut suivie de la

(1) Jean Bachelier résigna en faveur de son fils, appelé aussi Jean, qui fut
reçu huissier le 12 novembre 1535. Arch. nat., X¹ᵃ 1539, f° 2.

(2) *Livre de raison de Nicolas Versoris,* éd. Fagniez, *loc. cit.,* p. 116,
202, n°ˢ 67 et 362. — Arch. nat., X¹ᵃ 1524, f° 375 et X¹ᵃ 1530, f° 381, 447.
— A sa fille Marie, qui épousa Regnaud Picart, notaire secrétaire du roi au
Parlement, il donna en dot 4.200 livres. Cf. Papon, *Recueil d'arrêts
notables,* 6ᵉ édit., liv. XXI, tit. 7, n° 1.

(3) Arch. nat., X¹ᵃ 1524, f° 280. — Dumoulin fait une allusion à Pierre Laydet
(Petrus Ledet) et à sa condamnation dans une note en tête des *Instructiones abbreviatæ* à la suite de son édition du *Stilus.* — La Roche Flavin,
op. cit., liv. XI, chap. 12, n° 15, l'appelle Lodet, et en parle d'après Papon,
Recueil d'arrêts notables, liv. VI, tit. 2, n° 14.

dégradation à la Table de marbre où, dépouillé de sa robe
de conseiller, il fut revêtu d'une robe grossière, puis,
pieds nus, un cierge de 4 livres à la main, il revint à la
Grand'Chambre faire amende honorable. Cela fait, comme
il était clerc, on le remit au juge d'Eglise qui termina la
procédure, et finalement on le bannit du royaume (1).

Dans les procès de ce genre les accusés ne devaient
être jugés que toutes chambres assemblées, et c'est par
exception que les conseillers René Gentil et Charles de la
Motte (2) furent déférés, en 1541, à une simple commission
du Parlement (3). Deux ans plus tard, Gentil, qui avait
rempli les fonctions de procureur du roi à la commission
établie dans la Tour Carrée pour la réforme des finances,
puis celles de président aux Enquêtes, fut convaincu de
concussions, de vol, et aussi d'avoir fait pendre un inno-
cent à Montfaucon. Le 25 septembre il fut pendu au même
gibet de Montfaucon après avoir manifesté « fort belle
repentance » (4).

A la fin du règne de Henri II et sous celui de Charles IX
on parla beaucoup de Guillaume de la Chesnaie, abbé de
Saint-Jacques de Provins et d'Herminières (5), conseiller
clerc taxé d'hérésie. Mis d'abord hors de cause (6), il devint

(1) *Livre de raison de Nicolas Versoris*, éd. cit., loc. cit., n° 380. —
Chronique parisienne de Pierre Driart, an 1528. Arch. nat., X¹ᵃ 8612,
f° 95 v°.

(2) Charles de la Motte ou de la Mothe, lieutenant général au siège de
Chatellerault, fut reçu conseiller clerc le 28 août 1531. Arch. nat., X¹ᵃ 1534,
f° 375 v°. Il mourut en 1542, et son successeur René Berthelot fut reçu le
30 mars. Cf. Arch. nat., X¹ᵃ 1548, f° 403.

(3) Arch. nat., X¹ᵃ 8613, f° 283 v°.

(4) Pierre de l'Estoile, *Mémoires-journaux*, éd. Lemerre, t. XII,
p. 351; éd. Champollion, t. I, 1ʳᵉ partie, p. 11. — Extrait d'un manuscrit
cité par L. Delisle dans son *Essai de restitution d'un volume des Olim*,
au t. I des *Actes du Parlement* de Boutaric, p. 300. — On a vu plus haut
que Gentil, sénateur de Millan, avait été nommé conseiller de la troisième
chambre des Enquêtes créée par François; il y fut reçu le 23 septembre
1522 (X¹ᵃ 1524, fº 407) et se trouva ainsi camarade de promotion de Pierre
Laydet.

(5) Seine-et-Marne, arrond. de Melun.

(6) *Mémoires de Claude Haton*, éd. Bourquelot, t. I, p. 53 à 56, an.

A.   11

bientôt « un des plus factieux huguenots », vendit ses bénéfices et, bien que sous-diacre, épousa mademoiselle de Saint-Pré. De nouveau arrêté en 1569 sous la grave accusation de falsification du sceau et de la signature du roi, de fabrication de lettres royaux et de lettres du Parlement pour faciliter la remise de plusieurs villes aux huguenots, il ne fit des aveux qu'épuisé par la torture et s'entendit condamner à mort. Le 13 juillet il fut donc décapité devant l'Hôtel de Ville, après s'être longuement entretenu avec le président Christophe de Thou (1).

Le règne malheureux de Henri III fournit encore un exemple de la corruption qui avait gagné jusqu'à la magistrature. Le conseiller Jean Poisle (2) se vit arrêter le 31 août 1581 pour concussion et falsification d'arrêt ; tenu d'abord en surveillance chez le premier huissier du Parlement, Dorron, il fut ensuite enfermé dans la chambre du Trésor, au-dessus de la première porte du Palais. Le procès traîna en longueur et la cour ne rendit son arrêt que le 19 mai 1582. Poisle, après amende honorable, fut condamné à payer une forte amende au roi, puis aux pauvres, en outre au bannissement pour dix ans hors la prévôté et vicomté de Paris (3).

1557. — Ce conseiller était fils de Nicolas de la Chesnaye, ancien podestat de Milan, puis conseiller au Parlement (octobre 1536) et enfin trésorier de France. On disait que sa mère avait été maîtresse de Henri II, et c'est peut-être à cela qu'il dut d'avoir été d'abord relâché. On a vu que de graves accusations avaient fait ajourner la réception de Nicolas de la Chesnaye nommé par le roi dès 1522 à la nouvelle chambre des Enquêtes (comme Leydet et Gentil). Cf. X¹ᵃ 1527, f° 135; 14 février 1525, X¹ᵃ 1539, f°° 377, 629 v°, 630.

(1) *Mémoires de Claude Haton*, t. II, p. 569. *Journal de François Grin*, éd. de Ruble, an. 1569, au tome XXI des *Mémoires de la Société de l'histoire de Paris et de l'Ile de France*. — Dumoulin, qui l'avait défendu, le considérait comme jugé iniquement. Cf. *Questiones Joannis Gulli*, questio 10, note *quod sic*; La Roche Flavin, *op. cit.*, liv. XI, ch. 12, n° 16. Cf. *Mémoires de Condé*, éd. Secousse, t. I, p. 205.

(2) Jean Poisle ou Poille, conseiller au Parlement de Chambéry (1549), de Paris (20 nov. 1551). Cf. Vindry, *op. cit.*, t. I, fascic. 1, p. 199, n° 20.

(3) Pierre de l'Estoile, *op. cit.*, éd. cit., t. II, p. 19 à 21. Cf. *La légende de M⁰ Jean Poisle, conseiller au Parlement de Paris contenant quel-*

Ces scandales, ces procès, d'ailleurs rares et sévèrement punis, ne doivent pas diminuer la profonde estime que l'on ressent pour les membres du Parlement de Paris au xvi° siècle. La vigilance des présidents ou du ministère public ne se ralentissait jamais, et c'est pour ce motif, peut-être, que les mercuriales, considérées comme inutiles, n'étaient plus régulièrement tenues.

Tenue et vie des magistrats au xvi° siècle. — Si nous voulons nous faire une idée de la tenue et de la vie habituelle d'un magistrat au xvi° siècle, nous n'avons qu'à écouter l'un des plus célèbres : Bernard de la Roche Flavin (1).

Tout d'abord, au Palais, il fallait observer la décence dans le costume, ne porter ni robe courte, ni robe longue « de frize (2) ou de soye », ni collet renversé, encore moins les pourpoints découpés, les vêtements de couleurs autres que celles de leur costume d'ordonnance. Même hors du Palais, en ville, à Paris et en province, la robe longue, à grande et large manche, est de rigueur; le grand manteau, à la place de la robe longue, n'était pas admis. Les étoffes convenables continuaient à être le drap, la serge et la « razette » (3); le velours, la soie, le satin, le damas, le taffetas, les « camelots ostades (4) ou basins » demeuraient défendus. Le crèpe n'était toléré

yues discours de sa vie, actions et déportements en son estat et les moyens qu'il y a tenus pour s'enrichir. S. L. 1576, petit in-8° de 69 p. — La Roche Flavin, *op. cit.*, liv. XI, ch. 12, n° 17. — En 1581 il y eut aussi le procès scandaleux du conseiller Jean la Voix. Cf. Pierre de l'Estoile, *op. cit., loc. cit.*, p. 6 à 8.

(1) *Op. cit.*, liv. VIII *passim* surtout à partir du chap. 13. Né en 1552 à Saint-Sernin de Rouergue, conseiller au Parlement de Paris (1581), puis à Toulouse où il remplit les fonctions de premier président des Requêtes (1583). Henri III le nomma conseiller d'État, et il mourut le 19 octobre 1627. Cf. Vindry, *op. cit.*, t. II, fascic. 2, p. 162, n° 58.

(2) Drap de Frise. Cf. Godefroy, *Dictionnaire de l'ancienne langue française.*

(3) Espèce de drap ras. *Id., ibid.*

(4) Espèce de serge ou d'étame. *Id., ibid.*

que dans les deuils : alors le magistrat mettait à sa robe et à son chapeau un parement de crêpe noir; il pouvait aussi, dans ces circonstances, avoir une ceinture et sa cornette de crêpe noir. A la fin du xvi⁰ siècle s'introduisit l'usage de la soutane à la romaine ou à l'apostolique, descendant jusqu'aux talons ; le choix de son étoffe fut laissé au gré de chacun, pourvu qu'elle fût noire.

Avec un costume aussi sévère on comprend facilement l'interdiction des « habits trop mignards, parfuméz, musquéz ni affiquets, ny autres choses propres et ordinaires aux femmes ». Mais la dignité d'un magistrat lui défendait également « la vilité et sordité », les robes vieilles, de gros drap « monstrant la corde, crottées », et les « chaperons graisseux, soutanes et bas de mesme »; pas d'habits « pompeux et dissolus », mais pas d'habits « deschiréz, viles et abjects ».

« *Le chaperon* reste une des premières marques d'un magistrat », il doit le garder même en allant et en revenant du Palais. De la rentrée jusqu'à Pàques il était fourré ; de Pàques à la Saint-Martin on enlevait la fourrure. Aux séances solennelles de rentrée, de prononciation des arrêts généraux, ce chaperon était « d'escarlate rouge »; le reste du temps, de drap ou de serge noirs. Depuis la fin du xv⁰ siècle on le portait sur l'épaule gauche, « pour la marque de la magistrature ». Au milieu du siècle suivant, dans le Palais, on se couvrit la tête d'un bonnet carré sur lequel, quand il pleuvait, on plaçait le chapeau. « Quant à la cornette que les présidens et conseillers portent par la ville, et aux Eglises et aux assemblées, ce n'est marque de magistrature » mais de doctorat, car elle se reçoit de l'Université « en donnant le degré de docteur ».

Les fards, les parfums, la teinture de la *barbe* et des *cheveux*, « comme nous avons veu un président le faire », étaient sévèrement blàmés.

Longtemps la mode avait exigé *barbe* rasée et chevelure

longue couvrant les oreilles; depuis François Ier on porta la barbe longue taillée. Quant aux jeunes conseillers qui se présentaient le menton rasé avec « grandes moustaches fort relevées, retroussées et frisées avec certains fers chauds à la Turcquesque », La Roche Flavin les blâme sévèrement. Il blâme aussi l'usage des perruques, même pour les chauves (1).

Il n'est pas jusqu'au choix de la *monture* (2) qui ne soit à surveiller. Plus commodes, moins coûteux, moins sujets « à se gâter et morfondre en demeurant longtemps aux portes bridés », les mulets, « allans plus à l'aise à cause de leur amble », étaient encore conseillés comme plus convenables que les chevaux. Depuis peu s'était introduit l'usage de leur laisser la queue longue « avec laquelle ils amassent la poussière l'esté et la boue l'hyver, et en gastent et salissent les housses et robes, tant la France est adonnée à toutes sortes de nouveautés »! L'usage des coches et des carrosses s'est aussi glissé, « qui est une grande despence et une acquisition de rente passive de huict cens à mille livres » (3). Il était absolument défendu de faire aucun commerce (4). Il n'est pas besoin de dire que la tempérance, la modération dans le langage, le bon exemple, le tact, la discrétion, la dignité continuaient à être reconmandés au magistrat (5) : il doit avoir une gravité « modérée, et s'il en veut rabattre quelque chose, ce ne doit pas estre en public. On dit bien à propos que le magistrat monstre

(1) *Id.*, *ibid.*, chap. 40.

(2) La Roche revient encore sur ce sujet au chap. 33, n° 9.

(3) *Id.*, *ibid.*, n° 13.

(4) La Roche Flavin, *loc. cit.*, chap. 26, n° 1 : ni par soi-même, ni par intermédiaire, en association ou en participation, « sur peine de la perte de la chose et de griesve punition ».

(5) « Les magistrats de France, mesmes les souverains des Parlemens, doivent avoir perpétuellement empreincts en leur esprit, la pureté, l'honneur et la candeur du lys de France, desquels les salles et chambres des Palais sont parées et tapissées, etc. ». *Id.*, *ibid.*, liv. XIII, chap. 33, n° 1.

l'homme » (1). Tous les membres du Parlement devaient partout donner le bon exemple, se montrer pieux et religieux, dévots, assister aux messes du Palais et de la paroisse, aux processions générales, aux prières publiques, aux services funèbres, non seulement du roi, mais aussi de ses confrères, mais ne pas « faire du bigot, superstitieux et hypocrite, ne imiter la dévotion du Roy Louis XI » (2). Il n'était pas rare de trouver des magistrats qui s'occupaient eux-mêmes, le soir ou le matin, de donner une leçon à leurs enfants, spécialement sur le droit et les questions de droit les plus souvent débattues au Palais.

Tout en étant aimable, un magistrat devait éviter la familiarité avec les plaideurs, avec les procureurs, les solliciteurs, les huissiers, ne pas les recevoir à sa table, ni aller s'asseoir à la leur, et ne pas sembler rechercher des procès (3).

Toujours pour conserver leur prestige, et surtout parce que leurs occupations étaient trop absorbantes, les présidents et les conseillers ne s'adonnaient pas à *la chasse*; quant à ceux qui s'y livraient par raison de santé, ou pour satisfaire une véritable passion, ils devaient le faire « honorablement pour l'esbat, plaisir et contentement de leur esprit seulement avec levriers ou oiseaux », en respectant les règlements, sans causer de dommage.

La fréquentation des bals était permise quand il s'agissait des noces ou flançailles de leurs parents, alliés ou amis; le jeu demeurait défendu, car fondé « sur le lucre

(1) *Id.*, *ibid.*, liv. XIII, chap. 88, n°° 15, 46.

(2) *Id.*, *ibid.*, chap. 31, n° 1. La Roche termine en blâmant des conseillers qui dans les églises et pendant la messe du Palais ne cessaient de se prosterner et de baiser la terre.

(3) *Id.*, *ibid.*, chap. 41, n° 3; au n° 4.

Au liv. XIII, chap. 84, n° 39, La Roche constate que, ordinairement, les conseillers « issus de bas lieu, comme fils de notaires ou de paysans ou marchans de petites villes, mal nés et mal nourris et (mal) instruicts à l'honneur et civilité, estre les plus arrogans, petillans, superbes et quasi insuportables ».

et avarice », il faisait perdre du temps. Bien mieux valait pour eux continuer à étudier « plus que jamais à se rendre capable de leurs charges, aux livres du droict et aux ordonnances », et à s'adonner à la lecture de la Bible et des Pères de l'Église, les jours de fêtes; aller aux offices les dimanches et fêtes. L'étude des auteurs profanes avait aussi du bon, car « du fumier du paganisme peuvent naistre de belles fleurs et des fleurs de bonne odeur », en ayant soin de laisser « ce qui sent son paganisme et l'habiller à la chrestienne ».

Dans les relations avec les jeunes conseillers les anciens devaient se montrer affables, gracieux et les reprendre avec douceur. La Roche Flavin n'oublie ni la vieillesse ni les infirmités qui rendaient le magistrat moins apte à remplir ses fonctions; il conseille de ne pas attendre pour prendre la retraite, « estants les charges publiques ordonnées aux hommes pour en user au service du public, et non pour en jouyr au respect de l'intérest et profit particulier ». N'est-il pas convenable, ajoute-t-il, qu'un vieillard se repose de ses travaux par l'étude de la philosophie et dans le recueillement (1)?

Ces conseils excellents ne furent pas toujours mis en pratique par les magistrats de l'époque, mais dans leur ensemble, ils s'y conformèrent le plus possible par devoir, par patriotisme et aussi convaincus que « la magistrature surpasse tous autres estats et charges », et ainsi ils ont mérité la reconnaissance et l'admiration.

(1) *Id.*, *ibid.*, liv. X, ch. 50, n° 1. Cf. Glasson, *La journée d'un conseiller au Parlement de Paris au xvie siècle.* Paris, 1898, in-4°, 26 p., p. 8, 9.

CHAPITRE V
Sessions. —Audiences. — Grands jours.
Vacations.

Au xvi⁰ siècle, les règlements des sessions et des audiences du Parlement de Paris ont subi peu de changements : à la fin de chaque session la Grand'Chambre annonçait la date d'ouverture de la session suivante et, en la portant à la connaissance des baillis et des sénéchaux du ressort, elle leur adressait le rôle des jours où leurs administrés seraient admis à entendre juger leurs procès. De leur côté, baillis et sénéchaux ainsi avisés prenaient les mesures de publicité nécessaires pour prévenir leurs justiciables.

Depuis la fin du xiii⁰ siècle il n'y avait en réalité qu'une session annuelle, qui s'ouvrait le lendemain de la Saint-Martin d'hiver, c'est-à-dire le 12 novembre — le surlendemain si le 12 tombait un dimanche — par une séance solennelle que présidait le chancelier, ou à son défaut le premier président. Les princes du sang; des évêques et des abbés; les grands officiers de la couronne; les pairs, membres de droit; les membres du Grand Conseil; les maîtres des Requêtes de l'Hôtel; les membres de la chambre des Comptes; le gouverneur de Paris et d'autres grands personnages, rehaussaient de leur présence l'éclat de cette belle cérémonie (1).

Un motif grave, par exemple une épidémie (2), pouvait

(1) Aubert, *Histoire du Parlement*, t. I, chap. VI. — Rentrées des 12 novembre 1528 et 1527, 13 novembre 1554 dans Arch. nat., X¹ᵃ 1532, fᵒˢ 1 vᵒ, 2; X¹ᵃ 1540, fᵒ 1; X¹ᵃ 1577, fᵒ 1. Le 13 novembre 1521 n'assistaient à la rentrée que le duc de Vendômois et l'archevêque d'Aix, cinq maîtres des Requêtes de l'Hôtel, deux présidents et vingt-neuf conseillers. Bibl. nat., fonds français. Nouvelles acquisitions 8089, fᵒ 1.

(2) Au mois d'août 1548, la peste sévissait; le Parlement ordonna au chirurgien de la Conciergerie d'envoyer à l'Hôtel-Dieu les prisonniers suspects

décider le roi à retarder la rentrée ; de même on vit, à cause de la grande quantité des procès en cours, ou pour une raison politique (1), l'ouverture avancée de quelques jours.

La création du Parlement semestre avait amené un changement : il y eut alors deux séances de rentrée, l'une le 2 janvier, et l'autre au commencement de juillet (2). Avec la suppression du semestre on revint à l'ancien usage.

Le jour fixé pour la rentrée la cérémonie commençait par une grand'messe du Saint-Esprit célébrée ordinairement à 8 heures en la grande salle du Palais, à l'autel de la chapelle de saint Nicolas, par un évêque ou un abbé (3); ensuite on passait à la Grand'Chambre où le chancelier — à son défaut le premier président — prononçait un pompeux discours sur les devoirs des magistrats ou sur la justice; les avocats du roi pouvaient aussi prononcer une harangue sur ces sujets intéressants (4). Le greffier

de l'avoir; le geôlier serait prévenu de leur guérison et irait les reprendre. Les prisonniers malades, sans être contaminés, seraient transférés en d'autres prisons à Paris. Le 17 août, trois prisonniers moururent et, par précaution, le Parlement décida qu'il siégerait aux Augustins. A l'automne, la situation ne s'améliorant pas, la rentrée eut bien lieu le 12 novembre, mais les plaidoiries ne commencèrent que le 20. *Ibid.*, Xᴵᵃ 1564, fᵒ 1.

(1) 1528, 31 octobre : le sire de Brion, chambellan du roi, annonce que la régente veut qu'on ouvre la session dès le début de novembre, et la rentrée eut lieu le 3. *Ibid.*, Xᴵᵃ 1525, fᵒ 416; Xᴵᵃ 1526, fᵒ 1; Xᴵᵃ 8611, fᵒ 436; Xᴵᵃ 8612, fᵒ 1.

(2) Édit de Compiègne, mai 1554. — *Ibid.*, Xᴵᵃ 8619, fᵒˢ 71 vᵒ à 73; 1556, 2 janvier; *ibid.*, Xᴵᵃ 1564, fᵒˢ 1 vᵒ, 2.

(3) 1521, 15 novembre. La messe est dite par l'évêque de Tournay. Arch. nat., Xᴵᵃ 1524, fᵒ 2. — 1544, 12 novembre, par l'abbé de Saint-Magloire, évêque de Mégare. Arch. nat., Xᴵᵃ 1554, fᵒ 1. — 1554, 12 novembre, par l'abbé de Sainte-Geneviève, que l'évêque de Châlons amène ensuite siéger aux hauts sièges de la Grand'Chambre. *Ibid.*, Xᴵᵃ 1577, fᵒ 1. — 1556, 2 janvier, par l'évêque de Châlons. *Ibid.*, Xᴵᵃ 1564, fᵒ 1 vᵒ. — Voir aussi La Roche Flavin, *op. cit.*, liv. V, chap. 2, 5, 3, 7, 9. — Après l'élévation, les présidents et conseillers, en robe d'écarlate et chaperons fourrés, baisaient la paix. V. E. Pasquier, *Recherches*, liv. VI, chap. 48, novembre 1567; *Œuvres*, Amsterdam, 1723, in-fᵒ, t. I, p. 679.

(4) Et. Pasquier, *op. cit.*, liv. IV, chap. 27; *Œuvres*, t. I, p. 482.

civil donnait alors lecture des ordonnances relatives aux huissiers de la cour, puis, les portes de la salle étant ouvertes, des ordonnances concernant les avocats et les procureurs au Parlement, et enfin les huissiers, avocats, procureurs, prêtaient le serment d'usage aux mains du chancelier ou du premier président (1). Le lendemain. le même greffier lisait les ordonnances qui regardaient les présidents et les conseillers, et ceux-ci, à leur tour. prêtaient serment aux mains du haut magistrat qui présidait (2); en retardant ainsi d'un jour pour les présidents et les conseillers, on espérait que tous seraient rentrés de vacances (3). En effet, leur présence était absolument requise : l'édit de mars 1550 (art. 20) et l'article 136 de l'ordonnance de Blois (mai 1579) rappelèrent que les noms des absents seraient consignés sur un registre et que le jour même le receveur-payeur des gages en aurait communication. Observateur rigoureux des règlements, ce receveur ne payait les gages de novembre aux retardataires que s'ils avaient une sérieuse excuse: les gages non payés étaient distribués aux prisonniers pauvres de la Conciergerie (4).

La session ouverte, présidents et conseillers devaient, comme ils venaient d'en faire le serment, arriver chaque jour à l'audience dès l'heure fixée, à peine de perdre leurs gages de la journée où ils auraient été en

(1) 1514, 13 novembre, Arch. nat., X¹ᵃ 1517, f⁰ˢ 1, 2. — 1556 (parlement semestre), 2 et 4 janvier : X¹ᵃ 1584, f⁰ˢ 1 v⁰, 2. — C'est à cette séance solennelle de rentrée que les avocats et les procureurs reçus depuis la clôture précédente étaient admis à prêter le serment d'admission. Cf. 1554, 13 novembre. X¹ᵃ 1577, f⁰ 1 v⁰.

(2) Arch. nat.. X¹ᵃ 1517, f⁰ 2 v⁰; La Roche Flavin, *op. cit., loc. cit.,* ch. 10, 11, 15.

(3) En 1521 à l'ouverture de la session (13 novembre); il n'y avait que les présidents Baillet et Guillart, le duc de Vendômois, l'archevêque d'Aix, les maîtres des Requêtes de l'Hôtel : Fumée, la Vernade, le Viste, Dauvet, le Coq, et vingt-neuf conseillers. Cf. Bibl. nat., fonds français, Nouvelles acquisitions, ms. 8089. f⁰ 1.

(4) Isambert, *op. cit.,* t. XIII, p. 153, t. XIV, p. 414; Girard et Joly, *op. cit.,* liv. I, titre IV au tome 1, p. 32.

retard sans excuse légitime. A vrai dire, il fallait être
encore matinal, bien qu'il suffît depuis la fin du
xv° siècle, d'arriver à 6 heures et demie, à partir de la
rentrée jusqu'à Pâques et à 6 heures de Pâques à la
clôture. La journée commençait par la messe dite à
7 heures (à 8 heures en carême) de novembre à
Pâques et à 6 heures depuis Pâques, dans la chapelle
du Palais au bout de la grande salle, à tour de rôle
par un religieux de l'un des quatre ordres mendiants (1). Au palais les membres de la cour trouvaient
un vestiaire pour serrer leurs manteaux, robes, et habil-
lements en usage dans l'intérieur du Parlement; un
employé en prenait soin (2).

En réalité les travaux et les plaidoiries des matinées
ne commençaient guère qu'à 7 heures ou à 8 heures
selon la saison; ils cessaient à 11 heures et même à
10 heures depuis le milieu du siècle; en carême, l'office
étant plus long, l'audience commençait à 9 heures
et se terminait à 11 (3).

Il y avait aussi les audiences de l'après-midi, « les après-
dinées », instituées vers 1360, fixées soit dès le début
de la session soit le plus souvent, après la recons-
titution du Parlement royal à Paris, les mardis et
vendredis de chaque semaine, depuis Pâques jusqu'aux
vacances; on y plaidait de 4 heures à 6 heures (4);
au milieu du xvi° siècle, pour éviter les fortes chaleurs

(1) Delachenal, *Histoire des avocats au Parlement de Paris*, p. 39;
Aubert, op. cit., t. I, p. 180. Cf. Girard et Joly, op. cit., liv. I, titre IV, p. 27
et 30 du tome 1. — Le 9 juin 1530, à la dernière mercuriale de la session,
le premier président Pierre Lizet rappelle aux chambres assemblées que
les magistrats doivent entrer dans les chambres à 6 heures en été et à
7 heures en hiver. Cf. Arch. nat., X¹ 1538, f° 364 v°.

(2) 1542, 1ᵉʳ mars. Le Parlement fait adjuger 8 livres parisis à Jacques
Jaquesson, qui avait nettoyé et brossé les vêtements déposés au vestiaire.
Ibid, X¹ᵃ 1548, f° 287.

(3) « Comme l'ay veu observer puis quarante ans », dit La Roche Flavin,
op. cit., liv. IV, n° CXXXIII.

(4) Ordonn. d'avril 1451, art. 60; Isambert, op. cit., t. IX, p. 229.

de l'été, on les reporta en hiver. Elles cessaient alors
à 5 heures, mais après l'assassinat du président Minard,
commis à l'issue de l'après-dînée le 12 décembre 1559,
il fut décidé qu'elles se termineraient un peu avant
la nuit, à 4 heures depuis la rentrée de novembre
jusqu'à Pâques (1). Les noms de ceux qui arrivaient en
retard aux audiences étaient consignés sur un rôle spécial et, pour éviter les ruses, l'édit de mars 1550 stipula
que les magistrats ne passeraient plus que par une seule
porte : la grande porte de la Grand'Chambre. Le samedi,
à cause des plaidoiries à la Tournelle, la porte de la
salle Saint-Louis serait ouverte et le premier huissier en
aurait la clé (2). La grande ordonnance de mai 1579 confirma ces dispositions (3).

Tant que durait l'audience, nul ne pouvait se lever pour
causer ou marcher : il fallait écouter les plaidoiries et ne
s'occuper que des procès en cours ; la permission de
quitter la salle ne s'obtenait que du président, qu'une
seule fois et pour peu de temps (4) ; dans la réalité
des faits on pouvait cependant aller assez facilement
prendre des boissons fortifiantes ou rafraîchissantes à
la *buvette* installée dans une tour près de la Grand'-
Chambre (5).

(1) La Roche Flavin, *op. cit.*, liv. VIII, chap. 1, n⁻ˢ 4, 5 ; Girard et Joly,
op. cit., liv. I, titre IV au tome I, p. 27.

(2) Isambert, *op. cit.*, t. XIII, p. 153, art. 30, 31.

(3) Isambert, *op. cit.*, t. XIV, p. 414, art. 138.

(4) Au xvıᵉ siècle les audiences étaient en réalité bruyantes et les six huissiers de service avaient fort à faire pour empêcher les plaideurs de causer, de
circuler, les avocats de se promener, de regarder aux fenêtres, de caqueter
entre eux ou avec les procureurs, d'interrompre les présidents, et les conseillers de se déranger pour aller aux greffes, pour causer entre eux, ou de
lire et écrire au lieu d'écouter. Cf. Delachenal, *op. cit.*, p. 99, 100. — Si on
en croit La Roche Flavin, *op. cit.*, liv. II, ch. 23, n° 18, on ne se gênait pas
pour avancer ou retarder l'horloge.

(5) Pour les xivᵉ et xvᵉ siècles, cf. Aubert, *op. cit.*, t. I, p. 181, 182. —
A la buvette le service était assuré par un huissier du Parlement qui s'occupait aussi du blanchissage des nappes et des serviettes. Cf. 1518, 7 septembre : 12 livres parisis à Jean Soulette pour les frais et le service. Arch.

L'ordre et la discipline étaient maintenus rigoureusement par les huissiers du Parlement, cependant cela n'empêcha pas le conseiller Jacques Brisart d'être volé en 1544 : en pleine Grand'Chambre, dans sa « pochette » sa bourse fut enlevée adroitement, mais le voleur put être arrêté(1). L'horloge qu'il était indispensable de bien régler pour la durée des audiences (2), l'éclairage (3) et, en été, les jonchées d'herbes vertes destinées à rafraîchir les chambres de la cour et la buvette (4), faisaient l'objet d'un compte spécial; ceux qui se trouvaient chargés de ces divers services demeuraient sous le contrôle et sous la surveillance du Parlement.

Le secret des audiences continuait à être de rigueur,

nat., X¹ᵃ 1520, f° 362; 1547, 22 novembre : à Eustache Pichon, 22 liv. par. « pour avoir vacqué durant le temps des buvettes du parlement » pendant la session 1545, 1446 et « avoir faict blanchir les nappes et serviettes servans aux buvettes d'icelle court ». *Ibid.*, X¹ᵃ 1561, f° 11 v°. — En 1519, Mathurin Cossu était chargé de préparer les boissons dans la « tour des beuvettes ». Cf. 1519, 19 avril, *ibid.*, X¹ᵃ 1521, f° 167. — En 1545, à cause de la peste, le service des buvettes fut prolongé pendant les vacations. Cf. 3 septembre X¹ᵃ 1556, f° 184 v°. Cette même année, Nicolas Langlois et Jean Verger reçurent 16 liv. par. pour avoir, pendant la session, porté deux fois par jour de l'eau fraîche dans les chambres et aux buvettes. Cf. 19 septembre, *ibid.*, f° 235 v°. Sur les abus des buvettes au xvi° siècle, Cf. Glasson, *article cité, loc. cit.*, p. 16-17.

Il va sans dire que l'on pouvait aller aux cabinets et aux urinoirs installés dans la galerie près de la Tournelle. Cf. 1548, 22 juin, X¹ᵃ 1541, f° 453. Les registres font souvent mention de leur entretien et de leur nettoyage.

(1) 1543, 7 avril : les conseillers Nicole Hurault et Guillaume Bourgoing vont interroger le prisonnier à la Conciergerie. Arch. nat., X¹ᵃ 1550, f° 358 v°. — Jacques Brisart, licencié ès lois, fut reçu conseiller lai le 18 février 1536 en remplacement de feu Raoul Aymeret, *ibid.*, X¹ᵃ 1539, f° 9 v°.

(2) 1521, 26 novembre : pour l'avoir mal entretenue, « l'orrelogier » est envoyé à la Conciergerie. Arch. nat., X¹ᵃ 1521, f° 9 v°.

(3) A Gabriel Bernard, 13 liv. 4 s. parisis pour avoir fourni des chandelles de suif et 11 lanternes : 1 à la Grande Salle des merciers, 1 au parquet des huissiers, 3 en la chambre des plaidoiries, 1 au greffe criminel, 1 au greffe civil, 1 en la galerie du dit greffe, 2 près de la tour ronde et 1 en la salle Saint-Louis, soit 3 de plus que l'année passée. Cf. 1540, 10 décembre, *ibid.*, X¹ᵃ 1546, f° 44.

(4) 12 liv. parisis à Robert Ratieu qui avait « espendu l'herbe verte » du 2 mai au 7 septembre 1547. Cf. 22 novembre 1547, *ibid.*, X¹ᵃ 1561, f° 12.

le membre de la cour qui l'aurait oublié eût été puni d'une amende ou de la suspension d'office et même, si le cas était grave, de la destitution (1). La présence d'une personne étrangère au Parlement auprès des chambres réunies en audience secrète ne semblait guère à craindre tant les huissiers faisaient bonne garde : cependant le fait se produisit le 10 juin 1525 et, bien qu'il ne s'agît que d'un « paige, jeune filz de l'aage de xiv à xv ans, lequel estoit aux escoutes pour savoir ce qui se faisoit en la court, ainsi qu'il est vraisemblable, et lequel estoit entré par les galleries qu'il avoit trouvées ouvertes », la cour, toutes chambres assemblées a ordonné et ordonne que « doresnavant les portes des dictes galleries seront fermées, et que nulz n'en auront les clefs fors le greffier de la dicte court et deux de ses clers qui portent les lettres à la chancellerie, et les boutefeu et beuveteux qui fournissent eux-mêmes nécessitéz de la dicte court » (2).

Quand elles le jugeaient nécessaire pour éviter le retard dans les procès, les chambres délibéraient ensemble et, après avoir consulté les gens du roi, modifiaient pour un temps l'ordre ordinaire de leurs audiences. Ainsi, en 1528 (8 juillet), le président Guillard fit décider qu'on plaiderait à la Tournelle le mercredi matin, et que les plaidoiries des Requêtes du Palais, dont c'était le jour, seraient reportées à l'après-midi du mercredi (3). Mais le procureur général veillait à ce qu'on ne changeât rien sans réelle nécessité ou par négligence (4). En cas d'épidémie au Palais, ou de tout autre grave empêchement,

(1) Edit de mars 1550, art. 13, 14. — Isambert, op. cit., loc. cit., art. 13, 14.

(2) Arch. nat., X¹ᵃ 1528, f° 538 v°.

(3) Arch. nat., X¹ᵃ 1531, à la date.

(4) 1542, 4 février, ibid, X¹ᵃ 1548, f° 196 : « Ce jourd'huy est venu en la court le procureur général du Roy lequel, après aucunes remontrances par luy faictes sur la discontinuacion des après-disnées au moyen de l'absence ou empeschement des présidens d'icelle court, a requis pour le bien et expédicion de la justice que par l'ung des présidens, le moins chargé ou distraict aux affaires particulières et commissions extraordinaires, soient continuées

les audiences continuaient dans la grande salle du couvent des Augustins (1). A la fin du xvi° siècle il semble que les maitres du Parlement aient établi entre eux par roulement, un service de quinzaine (2).

Les présidents accordaient des dispenses d'audience aux magistrats appelés pour leurs affaires en province (3), pour faire exécuter un arrêt de la cour (4), ou aller en commission (5) et, même en pèlerinage (6); mais, à moins de très sérieux empêchement, il fallait être de retour au jour indiqué (7). Ces absences se trouvèrent si nombreuses pendant l'année 1525 que le Parlement fut sur le point de ramener à deux les Chambres des Enquêtes et de supprimer les audiences d'après-dîner ; cependant

et tenues les dictes après-dînées ; et où il ne s'en trouverait fussent icelles neantmoins tenues et y présidast le plus ancien des conseillers ».

(1) Ainsi le 30 décembre 1539; le 17 août 1548 (la peste avait, le matin même, enlevé trois prisonniers détenus à la Conciergerie. V. Arch. nat., X¹ᵃ 1544, f° 56 ; X¹ᵃ v° 1563, f° 292 v°.

(2) Cf. 1582, 14 mai : sont de quinzaine Mᵉˢ J. Viole, Prot, Duval, Le Maistre, Vignolles, Brisart, Bouchart, Rubeulx, Texier, Hennequin, de Mesme, Lefebvre et Favier, *ibid.*, X¹ᵃ 1675, f° 99 v°. Cf. 8 et 22 juin 1587 : *ibid*, X¹ᵃ 1701, f°ˢ 51 et 163.

(3) 1517, 27 juillet : congé sans délai, à François de Saint-André appelé à Rouen pour le procès de son frère, *Ibid.*, X¹ᵃ 1519, f° 225. — 1512, 24 novembre : congé à Etienne de Montmirail « pour aller en Normandie pour quelques siennes urgens affaires qu'il a affermé luy estre très nécessaires, et ce jusques à 3 sepmaines prouchain venant ». 28 novembre : congé de 8 jours pour le même motif, à Charles de Louviers, *ibid.*, X¹ᵃ 1550, f°ˢ 20 v°, 31 v°. — 1520, 26 avril : congé à Louis du Bellay qui va dans son pays, avec son frère, régler la succession de leur père, *ibid.*, X¹ᵃ 1522, f° 164 v°. — 1538, 24 juillet : congé de 8 jours à Mᵉ Jean Ruille (?) qui l'a demandé pour vaquer à ses affaires, *ibid.*, X¹ᵃ 1623, f° 364.

(4) 1517, 25 juin : congé de 10 à 12 jours à Nicole Sanguin qui va exécuter un arrêt à Dourdan, *ibid.*, X¹ᵃ 1519, f° 178.

(5) Ce fait se produisait souvent.

(6) 1515, 18 janvier : le chancelier Duprat, annonce que le roi a permis au conseiller Jean Duret d'aller en pèlerinage. Arch. nat., X¹ᵃ 1517, f° 51 v°. 1518, 4 août : le Parlement permet à Nicole d'Origny d'aller en pèlerinage à Notre-Dame de Lyance (Liesse ?) où il veut se rendre à pied, *ibid.*, X¹ᵃ 1520, f° 303.

(7) 1568, 28 juin : Mᵉ Michel Quélain, dans l'impossibilité de rentrer à Paris au jour fixé, à cause de la guerre, écrit de Lyon, le 24, pour s'excuser, *ibid.*, X¹ᵃ 1623, f° 233 v°.

il décida de ne rien changer mais seulement de rappeler tous les absents et de refuser à l'avenir tout congé au cours de la session (1). Il est inutile de dire qu'une maladie demeurait toujours une excuse légitime et que tout confrère pouvait la présenter à la Cour (2). Le conseiller qui devait s'absenter allait remettre au greffe les pièces des procès dont il était chargé, pour qu'on pût les passer à un collègue et éviter aux plaideurs des retards et des frais (3). Malgré le sincère désir manifesté par les magistrats de travailler le plus possible, des suspensions d'audience se produisaient pendant les sessions, à cause d'une épidémie devenue trop violente (4), ou à cause d'événements et d'empêchements majeurs, tels que les préparatifs nécessités par l'entrée solennelle du roi ou de la reine à Paris (5), ou à cause de travaux indispensables (6). Et dans ces circonstances mêmes les audiences se continuaient souvent dans un autre local, aux Augustins ou à l'évêché, et, dans le Palais soit à la salle Saint-Louis soit dans les galeries voisines (7) où les avocats et les procureurs installaient leurs bancs et leurs sacs.

Les suspensions les plus fréquentes avaient lieu les jours indiqués sur le calendrier pendu à la porte des chambres, et on sait qu'à cette époque de foi profonde,

(1) 1557, 11 septembre, *ibid.*, X¹ᵃ 1528, f⁰ 761 v⁰.

(2) 1557, 4 janvier : Mᵉ Jean Poille prie la cour d'excuser Mᵉ Guillaume de la Chesnaye, conseiller de service, retenu par la maladie, et Mᵉ Jacques du Faur, président aux Enquêtes, a supplié la court d'excuser « Mᵉ Anthoine de Lyon, conseiller de la dicte court qui est demourré malade à Bourges », *ibid.*, X¹ᵃ 1584, f⁰ 20.

(3) La Roche Flavin, *op. cit.*, liv. II, ch. 8 et 9, n⁰ 55.

(4) 1580, 5 juillet. V. *Registres des délibérations du Bureau de la Ville de Paris*, t. VIII, p. 228, 229.

(5) Du 6 au 16 février 1531, pour l'entrée de la reine : Arch. nat., X¹ᵃ 1534, f⁰ˢ 109 v⁰, 115, 130 v⁰.

(6) 1548, 7 août : *ibid.*, X¹ᵃ 1563, f⁰ 275 : « pour laisser vider les immondices de la Conciergerie ». .

(7) 1531, 6 au 16 février. Du 13 au 14 mars la cour retourne encore à l'évêché, *ibid.*, X¹ᵃ 1534, *loc. cit.*

de grande pratique religieuse, les jours de fêtes étaient très nombreux (1). C'est ainsi qu'il n'y avait pas d'audiences les lundi et mardi gras, le mercredi des cendres, ni du mercredi saint au mercredi de Quasimodo ; le jour de l'Ascension ; la veille et les trois jours qui suivaient la Pentecôte ; la veille, le jour et le lendemain de Noël ; le jour de Sainte-Geneviève patronne de Paris, de l'Épiphanie, du baptême de N.-S. (13 janvier) de la Saint-Charlemagne, de Sainte-Marie-Madeleine, de Saint-Laurent (22 juillet et 10 août), le jour de la Fête-Dieu et de son octave. Les fêtes des Apôtres, des Évangélistes, de Saint-Nicolas (6 décembre), patron des avocats et des procureurs, de Saint-Christophe (25 juillet), de Saint-Michel (29 septembre), de Sainte-Catherine (25 novembre) étaient chômés ainsi que (depuis 1438) le jour de Saint-Hilaire, le grand docteur des Gaules (14 janvier), de Saint-Jean-Baptiste, de Saint-Louis ; les fêtes de la Purification, de l'Annonciation, de l'Assomption, de la Nativité, de l'Immaculée Conception ; de l'Exaltation de la Sainte-Croix (2) ; de même pendant les cérémonies d'un jubilé (3) ; le jour anniversaire où, « suivant sa louable coutume, la cour allait assister au service qui se faict chacun an en l'église de Paris pour actions de grâce à Dieu le créateur d'avoir depuis 1436 réduict ceste ville de Paris en l'obéissance du roi hors la servitude des Angloys qui l'occupoient » (4) ; le jour fixé pour aller à

(1) Aubert, *op. cit.*, t. I, p. 187, 188.

(2) Arch. nat., X¹ᵃ 1675, fᵒˢ 1, 269 ; X¹ᵃ 1608, fᵒ 244 ; X¹ᵃ 1623, fᵒ 197 vᵒ ; 1568, 22 juin : pour la vigile de l'octave du Saint-Sacrement ; X¹ᵃ 1676, fᵒ 257 ; X¹ᵃ 1585, fᵒˢ 851, 814 vᵒ · la fête de Saint-Nicolas ayant été remise au 10 mai, le Parlement termina l'audience la veille dès 4 heures afin qu'on pôt aller aux vêpres et le jour même à 9 heures pour la messe. Cf. Delachenal, *op. cit.*, p. 43, mai 1555. X¹ᵃ 1584, fᵒ 17 ; X¹ᵃ 1568, fᵒ 391 et les divers registres à ces dates. Cf. Aubert, *Le Parlement de Paris de Philippe le Bel à Charles VII ; organisation*, p. 162 à 161. — *Id.*, *Histoire du Parlement*, t. I, p. 188.

(3) 1580, 7 mai, *ibid.*, X¹ᵃ 1668, fᵒ 244 vᵒ.

(4) 1568, 28 avril, *ibid.*, X¹ᵃ 1623, fᵒ 3. Cf. 1543, 30 mars, X¹ᵃ 1550, fᵒ 353.

A.

Saint-Denis, à l'époque de la foire (1), et au mois de juin le jour du Lendit pour suivre la procession solennelle de toutes les reliques de l'insigne église. A cette occasion les magistrats arrivaient la veille au soir, et les huissiers leur faisaient préparer un dîner (2).

A ces journées de suspension d'audiences qui revenaient chaque année régulièrement, s'en ajoutaient d'autres, imprévues mais forcées soit à cause de l'absence d'un trop grand nombre de magistrats (3), soit parce que le roi avait appelé tous les présidents (4), ou bien parce qu'il y avait mercuriale (5) ou une invitation « des licenciades en théologie, lesquels, *habita oracione non ineleganti*, ont supplyé la court assister ces jours prochains à leurs actes » (6). Mais alors l'audience ne demeurait suspendue que peu de temps et, la cause de la suspension cessant, elle reprenait. Les 11 et 14 janvier 1557, un fait fort rare fit abréger l'audience à la Grand'Chambre : elle cessa « auparavant heure de cinq heures sonnée, une demye heure », parce qu'il n'y avait ni procès, ni défauts, ni congés à juger ou à prononcer (7).

Les convenances et l'étiquette (8) exigeaient que

(1) 1525, 10 octobre : « la court vaquera vendredi prochain pour aller à la foire de Saint-Denis en la manière accoustumée ». *Ibid.*, X¹ª 1528, f° 805 v°; 1545, 8 octobre, *ibid.*, X¹ª 1556, f° 250); 1549, 8 octobre, *ibid.*, X¹ª 1565, f° 68 : la cour décide qu'elle vaquera lundi prochain, 14 octobre, pour aller à la foire.

(2) 1569, 8 juin : à la requête de la communauté des avocats et des procureurs la cour ordonne de vaquer mardi prochain pour la cérémonie du Lendit ; *Ibid.*, X¹ª 5022, f° 423; 1543, 23 juin : le Parlement ordonne à N. Hardy, receveur des exploits et des amendes, de payer aux huissiers Jean Bachelier et Martin Guérin, 6 livres parisis « pour apprester le disner des présidens, conseillers et autres officiers d'icelle qui yront lundi à Saint Denys ». La procession avait été fixée au 25 juin. *Ibid.*, f° 156 v°.

(3) 1580, 20 avril : « domini nichil fecerunt defectu numeri ». *Ibid.*, X¹ª 1668, f° 47 v°.

(4) 1554, 2 janvier : *ibid.*, X¹ª 1577, f° 137.

(5) 1557, 24 mai ; *ibid.*, X¹ª 1565, f° 452 v°.

(6) 1542, 11 janvier, *ibid.*, X¹ª 1558, f° 116.

(7) *Ibid.*, X¹ª 1584, f° 17, 20 v°.

(8) Pour les cérémonies dont l'énumération va suivre, V. pour le XIVe siè-

le Parlement cessât tout travail et toute audience
pour assister à l'entrée solennelle du roi (1), de la
reine (2), du dauphin (3), de l'empereur (4) ou d'un monarque étranger (5) dans Paris; pour se rendre aux grandes
cérémonies organisées à l'occasion de la naissance (6), du
mariage (7) des membres de la famille royale, ou de leurs

cle: Aubert, *Le Parlement de Paris... organisation*, p. 164 à 171 et le
même, *Histoire du Parlement de Paris*, t. I, p. 189 à 196, pour le
XV° siècle.

(1) 1515, 23 février : entrée solennelle de François I⁰⁰, suivie d'un splendide banquet sur la table de marbre, au Palais, et de danses organisées par
les basochiens 1549, 16 juin, entrée de Henri II. Arch. nat., X¹ᵃ 1517,
f° 75; X¹ᵃ 1565, f°° 172 à 177 v°; Félibien, *op. cit.*, *Preuves*, t. II, p. 638,
t. III, p. 361 à 374. — 1575, 27 juillet: entrée de Henri III. V. *Registres
des délibérations du Bureau de la ville de Paris*, t. VII, à la date.

(2) 1517, 12 mai : entrée de la reine Claude. *Journal d'un bourgeois
de Paris sous le règne de François I⁰⁰*, éd. Bourrilly, p. 50. — 1531,
16 mars : entrée d'Eléonore d'Autriche et banquet au Palais (qui coûta
6836 L. 19 s. 7 den. tournois, v. *Catalogue des Actes de François I⁰⁰*,
n°° 28, 667); 1549, 18 juin: entrée de Catherine de Médicis. Arch. nat.,
X¹ᵃ 1514, f°° 423 v° et 425 v°; X¹ᵃ 1565, f° 175 à 177 et Félibien, *op. cit.*,
Preuves, t. III, p. 179.

(3) 1549, juin. Félibien, *op. cit.*, *loc cit.*, t. III, p. 360. — *Registres
cités*, t. III, p. 162. En robes rouges mais chaperons noirs « pour faire différence avec l'entrée du Roy », dit La Roche Flavin, *op. cit.*, liv. XII, chap. 1,
n° 6.

(4) 1540, 1⁰⁰ janvier : entrée de Charles-Quint; fêtes magnifiques. Arch.
nat., X¹ᵃ 1544, f° 57; X¹ᵃ 1545, f°° 682 v°, 683. — Félibien, *op. cit.*, *loc.
cit.*, t. II, p. 694, t. III, p. 551, 557; *Registres cités*, t. III, p. 1 à 10;
— *Chronique du Roy François I⁰⁰*, éd. Guiffrey, p. 291 à 303.

(5) 1536, 30 décembre: entrée de Jacques V d'Ecosse. V. *Chronique citée*,
p. 201. — 1573, 14 septembre : entrée du duc d'Anjou, roi de Pologne.
Cf. Félibien, *loc. cit.*, t. III, p. 429 à 439; *Registres cités*, t. VII, p. 82, 112
à 124.

(6) 1518, 5 mars : prévenue que le roi vient d'avoir un fils, la cour se
lève à 4 heures pour aller remercier Dieu à Notre-Dame; — 1519, 4 avril :
elle se rend à la procession organisée pour célébrer la naissance du second
fils du roi. — 1549, 4 février : prévenue par lettre du connétable que la reine
est accouchée d'un fils entre 3 et 4 heures du matin, la cour décide de
vaquer, comme c'est l'usage. Arch. nat., X¹ᵃ 1520, f° 100; X¹ᵃ 1521, f° 151
v°; X¹ᵃ 1564, f° 232; Félibien, *op. cit.*, *loc. cit.*, t. II, p. 635, 636;
Journal de Barrillon, éd. cit., t. II, p. 78; *Journal d'un bourgeois
de Paris*, éd. Bourrilly, p. 55.

(7) 1558, 24 avril: mariage du dauphin avec Marie Stuart. Cf. Félibien,
loc. cit., t. III, p. 783; *Registres cités*, t. IV, p. 534 à 539. — 1559,

services funèbres et obsèques (1); des services funèbres
pour les princes étrangers(2); des funérailles des grands
personnages, des cardinaux, des grands officiers de la
couronne (3), tout particulièrement du chancelier, son

22 janvier: mariage de Claude, fille de Henri II, avec le duc de Lorraine.
Arch. nat., X¹ᵃ 1590, f° 283 v° et D. Godefroy, *Cérémonial français*,
t. II, p. 13.

(1) Obsèques de Louis XII. V. Félibien, *loc. cit.*, t. II, p. 631; Cimber et
Danjou, *Archives curieuses de l'histoire de France*, t. II. — 1531,
20 octobre : obsèques de la reine mère. Arch. nat., X¹ᵃ 1584, f° 420). —
1526, 5 novembre : de la reine Claude morte à Blois, le 26 juillet. V. *Journal
d'un bourgeois de Paris*, éd. Bourrilly, p. 249, 250 et *Journal de M° N.
Versoris*, p. 191-192, nᵒˢ 332, 333. — 1547, mai : de François Iᵉʳ, *ibid.*,
X¹ᵃ 1590, f°ˢ 634 à 639 v°, 22 au 24 mai; Félibien, *loc. cit.*, t. II, p. 731 et
734 à 741; *Registres cités*, t. III, p. 80 à 82, 85 à 88. H. Omont, *Une relation
nouvelle des obsèques de François Iᵉʳ*, dans le *Bulletin de la Société
de l'histoire de Paris et de l'île de France*, an. 1906; de Henri II
(11 août 1559), Félibien, *loc. cit.*, p. 787 à 792; *Registres cités*, t. V, p. 37.
— 1561, 5 décembre, de François II; 1574, 11 juillet, de Charles IX. Arch.
nat., X¹ᵃ 1590, f° 156 v°; Félibien, *loc. cit.*, p. 799, t. III, p. 2; Cimber
et Danjou, *op. cit.*, t. VIII, *Registres cités*, t. VII, p. 179 et 191 à 194.
Obsèques d'Éléonore d'Autriche, 13 et 14 avril 1558. Félibien, *loc. cit.*,
t. II, p. 782; de Marie de Lorraine, reine douairière d'Écosse, 9 août 1560;
d'Élisabeth de France, reine d'Espagne, 24 et 25 octobre 1568. Arch. nat.,
X¹ᵃ 1595, f° 90; X¹ᵃ 1624, f°ˢ 265 à 267; obsèques du duc d'Anjou; 25 à
27 juin 1584. Félibien, *op. cit.*, t. III, p. 440, etc. Quand les obsèques
avaient lieu à Saint-Denis, il pouvait arriver que les membres du Parlement
fussent obligés de coucher; les fourriers du roi leur cherchaient des loge-
ments; le Parlement remboursait les frais. Cf. Arch. nat., X¹ᵃ 1529,
f° 155 v°, 9 novembre 1526.

(2) 1547, 19 mars, pour Henri VIII d'Angleterre; 1564, 18 septembre, pour
Ferdinand I; 1577, 8 et 9 janvier, pour l'empereur Maximilien. Cf. Arch.
nat., X¹ᵃ 1559, f°ˢ 323, 433; X¹ᵃ 1610, f° 474; Félibien, *loc. cit.*, t. II,
p. 741; *Registres cités*, t. VIII, p. 45. — 1530, mai, pour Maximilien Sforza,
Journal d'un bourgeois de Paris, éd. Bourrilly, p. 387, 388.

(3) 1549, 8 novembre. En robe rouge et chaperon noir, les magistrats,
sur leurs mules, accompagnent de l'hôtel de Nevers à l'abbaye de Saint-
Victor (d'où le lendemain il serait conduit à l'église des Cordeliers de Nevers)
le corps de Marie d'Albret, duchesse de Nivernais. Arch. nat., X¹ᵃ 1565,
f° 617 v°: obsèques du duc de Guise, Félibien, *loc. cit.*, t. II, p. 810,
812; Cimber et Danjou, *op. cit.*, t. V; de l'amiral de France, 4 et 7 juin
1543. Arch. nat., X¹ᵃ 1551, f°ˢ 81, 86; du connétable de Montmorency.
Félibien, *loc. cit.*, p. 822; du cardinal de Bourbon, 21 mars 1557;
Registres cités, t. IV, p. 472 — du comte de Brissac; 1569, 27 juin; Arch.
nat., X¹ᵃ 1626, f° 267 v° et Félibien, *loc. cit.*, t. III, p. 405. — de Guillaume Viole, évêque de Paris (conseiller de droit); convoi et enterrement le

chef (1), des membres de la chambre des Comptes, sa
rivale d'ancienneté sinon d'importance (2); et naturellement de ses présidents, des conseillers et des gens du
roi : avocats généraux, civils et criminels, et procureur
général (3). Il pouvait survenir des circonstances qui

11 mai à 3 heures de relevée à Notre-Dame et le 8 mai (1568) service le
matin à Notre-Dame. Arch. nat., X1a 1628, f° 34 v°; de même en août 1525,
à la mort d'Étienne Poncher, qui avait été évêque de Paris, *ibid.*, X1a 1527,
f° 329 v° et *Journal de François Grin*, éd. de Ruble au t. XXI des
Mémoires de l'histoire de Paris; *Livre de raison de M° N. Versoris*,
n° 225.

(1) 1560, 29 avril : service du chancelier François Olivier. Arch. nat.,
X1a 1594, f° 16; X1a 1960, f° 64 v°. La plupart des membres de la cour
s'y rendirent mais pas en corps.

(2) 1549, 7 septembre : obsèques de Robert Dauvet, président de la
chambre des Comptes, et son service à Saint-Jean-en-Grève, *ibid.*, X1a 1565,
f° 449. — 1511, 7 février : parents et amis de feu M° Jean Houron, de ladite
chambre, invitent la cour à son enterrement, à 3 heures, à Saint-André-des-
Arcs et au service du lendemain, *ibid.*, X1a 1516, f° 141. — 1544, 5 avril, de,
même pour feu M° Jean Billon, de la même chambre, dont le service aura
lieu le lendemain à 10 heures à Saint-Germain l'Auxerrois, *ibid.*, X1a 1552,
f° 869 v°. — Quand Nicole Lecoq, président des Généraux de la justice des
Aides, mourut, la cour déclara qu'elle n'irait pas à l'enterrement, mais que
les « supposts d'icelle y pourront aller si bon leur semble », *ibid.*, X1a 1541,
f° 617, 29 août 1538.

(3) 1529, 11 décembre : annonce de la mort du premier président, Jean
de Selve, chevalier, qui sera inhumé le jour même à 2 heures à Saint-Nicolas
du Chardonnet; le service solennel est renvoyé au lundi 13 à 9 heures.
Arch. nat., X1a 1538, f° 22. — 1555, 8 juin : le Parlement ira aux obsèques
de Pierre Lizet, abbé de Saint-Victor, parce qu'il fut premier président,
ibid., X1a 1578, f° 558 v°; — Obsèques des présidents des Enquêtes : Jean
de Roay (juillet 1525) ; François de Loynes (1er juill. 1524); Louis
Cailloud (11 avr. 1541). Arch. nat., X1a 1526, f° 264; X1a 1524, f° 621;
X1a 1546, f° 203. — Obsèques des conseillers Jean Gigaud (13 juin 1524),
Robert Thiboust (11 sept. 1540); Arnould Ruzé, des Requêtes du Palais
(22 sept. 1540); de Philippe Masuyer, Maurice Bulloud, Louis Roillard, Pierre
Brulart (10, 11 avr., 28 mai, 13 sept., 4 oct. 1511); Nicolas de Hacqueville
(août 1542). Arch. nat., X1a 1526, f° 247 v°; X1a 1545, f°° 689 v°, 685 v°,
X1a 1546, f° 293; X1a 1517, f°° 16 v°, 340, 386; X1a 1548, f° 9 v°; X1a
1549, f° 417 v°; de Antoine Roillart (29 déc. 1543); Antoine Hélin et Wuast
Le Prévost (26 mars et 26 novembre 1544); de Robert Berziau, Engilbert
Clausse, Nicole Sanguin (18 mars, 12 août, 19 déc. 1545); de Charles de
Louviers, Jean de Longuejoue et Pierre Le Clerc (18 mars, 4 juin, 20 nov.
1546); Arch. nat., X1a 1552, f°° 112 v°, 340 v°; X1a 1554, f°° 40 v°, 434 v°;
X1a 1556, f° 81 v°; X1a 1557, f° 77, 300 v°; X1a 1558, f° 145; X1a 1559

empêchaient le Parlement de suivre cet usage si respectable; ainsi, Louis de Longueil ayant demandé à être inhumé la nuit, le Parlement, prévenu par les parents déclara qu'il ne pourrait accompagner le corps (1).

Le plus souvent, les parents et les amis du défunt venaient annoncer le décès à la Grand'Chambre en invitant la cour au service et aux obsèques et en indiquant le jour, le lieu et l'heure; un des présidents présents faisait alors en quelques mots l'éloge du confrère défunt (2). Il était aussi d'usage que le Parlement se rendît à l'enterrement et au service des femmes des présidents, des gens du roi ou des conseillers. A la mort de demoiselle Guillard, femme du conseiller Adrien du Drac, on décida « que l'on ferait tel honneur au corps de la dicte défuncte que l'on avoit acoustumé fere aux femmes des conseillers de la dicte court » (3).

Il y avait encore suspension d'audience quand les mem-

f° 4; de Claude des Asses (5 juin 1548); Jean Hennequin, Etienne de Montmirail, Etienne de Faulxydre (29 janv., 21 août, 11 sept. 1549); de Charles de Marillac (à dix-huit ans il plaidait au Parlement) (11 avr. 1568), *ibid.*, X¹ª 1562, f° 202 v°; X¹ª 1564, f° 156 v°; X¹ª 1565, f°° 389, 512; X¹ª 1568, f°° 2, 3.

(1) 1521, 10 novembre. Bibl. nat., ms. franç. Nouvelles acquisitions. 8030, f° 1.

(2 1549, 11 septembre. Au nom de « la compagnie, très déplaisante du décès » de M° Etienne Fleury, dont le service aura lieu à Saint-Nicolas du Chardonnet, le président Minard loue le défunt de ce qu'il « avoit longuement versé aux lettres et lectures ès quelles il avoit acquis grande réputation, et depuis avoit esté pourveu de l'estat de conseiller en la dicte court, auquel il avoit semblablement fait grave debvoir de bon juge, et luy feroit la compagnie tout l'honneur que luy seroit possible à son inhumacion et service ». Arch. nat., X¹ª 1565, f° 512. — Le premier président de Harlay fit aussi l'éloge funèbre du président de l'ibrac, des conseillers du Puis, Lesueur, Vignolles, Anjorrant, Viole et Duval décédés en 1584, année qui, comme celle de 1564, fut une de celles où le Parlement perdit le plus de membres. Cf. E. Pasquier, *Lettres*, liv. IX, lettre 14 au tome II des *Œuvres*, éd. cit., p. 245.

(3) 1535, 19 juin, Arch. nat., X¹ª 1538, f° 341. Reçu conseiller le 15 février 1535 (X¹ª 1538, f° 97 du Drac avait épouse Louise Guillard le 19 avril suivant. Cf. Saulnier, *op. cit.*, t. I, p. 307. — De même le 26 juin 1546, pour Catherine Bouchard, femme du président Minard, enterrée le surlendemain à 4 heures du soir aux Blancs-Manteaux; le service eut lieu le 27 à 10 heures, *ibid.*, X¹ª 1558, f° 209.

bres de la cour allaient assister en corps à l'entrée d'un
nouvel évêque de Paris (1); d'un légat du pape (bien qu'il
n'y vînt souvent qu'une importante délégation)· (2);
à la remise du chapeau de cardinal au chancelier (3);
aux obsèques du gouverneur de Paris (4); la veille d'une
grande solennité religieuse, d'un jubilé par exemple,
comme en 1524 (10 décembre) et en 1562 (27 février), pour
permettre aux magistrats de se confesser, et de commu-
nier afin de gagner les indulgences « du pardon général »,
accordées par le pape à tous ceux qui, après avoir jeûné
trois jours, communieraient le dimanche suivant (5), ou
encore à l'occasion des prières publiques ordonnées pour
obtenir la guérison du roi ou de la reine (6); la cessation

(1) De Guillaume Viole (18 mars 1565); de Pierre de Gondi (9 mars 1570).
Cf. Arch. nat., X¹ᵃ 1628, f° 521 v° et *Journal de François Grin*, éd. cit.,
à la date.

(2) A l'entrée du cardinal-légat Salviati, la cour délègue deux présidents,
vingt conseillers, tous en robe noire, et deux huissiers : 1526, 31 octobre. Cf.
Journal d'un bourgeois de Paris, éd. Bourrilly, p. 248; *Journal de M° N.
Versoris*, p. 191, n° 531. Arch. nat., X¹ᵃ 1529, f° 455. — A celle de Jérôme
Vérulli, assistent les présidents et seize conseillers; *ibid.*, X¹ᵃ 1571, f° 85;
18 déc. 1551. — Entrée du légat Renaud Pole, 8 avril 1555, *ibid.*, X¹ᵃ 1578,
f° 497 v° et *Registres des délibérations du bureau de la ville de Paris*,
t. IV, p. 272. — 1583, 31 juillet, entrée de Duprat, légat : les présidents en
robes rouges et chaperons noirs, tous les autres en robes noires et chaperons
noirs. V. La Roche Flavin, *op. cit.*, liv. XII, chap. 1, n° 7.

(3) Du chancelier de Birague, à Notre-Dame, 24 juin 1578. P. de l'Estoile,
Mémoires-Journaux, éd. Jouaust, t. I, p. 237.

(4) Jean de la Barre : 5 mars 1535 ; la délégation comprenait dix conseillers de la Grand'Chambre et six des autres chambres. Arch. nat., X¹ᵃ 1537,
f° 148.

(5) Arch. nat., X¹ᵃ 1527, f° 28 v°; *Livre de raison de M° N. Versoris*,
p. 259, n° 305; Félibien, *op. cit.*, *Preuves*, t. II, p. 800. *Journal d'un bourgeois de Paris*, éd. Bourrilly, p. 188, 189 (déc. 1524), et, à la suite, *Chronique manuscrite* (Bibl. nat., f° franç. 17527), *ibid.*, p. 410.

(6) 1525, 14 et 15 octobre, pour la guérison du roi tombé malade dans
sa prison à Madrid. V. *Journal d'un bourgeois de Paris*, éd. Bourrilly,
p. 221, 222. Cf. Arch. nat., X¹ᵃ 1528, f° 809.

1559, 9 juillet : Henri II venait d'être mortellement blessé par le comte
de Montgomery. V. *Registres cités*, t. V, p. 34. — 1560, 13 mai, prières
à 9 heures du matin à Notre-Dame pour la guérison de la reine. Arch.
nat., X¹ᵃ 1628, f° 53 v°. — 1521, 22 janvier : pour remercier Dieu d'avoir
préservé de mort François I°ʳ, quand il fut blessé à la tête le 5 janvier à

des calamités, épidémies, sécheresses, etc., qui désolaient
le royaume (1); la paix après une guerre longue et difficile et aussi pour remercier Dieu après la signature (2); la
réception solennelle d'ambassadeurs étrangers par le roi
à Paris (3); pour demander que la captivité de François Ier
prit fin (4), fêter sa mise en liberté (5) et prendre part
aux grandes réjouissances, processions, *Te Deum* et
messes en l'honneur de la rentrée à Paris du dauphin et
du duc d'Orléans jusque-là détenus comme otages en
Espagne (6); pour célébrer les victoires de nos armées (7).

Romorantin. Félibien, *loc. cit.*, t. II, p. 637, *Journal de Barillon*, t. II,
p. 179; *Journal d'un bourgeois de Paris*, éd. Bourrilly, p. 76.

(1) 1541, 14 juillet (épidémies); 1547 (7 août) pour que la pluie tombe :
Arch. nat., X1a 1547, fos 103 v°, 106; X1a 1560, f° 372; 1524, p. 92, 93. Pour
que la pluie et la famine cessent : X1a 1532, f° 325. 2 juillet 1529; Versoris,
op. cit., p. 214, n° 402; 24 mai pour obtenir la pluie; Driart, *Chronique
cit.*, p. 92, 93, *Chronique du Roi François Ier*, p. 89.?

(2) 1529, 2 juillet : Arch. nat., X1a 1532, f° 325. — 1529, oct. : Paix de
Cambrai; *Journal d'un bourgeois de Paris*, éd. Bourrilly, p. 325; Driart,
op. cit., p. 143. Versoris, *op. cit.*, p. 215, n° 410. — 1559, 19 février, *ibid.*,
X1a, 1590, f° 366 v°. — 1576, 15 mai, après la signature de la paix de
Monsieur, chant du *Te Deum* à Notre-Dame à 4 heures. *Registres cités*,
t. VII, p. 379.

(3) 1518, 10 décembre : ambassade d'Angleterre : *Journal de Barillon*,
éd. cit., t. II, p. 112, 113; *Journal d'un bourgeois de Paris*, éd. Bourrilly, p. 64, 65.

(4) 1525 (11 mars); Arch. nat., X1a 1526, fos 185, 186.

(5) 1527, 14 et 16 avril : *ibid.*, X1a 1529, fos 209 v°, 210. Cf. 1526,
février, *Journal d'un bourgeois de Paris*, éd. Bourrilly, p. 253). — 14 avril,
ibid., p. 289. — Driart, éd. cit., p. 117; *Livre de raison de M° N.
Versoris*, p. 184, n° 308. Sa rentrée à Paris, Versoris, p. 196, n° 316, 14 avril.

(6) 1530, 6 juillet. V. L. Delisle : *Essai de restitution d'un volume des
Olim* au t. I des *Actes du Parlement* de Bouturic, p. 300 et Arch. nat.,
X1a 1538, fos 290, 295. — Félibien, *loc. cit.*, t. II, p. 679; *Livre de raison
de M° N. Versoris*, p. 220, n° 424.

(7) Victoire de Marignan. Arch. nat., X1a 1517, f° 380. — 1524 (11 mars)
et 1528; 13, 14 mai, succès en Italie. V. *Journal d'un bourgeois de Paris*,
éd. Bourrilly, p. 177; *Livre de raison de N. Versoris*, éd. Fagniez, p. 187,
246, nos 142, 377. — Driart, *op. cit.*, p. 99, 100. — Cf. 1543, avril. Arch. nat.,
X1a 1550, fos 397 v°, 398 : M° Martin Fumée, M°° des Requêtes de l'Hôtel,
annonce de la part du roi la victoire du duc de Clèves sur le prince de
Nassau le 7 de ce mois; les ennemis, dit-il, perdirent artillerie et bagages.
Nassau se sauva seul sans même un valet; enfin il déclare que l'évêque de Paris
attend les magistrats à Notre-Dame pour chanter le *Te Deum*. — 1546,

la levée du siège de Metz par les Impériaux (1), la reprise
du Havre livré aux Anglais par les protestants (2). A
cette occasion le greffier civil, du Tillet, n'a pu s'empêcher de manifester sa juste indignation : « la postérité
sçaure, écrit-il, que durant les troubles et tumultes derniers, le dit Hâvre de Grâce avoit par aucuns subjectz
du Roy rebelles et hérétiques, esté livré à la royne d'Angleterre par argent et pour estre supportéz et secourus
d'elle : telle rage et fureur a produit le faulx évangile ».
Les mêmes manifestations, avec suspension d'audiences,
se produisirent, quand le roi se mit à la tête de l'armée
en septembre 1587 (3) et quand il revint de cette expédition contre les Suisses et les reitres (24 décembre) (4);
quand il s'unit à la Ligue, l'année suivante (5), et ouvrit
la session des États-Généraux (22 octobre 1588) (6). —
Il y en eut aussi pour protester contre les excès des
huguenots et par mesures de réparation, comme en 1528
au sujet des « gros excès et crimes » à l'égard de « l'ymage
de la glorieuse Vierge Marie peincte en une paroy d'une

12 janvier : *ibid.*, X¹ᵃ 1557, f° 134 v°, après la messe dite à la Sainte-
Chapelle, grande procession pour remercier Dieu de la victoire remportée
sur les Anglais devant Boulogne; 1549, 31 août, *ibid.*, X¹ᵃ 1565, f° 440;
Cf. f°⁵ 391, 482 v°, actions de grâces pour le succès de l'armée de Henri II,
campée au Mont Lambert devant Boulogne; — pour la victoire de Jarnac
(18 mars 1569), *ibid.*, X¹ᵃ 1625, f° 419 v°; de Moncontour, *ibid.*, X¹ᵃ 1627,
f°⁵ 236 v°, 237, 244. — 1528, mai : pour la marche de Lautrec sur Naples;
Journal d'un bourgeois de Paris, éd. Bourrilly, p. 289. Versoris, *op. cit.*,
p. 215, n° 374. — 1524, 8 octobre : pour la retraite des Impériaux conduits
en Provence par Bourbon, *Journal d'un bourgeois de Paris*, éd. Bourrilly, p. 175, 176. — Driart, *op. cit.*, p. 94, 99; *Livre de raison de M° N.
Versoris*, n° 192 et Arch. nat., X¹ᵃ 1526, f° 398.

(1) 1553, 8 janvier : Félibien, *op. cit.*, *Preuves*, t. II, p. 760-762.

(2) 1563, 2 août : Arch. nat., X¹ᵃ 1606, f° 44 v°.

(3) Procession générale de la Sainte-Chapelle à Notre-Dame. V. *Registres des délibérations déjà cité*, t. IX, p. 67 à 69.

(4) 1587, 24 décembre : *Te Deum* à Notre-Dame, *Registres cités*, t. IX,
p. 176.

(5) 1588, 20 juillet : *Te Deum* à Notre-Dame, *Registres cités*, *ibid.*,
p. 176, 177.

(6) *Te Deum* à Notre-Dame, *Registres cités*, *ibid.*, p. 200.

maison sur la rue (des Rosiers) près l'église Saint-Merry » (1); comme le 13 juin 1542 « envers le Saint-Sacrement de l'autel, fondement de notre sainte Foi » (2), et ainsi maintes fois pour réparer les blasphèmes et sacrilèges des protestants ou apaiser la colère divine (3).

Dans ces cérémonies solennelles et officielles, les magistrats revêtaient leur robe rouge et se coiffaient du « chaperon à bourrelet » (4); si la distance à parcourir était longue, ils allaient sur leurs mules (5). A l'occasion de ces pieuses et patriotiques manifestations, le Parlement accorda en 1533 une aumône aux « religieux mendiants de Notre-Dame des Carmes de Paris », qui avaient assisté aux cinq processions générales ordonnées pour la santé du roi et de ses enfants, la prospérité du royaume et les succès de l'armée (6); il fit aussi rembourser à M⁰ Claude Rossignol, « presbtre et clerc ordinaire et chevecier de la Sainte-Chapelle du Palais », les 18 livres 4 sous parisis qu'il avait avancés « pour le payement du luminaire par luy fourny par ordonnance de la dicte court, pour servir à deux processions que la dicte court a faictes ces jours passéz pour la prospérité et santé du Roy, messeigneurs ses enfants et son exercitus estant en Cambresis » (7).

(1) L'indignation fut énorme à Paris. V. Félibien, op. cit., loc. cit., p. 677 à 679; Livre de raison cité, p. 206, n° 379. — Cf. 1530, 25 mai, Arch. nat., X¹ᵃ 1533, f° 233 v°; Journal d'un bourgeois de Paris, éd. Bourrilly, p. 291 à 294.

(2 Arch. nat., X¹ᵃ 1549, f° 165.

(3) En 1547, 1549, 1550, 1551, 1554, 1567, 1568 : Félibien, loc. cit., p. 728, 745, 746, 748, 753, 754, 755, 765, 766; Journal de François Grin, éd. cit., aux années 1567 (27 nov.) et 1568 (29 sept.). — 1562 (14 juin) pour réparer la profanation de Saint-Médard l'hiver précédent et manifester en faveur de la foi catholique. V. Journal de François Grin, éd. cit., tirage à part, p. 20 à 24.

(4) 1541, 14 juillet; 1546, 12 janvier; 1549, 31 août: Arch. nat., X¹ᵃ 1547, f° 108: X¹ᵃ 1557, f° 134 v°; X¹ᵃ 1565, f° 440.

(5) 1548, 27 octobre : procession de la châsse de Sainte Geneviève, de l'Église Sainte-Geneviève à Notre-Dame : Arch. nat., X¹ᵃ 1563, f° 570.

(6) 1548, 29 novembre : aumône de 20 livres parisis; ibid., X¹ᵃ 1552, f° 35.

(7) 1643, 20 novembre; ibid., X¹ᵃ 1552, f° 11.

La *prononciation solennelle des arrêts* avait lieu à des époques déterminées : les veilles de Noël, de la Pentecôte, de l'Assomption et de la Nativité de Notre-Dame, depuis l'édit de mars 1550 (1). Cependant, si pour un motif grave, un plaideur requérait que cette prononciation eût lieu avant une de ces dates, l'ordonnance d'Orléans (janvier 1561, art. 62) permit de lui accorder cette faveur (2). A cette occasion, comme aussi à la tenue des Mercuriales (3), il y avait assemblée générale des chambres de la cour et pendant quelques heures, suspension d'audience. Les chambres des Enquêtes, qui avaient pris l'habitude de n'envoyer à la prononciation des arrêts qu'un président accompagné de deux conseillers, et la chambre des Requêtes, qui n'y laissait aller qu'un président et un conseiller, n'interrompaient pas leurs travaux.

Dans les cérémonies solennelles et officielles dont il a été question, il y avait naturellement un cérémonial, un ordre de préséance fixés par les édits royaux et les règlements qui s'inspiraient de la tradition. Quand le Parlement partait en corps du Palais, les huissiers ouvraient la marche, et les conseillers prenaient le chaperon noir ; si les magistrats se rendaient directement de chez eux à l'endroit désigné pour la formation du cortège, ils laissaient leur robe de Palais et ne portaient que la cornette. Aux entrées royales, robe rouge et cha-

(1) Cet édit défendit aux magistrats de s'occuper du jugement des procès le matin après 10 heures et le soir après 5 heures, c'est-à-dire quand ils commenceraient à être fatigués de l'audience. Les décisions se prenaient à la pluralité des voix, seuls les anciens de la Grand'Chambre et de la Tournelle pouvaient discuter. Cf. La Roche Flavin, *op. cit.*, liv. I, ch. 28 ; il ajoute : qu'aurait-on pu dire de neuf après que vingt-cinq ou trente anciens avaient parlé !

(2) L'art. 93 de l'ordonnance de mai 1579 statua que le garde des Sceaux scellerait arrêts et jugements trois fois par semaine (Isambert, *op. cit.*, t. XIV, p. 80).

(3) Cf. Girard et Joly, *op. cit.*, liv. I, tit. IV au tome I, p. 31, 33, et additions p. cv.

peron rouge étaient de rigueur ; à l'entrée du dauphin,
il fallait robe rouge et chapeau noir ; à l'entrée d'un légat
du pape, seuls les présidents se mettaient en robe rouge ;
les conseillers gardaient la robe noire et tous coiffaient
le chaperon noir. Aux grandes processions générales et
aux messes célébrées à Notre-Dame en présence du
roi et de sa cour, la robe rouge devait encore se porter (1).

Dans l'ensemble du cortège, l'ordre suivi était ordinairement celui-ci : après le roi et son entourage venait le
Parlement précédé par le chancelier. Les huissiers, en
grande tenue, ouvraient la marche la verge à la main ;
derrière se rangeaient les quatre notaires en robe et chaperon d'écarlate fourrés de menu vair, puis se succédaient
le greffier des présentations, le greffier criminel vêtus
comme les notaires et l'écritoire dorée à la ceinture ;
un peu en arrière, en robe d'écarlate et avec l'épitoge
(manteau d'écarlate fourré de menu vair), marchait seul
le greffier civil suivi du premier huissier, aussi en robe
d'écarlate avec mortier de drap d'or et la verge à la main ;
venaient alors deux par deux, en grand costume de cérémonie (robe d'écarlate, manteau de même fourré de
menu vair, mortier de velours noir brodé d'or), les présidents de la Grand'Chambre, les présidents des autres
chambres, puis les conseillers rangés par ordre d'ancienneté (2), en robe rouge et chaperon fourré ; les avocats généraux et le procureur général, vêtus comme les

(1) La Roche Flavin, op. cit., liv. XII, ch. 1 et surtout chap. 9. il s'agit
de la fin du xvi⁰ siècle.

(2) 1546, avril : présidents et conseillers « auront leur séance selon l'ordre
de leur reception en leurs offices, excepté que les présidents des Enquestes
précéderont tous les conseillers qui du temps de leur présidence se trouve-
ront avoir esté conseillers exerçans leurs offices ès Enquestes, nonobstant
que les dits conseillers ayant esté plus anciennement reçeus ès dicts offices
de conseillers que les dicts présidents et soient depuis montés par leur
antiquité en la Grand'Chambre de nostre parlement ». Girard et Joly, op. cit.,
t. I, addit. au liv. I, p. cxv, enregistré le 14 avril 1546. Cf. Arch.
nat., X¹ᵃ 1557, f⁰ 416 v⁰.

conseillers, les avocats en robe noire et chaperon fourré, les procureurs aussi en robe noire, mais avec le chaperon à bourrelet de drap noir sur l'épaule, fermaient ce splendide défilé (1).

Le Parlement désirait vivement avoir le pas sur la chambre des Comptes; un édit d'avril 1557 lui donna satisfaction, mais ce triomphe dura peu; le 18 août de la même année, un autre décret rétablit l'ancien usage, en vertu duquel Parlement et chambre des Comptes devaient marcher de pair, le premier à droite et la seconde à gauche (2). Pendant la cérémonie religieuse, le Parlement occupait aussi le côté droit dans le chœur et le haut de l'église, tandis que la chambre des Comptes en occupait le côté gauche.

Ce palais, où siégeait le Parlement et dont il a été tant

1) 1524, 12 mars; ordre établi par le roi. Cf. Girard et Joly, *op. cit.*, *loc. cit.*, p. cxv et cxvi. — Félibien, *op. cit.*, *Preuves*, t. II, p. 677 à 679, procession du 8 juin 1528. — Du Tillet, *Recueil des rangs des grands de France*, 1606, p. 91. *Chronique du Roy François I*, édit. Guiffrey, p. 291 à 303 (Entrée de Charles-Quint); Arch. nat., X¹ᵃ 1545, f° 682 v°, 683, et Félibien, *op. cit.*, *loc. cit.*, p. 699 à 702.

L'entrée de Henri II dans Paris, le 16 juin 1549, a été relatée dans un livre remarquable, chef-d'œuvre de la gravure sur bois au xvi° siècle, intitulé : « C'est l'ordre qui a esté tenu à la nouvelle et joyeuse Entrée que très hault, très excellent et très puissant prince le Roy très-chrestien, Henry deuzième de ce nom, a faicte en sa bonne ville et cité de Paris, capitale de son Royaume, le sezième jour de juin 1549 », Paris, J. Dallier, s. d. (1549), in-4° fig. mar. bleu fil. tr. d'or (Cuzin). V. *Catal. de la librairie Damascène*, Morgand, 1905. Sur cette entrée, V. *Registres des délibérations du bureau de la ville de Paris*, t. III, p. 164 à 179. — Arch. nat., X¹ᵃ 1565, f° 172 : pour mieux admirer le défilé, les avocats et les procureurs ne se joignirent pas au cortège mais se placèrent sur son parcours avec leurs parents et leurs amis.

(2) Girard et Joly, *op. cit.*, *loc. cit.*, p. xcxii, xcviii. La Roche Flavin, *op. cit.*, liv. IV, chap. 1, n° CII; liv. XII, ch. 7, n° 2. Après la prise de Hesdin, Henri II alla rendre grâces à Dieu à Saint-Denis (4 janv. 1554 n. st.). Le Parlement y vint en corps avec les vingt-quatre conseillers Généraux des Aides et les maîtres des Comptes, laïques et ecclésiastiques ; comme les Généraux étaient venus en robes rouges et chaperons fourrés, ainsi que les membres du Parlement, le roi, à la demande de cette cour, leur fit laisser le chaperon fourré qui demeura réservé au Parlement. Cf. La Roche Flavin, *op. cit.*, liv. XII, ch. 8. Si plusieurs membres des divers Parlements se trouvaient réunis en

parlé, avait, à juste titre, la réputation d'être un des plus beaux monuments de Paris (1). L'ampleur et la magnificence de ses salles, l'aspect imposant des magistrats assemblés, le désir d'entendre leurs discours ou les plaidoiries des avocats célèbres, attiraient les étrangers et les personnes de marque de passage dans la capitale. Les règlements défendaient naturellement l'entrée et la visite des chambres pendant les audiences, les plaidoiries et les séances de conseil; cependant, devant les rois et les reines, les princes et les princesses de sang royal, les légats du Pape et les ambassadeurs, les cardinaux et les évêques (2), la consigne fléchissait, et la Roche Flavin nous a raconté comment on les recevait (3). Des compliments pompeux étaient échangés entre les nobles visiteurs et les présidents; quelquefois les uns et les autres en profitaient pour formuler des réclamations : le

cortège, les quatre présidents de la Grand'Chambre de Paris venaient en tête, suivis des présidents des autres parlements, mais leur premier président venait derrière le premier président de Paris avant les deuxième, troisième et quatrième présidents, après marchaient les conseillers de Paris, puis des autres parlements dans l'ordre de création de leur parlement (*Id., ibid.*, p. xii, ch. 7, n° 1).

(1) Sur le Palais v. Henri Stein : *Le Palais de justice et la Sainte-Chapelle de Paris*, Paris, D. A. Longuet, 1912, in-12, p. 23 à 32, 50 à 53.

(2) 1546, 23 août : le procureur général Noël Brulart, et les avocats du roi, Gilles Le Maistre et Gabriel de Marillac, font savoir à la cour que le 10 de ce mois, le Roi leur a écrit de Moulins afin que la cour ne reçoive aucun évêque ou prélat français dans les chambres, excepté à la Grand'Chambre et alors seulement aux heures des plaidoiries. Arch. nat., X¹ᵃ 1558, f° 513 v°, 514.

On sait que les pairs assistaient aux audiences et aux plaidoiries de la Grand'Chambre, mais seulement à titre de pairs, quel que fût leur rang à la cour ou dans l'administration du royaume. C'est ce que fit constater l'avocat général Lelièvre, en 1515, quand Charles de Bourbon, duc de Vendôme, prince du sang, pair de France, lieutenant général du roi dans l'Ile de France et gouverneur des ville, prévôté et vicomté de Paris, voulut entrer au Parlement. Charles de Bourbon fut reçu le 6 mars, mais seulement à titre de pair. V. Arch. nat.. X¹ᵃ 4858, f° 257. De même pour la réception du duc de Guise, pair et lieutenant général du roi en Bourgogne; 1546, 15 avril, *ibid.*, X¹ᵃ 1557, f° 420.

(3) *Op. cit.*, liv. VII.

9 décembre 1530, le cardinal de Tournon, tout en faisant sa révérence à la cour, lui recommanda ses propres affaires et « s'est offert faire plaisir à icelle tant en général que en particulier » (1).

Dix-neuf ans plus tard, pendant les vacances, le même cardinal, de passage à Paris, manifesta le désir de venir au Parlement; aussitôt la chambre des Vacations et les magistrats de service à la Tournelle extraordinaire se réunirent pour le recevoir solennellement. Se souvenant que le cardinal était abbé de Saint-Germain des Prés, les présidents se plaignirent des réunions illicites et des excès des écoliers qui dépendaient de la juridiction de cette abbaye (2).

Une exception bien naturelle à la défense de venir aux heures d'audience était faite en faveur des membres des parlements provinciaux pendant leur séjour à Paris. Depuis fort longtemps, d'ailleurs, les membres d'un parlement avaient le droit d'assister aux audiences du parlement de la ville où ils se trouvaient de passage. En 1540, les 17, 18 et 22 juin, M° Feu, second président au Parlement de Rouen, siège à la Grand'Chambre, et le greffier inscrit son nom à la suite des noms des présidents à mortier (3). Six ans plus tard, c'est un quatrième président de ce Parlement, M° Tournebulle, qui assiste à une séance du conseil (3 avr. 1546) (4). A cette occasion,

(1) Arch. nat., X¹ᵃ 1534, f° 23.
(2) Arch. nat., 1549, 22 octobre, X¹ᵃ 1565, f° 391 v°.
(3) *Ibid.*, X¹ᵃ 1545, f°˙ 426, 427, 441 v°. Sur Jean Feu, cf. Vindry, *op. cit.*, t. I, fasc. 2, p. 256, n° 13.
(4) *Ibid.*, X¹ᵃ 1557, f° 358.
Étienne Tournebulle, avocat au Parlement, reçu conseiller clerc, quoique marié, au lieu de feu Pierre Clutin en 1533, 12 décembre, avait été reçu le 14 février 1542 président au Parlement de Rouen. Cf. Blanchard, *op. cit.*, *Catalogue*, p. 58; *Catalogue des actes de François I°°*, n° 6105; Vindry, *op. cit.*, t, I, 2° fascicule, 1910, p. 261, n° 32. — Le 22 février 1564, le roi autorise Jacques du Faur, abbé de la Case-Dieu, maître des Requêtes de l'Hôtel, et depuis le 8 janvier de cette année conseiller au Conseil privé, à siéger dans toutes les cours souveraines comme conseiller au

des recommandations, des offres de service, s'ajoutaient
quelquefois aux formules de politesse : tout en venant
« exhiber l'honneur et révérence qu'il devait à la court »,
M⁰ Jean de Calvimont, deuxième président du Parlement
de Bordeaux, recommande son frère Élie, conseiller au
Parlement de Paris (1); une autre fois c'est un ancien
avocat au barreau de Paris, Jean Vialart, devenu président au Parlement de Rouen qui vient saluer celui
de Paris et lui offrir « tout le service qu'il pourra en
général et en particulier » (2).

En dehors des séances d'apparat, tout appareil guerrier
devait être écarté, à moins que le roi en eût décidé autrement, comme il arriva le 6 mars 1542 en faveur du seigneur de Montpezat, qui se présenta, pendant l'audience, à la grand'chambre des Enquêtes, de la part du
monarque. Le président Nicole Quélain refusa de le laisser
entrer avec son épée, mais il céda quand Montpezat lui
eut signifié l'ordre formel de François Iᵉʳ (3).

Conseil privé, et le 9 mars du Faur prête à cet effet serment au Parlement.
Cf. N. Valois, *Le Conseil du Roi*, p. 189, note.

(1) 1534, 30 décembre. Arch. nat., Xᴵᵃ 1538, fᵒ 41 vᵒ.
Élie de Calvimont, reçu conseiller clerc le 23 février 1533, mourut en mai
1539 et fut remplacé par Guérin d'Alzon, docteur en droit, ancien président
du Parlement de Turin reçu le 30 mai. Cf. Blanchard, *op. cit.*, *Catalogue*, p. 58 et Arch. nat , Xᴵᵃ 1543, fᵒ 484 vᵒ. Le 14 juin 1536, le roi lui
permet de se marier et de garder son office en attendant qu'il l'échange
contre un office de conseiller lai. V. *Catal. des actes de François Iᵉʳ*,
nᵒ 8515. Sur Jean de Calvimont, cf. Vindry. *op. cit.*, t. II, fasc. 1, p. 40,
nᵒ 13.

(2) 1541, 28 juin. Arch. nat., Xᴵᵃ 1547, fᵒ 83. Sur Vialart, fils d'un juge
d'Issoire, mort le 28 novembre 1549, Cf. Vindry, *op. cit.*, t. I, fasc. 2,
p. 259, nᵒ 23.

(3) *Ibid.*, Xᴵᵃ 1548, fᵒ 311.
Quélain, reçu conseiller le 14 avril 1526 au lieu de feu Jean Doucet, puis
président à la première chambre des Enquêtes le 16 décembre 1532. En 1544
il fit partie de la commission chargée de réformer le collège du cardinal
Lemoine. Cf. Arch. nat., Xᴵᵃ 1536, fᵒ 36 vᵒ; Xᴵᵃ 1554, fᵒ 599 vᵒ. —
Catalogue des actes de François Iᵉʳ, nᵒˢ 13965, 14219, 18577, 26067;
Blanchard, *op. cit. Catalogue*, p. 52. En mai 1544 il fut autorisé à se marier :
Xᴵᵃ 1553, fᵒ 45.

Le Parlement consentait donc à laisser pénétrer dans ses chambres aux audiences du matin et de l'après-midi, mais il demeurait inflexible pour les séances de conseil, pendant lesquelles il délibérait à huis clos et dans le plus profond secret (1) sur les affaires les plus diverses, procédait aux élections et réceptions de tous ceux qui faisaient partie « du corps du Parlement », et aussi de certains officiers royaux. Au milieu du xvrᵉ siècle, il fut décidé qu'à ces séances, dès 8 heures du matin, les procès importants seraient déposés sur le bureau et, alors, les conseillers de service ne devraient plus s'occuper que des affaires mises en délibéré (2).

Comme aux époques précédentes, l'assiduité aux audiences et aux séances demeurait de rigueur pour tous les magistrats, et il fallait une permission du roi pour que le Parlement autorisât un de ses membres à remplir au dehors, pendant une session, d'autres fonctions, fussent-elles importantes et de courte durée (3).

(1) En voici un exemple entre plusieurs : 1519, 19 avril. « Pour ce que Mathurin Crossu qui servait céans à allumer les feux et préparer les beuvettes, a esté plusieurs foys par cy devant trouvé à jour de conseil au greffe, passant et repassant par la Tournelle et allant aux Enquestes : la court l'a mandé et lui a fait défense de ne plus se trouver à jour de conseil au greffe, mais qu'il se tienne en *la tour des beuvettes* et qu'il n'approche la Tournelle plus près que le pissouer ». Arch. nat., Xᶦᵃ 1521, fᵒ 167.

François Iᵉʳ fit construire près de la Grand'Chambre *une chambre du conseil* et, en juin 1537, le receveur des amendes du Parlement, Étienne Lupitte, reçut mille livres pour effectuer un paiement à cet effet. V. *Catalogue des actes* cité, nᵒ 30, 528.

(2) Édit de mars 1550. V. Isambert, *op. cit.*, t. XIII, p. 153.

(3) 1533, 13 novembre. Le roi autorise le président Antoine le Viste à laisser André Verjus, président aux Enquêtes, poursuivre pendant la session une enquête dans le procès entre le Viste et Marie de Melun. Cf. Arch. nat., Xᶦᵃ 1537, fᵒ 1 vᵒ. Chevalier, seigneur de Fresnes, fils de Jeanne Baillet et de Aubert le Viste, qu'il remplaça en 1493 comme correcteur et rapporteur en la Chancellerie, maître des Requêtes de l'Hôtel de 1500 à 1523, président au Parlement à la place de Roger Barme (23 déc. 1523), Antoine le Viste remplit plusieurs missions diplomatiques, et se distingua par son zèle à maintenir la tranquillité dans Paris pendant la captivité de François Iᵉʳ. En 1525 et 1532 il présida les Grands Jours de Bretagne. Mort en décembre 1534, il fut enterré à Saint-Merry. Cf. Blanchard, *Présidents au mortier*

Hors de l'audience, les magistrats avaient le devoir de se faire respecter et, dans ce but, le règlement leur défendait de se montrer trop familiers avec les avocats, les procureurs ou les solliciteurs, à plus forte raison avec les plaideurs; de consulter, négocier ou solliciter; de ne s'entremettre en aucune façon pour des personnes qui ne leur étaient ni parentes ni alliées (1).

Clôture des sessions. — Vacations. — Lorsque le Parlement déléguait quelques-uns de ses membres dans les provinces pour tenir les solennelles assises judiciaires appelées « *Grands Jours* », la clôture de la session était proclamée dès la seconde ou la troisième semaine d'août, et les vacances commençaient à la fin du mois. Si aucune délégation ne s'organisait, la clôture n'avait lieu qu'au milieu de septembre et même, quelquefois, seulement en octobre. Un président de la Grand'Chambre, ordinairement le premier président, annonçait quel jour cesseraient les plaidoiries, les présentations et quel jour fermeraient les chambres. En effet, après la cessation des plaidoiries, la cour restait encore pour conseiller, prononcer des arrêts, recevoir des accords, taxer des dépens, désigner ou renouveler des commissions. Elle renvoyait les autres affaires à la session suivante, si les parties s'étaient dûment présentées. Enfin le président terminait par la lecture des ordonnances de clôture, puis des ordonnances relatives à l'ouverture de la session suivante et au rôle des causes inscrites pour être jugées

p. 143 à 145. *Catalogue des actes de François I*, nᵒˢ 4510, 5241. Arch. nat., X¹ᵃ 1526, fᵒ 26; X¹ᵃ 1538, fᵒ 22. — 1540, 12 novembre, autorisation semblable pour que la cour laisse le conseiller Pierre Mathé procéder, pendant la session, à l'exécution d'un arrêt, *ibid.*, X¹ᵃ 1546, fᵒ 2.

(1) Édit cité de mars 1550. Cf. l'ordonnance d'octobre 1535 pour le Parlement de Provence, art. 50, 51, dans Isambert *op. cit.*, t. XII, p. 435. — Ces règlements existaient aux xivᵉ et xvᵉ siècles, v. Aubert, *Histoire du Parlement de Paris de l'origine à François I*, t. 1, p. 187. *Id., Le Parlement de Paris de Philippe le Bel à Charles VII, Organisation*, p. 157.

après la rentrée. Le premier huissier publiait le tout à la fenêtre de la grande salle (1).

A partir de l'édit de mars 1550 (2), le rôle des causes établi par les présidents s'augmenta d'un *rôle extraordinaire* des matinées et des après-dînées, et, depuis 1561, d'un *rôle des causes privilégiées* réservées pour le jeudi de chaque semaine (3). Le nombre des jours attribués dans le rôle aux bailliages et sénéchaussées des provinces comprises dans le ressort du Parlement de Paris se trouva bientôt fixé par l'usage. Une fois publié, le rôle restait affiché au greffe, et le greffier biffait les causes terminées. Baillis et sénéchaux le recevaient pour leur propre utilité et pour celle de leurs administrés; enfin, comme par le passé, l'ordre fixé devait être rigoureusement observé. Le procureur général veillait à l'observation de tous ces règlements (4).

Quand les nécessités de la justice le demandaient le roi retardait la clôture et ordonnait au Parlement de prolonger la session (5), quelquefois pour les plaidoiries

(1) Ordonnance du 13 janvier 1529, art. 16, dans Isambert, *op. cit.*, t. XII, p. 311; Aubert, *Histoire du Parlement*, t. I, p. 196 à 202.

(2) Isambert, *op. cit.*, t. XIII, p. 153.

(3) Ordonnance d'Orléans, janvier 1561, art. 42. *Id.*, *ibid.*, t. XIV, p. 75. Un arrêt de règlement du 30 octobre 1560, affiché à la barre de la cour le 4 novembre, déclara que les procureurs seraient tenus à prendre appointement au conseil pour bailler par écrit leurs plaidoiries des causes demeurées à la fin de la session aux rôles extraordinaires, et cela dans le délai de trois jours, « sans autre forclusion ne significacion de requeste »; le délai passé, les procès seraient jugés « sur les plaidoyés et productions des diligens », quant aux procureurs négligents ils risquaient au moins une suspension de six mois. Arch. nat., X¹ᵃ 1595, f° 396 v°.

(4) Cf. Ordonnance de Villers-Cotterets (août 1539), art. 122 et 123, dans Isambert, *op. cit.*, t. XII, p. 625. Le 20 novembre 1561, il fut décidé que les lieutenants des provinces se trouveraient au Parlement aux jours de leurs bailliages et sénéchaussées pour assister aux plaids, apporter mémoires et instructions au procureur général ou le renseigner. Arch. nat., X¹ᵃ 4989, f° 45.

(5) 1517, 7 septembre. Arch. nat., X¹ᵃ 4861, f° 308 v°, 1522, 22 septembre. Le 10 septembre, François I°ʳ avait ordonné que la cour siégerait à Melun ou ailleurs, loin de la peste qui sévissait à Paris. Les magistrats lui firent

seulement (1) ou pour certaines affaires bien déterminées : ainsi, en 1540, pour procéder au jugement définitif de plusieurs criminels enfermés à la Conciergerie (2).

Les causes des pairs de France ne se trouvaient pas inscrites au rôle, parce que ces grands personnages avaient le privilège de laisser leurs procureurs choisir, dans la série des jours du bailliage et de la sénéchaussée dont ils faisaient partie, celui qui leur convenait et, deux jours après la rentrée, la Grand'Chambre publiait la date choisie. Ces égards pour la pairie étaient reconnus par les intéressés, et ils avaient, à l'époque qui nous occupe, la gracieuse habitude de témoigner leur déférence au Parlement en lui offrant à l'audience, en mai ou en juin, des roses et des chapeaux. En 1575, le 3 juillet, le greffier consigne dans ses registres que « aujourd'hui ont esté présentés à la Cour les roses et chappeaux de la part du duc et de la duchesse de Painethièvre, pairs de France ». Cette cérémonie persista jusqu'en 1586 sous le nom poétique de *Baillée des roses* (3).

Grands Jours. — Lorsque la Champagne devint partie intégrante du domaine royal, le Parlement de Paris prit

savoir que le fléau menaçait Melun, Meaux, Senlis, Etampes et Corbeil, que plusieurs conseillers avaient déjà fui et qu'ils n'étaient plus en nombre suffisant. Le 10 octobre, sur le conseil du président Baillet, on décida de s'en aller, quitte à revenir si le roi le voulait. *Ibid.*, X¹ᵃ 1524, fᵒˢ 407, 408. 1525, 20 août : la situation du royaume décide la régente à prolonger la session jusqu'à nouvel ordre. *Ibid.*, X¹ᵃ 8612, fᵒ 37. 1536, 22 août : la session est prolongée jusqu'au 10 octobre. *Ibid.*, *id.*, fᵒ 117. 1542, 22 août, de même, et le 22 septembre, à cause de la multitude des procès, nouvel ordre de prolongation, X¹ᵃ 1549, fᵒ 461 vᵒ. 1543, 7 septembre. X¹ᵃ 8613, fᵒ 485. 1544, 2 septembre. X¹ᵃ 8615, fᵒˢ 3, 62. 1568, 14 août : le Parlement obéira au roi qui lui demande de continuer à siéger, mais il fait des remontrances pour que la chambre des Enquêtes puisse aller en vacances. X¹ᵃ 1623, fᵒ 456.

(1) 1551, 20 août. Isambert, *op. cit.*, t. XIII, p. 210.

(2) 1540, 9 septembre. Arch. nat., X¹ᵃ 89, à la date.

(3) Grün, *Notice sur les archives du Parlement de Paris*, au t. I des *Actes du Parlement de Paris de Boutaric*, p. CLXX.

l'habitude de tenir régulièrement, au nom du roi, et par
une délégation de ses membres, sous le nom de Grands
Jours de Champagne et de Troyes, les assises solennelles
de l'ancienne juridiction des comtes de cette province.
Plus tard l'immense étendue du ressort du Parlement, et
l'accroissement considérable des procès qui lui arrivaient, firent généraliser l'institution de ces délégations
judiciaires dans les provinces réunies à la couronne.
Elles avaient le droit de juger souverainement les affaires
civiles et criminelles, soit sur appel interjeté des sentences rendues par les tribunaux locaux, soit directement pour terminer les procès en retard, rechercher les
crimes impunis et condamner les juges prévaricateurs.
Les arrêts de ces Grands Jours valaient comme ceux du
Parlement lui-même (1).

En dépit des ordonnances et des édits de mars 1499,
du 12 juillet 1519, de mars et de mai 1579, ces assises
extraordinaires — excepté celles de Champagne — ne
se tenaient pas tous les ans mais seulement à des inter-

(1) Les Grands Jours royaux étaient une délégation d'un parlement que
le roi envoyait dans une ville éloignée du ressort de cette cour. Cette délégation, investie des pouvoirs les plus étendus, avait pour mission de rendre
prompte et bonne justice aux parties. Elle jugeait les appels qu'on inter-
jetait des sentences rendues par les tribunaux inférieurs; elle intervenait
dans toutes les questions où le pouvoir central était intéressé, rendait des
règlements d'administration, entendait les plaintes portées contre les officiers
prévaricateurs, et punissait les criminels à qui leur puissance permettait de
braver impunément les juges inférieurs. Pour mettre la justice à la portée
des parties, on distrayait du rôle du Parlement toutes les causes de la province où devaient se tenir les Grands Jours, et on chargeait les magistrats
de cette juridiction de les juger au siège même de la ville où s'ouvrait la
session. Délégation du Parlement, la cour des Grands Jours avait, outre les
pouvoirs du corps dont elle émanait, d'autres attributions considérables.
V. Félix Pasquier, *Grands Jours de Poitiers de 1454 à 1636*, Paris,
E. Thorin, 1874, in-8°. Cf. La Roche Flavin, op. cit., liv. XIII, chap. 65,
n°° 3, 4 et 5 qui cite les conclusions de l'avocat général Faye, et l'arrêt
notable donné aux Grands Jours d'Auvergne en septembre 1582. D'après
lui, les Grands Jours jugeaient sans appel les procès s'élevant en rente à
100 livres tournois et en capital à 1.000 livres, et à 1.200 livres tournois pour
les bénéfices simples. Au-dessus on en devait appeler au Parlement (*Ibid.*,
n° 3).

valles souvent très éloignés, sans aucune régularité, bien
que toujours à l'époque des vacances, afin de ne pas
entraver le cours de la justice. La délégation des magistrats envoyés aux Grands Jours pouvait, si l'importance
ou le nombre des affaires le demandaient, prolonger
ses travaux au delà de la grande rentrée de novembre,
et son autorité était souveraine (1).

François Ier — il faut l'en féliciter — fit réunir assez
souvent les Grands Jours (2). Dès 1519 (10 août) il les
convoqua du 12 septembre au 31 octobre à Poitiers, pour
exercer dans les provinces de Poitou, Anjou, Maine,
Touraine, Angoumois et La Rochelle, Marche et Loudunois. Roger Barme devait présider. Des lettres du
21 août en prolongèrent la durée jusqu'au 10 novembre (3). Le Parlement fit observer que la commission
des Grands Jours devait comprendre, avec les délégués
de la Grand'Chambre et un président, cinq conseillers des
Enquêtes qu'il désigna au choix du roi; celui-ci accepta
les conseillers proposés (4). L'année suivante, ce fut à
Montferrand qu'une ordonnance royale (17 juillet 1520)
convoqua les Grands Jours d'Auvergne, de Bourbonnais,
de Nivernais, Forez, Beaujolais et Lyonnais, du 1er septembre au 31 octobre : le 8 août le bailliage de Mâcon
y fut adjoint (5). Onze ans plus tard, c'est encore à
Poitiers, du 1er septembre au 31 octobre, que furent

(1) Grün, Notice citée, *loc. cit.*, ch. xxi, p. cxciii, cxciv; La Roche Flavin,
op. cit., liv. I, ch. xiii et liv. XIII, ch. lxv ; Girard et Joly, *op. cit.*, liv. I,
tit. XVIII, p. 204 à 207 et additions au t. CLIX, CLX. Arch. nat., X^{1a} 8611,
f° 309. — G. Picot, *Histoire des Etats généraux*, 2e édit. (in-12), t. III,
p. 215-216.

(2) E. Fayard, *Aperçu historique*, cité, t. I, p. 323, 324.

(3) *Catalogue des actes de François Ier*, n° 17259.

(4) Arch. nat., X^{1a} 1521, f° 294. Le roi ratifiait toujours le choix des
chambres. Le 26 juin 1535, elles déléguèrent aux Grands Jours de Troyes
Mes Jean Ruzé, Louis Roillard, Martin Fumée, Nicolas Hurault, Charles de
Louviers, François Disque, François Desmier et Jean Maigret. *Ibid.*, X^{1a} 1538,
f° 373.

(5) *Ibid.*, X^{1a} 8611, f°s 320, 321 v°. Les registres de ces Grands Jours de
Poitiers et de Montferrand sont perdus. Cf. Grün, *op. cit.*, *loc. cit.*, p. cciii.

tenus les Grands Jours. La délégation présidée par le président Antoine le Viste aurait juridiction sur le même territoire que celle de 1519. Dès les premiers jours, Antoine le Viste invita les lieutenants du sénéchal de Poitou, les gens du roi près de la sénéchaussée et le maire de Poitiers à fournir aux magistrats les vivres nécessaires à des prix raisonnables, car dès l'arrivée de la délégation les cours avaient subi une forte hausse. En dépit d'une grave épidémie, les audiences, organisées en matinées et après dînées comme à Paris, ne furent pas suspendues. Un mandement royal avait, dès le début, ordonné au receveur du Parlement de payer 8.640 livres parisis aux magistrats venus de Paris ; 4.000 livres seraient prélevées sur le quartier de juillet et le surplus sur celui d'octobre (1).

Ce fut ensuite à Tours (1533) que se réunirent les Grands Jours pour les pays de Touraine, Maine, Poitou et Loudunois, Angoumois et gouvernement de La Rochelle, Berry, haute et basse Marche et les circonscriptions de Châtellerault, Civray, Amboise et Blois ; les trois greffiers de la Cour — du Tillet, greffier civil, Avrillot des présentations, et Malon, greffier criminel, — deux huissiers et deux notaires du Parlement, douze conseillers siégèrent jusqu'au 8 novembre ; 9.036 livres tournois avaient été assignées pour leurs gages (2).

(1) Grün, *loc. cit.* — *Chonique du Roy François I*er*, édit. cit., p. 93 ; *Catalogue des actes de François I*er*, n** 28093, 28192, 32535. — L'avocat général Poyet et le greffier civil Jean du Tillet faisaient aussi partie de ces Grands Jours. — En octobre 1525 le Viste présida les Grands Jours (ou parlement) de Bretagne, fit partie de l'ambassade qui négocia le mariage de François I*er avec Marie fille d'Henri VIII et une ligue contre Charles-Quint. On a vu qu'il mourut en 1534 et fut enterré à Saint-Merry. Cf. Blanchard, *Présidents à mortier*, p. 143 à 145. Arch. nat., X1a 1526, f° 26. X1a 1538, f° 22. A titre de premier président de Bretagne il touchait une pension. V. *Catal. des actes cités*, n°* 4510, 5341.

(2) Grün, *loc. cit.*, p. cciv. Le président, Antoine le Viste et les conseillers, étaient accompagnés d'un maître des Requêtes de l'Hôtel, d'un avocat du roi et d'un substitut. Cf. Arch. nat., X1a 8612, f° 307 et X1a 9236, f° 2.

Après la réunion du Bourbonnais au domaine royal, François Ier fit tenir les Grands Jours de Moulins pour le Bourbonnais, l'Auvergne, le Forez, le Beaujolais, le Nivernais, le Lyonnais, le Mâconnais, le Berry et la Marche. Les présidents de la Grand'Chambre ne purent s'y rendre, aussi Antoine du Bourg, maître des Requêtes de l'Hôtel, présida. La session ne s'ouvrit que le 9 septembre pour se terminer le 10 novembre. Les gages à payer atteignirent le chiffre de 8.488 livres 15 sous tournois (1).

Deux ans plus tard (1536), une commission est délivrée au président Antoine Minard, à vingt conseillers et aux greffiers pour se rendre aux Grands Jours de Riom qui devront se tenir du 13 septembre au 10 novembre (2) ; en 1539, le président F. de Montholon, Jean Hurault, maître des Requêtes de l'Hôtel, quinze conseillers (3), l'avocat

---

(1) 1534. Grün, *loc. cit.* Arch. nat., X[ia] 4896, f° 576, 11 août. Le 22 août, un neuvième conseiller fut désigné pour s'y rendre, *ibid.*, X[ia] 1537, f° 437 v°. *Catalogue des actes*, n° 7338. — Originaire d'Auvergne, fils d'Anne du Bourg et d'Anne de la Mercy, Antoine du Bourg fut reçu (9 décembre 1534) président à la Grand'Chambre à la place de feu Antoine le Viste, et le 16 juillet 1535 il devint chancelier. Cf. Arch. nat., X[ia] 1538, f°s 22, 436. Blanchard, *op. cit.*, p. 153 ; Tessereau, *op. cit.*, liv. II, p. 98, 99 ; Le Feron, *op. cit.*, p. 105, 106 ; P. Anselme, *op. cit.*, t. VI, p. 457 à 459. Il avait été d'abord, avocat au Parlement, lieutenant civil au Châtelet à la mort de Louis Ruzé, du 12 avr. 1526 au 31 janvier 1532 et maître des Requêtes ordinaires de l'Hôtel (28 avr. 1532) au lieu de feu Pierre de la Vernade. X[ia] 1536, f° 6 v°. Il avait épousé Anne Hénard. On a vu (ch. ii) qu'il mourut à Laon à la suite d'une chute de mule. Cf. Fl. Vindry, *Les parlementaires*, t. I, p. 210, n° 2. — Il habitait rue de Béthisy. Sauval, *op. cit.*, t. II, p. 149.

(2) Arch. nat., X[ia] 9222, f° 2 v° et *Catalogue des actes*, n°s 33222, 33223.

(3) Robert Thiercelin, François Desmier, Etienne de Montmirail, Nicole Hurault, Jean Maigret, Louis Gayant, Augustin de Thou, Jacques Spifame, Guillaume Bourgoing, Robert Berziau, Léon Lescot, Jean de Longueil, Bertrand le Lièvre, Jean Corbin, René Bouvery.

François de Montholon, docteur *in utroque*, avocat au Parlement, fils aîné de Nicolas de Montholon (avocat général au parlement de Dijon), avait été reçu avocat général (1532-1535), puis président le 3 février 1535, quand Charles Guillard résigna son office. En 1542 (9 août) il devint garde des

du roi Jean Cappel, les greffiers civil des présentations, et celui du criminel, Malon, tiennent à Angers une session de Grands Jours; le ressort comprenait celui des Grands Jours de Tours, en 1533, plus les pays de Bretagne (1).

L'année suivante c'est à Moulins que nous trouvons ces solennelles assises; on y compta dix-huit conseillers, dont cinq clercs, et on organisa deux chambres : une pour le conseil et les plaidoiries et une pour les Enquêtes. Le président des Enquêtes, Augustin de Thou, devait présider, mais il tomba malade, et le roi invita le Parlement à lui désigner un remplaçant. André Baudry (2) fut choisi, et son siège à la Tournelle fut occupé, pendant les vacations, par Jean de Thumery. La session s'ouvrit le 15 septembre ; les voituriers Jean Boursin et Jean Jartin reçurent 200 livres tournois pour avoir transporté à Moulins les sacs, coffres et dossiers qui contenaient les pièces et les documents (3). Le ressort comprenait les sénéchaussées et bailliages du Bourbonnais, Berry, Nivernais, Orléans, Montargis, Forez, Beaujolais, Lyonnais, Mâconnais,

sceaux, et eut pour successeur au Parlement François Olivier. Il mourut en juin 1543 (X¹ᵃ 1531, f° 113 v°) et fut enterré à Saint-André des Arcs avec sa femme Marie Boudet. Cf. E. Raunié : *Epitaphier du vieux Paris*, t. I, p. 35.

(1) Arch. nat., X¹ᵃ 9219, f° 14; X¹ᵃ 8613, f° 162; X¹ᵃ 4909, f° 49 v° ; *Catalogue des actes*, n° 32850. Grün, *loc. cit.*, p. ccv.

(2) André Baudry, reçu conseiller lai le 13 décembre 1521 au lieu de feu Louis Thiboust, devint président aux Enquêtes (4° chambre) (réception le 24 juillet), en 1543. Il mourut le 19 octobre 1550 et fut enterré à Saint-Germain l'Auxerrois. Arch. nat., X¹ᵃ 1524, f°ˢ 3 v°, 19 v°; X¹ᵃ 1551, f°ˢ 201 v°, 230, 265, 268. — Blanchard, *Catalogue*, p. 49 ; *Catalogue des actes de François I*ᵉʳ, n° 13836.

(3) Jean de Thumery avait été reçu conseiller en 1510 (Blanchard, *Catalogue*, p. 44). Il avait épousé Madeleine Hélin. Son fils aîné appelé aussi Jean, seigneur de Boissise, Egly, Feigneux, Beaumont, etc., fut conseiller au Parlement de Paris (6 février 1573 à 19 juin 1588), remplit des missions diplomatiques en Angleterre (1598-1601), Allemagne (1609), Hollande (1616-1618), et mourut le 27 décembre 1628. V. F. Vindry, *Les ambassadeurs français*, p. 50.

Combrailles, haute et basse Marche, haute et basse Auvergne, Saint-Pierre le Moustier, Gien. Cette étendue considérable et la quantité des procès expliquent le grand nombre des magistrats qui avaient été désignés (1).

Les Grands Jours de Poitiers réunis en 1541 eurent à peu près le même ressort. François de Saint-André, qui présidait, fut bientôt remplacé par Augustin de Thou (2).

Un an avant sa mort, François Ier convoqua encore à Riom une grande commission des membres du Parlement de Paris, au nombre de vingt, avec les trois greffiers [Jean du Tillet, Nicole Malon et Simon Hennequin, successeur d'Avrillot aux présentations] ; ils siégèrent du 13 septembre au 10 novembre (1546). Le Parlement avait chargé les présidents Minard et Saint-André d'exposer au Roi les difficultés d'un déplacement si considérable (3), mais François Ier maintint sa décision.

Sous les successeurs de ce prince on peut citer les Grands Jours de Tours (1547) et de Riom (1550) (4), de Poitiers (1567) (5); enfin ceux de Poitiers (1579), de Clermont-Ferrand (6) (1582) et de Troyes (1583) réunis par Henri III (7). Ces derniers, qui eurent pour ressort, outre la Champagne, le Bourbonnais et le Mâconnais, la Picardie, Calais et le pays reconquis, se prolongèrent jusqu'à la veille de Noël (8).

(1) Grün, *loc. cit.*, p. ccvi. Arch. nat., X¹ᵃ 8613, fᵒ 218 vᵒ; X¹ᵃ 4911, fᵒˢ 310, 397 vᵒ; X¹ᵃ 1545, fᵒˢ 548, 601 : 6 et 18 août 1540.

(2) Grün, *loc. cit.* Arch. nat., X¹ᵃ 8633, fᵒ 297; X¹ᵃ 4913, fᵒ 619 vᵒ; Félix Pasquier, *Grands Jours de Poitiers de 1454 à 1636.*

(3) Arch. nat., X¹ᵃ 1558, fᵒ 433 vᵒ; X¹ᵃ 8163, fᵒ 348; X¹ᵃ 4927, fᵒ 264 vᵒ. Grün, *loc. cit.*, p. ccvi, ccvii.

(4) Grün, *loc. cit.*, p. ccvii, ccviii.

(5) *Id.*, p. ccviii, ccix.

(6) La Roche Flavin, *op. cit.*, liv. XIII, ch. 65, nᵒˢ 4 et 5; E. Pasquier, *Lettres*, liv. VII [Lettre à Molé, seigneur de Saint-Remy], au tome II des *Œuvres*, édit. citée, p. 176. Cf. p. 160 les vers fameux consacrés à la puce de Catherine des Roches, cités par Pasquier dans sa lettre écrite de Poitiers à Pithou.

(7) Grün, *loc. cit.*, p. ccix à ccxi.

(8) *Id.*, p. ccxi.

En 1596 Henri IV convoqua ceux de Lyon pour rétablir son autorité dans les régions de la Saône et de l'Al-
lier, l'Auvergne et la Marche. Ils devaient commencer le
16 août, et ils durèrent jusqu'au 29 novembre. Les greffiers du Parlement Jean du Tillet pour le civil, Foullé
pour les présentations et Daniel Voysin pour le criminel,
accompagnèrent les magistrats (1).

On peut rapprocher de la tenue des Grands Jours la
session de la commission judiciaire qui fonctionna du
4 mars au 18 décembre 1564 pendant la suspension du
Parlement de Provence, et dont voici la composition (2) :

Membres du Parlement de Paris : les présidents............	Bernard Prévôt (de Morsan) (3), président de la commission. Etienne Charlet (4).
Les conseillers........	Denis de Rivière. Jean de Monceaux. Jean de la Rosière. Nicolas le Berruyer. Achille de Harlay. Arnaud Chandon. Guillaume Abot.
Les membres du Grand Conseil............	Jacques Philipeaux. Jessé de Bauquemare.

et l'ancien conseiller au Parlement de Chambéry, Robert Tignac.

Vacations. — Pendant les vacances, le cours de la justice
ne restait pas complètement suspendu ; dès le XIII° siècle,
une commission, composée d'un petit nombre de conseillers, continuait à siéger et, au début du siècle suivant, la

(1) Grün, *loc. cit.*
(2) Fleury Vindry, *Les parlementaires français au xvi° siècle*, t. I,
fascicule 2, p. 18, 19.
(3) Fils de Jean Prévost (président aux Requêtes du Palais) et de Marie
Brachet, il fut président aux Requêtes puis à la Grand'Chambre (septembre 1563). Il mourut le 22 septembre 1585, et fut enterré aux Célestins de
Paris avec sa femme Madeleine Potier. Cf. Blanchard, *Présidents au mortier*, p. 184, 251, 309. Pasquier lui dédia le 2° livre de ses *Epigrammes*.
(4) Fils de Geoffroi Charlet marié à Marie du Bourg, fils du chancelier, il
fut président à la 5° chambre des Enquêtes. Blanchard, *op. cit.*, p. 154,
Catalogue, p. 57.

chambre des Enquêtes faisait souvent office de chambre des Vacations. Enfin le 24 août 1405, par lettres patentes, Charles VI organisa une chambre temporaire — simple délégation de la Grand'Chambre et de la chambre des Enquêtes — pour juger les procès en état à la fin de la session et rendre des arrêts, mais ces arrêts n'étaient solennellement prononcés qu'après la rentrée des chambres. Les membres désignés par la cour et agréés par le roi recevaient les mêmes gages que pendant la session ordinaire (1).

La chambre des Vacations prononçait aussi la réception des conseillers, admettait à la prestation du serment les baillis, les sénéchaux et les autres officiers royaux, toujours à la condition que les formalités seraient renouvelées solennellement, dès la rentrée, devant la Grand'Chambre, seule chargée de ces fonctions importantes (2).

Peu après son avènement, François Ier confirma (12 juillet 1519) l'ordonnance de son prédécesseur (1499), en vertu de laquelle la chambre des Vacations comprendrait, avec les présidents demeurés dans Paris, treize conseillers (3) dont huit laïques « de ceulx qui vouldront durant icelluy temps vacquer à l'expédition des procès tant criminels que civils ». Si d'autres conseillers

---

(1) Aubert, *Histoire du Parlement*, t. I, p. 202 à 204. Cependant, le 7 octobre 1602, Henri IV écrivit au Parlement que, *sans avoir égard aux vacations, il eût à procéder à l'enregistrement* des lettres royaux qui permettaient à la duchesse de Mercœur de faire élever à Paris un couvent de Capucines. Le 17 suivant, un arrêt de la chambre des Vacations enregistra les lettres. Arch. nat., Y. 13, f° 17 v°.

(2) Cf. 1538, 12 novembre : réception à nouveau et définitive de Agnet Chabut, reçu conseiller clerc pendant les vacations, à la place de M° Jean de Serre qui avait résigné. Arch. nat., X^{1a} 1542, f° 2.

(3) Cf. 1523, 2 septembre : « Ce jour, toutes les chambres assemblées, ont estéz nomméz pour tenir la chambre ordonnée durant les vaccacions, Mes Jean de la Place, Pierre le Clerc, Jacques Chevrier, Loys de Besançon, Jehan Hennequin, Guillaume Barthélemy, Martin Fumée, Claude des Asses, Robert Bouète, René Gentil, Pierre Brulart, Louis Gayant, Jehan Charron, conseillers en la dicte court ». Arch. nat., X^{1a} 1525, f° 372.

manifestaient le désir de siéger, ils en demanderaient l'autorisation, et devraient alors faire un service régulier. Le chiffre des gages restait cependant limité et, de préférence, les plus anciens magistrats étaient désignés.

Une fois installés, les conseillers des vacations devaient tout d'abord expédier les affaires criminelles, puis les petits procès « jusques à 200 livres tournois de rente » ou « 1.000 livres pour une fois payer et des bénéfices jusques à 200 livres tournois ». Régulièrement les audiences commençaient le 14 septembre, fête de l'Exaltation de la Croix et clôture officielle du Parlement (1). Les Vacations pouvaient continuer leurs travaux jusqu'à la rentrée de novembre : en 1541 elles cessèrent dès la fin d'octobre, quand les magistrats de service eurent été, conformément à l'usage, visiter les prisonniers détenus à la Conciergerie (2).

On profitait naturellement de ce temps de vacances pour nettoyer à fond et réparer les chambres et les salles du Parlement, une seule chambre restant pour les audiences; en 1525, cette chambre fut la Tournelle avec mission de juger les prisonniers et les affaires urgentes (3).

Les gages étaient assignés, non en bloc pour la durée des vacations, mais par jour d'audience : le greffier civil dressait la liste des magistrats en désignant combien de jours ils avaient siégé; puis il remettait cette liste au receveur-payeur des gages et celui-ci l'envoyait au roi, qui délivrait l'assignation des gages. Le Parlement recommandait aux magistrats d'établir eux-mêmes,

____

(1) Arch. nat., X¹ᵃ 8611, f° 309. Girard et Joly, *op. cit.*, t. I, liv. I, titre XVII, p. 203, 204. La Roche Flavin, *op. cit.*, liv. I, ch. xx, p. 27.

(2) Arch. nat., X¹ᵃ 1547, f° 376, 26 octobre 1541. — Sur la conduite du Parlement vis-à-vis des prisonniers aux xiv° et xv° siècles, v. mon étude : *Le Parlement et les prisonniers*, dans le *Bulletin de la Société de l'histoire de Paris et de l'Ile de France*, juillet et octobre 1893.

(3) Arch. nat., X¹ᵃ 1528, f° 832 v°, 29 octobre.

« chacun en sa conscience », le nombre de leurs présences à l'audience, en défalquant le temps qu'ils avaient consacré à leurs propres affaires ou le temps pendant lequel ils avaient été en commission (1).

En 1531, le 9 août, François Ier décida l'adjonction à la chambre des Vacations ordinaires d'une autre chambre des vacations composée d'un président et de douze conseillers des Enquêtes, pour s'occuper spécialement des affaires du Domaine et des Eaux et Forêts allant jusqu'à 500 livres de rente ou 10.000 livres de capital (2). C'était un acheminement à la création d'une nouvelle chambre des Enquêtes.

CHAPITRE VI

Gages, dons et pensions. — Épices. — Privilèges. Distinctions honorifiques.

A son avènement, François Ier avait mérité la reconnaissance de son fidèle Parlement de Paris non seulement en maintenant, conformément à l'usage, le chiffre des gages attribués par ses prédécesseurs aux offices et aux charges de cette cour souveraine, mais surtout en tenant compte du surcroît de travail demandé aux conseillers laïques qui siégeaient par quartiers à la Tournelle criminelle. En effet, il leur accordait une « *crue de gages* » de 80 livres (tournois) s'ils faisaient partie de la Grand'Chambre, et de 20 s'ils siégaient aux chambres des Enquêtes (3). Il fallait à cette époque au moins 50.000 livres tournois pour payer les

(1) 1525, 28 novembre : les conseillers des vacations avaient siégé jusqu'à la rentrée de novembre. Arch. nat., X[1a] 1529, f° 22 v°.

(2) Arch. nat., X[1a] 8612, f° 280 v°. Les gages de ces vacations furent fixés à 2.396 livres. Cf. *Catalogue des actes*, n° 28093.

(3) Girard et Joly, *op. cit.*, t. I, *additions* p. cviii, cix, juin 1515. — *Catalogue des actes*, n° 15980, 23 juillet 1515.

gages du Parlement (1), mais la création de nouvelles
charges de magistrats augmenta considérablement ce
chiffre; un mandement du 18 août 1526 ordonna au trésorier de l'Épargne de remettre à Jean Duval, receveur
et payeur des gages du Parlement, et seulement pour la
moitié de l'année, 29.038 livres tournois; en réalité il eût
fallu tout près de 33.000 livres tournois, mais à cause des
sièges vacants, 3.923 livres 2 sous 6 deniers rentraient
dans le Trésor (2). On peut en conclure qu'à cette époque,
lorsque le Parlement se trouvait au complet, le total des
gages montait à 65.960 livres 4 sous 12 deniers tournois
pour toute l'année (3). Cette somme s'accrut encore à la
fin du règne, quand François Ier eut créé une quatrième
chambre des Enquêtes.

Le trésorier de l'Épargne, chargé par le roi de fournir
l'argent au receveur-payeur des gages du Parlement,
s'arrangeait de façon à payer soit par semestre — en 1532
le premier semestre s'élevait à 33.308 livres 12 sous
8 deniers tournois — soit, le plus ordinairement, par
quartier. Pour la session 1530-1531, le quartier est fixé à
15.935 livres 7 sous 8 deniers tournois (4). A la session

(1) Assignation à Jean Duval, receveur et payeur des gages du Parlement
de Paris, de la somme de 50.347 livres tournois pour effectuer ce paiement.
Cf. 1517, 8 décembre. *Catalogue cité*, n° 16509.

(2) *Catalogue cité*, n° 18754.

(3) 1527, 1er juill. Mandement à Pierre d'Apestigny, receveur des finances
extraordinaires et parties casuelles, de remettre à Duval 16.480 livres
11 sous tournois pour quartier des gages. *Catal. cité*, n° 19272. En tenant
compte de ce texte, on n'arriverait qu'à 65.920 livres tournois, alors que le
mandement cité précédemment parle, pour la moitié de l'année, de
32.980 livres, soit 65.960 livres pour l'année entière. Ce faible écart peut s'expliquer par l'absence prolongée d'un magistrat ou par une vacance récente.

(4) *Catalogue cité*, nos 27553, 27836; cela donne pour l'année entière
63.740 livres tournois; mais il restait dû aux conseillers de la Tournelle
1.000 livres pour la session précédente, et elles furent prélevées sur le produit
des amendes taxées par les magistrats de la Tour Carrée (*ibid.*, n° 27824).
A cette date, le quartier du parlement de Rouen était de 4.380 livres;
celui du parlement de Toulouse, de 4.938 livres 8 sous 4 deniers; celui du
parlement de Bordeaux, de 4.576 livres, 11 sous, 3 deniers; celui du parlement de Dijon, de 2.442 livres, 17 sous 6 deniers. Cf. *Ibid.*, nos 27554

suivante. le total de l'année s'élevait à 66.646 livres (1).

En 1533 et 1534, les quartiers demeurent fixés à 16.654 livres 6 sous 4 deniers tournois (2); l'année suivante, le premier quartier est évalué à 16.460 livres 11 sous 4 deniers — non compris les 393 livres 10 sous retranchés des gages du receveur Duval (3), — et le second n'est que de 16.457 livres 8 sous 10 deniers tournois (4). Vers 1537, le quartier revient à 15.935 livres 7 sous 8 deniers tournois comme en 1531 (5).

On constate qu'il y avait quelques légères variations dans les chiffres annuels, et cela s'explique soit par des vacances de charges survenues pendant la session, soit par le fait que tel ou tel membre de la cour n'avait pas rempli ses fonctions pendant un certain temps. L'édit de juin 1537, qui réglementait les gages des officiers des cours souveraines et les prélevait sur le produit des greniers à sel du royaume, fixa la part du Parlement de Paris à 66.829 livres 15 sous 4 deniers tournois, y compris les 1.000 livres attribuées pour service pendant les vacations (6). Pour cela, une « *crue* » de 15 sous par muid de sel fut établie sur les greniers à sel d'outre-Seine et d'Yonne (7).

En 1543, une déclaration royale assigna le revenu des gabelles au paiement des gages des membres du Parlement de Paris (8); puis, la même année, la création de

à 27557. A cette époque aussi, le conseiller Christophe de Harlay touchait 225 livres pour le semestre allant du 27 novembre 1530 au 26 mai 1531 (*ibid.*, n° 28251).

(1) *Catalogue cité*, n° 4507 ; n° 5090, 11 avril et 4 décembre 1532.

(2) *Ibid.*, n° 5664, 10 avril 1533 ; n° 7060, 25 mai 1534.

(3) *Ibid.*, n° 7863, 24 mai 1535.

(4) *Ibid.*, n° 8125, 27 novembre 1535. Le 10 juin, le trésorier de l'Épargne avait reçu l'ordre de remettre à Duval 1.000 livres tournois pour les conseillers qui avaient siégé, l'année précédente, à la chambre criminelle (*ibid.*, n° 7907).

(5) *Ibid.*, n° 27553.

(6) Arch. nat., X¹ᵃ 8613, f° 41 v°; X¹ᵃ 4903, f° 419 v°.

(7) Arch. nat., X¹ᵃ 4904, f° 450; 7 septembre 1537.

(8) 1543, 24 mai. V. *Catalogue cité*, n° 13091.

20 nouvelles charges de conseillers amena une augmentation de gages ; il fallut une nouvelle « *crue* » et d'autres ressources ; elles s'élevèrent à 21.808 livres 13 sous 9 deniers (1) à la fin du règne de François Iᵉʳ.

Quand il supprima le semestre, Henri II fixa le montant des gages des conseillers clercs à 400 livres tournois, à 500 celui des conseillers laïques et à 600 celui des conseillers de service à la chambre criminelle (2). On sait que Charles IX et Henri III augmentèrent aussi le nombre des membres du Parlement ; ils furent donc obligés d'augmenter la somme allouée par quartier pour les payer, mais on conserva les proportions indiquées pendant le règne de François Iᵉʳ.

La régularité des paiements laissait trop souvent à désirer (3). Les guerres étrangères, et plus tard les guerres civiles, occasionnèrent naturellement des retards d'autant plus préjudiciables qu'aux époques troublées on a plus besoin d'argent. Dans ces circonstances, le Parlement, après en avoir délibéré toutes chambres réunies, déléguait quelques-uns de ses membres au roi pour l'informer de la situation, le prier de hâter le paiement de l'arriéré et obtenir à l'avenir plus d'exactitude (4).

(1) 1545, 15 avril. Arch. nat., X¹ᵃ 8615, f° 232 v°.

(2) Les maîtres des Requêtes de l'Hôtel avaient 1.200 livres tournois. — On se rappelle que l'édit de suppression donné à Paris en janvier 1558 (n. st.), enregistré le 15 de ce mois, reconnaissait au Parlement sept chambres, savoir : la Grand'Chambre, une chambre dite du Conseil, la chambre de la Tournelle et quatre chambres des Enquêtes. Cf. Arch. nat., X¹ᵃ 8621, f° 286. La Chambre des Requêtes continuait à être considérée à part.

(3) Voici un exemple de ces retards : il est alloué à Jean Duval, receveur payeur du Parlement de Paris, pour parfaire les 116.202 livres 1 sou 10 deniers tournois (total des gages du Parlement pour *sept quartiers* finissant le 30 septembre 1537), 114.250 livres 4 sous 9 deniers à prendre sur le revenu des greniers à sel de Langue d'oïl et outre Seine, etc. V. *Catalogue des actes*, n° 30292. Mais Duval ne reçut pas, à beaucoup près, la somme allouée, car un acte de mars 1539 (*ibid.*, n° 30771) nous apprend qu'il était encore dû 101.045 livres 4 sous 9 deniers pour finir de payer les gages des *sept quartiers* échus au 31 décembre 1537.

(4) 1545, mars ; sont délégués le président des Enquêtes Jacques Spifame et M° Thierry Dumont. Le 26, devant les maîtres de la Grand'Chambre et

Après de bonnes paroles, des appels à la patience
et surtout après une longue attente, les magistrats
recevaient enfin satisfaction. En 1564, Catherine de
Médicis se montra d'une amabilité extrême. Le président René Baillet et le conseiller Louis d'Erquinvilliers (1)
étaient venus la trouver à Troyes et lui exposer les
doléances, les remontrances de la cour mécontente des
retards continuels dans le paiement de ses gages. Catherine les admit à sa table, leur fit d'excellentes promesses, tout en alléguant le déplorable état des finances ;
elle voulut bien écouter leurs plaintes sur le fait de la
justice et même écrire au Parlement une lettre gracieuse (5 avril) (2). A vrai dire, ces charmants procédés
ne hâtèrent pas les paiements, mais elles rendirent la
résignation plus aisée. Quelquefois, las d'attendre et
quelque peu irrités de ces atermoiements répétés, les
conseillers menaçaient, comme leurs prédécesseurs, de
se mettre en grève, de suspendre le cours de la justice
en ne venant plus siéger (3). Vaines menaces : le senti-
ment du devoir, l'amour du bien public l'emportaient,
et les audiences continuaient.

de la Tournelle assemblés, ils présentent les lettres (Blois, 20 mars) par
lesquelles le roi s'engage à faire payer les gages. V. Arch. nat., X¹ᵃ 1554. —
1557, 2 avril, le président René Baillet va faire part au roi des doléances du
Parlement, d'ailleurs sans grand succès, car le 20 mai suivant le Parlement
se plaint de n'avoir encore rien reçu, *ibid.*, X¹ᵃ 1584, f° 252 v°, X¹ᵃ 1585 ;
f° 430. — 1582, 11 et 29 mai, après délibération, le Parlement désigne
Mᵉˢ Jacques Gillot et Pierre Le Maistre pour aller à Fontainebleau trouver
le roi et demander le paiement des gages, *ibid.*, X¹ᵃ 1675, f° 75 v°, 194.

(1) Il a déjà été parlé de René Baillet. Louis d'Erquinvilliers (ou Arquin-
villiers) fut reçu conseiller en 1546. V. Blanchard, *op. cit.*, *Catalogue de
tous les conseillers*, p. 70.

(2) H. de la Ferrière, *Lettres de Catherine de Médicis*, t. III, p. 169. En
1563 (25 mars) et en 1579 (31 août) Catherine de Médicis fit encore de
belles promesses. Cf. *Lettres citées*, t. I, p. 589, t. V, p. 274. — Les
doléances prenaient souvent le caractère de véritables remontrances ; en 1586
(8 août) le Parlement demande à ne pas être traité plus mal que les autres
cours souveraines. V. Arch. nat., X¹ᵃ 1529, f° 147.

(3) Cf. 1587, 30 mai dans Pierre de l'Estoile, *Mémoires-journaux*, édit.
Lemerre, t. III, p. 46.

Non seulement les gages n'étaient pas régulièrement
payés, mais encore le gouvernement menaçait de s'en
saisir pour punir les négligences des magistrats (1).

C'est à compter du jour de la réception du magistrat
que ses gages devenaient exigibles. Par exception le roi
pouvait accorder dans des cas tout particuliers, ou pour
reconnaître de grands services, que l'exigibilité remontât
au jour même de la vacance de l'office. Cette faveur
échut au conseiller Louis Anjorrant, nommé président
de la chambre des Requêtes du Palais (2). Les gages
étaient dus jusqu'au jour du décès du titulaire, « et ce de
jour à jour et à proportion du temps escheu du quartier
commencé, comme estans les gages des fruits civils qui
s'acquièrent et ameublissent chacun jour » (3). Il arrivait
que des membres du Parlement cessaient quelque temps
leurs fonctions pour aller en mission diplomatique,
en inspection dans l'intérieur du royaume ou pour
tout autre service public : l'usage permettait alors de
leur payer leurs gages ordinaires en plus des sommes qui
leur étaient allouées pour leur mission temporaire (4).

Comme la mort du titulaire, sa démission, son exclusion ou sa nomination à un autre emploi mettaient fin

(1) 1561, 24 mai ; le Parlement avait été négligent à faire passer le guet.
V. *Lettres de Catherine de Médicis*, édit. cit., t. I, p. 198, 199.

(2) *Catalogue des actes*, n° 26309 (1519-1522). Louis Anjorrant, licencié
ès lois, avocat pensionnaire de Louise de Savoie, fut reçu aux Requêtes du
Palais (à la place du président décédé Jean de la Haye) le 4 février 1520,
et mourut le 20 août 1529. Il avait épousé Marguerite du Drac. V. Arch.
nat., X¹ᵃ 1522, f°ˢ 46, 68 v° ; 1532, f° 408. *Livres de raison de Mᵉ Nicolas
Versoris*, éd. Fagniez, p. 105, n° 8. Il fut enterré à Saint-Jean en Grève,
Arch. nat., X¹ᵃ 1532, f° 408.

(3) Loyseau, *op. cit.*, liv. I, chap. VIII, n° 73.

(4) 1526, 29 mars : le président Jean de Selve, pendant ses fréquentes
ambassades en Italie (pour lesquelles il reçut 20.000 livres tournois), continue
à toucher ses gages : *Catal. cit.*, n° 18550. — 1534, 1ᵉʳ mars : le président
Antoine le Viste, en plus de ses gages ordinaires, reçoit 2.500 livres tournois
sur le produit des amendes du Parlement de Paris et des Grands Jours de
Poitiers et de Tours pour frais de voyage entrepris au nom du roi. Cf. *ibid.*,
n°ˢ 6787, 6882.

au paiement des gages. Sa veuve et ses enfants avaient droit à ce qui restait dû au jour du décès (1).

Aux gages ordinaires il faut ajouter les *gages spéciaux* des membres de la cour délégués aux Grands Jours provinciaux et de ceux qui, pendant les vacances, demeuraient à la Tournelle pour expédier les affaires criminelles (2). Les conseillers nommés commissaires dans les procès en touchaient aussi, et cela depuis les origines du Parlement (3). Loyseau explique la légitimité de ces gages spéciaux supplémentaires et la taxe des vacations extraordinaires à cause de la cherté de la vie et de la modicité des gages ordinaires. On établissait ces taxes en « balançant le labeur du rapporteur avec la valeur du procès », quand il s'agissait de commission et de rapport; on calculait « à tant par heure » (4).

On continue au xvi° siècle à interdire aux magistrats envoyés en commission de se faire défrayer et payer par les plaideurs; à défendre aux greffiers, comme à leurs clercs, d'exiger d'autres salaires que ceux admis par les règlements, à peine pour les délinquants de payer le quadruple comme amende (5). Enfin tout membre

(1) Ainsi Guillemette de Guetteville, veuve de M° de Vé, conseiller aux Requêtes du Palais. *Catal. cit.*, n° 27898, vers 1530.

(2) 1535, 10 juin, ordre à Jean Duval, receveur-payeur des gages du Parlement de Paris, de distribuer à ceux qui seront délégués à la Tournelle 1.000 livres tournois. Cf. *Catal. cit.*, n° 7907 et n° 28602 pour l'année 1583.

(3) Aubert, *Le Parlement de Paris de Philippe le Bel à Charles VII, Organisation*, p. 132-134; *Histoire du Parlement de Paris*, t. II, p. 94. *Adde* : Langlois, *Textes cités*, n° CXXVI, ordonnance de 1310, art. 9; L. Delisle, *Actes normands* de la chambre des Comptes, p. 38, n°° 21, 22, p. 193, n° 98. Les conseillers envoyés à l'Échiquier étaient aussi indemnisés de leurs frais de table. *Ibid.*, p. 376, n° 216. Pâques, 1349.

(4) *Op. cit.*, liv. I, chap. viii, n°° 43, 44, 47. — Un édit du 30 juin 1589 fixe à 100 sous tournois, par jour, la somme allouée à tout membre du Parlement envoyé en commission pour le service du roi (*Catal. cit.*, n° 11078). En mars 1554, un autre édit régla la taxe de voyage des présidents et des membres des cours souveraines. V. Isambert, *op. cit.*, t. XIII, p. 359.

(5) Ordonn. de janvier 1564 complétant celle de janvier 1561, dite d'Orléans. Isambert., *op. cit.*, t. XIV, p. 160.

du Parlement convaincu de faute grave était privé
de ses gages pendant le temps fixé par les règlements;
d'ailleurs la suspension de gages accompagnait la suspension d'office (1).

Aux gages ordinaires ou spéciaux venaient souvent
s'ajouter des pensions annuelles et des dons, plus ou
moins répétés, suivant la faveur dont jouissait un magistrat auprès du prince. Les simples conseillers avaient
leur part de ces libéralités, mais elles étaient le plus
ordinairement réservées aux présidents. Sous prétexte
d'accroître les gages de René Gentil, François I⁰ʳ attribua, en 1528, une « crue » annuelle de 500 livres tournois à la charge de président des Enquêtes dont ce personnage était pourvu et tant qu'il en resterait titulaire (2). Quelquefois, au lieu d'une somme d'argent, le
roi concédait un droit lucratif : ainsi à Charles Guillard, second président à la Grand'Chambre, et à son fils
André, il accorda le droit d'usage et de chauffage dans
la forêt de Longaunay au profit de leur maison des Epi-
chelières, au Mans (3). Ce président fut maintes fois
l'objet des faveurs royales (4). A cette époque, un autre
président, Antoine le Visite, touchait une pension de
705 livres parisis (5).

Quant au fameux Poyet, alors si bien en cour, il
recevait annuellement jusqu'à 2.000 livres prélevées sur la recette générale des traites foraines de

(1) Ainsi fut-il dit à Claude des Asses le 7 septembre 1527. V. *Livre de
raison de Mᵉ N. Versoris*, éd. cit., p. 202, n° 362.

(2) 15 septembre. *Catalogue des actes*, n° 3157. — Vers la même
époque, le président des Requêtes, Jean Prévôt, se vit allouer une crue de
180 livres parisis chaque année (soit le produit de trois amendes réglementaires de 60 livres parisis) tant qu'il détiendrait cette charge. *Ibid.*,
n° 26607.

(3) Vers 1522-1524, *Catalogue cité*, n° 26373.

(4) A cette époque il reçoit 2.000 livres sur le produit des amendes et des
exploits du Parlement, à titre de pension; dix ans plus tard cette pension
n'est plus que de 1.200 livres. Cf. *Ibid.*, nᵒˢ 26658, 26745, 26782.

(5) Entre 1524 et 1529. *Ibid.*, n° 26878.

l'Anjou (1). Jean de Selve, Pierre Lizet avaient aussi été gratifiés d'une pension semblable (2); Jean Bertrand eut la même somme, en février 1539, à compter du 2 novembre 1538, jour où il fut reçu du Conseil privé (3).

Mais les chiffres de 600 (4) et de 500 livres (5) semblent avoir été le plus habituellement fixés, du moins pour les présidents des chambres des Enquêtes. Si Denis Poillot en 1532 et 1534, et Lizet en 1534, ne reçoivent qu'une pension aussi minime, bien que présidents de la Grand'Chambre, c'est probablement qu'ils obtenaient par ailleurs des dons et des cadeaux du roi (6).

Cette pension de 500 livres était aussi accordée au procureur général et aux avocats généraux à la même époque (7).

Les dons auxquels j'ai fait allusion furent tantôt très considérables (8) et tantôt très modiques (9); mais ils se

(1) Entre 1532 et 1536; *Ibid.*, n° 26802; cf. 8342; 8611. En 1534 Poyet reçoit 1.200 livres, puis encore 500 livres en 1538. *Ibid.*, n°° 7462, 7549. En 1535, comme président des parlements de Paris et de Bretagne, il touchait une pension de 2.000 livres tournois. *Ibid.*, n° 7992. Comme président « aux Grands Jours que l'on dit Parlement en Bretaigne » il avait succédé à le Viste. Cf. sur lui, Ch. Porée, *Un parlementaire sous François I*, *Guillaume Poyet*, Angers, 1898, in-8°.

(2) 1527, 4 novembre. Catal. cité, n° 13391. — 1539, janvier : pension de 2.000 livres, à partir du 1er janvier 1539, payable à Lizet en quatre quartiers et six semaines après l'échéance. *Ibid.*, n° 32145.

(3) *Ibid.*, n° 31054 : à prendre sur les deniers des traites et impositions foraines de l'Anjou.

(4) Ainsi aux présidents des Enquêtes : François de Loynes, François de Saint-André, Louis Cuillaud, Jacques Spifame ; de même à Augustin de Thou. *Ibid.*, n°° 28643, 26955, 26789, 37747, 27384.

(5) *Ibid.*, n°° 29646, 30801. Ainsi pour Minard, de Lignères ou Ligneris. *Ibid.*, n°° 27113, 27283.

(6) *Ibid.*, n°° 5100, 6738, 6777.

(7) Pour 1537, 1538, 1539 à Nicole Thibault, Pierre Remond et Jacques Capel. *Ibid.*, n°° 29649, 29650, 30802.

(8) 1.000 livres à François Desmier à prendre sur le produit des droits seigneuriaux, des terres, château et baronnie de Trainel. *Ibid.*, n° 27112.

(9) 130 livres à Pierre de Hucqueville. *Ibid.*, n° 26817.

renouvelaient fréquemment. Le roi les prélevait le plus
souvent sur les revenus extraordinaires et les parties
casuelles, ou encore sur les droits seigneuriaux; les
pensions provenaient surtout du produit des exploits
et des amendes du Parlement concentrés aux mains
d'un receveur spécial. Au nombre de ces *receveurs des
exploits et amendes du parlement*, des Requêtes de
l'Hôtel et du Palais, on peut citer, au xvi⁰ siècle, Hervé
de Kaerquifinem (1), Jean Thenon son successeur (2);
Etienne Lapite (3), qui résigna et fut remplacé par
Nicolas de Sainbault (4), mort en 1540; le successeur,
Nicolas Hardy, y fut reçu le 7 juin de cette année, et le
roi le gratifia d'une pension annuelle de 120 livres (5).
On pourrait encore mentionner Jean de Beaulieu (6), Jean
Habert (7), Pepin Charles (8), Jacques le Bailly (9), etc.
En les recevant en fonction et au serment, la Grand'-
Chambre leur rappelait qu'ils devaient agir honnêtement,
se faire aider par des commis (10) et des sergents conve-

(1) Arch. nat., Xᵗᵃ 1517, f⁰ 292 v⁰, 5 septembre 1515 : ordre lui est
donné de payer aux frères mineurs de Paris 50 livres parisis « pour subvenir à leur pauvreté procédant à cause de la mortalité qui a esté au dit
couvent » et à condition qu'ils prieront pour le roi. — Kaerquifinem avait
épousé Ysabeau de Grand Rue, *Ibid.*, Xᵗᵃ 1538, f⁰ 106 v⁰.

(2) Reçu le 4 mars 1535. *Ibid.*, Xᵗᵃ 1538, f⁰ 122 v⁰.

(3) Reçu le 13 octobre 1535. *Ibid.*, Xᵗᵃ 1539, f⁰ 173. *Catalogue des
actes*, n⁰ 8167.

(4) 1539. 28 février. Arch. nat., Xᵗᵃ 1542, f⁰ 234; il avait épousé Jeanne
Quénet. *Catalogue cité*, n⁰ 14679. — Il fut aussi commis à la recette
générale de Picardie. V. *Catalogue cité*, à la Table.

(5) Arch. nat., Xᵗᵃ 1545, f⁰ 400, 408. *Catalogue cité*, n⁰ 27042.

(6) 1548, juillet, Arch. nat., Xᵗᵃ 1563, f⁰ 140. En octobre 1552, Henri II
créa pour lui un office de receveur général des amendes tant du Parlement
de Paris que des sièges présidiaux de ce ressort. Arch. nat., Y. 10, f⁰ 269.
Girard et Joly, *op. cit.*, t. I, *addit.*, p. 152.

(7) 1555, 25 janvier. *Ibid.*, Xᵗᵃ 1577, f⁰ 209.

(8) 1568, 29 mai. *Ibid.*, Xᵗᵃ 1623, f⁰ 111.

(9) 1580, 10 mai. *Ibid.*, Xᵗᵃ 1668, f⁰ 168.

(10) Un de ces commis, René Tabut, fit l'intérim entre la mort de Sainbault et la réception de Hardy (Arch. nat., Xᵗᵃ 1545, f⁰⁰ 309, 400); il reprit
alors à la chambre des Comptes les fonctions de commis qu'il exerçait auparavant. Cf. *Ibid.*, f⁰⁰ 296 v⁰, 514.

nables, capables, suffisamment payés pour ne pas être
tentés de voler ; dans les trois jours qui suivaient les
condamnations, ils devaient faire enquête sur la solva-
bilité des plaideurs afin que le Parlement pût aviser (1).

Le receveur des exploits et amendes du Parlement
remettait l'argent destiné aux membres de la cour à la
caisse du *receveur et payeur des gages et droits* des
présidents, maîtres des Requêtes, conseillers et officiers
du Parlement de Paris. Cette importante fonction était
occupée à l'avènement de François I*er* par Jean Duval,
seigneur de Dampierre (2), qui résigna en 1540 pour
devenir changeur du Trésor; sa résignation fut peut-être
la conséquence d'une négligence qui lui valut d'être cité
en justice et même enfermé quelque temps en la tour
carrée de la Conciergerie (3). M*e* Philippe le Tirant le
suppléa pendant la captivité (4) ; enfin, il eut pour successeur le notaire et secrétaire du roi, Jean Hénart (5).

Pour l'aider à tenir sa comptabilité, ce receveur avait,
lui aussi, des commis(6). Un édit d'octobre 1552 créa un
office de *receveur général des amendes tant de Parlement que des sièges présidiaux* du ressort(7).

Le Parlement pouvait être amené à demander une

(1) 1539, 28 février. *Ibid.*, X¹ᵃ 1542, f° 234.

(2) 1514, 6 septembre, Arch. nat., X¹ᵃ 1516, f° 281 v°.

(3) 1540, 23 mars. Arch. nat., X¹ᵃ 1544, f° 247, v°; juillet, *Ibid.*, X¹ᵃ
1545, f° 491.

(4) 1540, 18 juillet. *Ibid.*, X¹ᵃ 1545, f° 513 v°. Le Tirant avait pour
l'aider un clerc appelé Pierre Oyn; il fut commis à la recette générale
d'Outre-Seine et Yonne, commis du trésorier de l'Épargne au Louvre, receveur des finances extraordinaires et parties casuelles, vicomte d'Orbec.
V. *Catalogue cité*, à la Table.

(5) 1540, 23 mars. *Ibid.*, X¹ᵃ 1544, f° 248; X¹ᵃ 1545, f° 344 v°;
Registres des délibérations du Bureau de la ville de Paris, t. VII,
p. 1. Cf. p. 4, 77. — En 1596 (27 juin), en 1597 (10 octobre), on trouve
mention de André Thomas et Jean de Bordeaux, receveurs et payeurs des
gages de MM. de la cour de Parlement. Arch. nat., V° 3, n° 82.

(6) Hénart eut pour commis Louis Vante et Jean Prévost. Cf. 1548, juillet
et août, Arch. nat., X¹ᵃ 1563, f°° 140, 294.

(7 Isambert, *op. cit.*, t. XIII, p. 296.

avance à la caisse du receveur-payeur des gages, et
cette avance se trouvait tout naturellement garantie par
l'argent des gages dus aux membres de la cour (1). C'est
encore ce receveur qui remettait aux présidents et aux
conseillers clercs la somme représentant le droit de
manteau (2).

Des honoraires variables et d'un caractère tout spécial
s'ajoutaient quelquefois à ces gages, dons ou pensions :
le 4 mars 1557, l'avocat du Roi, Gilles Bourdin, vint
annoncer à la Grand'Chambre qu'il avait pris connaissance des lettres royaux par lesquelles Henri II permettait aux conseillers de toucher taxe et salaire pour toutes
expéditions faites par eux en dehors de leur service et
aux heures et jours extraordinaires ; sans faire aucune
objection, il rappela que le service ordinaire des audiences
et le bon fonctionnement de la justice ne devraient jamais
en souffrir(3). En dépit de ces rémunérations diverses,
à cause des troubles de l'époque, de la situation créée
par les guerres avec l'Espagne, les vivres avaient augmenté, et les conditions de la vie devenaient souvent
pénibles pour les magistrats dont les gages n'étaient
presque jamais payés régulièrement ; une augmentation
eût été justifiée et bien accueillie ; le 15 février 1554, le
premier président, Gilles le Maistre, fidèle écho des
doléances du Parlement, alla trouver le chancelier,
François Olivier, pour l'obtenir(4). Ce fut inutile ; la situation financière ne le permettait pas, et, fidèles à leur devoir,

(1) 1518, Arch. nat., X¹ᵃ 1520, f° 144 v°. Le Parlement, dont les gages
n'avaient pas été payés depuis plusieurs mois, avait demandé à Duval de
lui avancer 400 liv. par. nécessaires aux frais de voyage de plusieurs
présidents et conseillers. Un mois après le retour de la députation, Duval se
rembourserait sur le montant des gages.

(2) Girard et Joly, *op. cit.*, t. I, addit. au liv. I, p. clviii. Cf. lettres
patentes des 2 janvier 1515, 20 septembre 1548 ; 19 janvier 1562. *Ibid., id.,*
p. xcviii, clxi.

(3) Arch. nat., X¹ᵃ 1584, f° 151.

(4) *Ibid.,* X¹ᵃ 1577, f° 278. Olivier, malade, était suppléé par le garde des
sceaux Jean Bertrand.

les magistrats continuèrent à rendre la justice avec
désintéressement et loyauté.

Epices. — Aussi, à ces gages insuffisants les membres
du Parlement ajoutaient les « *Épices* », dont l'origine
remonte officiellement au milieu du xiv⁰ siècle, mais en
réalité à une époque plus reculée (1). Les présidents pro-
cédaient à la taxe de ces épices sur les extraits dressés
par les rapporteurs, et la modération leur était recom-
mandée (2). Le paiement n'avait lieu qu'après le jugement; les grefflers les inscrivaient et paraphaient au bas
des arrêts (3).

Si de nombreuses ordonnances condamnaient l'usage
de ces rémunérations, d'autres les reconnaissaient sous
prétexte de les réglementer, et au xvi⁰ siècle les rois qui
se succédèrent ne changèrent pas cet usage. Dans un
mandement du 27 février 1533, François Ier ordonna au
trésorier de l'Épargne de délivrer au payeur des gages
du Parlement 1.000 livres tournois destinées, à titre
d'épices, aux membres de la châmbre des Enquêtes (4).
Les magistrats délégués à la chambre ardente[ou seconde
Tournelle criminelle] ne recevaient pas d'épices; mais,
en dédommagement, le roi leur faisait allouer à chaque
séance 20 sous parisis et le double pendant les vaca-
tions(5). Le Parlement n'avait garde d'oublier ces dispositions, et en 1547 (15 novembre) il eut soin d'ordonner,

(1) Aubert, *op. cit.*, t. I, p. 112.

(2) Cf. édit de janvier 1558 qui supprime le semestre et rétablit le Parlement dans son ancien état. Arch. nat., X¹ª 8621, f⁰ 286. Imbert, *Pratique
judiciaire civile et criminelle*, liv. I, ch. 48, p. 473, 474, annotation de
Guénois, 3⁰ édit, 1606. Ordonn. de mai 1579, art. 127, dans Isambert,
op. cit., t. XIV, 2⁰ partie, p. 380. — Girard et Joly, *op. cit.*, t. I, liv. I,
tit. 46, p. 311.

(3) Girard et Joly, *op. cit.*, t. I, p. 76, n⁰ 17 et *additions* au liv. I,
p. cxxviii. — Loyseau (*op. cit.*, liv. I, chap. viii, n⁰⁰ 35, 36) acceptait
l'usage des épices à cause de la cherté de la vie et de la modicité des
gages; mais il ne les admettait que pour payer le travail fait à domicile ou
au Parlement « hors les heures ordinaires de l'audience et du conseil ».

(4) *Catalogue des actes*, n⁰ 5480.

(5) N. Weiss, *op. cit.*, p. 420, 423, 424.

vu les ordonnances, à du Tillet, greffier civil, de recevoir les épices qui lui seraient présentées, et défendit aux
clercs du greffe de délivrer aucun arrêt avant que les
épices eussent d'abord été versées (1).

Henri II les réglementa par son édit de mars 1550 :
désormais les plaideurs ne consigneraient ni argent ni
épices pour hâter l'expédition des procès, sauf en matière
de criées, s'il y avait au moins quatre opposants, et en cas
de restitution de fruits, de taxation des dépens, domma-
ges-intérêts ou de reddition de compte, si quatre articles
au moins se trouvaient contestés. Jamais les épices ne
devaient être reçues des mains des plaideurs : on les prenait au greffe. Il fallait éviter que les cours souveraines
les fissent communes ; les conseillers — ceux des Requêtes
du Palais et ceux des autres chambres — devaient indi-
quer à chaque grosse de leur sentence le total des épices
prélevées pour l'examen et le jugement des procès (2).
Les arrêts et jugements rendus sur requêtes présentées
par une seule partie n'y donnaient aucun droit (3).

A la fin du siècle, les États généraux s'élevèrent avec
force contre l'abus des épices, et l'ordonnance d'Orléans (4), s'inspirant de leurs réclamations, en limita le
chiffre ; l'article 43 n'autorisa même, et sous peine d'être
accusé de concussion, que le don du gibier pris sur les
terres de ceux qui l'offraient. En réalité, rien ne fut
changé. Sous le règne de Henri IV, aux Grands Jours de
Lyon, il fut décidé (29 nov. 1596) que les juges ne pourraient réclamer d'épices pour avoir assisté à l'application

(1) Arch. nat., X¹ᵃ 1561, f° 2 v°.

(2) Isambert, *op. cit.*, t. XIII, p. 153 ; F. de Jouy, *Arrêts de règlements
recueillis et mis en ordre*. Paris, Durand et Pissot, 1753, in-8°,
v° *Épices*, arrêts du 30 septembre 1550 et du 14 mars 1558.

(3) Ordonnance de 1564, additionnelle à celle d'Orléans, art. 33. Isambert, *op. cit.*, t. XIV, p. 160. Cf. Girard et Joly, *op. cit.*, t. I, p. 310,
liv. I, tit. 46.

(4) 1561, janvier. Isambert, *op. cit.*, t. XIV, p. 63. Elle suivit de très
près les États réunis à Orléans en décembre 1560.

de la question (1). Cependant l'ordonnance de mai 1579 autorisa les épices pour les vacations de tout rapporteur qui avait fait le rapport après examen des informations et des procédures; elle défendit aux présidents de les taxer, quand il n'y avait comme parties au procès que les procureurs royaux ou leurs substituts : exception était faite pour les gros procès domaniaux (2). L'amour des épices aurait pu entraîner des juges à multiplier les sentences interlocutoires : aussi un arrêt du Parlement de Paris, alors transféré à Tours à cause des troubles de la Ligue, interdit aux juges ordinaires de prendre plus d'un demi-écu pour ces sentences (3).

En juillet 1584 et 1586, Henri III, sans doute pour se procurer des ressources, avait créé des offices de *receveurs des épices* dans les cours de justice du royaume ; en 1625, ils furent supprimés, et la fonction fut confiée aux greffiers, comme par le passé (4).

Cadeaux et pensions. — Quant aux cadeaux et pensions que les plaideurs aisés et surtout les grands personnages (5), les villes, abbayes et communautés, avaient l'habitude d'accorder aux magistrats pour les rendre plus expéditifs ou pour les remercier, ils continuaient à être formellement, mais hélas! inutilement défendus. Quelquefois un présent était fait, non seulement à titre de reconnaissance, mais aussi en compensation du dérange-

(1) De Jouy, *op. cit.*, p. 536, v° *Question.*

(2) Isambert, *op. cit.*, t. XIV, 2° partie, p. 412, 413, art. 127, 129.

(3) La Roche Flavin, *op. cit.*, 2° partie, liv. II, p. 197.

(4) Bibl. nat., nouv. acquisit. fr., 3651, p. 148. — Cf. Imprimés, F 23302, in-4°. Recueil des édits, déclarations du Roy et arrests du Conseil concernant les offices de conseillers du Roy, receveurs des Epices dans toutes les cours et juridictions, 1581-1703, Paris, H. Charpentier, 1704, in-4°, 49 p. — Girard et Joly, *op. cit.*, additions au liv. I, t. I, p. cxxviii-cxxix.

(5) Les dons et les pensions du roi, de caractère tout différent, ne pouvaient être interdits, et nous savons qu'ils étaient fréquents. Les dons de terre étaient rares; on peut cependant citer le don de la terre de Belleperche au conseiller Guillaume Bourgoing, vers 1536. Cf. *Catal. des actes,* n° 26896. Bourgoing avait été reçu à la 3° chambre des Enquêtes le 28 février 1523. Arch. nat., X¹ᵃ 1525, f° 105.

ment causé. Ainsi, le 30 août 1552, le greffier du Bureau
de la ville de Paris remit, au nom de la ville, au premier
président Gilles le Maistre, trois torches de deux livres
chacune, deux livres de bougies jaunes, deux doubles
boîtes de dragées contenant quatre livres « de pignolat
et orenjat », parce que, dix jours plus tôt, ce grave personnage était venu en la chambre du Conseil, près la chambre
des Comptes, recevoir les serments du prévôt des marchands et des échevins nouvellement élus (1). Dans de
telles circonstances, le présent pouvait être accepté sans
aucun scrupule : mais trop souvent cadeaux et pensions
semblaient le paiement de services rendus ou de services
intéressés. Aussi, pour faire droit aux justes doléances
des États, l'ordonnance de Blois défendit aux magistrats
de se charger à l'avenir, même indirectement, des affaires
des seigneurs ecclésiastiques ou laïques ; elle rappela qu'ils
ne devaient s'occuper que des affaires du roi, de la reine,
de la reine mère et des frères du roi ; dans ces derniers
cas même, il fallait la permission du prince ; tout magistrat au service d'autres personnes, dans le délai de deux
mois à partir de la publication de l'ordonnance, devrait
se dégager et se réserver pour le service exclusif du
monarque, autrement son office serait déclaré vacant.
Les défenses insérées dans l'ordonnance d'Orléans furent
confirmées (2). A vrai dire, ces défenses demeuraient sans
résultat, et le 27 mars 1583 il est encore rappelé aux officiers de justice qu'ils ne doivent s'occuper que des affaires
du roi (3). L'ordonnance de 1561 (art. 44) avait même
défendu à tous les magistrats d'accepter, de la part des
évêques, abbés, prieurs ou chapitres, aucun bénéfice
dans les pays où ils exerçaient leurs fonctions, et cela
non seulement pour eux-mêmes, mais aussi pour leurs

(1) *Registres des délibérations du Bureau de la ville de Paris*, t. IV,
p. 9. — Orengeut : écorce d'orange confite. Pignolat : espèce de nougat.
   (2) Isambert, *op. cit.*, t. XIV, *loc. cit.*
   (3) Isambert, *op. cit.*, *loc. cit.*, p. 589.

enfants et leurs parents (1). Une ordonnance additionnelle de janvier 1564 (2) voulut interdire absolument tous
les dons et tous les cadeaux plus ou moins déguisés offerts
aux présidents et aux conseillers envoyés en commission;
elle crut y arriver en intimant aux plaideurs l'ordre de ne
plus leur payer les dépenses de séjour, et aux greffiers,
ou à leurs clercs, de refuser un salaire plus élevé que
celui fixé par les règlements, à peine de payer une
amende quatre fois plus élevée que la somme reçue.

Dans ces interdictions nombreuses, et d'ailleurs bien
vaines, n'était pas comprise la gracieuse *baillée des roses*,
ni le don des chapeaux aux membres du Parlement par
les Pairs de France, la veille de la Pentecôte, au mois de
mai ou de juin. Cet usage, dont on trouve peu d'exemples
dans les registres de la cour, fut quelquefois la cause de
procès entre les pairs qui se disputaient la préséance
pendant la cérémonie (3).

Exemptions et privilèges. — Pour rendre la vie moins
coûteuse, compenser la modicité des gages et permettre
d'attendre les paiements si souvent retardés, aux dons,

(1) Isambert, *op. cit., loc. cit.*, p. 63. Cf. Ordonn. de Moulins, février
1566, art. 19, *Ibid.*, p. 189.

(2) Isambert, *loc. cit.*, art. 32, p. 160.

(3) Grün, *Notice sur les archives du Parlement*, chap. xiii, p. clxx, *loc.
cit.* Il cite le texte suivant : « 3 juillet 1575 : aujourd'hui ont été présentés à
la cour les roses et chappeaux de la part du duc et duchesse de Paintlèvre,
pair de France ». On ignore l'origine de la baillée des roses et pourquoi elle
fut supprimée en 1586. Cf. Lot, v° *Baillée des roses*, dans le *Dictionnaire
historique de la France* de Ludovic Lalanne. — Cf. aussi Sauval, *Histoire
et recherches des antiquités de Paris*, 1724, in-f°, t. II, liv. VIII, p. 446.
G. Ducoudray (*Origines du Parlement de Paris*, p. 176) cite cet ordre
de payer à « Marguerite la mercière », marchande de roses et de fleurs, pour
4 douzaines 1/2 de bouquets de giroflées, à 12 sous parisis la douzaine, 7 bouquets écrits (?) de giroflées à 5 s. par la pièce, un grand bassin plein de
violettes, des roses blanches à 4 sous ; en tout 4 livres parisis 13 sous parisis ;
fleurs qui ont été distribuées aux présidents et conseillers du Parlement et
autres officiers du roi, la veille de la Pentecôte (an. 1496). — La Roche Flavin,
op. cit., liv. X, chap. 27, cite aussi un débat de préséance au sujet de la baillée
des roses, le 17 juin 1541, entre le duc de Montpensier, pair de France, et le
duc de Nevers, pair aussi. Cf. Girard et Joly, *op. cit.*, liv. I, add., p. lxxvii,

pensions et cadeaux, venaient s'ajouter pour les membres
de la grande cour souveraine des exemptions de charges,
de taxes et des privilèges d'une réelle importance. Nombreux sont les édits, lettres et déclarations qui exemptent
les clercs des décimes et contributions imposées sur les
bénéfices du royaume (1). En outre, clercs et laïques jouissaient : de l'exemption de la gabelle pour le sel nécessaire à leur consommation (2); de la dispense du ban et de
l'arrière-ban (3); du privilège de ne loger ni la suite du
roi ni les gens de guerre ou du guet, de pouvoir refuser
des tutelles, de ne payer aucun droit pour la confirmation
de leurs offices, de ne pas subir la saisie sur les épices ou
sur les gages (4). Ces exemptions et privilèges n'étaient
pas nouveaux : à son avènement, chaque prince les renou-
velait, en confirmant dans leurs charges les magistrats
des cours souveraines.

François 1er continuait encore la tradition, quand il
demandait au pape Paul III la confirmation des bulles
d'Eugène IV (mai 1431, 18 mars 1434, 18 mai 1438) relatives aux grâces expectatives en faveur du chancelier, des
maîtres des Requêtes de l'Hôtel, des présidents, des conseillers, greffiers, des quatre notaires-secrétaires et du
premier huissier du Parlement de Paris (5).

(1) Arch. nat., Xᴵᵃ 8611, fᵒ 279, 5 janvier 1519; Xᴵᵃ 8612, fᵒ 375, 25 juillet
1535; Xᴵᵃ 8613, fᵒ 38 vᵒ, 28 mai 1537. — *Catal. des actes*, nᵒ 1901,
24 septembre 1523; 6842, 5 mars 1534. — Isambert, *op. cit.*, t. XIII, p. 18,
19 mai 1547; p. 514, 8 décembre 1558.

(2) Arch. nat., Xᴵᵃ 8611, fᵒ 325 vᵒ, 12 décembre 1520.

(3) Arch. nat., Xᴵᵃ 8613, fᵒ 279, 21 juin 1541.

(4) Sur ces exemptions, v. La Roche Flavin, *op. cit.*, liv. X, chap. 7, 8, 9, 10;
Isambert, *op. cit.*, t. XIV, p. 53, 31 août 1560; Girard et Joly, *op. cit.*,
t. I, *additions* au liv. I, p. xcix. — Cependant, quand la situation financière
devenait trop mauvaise, le roi se réservait le droit d'imposer aux membres
du Parlement une taxe extraordinaire pour frais de guerre; ainsi, le 21 avril
1544 (cf. Arch. nat., Xᴵᵃ 1552, fᵒ 441 vᵒ), le Parlement protestait pour le
principe, faisait ses réserves pour l'avenir et payait.

(5) La confirmation papale est du 10 juin 1538. Cf. Arch. nat., Xᴵᵃ 8613,
fᵒˢ 147 vᵒ, 225 vᵒ, 260 ; Girard et Joly, *op. cit.*, t. I, p. 208, 209 et *additions* au liv. I, tit. XIX, p. clxxiii, clxxiv; Dupuy, *Commentaire sur la*

Bientôt le roi fit paraître un rôle des nominations contenant les noms des « indultaires » et « des prélats, patrons et collateurs sur lesquels ils sont nommez selon l'Indult à eux octroyé par nostre S.-Père le Pape » (1). Ce droit fut abrogé par le concile de Trente ; mais on sait que ce concile ne fut pas admis en France. On sait aussi qu'en vertu de ce privilège les membres du Parlement, mentionnés dans l'indult, devaient être nommés aux premiers bénéfices vacants et, à leur place, ils pouvaient désigner d'autres personnes, « parce que les laiz peuvent au lieu d'eux en faire nommer d'autres capables de tenir bénéfice » (2). François I⁰ʳ favorisa encore ses fidèles « officiers de justice », en décidant qu'à l'avenir ceux d'entre eux que désignerait l'indult pontifical seraient pourvus de préférence aux simples gradués, et même aux gradués proposés par les Universités (3).

En 1542, 1543 et 1558, de nouvelles déclarations royales rappelèrent les dispositions de l'indult d'Eugène IV (4).

Une autre faveur spéciale et bien naturelle permettait aux membres du Parlement de gagner « les fruits de leurs prébendes pendant le service qu'ilz font au Roy au Parlement » tout en demeurant à Paris ; « cela s'entend

traité des libertés de l'Eglise gallicane de Mˢ Pierre Pithou, 1715, in-4°, t. II, p. 175 et s. Le premier huissier ne figurait pas à l'origine sur la liste ; le Parlement demanda son adjonction ; cf. Girard et Joly, *loc. cit.*, p. 207.

(1) Cf. *ibid.*, fᵒˢ 175 à 181 : « le rôle faict par ordonnance du Roy contenant les noms des chancelier, présidens, conseillers et autres officiers de sa court de Parlement et des prélats, patrons et collateurs sur lesquels ils sont nommez selon l'indult à eux octroyé par N. S. Père le Pape, 22 août 1539 ».

(2) Girard et Joly, *op. cit.*, *loc. cit.*, p. 207 à 210 et additions, p. CLXXIII. Cf. La Roche Flavin, *op. cit.*, liv. X, chap. 21.

(3) 1544, 13 mars ; Arch. nat., X¹ᵃ 8613, fᵒ 333, X¹ᵃ 8614, fᵒ 160 ; Girard et Joly, *op. cit.*, *loc. cit.*, p. 210 ; Laurent Jouet : *La jurisprudence du Palais réduite en maximes tirées et compilées du droit et des arrests des ordonnances et de la coustume de Paris*, maxime XLIV, p. 51, Paris, J. Guignard, 1676, in-4° ; L. Charondas le Caron, *Mémorables ou observacions de droict français rapporté au romain civil et canonic*, Paris, Jamet Mettayer et P. L'Huillier, 1601, in-4°, p. 170, vᵒ *Indult*.

(4) Girard et Joly, *op. cit.*, *loc. cit.* ; Félibien, *op. cit.*, *Preuves*, t. III, p. 285 ; Dupuy, *op. cit.*, t. II, p. 185.

des gros fruits et non des distributions manuelles » (1).

La renommée, la considération, les honneurs et les privilèges des membres des cours souveraines de justice contribuèrent à accréditer cette opinion, sans fondement sérieux, que présidents et conseillers devenaient nobles par le seul fait de leur réception; Loyseau invoquera même des arrêts pour justifier cette manière de voir. Les offices du Parlement, disait-il, « sont à bon droit tenus pour nobles » (2). A vrai dire, la conclusion tirée de ces arrêts est exagérée, et si beaucoup de présidents et de conseillers du Parlement reçurent des lettres de noblesse (3), le fait seul d'être reçu ne conférait pas l'anoblissement.

Au cours du XVI° siècle — comme aux siècles précédents, — plusieurs membres du Parlement eurent l'honneur d'être appelés au Conseil du roi, et Michel de l'Hospital déclarait qu'ils étaient tous conseillers du roi, même pour les grandes affaires d'État, dès qu'il plaisait au prince de les appeler à son Conseil (4).

Aussi bien tous ces loyaux magistrats jouissaient d'une grande considération, et inspiraient un respect qui ne le cédait qu'à celui dû au roi dont ils étaient toujours censés, dans l'exercice de leurs fonctions, représenter l'auguste personne; malheur à celui qui leur manquait de déférence : il était sévèrement puni (5). Le puissant Concini lui-même en fit la dure expérience (6).

---

(1) Girard et Joly, *op. cit.*, *additions*, au liv. I, p. cci; Laurent Jouet, *op. cit.*, maxime LXIX; La Roche Flavin, *op. cit.*, liv. X, chap. 37.

(2) Loyseau, *Traité du droit des offices*, chap. ix, n° 23, arrêts de 1540, 1546, 1573, dans les *Œuvres complètes*, in-f°, Paris, Villac, 1640. — Cf. Girard et Joly, *op. cit.*, *additions* au liv. I, p. xcviii, xcix. — La Roche Flavin, *op. cit.*, liv. X, chap. 5; il cite les arrêts visés par Loyseau, plus un arrêt du Conseil d'État de 1602 pour le Dauphiné.

(3) Cf. 1517, avril : lettres de noblesse accordées au conseiller André Porte dans *Cat.* cité, n° 16378. Porte fut reçu conseiller le 16 août 1508 (Blanchard, *Catal.*, p. 43).

(4) N. Valois, *op. cit.*, *loc. cit.*, p. 9, note 3.

(5) Aubert, *op. cit.*, t. I, p. 122 à 126.

(6) Le 4 mai 1610, il voulut entrer couvert, et avec ses éperons dorés, dans

Un jacobin qui avait prêché publiquement à Saint-Séverin « contre l'honneur du Parlement » (1), et un plaideur qui avait insulté un conseiller, à son domicile, devant son clerc, « en jurant et blasphémant le nom de Dieu », en eurent la preuve (2).

Entre eux et à l'audience, les membres de la cour devaient aussi se respecter (3).

Dans les cérémonies publiques, ces graves personnages réunis en corps occupaient, nous l'avons vu, un rang spécial. Un édit d'avril 1557 leur reconnaissait la prééminence même sur la chambre des Comptes; mais, au mois d'août suivant, un nouvel édit revint à l'ordre établi en 1523 par François Ier, c'est-à-dire que ces deux grandes cours souveraines marcheraient après le roi et son entou-

une chambre des Enquêtes, qui se tenait alors momentanément aux Grands-Augustins. Les huissiers lui ôtèrent chapeau et éperons. Concini et le Parlement portèrent plainte au roi qui éconduisit Concini. Cf. E. Fayard, *Aperçu historique cité*, t. I, p. 512. — L'Estoile, *Journal de Henri IV*, t. IV, p. 20.

(1) 1547, 10 décembre : Arch. nat., X^{ia} 1561, f° 89. — Pour avoir mal parlé d'un conseiller, en sortant de l'église, un prêtre est arrêté. Cf. La Roche Flavin, *op. cit.*, liv. X, chap. 1, n° 1 (28 mai 1560). Cf. *ibid.*, liv. XIII, chap. 72, n° 2.

(2) 1548, 21 août. *Ibid.*, X^{ia} 1563, f° 317. Le conseiller était M° Antoine Senneton; le coupable, Guillaume Petit, fut condamné à une amende de 10 livres parisis envers le roi et s'il ne fut pas noté d'infamie, c'est que le fait ne s'était produit ni en public, ni à l'audience. — Le fait de ne pas obéir aux injonctions des présidents était aussi puni : arrêt du 8 septembre 1566, pour un accusé qui n'avait pas assez vite obéi à l'ordre de s'asseoir. La Roche Flavin, *op. cit.*, liv. XIII, chap. 72, n° 10. Senneton, docteur en droit, épousa la fille aînée de Guillaume Millet, médecin ordinaire du roi. A cause de ce mariage, il obtint, le 20 janvier 1547, des lettres de provision pour avoir l'office de conseiller lai de feu Jean de Longuejoue, et fut reçu le 1er mars; cf. *Catal. des actes*, n° 15505; Arch. nat., X^{ia} 1559, f° 254.

(3) En 1548, il se produisit un pénible incident ; au dire du procureur général et du conseiller Pierre Viole, le conseiller François Thomas aurait déclaré à la chambre des Requêtes et devant la Grand'Chambre, le lendemain de Pâques, « que sa femme, fille dudit Viole, estoit la p.... de la court ». D'où procès, puis enquête, mais celle-ci ne fut pas à l'honneur de la dame. Cf. Arch. nat., X^{ia} 1562, f° 6, 1er avril; X^{ia} 1563, f°° 362, 555, 30 août et 17 octobre. Thomas avait été reçu conseiller le 20 septembre 1543 à l'office de Viole qui avait résigné pour lui. Arch. nat., X^{ia} 1551, f°° 391, 496.

rage, sur le même rang, le Parlement à droite et la
chambre des Comptes à gauche (1).

Mais, mieux que la gravité de leurs fonctions, que la
faveur méritée du prince, les services rendus à l'État par
le Parlement, depuis sa création, contribuaient à lui
conserver la considération et la popularité de bon aloi
dont il jouissait et dont il jouira jusqu'au début du
xviii° siècle. Rappeler ces services entraînerait à refaire
l'histoire administrative et politique de cette période
agitée; quelques exemples suffiront à prouver que les
magistrats du xvi° siècle maintenaient dignement les
traditions de leurs devanciers. En parcourant le *Catalogue des actes de François Ier*, on est étonné de la quantité de mandements adressés au Trésorier de l'Épargne
dans le but de rembourser aux membres des diverses
chambres les sommes avancées et les objets précieux
mis en gage, ou donnés même, pour subvenir aux frais
des guerres alors si nombreuses (2), et souvent ces remboursements n'eurent lieu que bien des années après
l'avance ou le prêt. Cette générosité se manifesta encore
davantage, quand il fallut trouver l'argent de la rançon
du roi fait prisonnier à Pavie. En 1529 (12 février), le
prévôt et les échevins se plaignirent que les Parisiens
faisaient quelques difficultés pour achever de payer la taxe
de 150.000 livres tournois [réduite par François Ier à

(1) Cf. Isambert, *op. cit.*, t. XIII, p. 483; Girard et Joly, *op. cit.*, t. I,
additions au liv. I, p. xcv, xcvi, xcvii.

(2) Au président Poillot, aux conseillers Robert Thiboust, Nicolas Hennequin, Nicolas Brachet, Étienne de Montmirail, Guillaume de Vaudetar,
Robert Dauvet, aux héritiers de M° Jacques Mesnager; *Catal. cit.* en
1521-1522 et vers 1534, n°° 27854 à 27856, 28207 à 28210, 28810. En septembre 1521, François Ier avait demandé qu'on portât aux Maîtres des mon-
naies la vaisselle d'argent pour la convertir en espèces : nul ne fut exempté
de cet emprunt forcé. V. *Journal d'un bourgeois de Paris sous le règne
de François Ier*, éd. Bourrilly, p. 112. — *Chronique parisienne de
Driart*, éd. cit., loc. cit., p. 70; *Livre de raison de M. N. Versoris*, p. 20,
n° 57 : Versoris blâme la mesure, « car exaction indue et de novel créé ne peult
plaire ou aggreer ou peuple ».

100.000 écus soleil], imposée à cette fin. Le Parlement s'empressa d'annoncer que tous ses membres offraient immédiatement de contribuer et dans une proportion considérable : les quarteniers, chargés de percevoir la taxe, n'avaient qu'à se présenter. Au nombre de ces quarteniers, l'assemblée de la ville désigna des présidents des trois cours souveraines et trois conseillers du Parlement (1). Quelques années plus tard, les magistrats se taxent eux-mêmes pour entretenir 300 hommes de pied destinés à l'armée de Picardie; il est vrai qu'à la nouvelle de l'échec des Impériaux devant les murs de Péronne, le greffier des présentations, Nicolas Avrillot, reçut l'ordre de rendre à chacun la somme versée, parce que l'envoi de renforts devenait inutile (2); mais l'acte n'en avait pas été moins méritoire.

Cette générosité se manifestait aussi à l'égard des malades des hospices (3). Souvent encore la charité de la noble cour ne s'exerçait pas d'une façon personnelle : elle prélevait ses libéralités sur le produit des amendes et des exploits de justice (4). Elle relâchait de temps

(1) Ces présidents étaient le Viste du Parlement, Briçonnet de la chambre des Comptes et le Coq de la cour des Aides. Cf. *Livre de raison de M⁰ N. Versoris*, éd. cit., p. 211, n° 389. Le 30 décembre précédent, le prévôt de Paris avait montré à la cour un rôle envoyé par le roi « où sont mentionnéz plusieurs des présidens, conseillers et autres officiers de la court, contenant les sommes que le dit seigneur demande luy estre prétées par chacun d'iceux, particulièrement pour luy aider à fournir sa rançon et redempcion de messeigneurs ses enfans.... et que ceulx qui vouldront fere le dit prest au dit seigneur viennent devers luy, et qu'il a charge de le recevoir et leur fere bailler bonne seureté d'en estre remboursé bientôt ». Le Parlement décida que ce prêt serait fait individuellement et non pas « en général *nomine curie* ». Arch. nat., X¹ᵃ 1533, fᵒˢ 46, 47 v°.

(2) Arch. nat., X¹ᵃ 1539, fᵒ 588, 23 septembre 1536.

(3) 1584, 28 septembre : les présidents et les conseillers s'engagent à prêter chacun deux écus soleil sur leurs gages pour venir en aide aux hôpitaux, tant que durera la peste. Arch. nat., X¹ᵃ 1688, à la date.

(4) 1515, 5 septembre : le Parlement enjoint à Hervé de Kaerquifinem, son receveur des exploits et amendes, de donner aux frères mineurs de Paris 50 livres par. « pour subvenir à leur pauvreté » et, « à cause de la mortalité qui a esté au dit couvent » ; à la charge pour eux de prier pour le roi.

en temps les pauvres prisonniers retenus, parce qu'ils n'avaient pas payé les amendes encourues pendant un procès; elle leur faisait remise de l'amende, et la condition qu'elle y mettait — de payer quand la fortune viendrait les visiter — ressemble fort à un acte charitable à une époque où le fisc se faisait gloire d'être rigoureux (1).

La caisse des amendes et exploits de justice constituait une sorte de réserve où le roi venait lui aussi, et souvent, puiser pour récompenser de bons serviteurs ou leurs veuves (2), ses valeureux capitaines (3), son confesseur (4), ou bien encore des magistrats (5), leurs veuves (6), le médecin chargé de visiter à la Concier-

Arch. nat., Xᴵᵃ 1517, fᵒ 298 vᵒ. — 1543, 12 décembre : Le Parlement fait payer 40 s. par. à Laurent Artaut, donneur d'eau bénite à la Sainte-Chapelle, parce qu'il est pauvre et parce qu'il nettoie les marches de la Sainte-Chapelle. *Ibid.*, Xᴵᵃ 1552, fᵒ 63.

(1) 1520, 8 août : Le Parlement accorde à Ysabeau Lestart, pauvre femme, remise de l'amende de 60 liv. parisis à laquelle le 21 juillet elle avait été condamnée pour fol appel, et il la délivre de la prison qu'elle avait encourue pour non-paiement de cette amende, à la condition qu'elle paiera si elle arrive jamais « ad pinguiorem fortunam ». Arch. nat., Xᴵᵃ 1522, fᵒ 274. *Catal. des actes cité*, nᵒ 7119, 10 juin 1534.

(2) 1527, 6 mars : à Louise Poussart, veuve du seigneur d'Aigreville, 1565 liv. t. en considération des services de son mari; 16 mai : à Jean Guespin, ancien huissier de bouche du roi, 75 liv. t. pour services rendus à Louis XII; 1528, 27 août, même somme à Eustache de Villars, chevaucheur de l'écurie royale; vers 1531, à Guillaume Oriot, bâteur de la cuisine de bouche du roi, 30 écus d'or soleil. V. *Catal. cité*, nᵒˢ 19066, 2666, 3122 27919.

(3) 1528, 24 juin · à Antoine de la Rochefoucauld, seigneur de Barbezieux, en récompense de ses services à l'armée navale du Levant, 5.000 liv. t.; 13 septembre : à François d'Orfeuille, capitaine de Saulx-le-Duc, blessé à Pavie : 3.000 liv. t. — Entre 1532 et 1536 : 2.000 liv. par. au comte de Saint-Pol; — 1542, 28 février : 1000 liv. t. à Michel de Vuuldrey, chevalier, capitaine de Laon, l'un des cent gentilshommes de la Maison du roi. V. *Catal. cité*, nᵒˢ 5027, 3166, 12348, 26722.

(4) 1528, 28 août : 75 liv. t. à Louis Chautereau, son confesseur ordinaire. *Catal. cité*, nᵒ 3104.

(5) 1528, 15 septembre : au conseiller Guillaume de Meiapeny : 75 liv. t. *Ibid.*, nᵒ 3188.

(6) 1527, 25 février . confirmation pour dix ans, à compter du 1ᵉʳ janvier

gerie du Palais les prisonniers malades(1), les hospices (2) et les communautés hospitalières, telle celle des Filles-Dieu de Paris (3).

Quelquefois, c'était l'amende infligée spécialement à tel plaideur déterminé qui se trouvait affectée à une donation (4). De modestes serviteurs recevaient, eux aussi, de semblables libéralités pour se constituer une dot ou bien pour payer les frais de noce(5). Enfin quelquefois « le don et la remise » d'une amende de justice à quelqu'un auquel le roi s'intéressait, soit à cause des services rendus, soit à cause de son grand mérite, constituaient encore une faveur appréciée (6) ; mais, en 1546, François Ier déclara qu'à l'avenir la remise d'une amende

précédent, à Geneviève Boulanger, veuve du président François de Loynes, de 4 amendes ordinaires de 60 liv. par. chacune, accordées par Charles VIII et Louis XII ; confirmation renouvelée le 4 mars 1528. *Ibid.*, n°s 19039 et 2894.

(1) 1531, 24 juin : à Louis Braillon, docteur en médecine, chargé de cette visite : 100 liv. t. chaque année, y compris les 50 liv. qu'il prélevait déjà sur le produit des amendes et des exploits. *Catal. cité*, n° 4111. Ce don constituait peut-être des honoraires.

(2) 1528, 14 juin : à l'hospice des orphelins du Saint-Esprit, 75 liv. t. ; ce don sera remis aux gouverneurs de l'hôpital, savoir : Jean Briçonnet, président de la chambre des Comptes, et Jacques Charmolue, changeur du Trésor, *Ibid.*, n° 3014.

(3) 1516, 19 octobre ; 1521, 11 janvier ; 1529, 22 décembre : quatre amendes ordinaires de 60 liv. par. pendant cinq ans ; 1530, 7 août : pour dix ans ; 1537 et 1548 (11 janvier), pour 6 ans. *Ibid.*, n°s 531, 1297, 3486, 3753, 8728, 12282.

(4) 1528, 17 septembre : don à François de la Chasserie, seigneur de la Cour-des-Bois, de 1062 liv. 10 s. t. à prendre sur l'amende de 1860 liv. par. infligée par arrêt de la cour à Jacques et à Jeanne d'Arbouville ; — 1531. 12 mars : à Pierre des Monts, sommelier de la panneterie de bouche de Madame, 76 liv. t. à prendre sur l'amende due par Etienne du Breuil. *Ibid.*, n°s 3176, 3885.

(5) Vers 1534 : 375 liv. t. à Hector Hoston, archer du prévôt de l'Hotel de Ville, à cause de son mariage avec la fille de la Chatardière, demoiselle de chambre de l'amirale. *Ibid.*, n° 28923.

(6) Vers 1531 : à Racine, l'un des cent gentilshommes de la Maison du roi ; 1546, 29 juin : à Oronce Finé, lecteur royal ès mathématiques, *ibid.*, n°s 27198, 15153 ; — 1546, 9 avril, à Pierre du Gard, ancien tapissier du roi. *Ibid.*, n° 14986.

ne s'élèverait jamais au delà de la moitié de cette amende (1).

Dépens. — On pouvait obtenir remise des amendes, mais non pas des dépens, car ceux-ci revenaient aux plaideurs, lesquels, le cas échéant, se les répartissaient proportionnellement (2). La taxe des dépens s'opérait sans appel et en présence des procureurs des parties plaidantes (3); on évitait de compter les voyages et les audiences inutiles, car on ne devait taxer que les dépenses nécessaires (4). En cas de reprise d'un procès, la partie condamnée payait, avec les siens propres, les dépens de celui auquel elle succédait dans le procès (5).

La taxe pour la suite d'un évêque comptait 7 hommes et 7 chevaux; 4 pour un chevalier ou un conseiller du Parlement; à raison de 20 sous par jour par homme et par cheval (6); mais le juge taxateur devait toujours avoir égard à la qualité des parties (7).

CHAPITRE VII

Avocats, procureurs et solliciteurs au Parlement.

Avocats au Parlement. — Les avocats au Parlement de Paris continuent à être soumis aux anciens règlements : l'inscription au rôle ou tableau n'a lieu qu'après la prestation du serment d'usage, la constatation de l'âge requis, de la capacité physique et intellectuelle, de l'ho-

(1) 1546, 31 juillet : *Ibid.*, n° 15249.
(2) Papon : *Recueil cité*, 6° édit., liv. XVIII, tit. II, n° 1 : 15 juillet 1584. — Cf. arrêt du 12 mars 1535 dans E. Cavet, *Le stile de la Cour du Parlement de Paris*, 1615, liv. III, tit. 16, p. 496.
(3) Papon, *op. cit.*, *loc. cit.*, n° 30; 30 avril 1521.
(4) *Ibid.*, n° 22; août 1523.
(5) 1566, 7 avril : Cavet, *op. cit.*, p. 500.
(6) Papon, *loc. cit.*, n° 12; 21 mars 1581. Cavet, *op. cit.*, p. 506.
(7) Papon, *loc. cit.*, n° 12 : 21 mars 1581.

norabilité et d'un stage. Avant l'inscription, il fallait encore acquitter le droit destiné à assurer la perpétuité de la messe dite chaque jour dans la grande salle. Avec les procureurs, les avocats formaient une confrérie de Saint-Nicolas dont la fête était célébrée par une messe chantée dans cette grande salle et par une assemblée générale suivie d'un banquet; une cotisation annuelle servait aussi à l'entretien de la confrérie (1). Exceptionnellement, on pouvait être inscrit à dix-sept ans (2).

Depuis longtemps, l'usage s'était établi que les futurs avocats eussent le grade de licenciés en droit civil ou en droit canonique (3). Par complaisance, sur la recommandation d'avocats anciens et renommés (4) ou sur la simple présentation des lettres de licence, des candidats se virent dispensés de l'examen prescrit (avant la prestation de serment) pour constater leur capacité intellectuelle; c'était un abus; aussi, le 1ᵉʳ octobre 1555, l'avocat du roi, Denis Riant adressa d'énergiques remontrances à ce sujet, et le Parlement, par un arrêt renouvelé le 1ᵉʳ déc. 1556, rappela la nécessité absolue des grades et de l'examen. En outre, pour mieux assurer le contrôle, il

(1) Delachenal, *op. cit.*, chap. 1, p. 18 à 22, 27, et *pièces justificatives*, nᵒ VII : arrêt du 17 décembre 1565. — En 1519 (2 mai), la Grand'Chambre ordonne « que les avocats et procureurs d'icelle seront contraincts par le premier huissier à payer leur confrérie par prinse de leurs chapperons, chappaulx et cornettes ». Arch. nat., Xᴵᵃ 1521, fᵒ 180 vᵒ.

(2) La Roche Flavin (*op. cit.*, liv. III, chap. 1, nᵒ 23) dit qu'il fut reçu avocat à dix-neuf ans, et qu'on pouvait l'être à dix-sept. Il put ainsi être reçu conseiller au présidial de Toulouse à vingt-deux, « ayant trouvé des amis qui me prestèrent plus volontiers des années que n'eussent faict des escus ». Charles Loiseau, fils de l'avocat au Parlement Renaud Loiseau, fut reçu avocat à la cour à vingt ans (en 1586) : *Éloge de Charles Loiseau* dans *Indice alphabétique des avocats d'Antoine Loisel*, p. 702. 708, dans les *Divers opuscules recueillis par Claude Joly*, 1651, in-4ᵒ.

(3) Cf. La Roche Flavin, *op. cit.*, liv. III, chap. 2, nᵒ 16.

(4) 1553, 10 avril : « Mᵉ Pierre Mynard, licencié ès loix, filz de Mᵉ Anthoine Mynard, président en la court de céans, a esté receu à l'estat d'advocat en la dite court, et a faict le serment en tel cas requis et accoustumé après avoir esté présenté et certiffié par Mᵉ François Delaporte, advocat ». Arch. nat., Xᴵᵃ 4953, fᵒ 7, cité par Delachenal, *op. cit.*, p. 15.

décida encore, le 19 novembre 1565, que les futurs avocats communiqueraient à l'avenir leurs titres au procureur général et à un des conseillers commis à les examiner (1). Enfin la réception devait être précédée d'une requête favorable d'un avocat ancien et considéré (2).

Les avocats reçus étaient inscrits au rôle, appelé matricule, puis tableau, dans l'ordre de leur réception. Au XVI° siècle, l'admission des nouveaux avocats au nombre des avocats plaidans est prononcée, d'accord avec le Parlement, par les gens du roi. Les stagiaires, appelés aussi avocats écoutans, ne pouvaient occuper aux audiences que le second banc, le premier restant réservé aux maîtres inscrits comme plaidant et le troisième aux anciens avocats qui donnaient surtout des consultations, et qu'on désignait pour ce motif du nom d'avocats consultants (3). Ces bancs, ainsi que les sièges de la grande salle, loués aux avocats, procuraient un réel profit au personnage, à la fois bailli et concierge du Palais, qui en avait la concession (4).

Après la conjuration d'Amboise, qui révéla jusqu'où

(1) Papon, *op. cit.*, liv. VI, tit. 4, n° 1. — La Roche Flavin, *op. cit.*, liv. III, chap. 2, n° 16. — Surtout Delachenal, *op. cit.*, p. 17 : il cite le cas intéressant de M° Martin Garsault qui passa un piteux examen devant la commission : « adeo frigide respondit ut eciam ignoret et terminos juris » ! — Cf. *ibid.*, pièces justificatives, n° II.

(2) Delachenal, *op. cit.*, p. 15.

(3) Delachenal, *op. cit.*, p. 25 et chap. v. — Arrêt de règlement du 18 novembre 1580 : les avocats qui s'asseyaient sur les bancs plus élevés que ceux auxquels ils avaient droit se voyaient enlever leur chaperon. — La Roche Flavin (*loc. cit.*, chap. II, n°° 1, 2) compare les jeunes avocats écoutans à des fleurs qui vont fructifier, les plaidans à des fruits, les consultans à des fruits en pleine maturité et qui, « ne pouvans longtemps arrester sur l'arbre, sont réservés pour les maisons... ». Il énumère en détail les qualités requises pour faire un bon avocat, et donne de sages conseils. Cf. *ibid.*, liv. III, chap. II, n°° 2 à 15, 17 à 21, chap. III, IV. — Liv. IV, chap. I, n°° 106 à 145.

(4) 1587, 11 septembre : don à Nicolas Berthereau, bailli et concierge du Palais, de 600 liv. par, sur l'ordinaire de Paris, avec jouissance des places, bancs et sièges des procureurs et des avocats en la grande salle dudit Palais. V. *Catal. des actes*, n° 21832.

irait l'audace des réformés, le Parlement devint plus rigoureux au sujet de la religion de ses membres; et, naturellement, il exigea des avocats qu'ils fissent — comme les conseillers — publiquement dans la Grand'-Chambre profession de foi et de religion catholiques (10 juin 1562); à la requête de l'avocat du roi, Du Mesnil, il leur défendit aussi (12 juin) de conserver des clercs ou des serviteurs hérétiques. Six ans plus tard, fut rendu un arrêt encore plus sévère : tout avocat qui, en prêtant le serment professionnel, ne promettait pas de pratiquer la religion catholique romaine, serait rayé du tableau et privé de son office. A vrai dire, le Parlement lui-même ne semble pas avoir attaché une grande importance à cet arrêt comminatoire (1).

Le nombre des avocats dépassait alors le chiffre de 400; d'ailleurs il ne fut jamais limité, et on le trouvait déjà excessif (2) : « Il y a une quantité innombrable d'avocats, disait, le 18 juillet 1581, un étranger de passage à Paris (3), dont beaucoup sont des plaideurs diserts et nés, pour ainsi dire, pour la procédure »; et il distingue « les plus jeunes qui écoutent; ceux qui, plus avancés et dont on voit déjà une moisson en herbe, interviennent dans les procès et font l'ornement de la justice par leur faconde; les plus âgés enfin, ne pouvant plus parler, donnent des consultations ».

L'avocat inscrit au Parlement pouvait plaider devant toutes les juridictions comprises dans le ressort, et son titre ne l'empêchait pas de remplir, en dehors des audiences, les fonctions de lieutenant de prévôt de Paris,

---

(1) Delachenal, *op. cit.*, p. 29 à 31 ; 399 avocats signèrent la profession de foi, les 10 et 12 juin.

(2) Delachenal, *op. cit.*, p. 28. — Loisel (*Divers opuscules recueillis*, par Claude Joly, p. 574-575), dans le *Dialogue des avocats*, en cite 88, et on sait qu'il ne parle que des plus fameux ; à la suite il donne la liste des avocats en novembre 1599. — Cf. *Mémoires de Castelnau*, liv. I, chap. 4.

(3) *Description de Paris par Arnold van Buchel* au t. XXVI des *Mémoires de la Société de l'histoire de Paris et de l'Ile de France*, 1899, p. 85.

d'échevin ou de conseiller de la capitale, de conseiller au Châtelet ou à la chambre du Trésor, et encore d'auditeur à la chambre des Comptes. Il avait aussi le droit d'administrer les biens sous séquestre d'une abbaye, d'une communauté ou d'un mineur, mais il ne pouvait s'absenter de Paris, pendant la session, sans une autorisation spéciale de la cour (1).

Les avocats au Parlement ne constituent pas un corps privilégié, les faveurs qu'ils obtiennent leur sont personnelles et ne dépendent pas uniquement de leur titre d'avocat : « leur plus belle prérogative est de se rattacher au Parlement par des liens étroits... ils formaient la majeure partie de cette classe de légistes, de praticiens, dont est sortie presque toute l'ancienne magistrature française » (2).

Comme aux siècles passés, les seigneurs et les villes, les abbayes et les communautés, les universités et les corporations, entretiennent au Palais des avocats à

(1) Aubert, *Histoire du Parlement de Paris*, t. I, p. 206, 207. — 1544, 23 décembre : provisions à l'avocat au parlement Pierre Pignart (?) d'un office de clerc auditeur à la chambre des Comptes dans *Catal. cité*, n° 14280. — En 1572, l'avocat Guillaume le Clerc est échevin, et ses confrères, Philippe le Lievre et Jean le Breton, sont conseillers de la ville de Paris. V. *Registres des délibérations cités*, t. VII, p. 1, 4.

L'avocat Pierre de la Porte est nommé commissaire délégué du roi à la réformation de la forêt d'Orléans, en vertu de l'ordonnance du 21 mars 1516. Isambert, *op. cit.*, t. XII, p. 108. — Mᵉ Mathieu le Tur était prévôt de Pontoise (Delachenal, *op. cit.*, p. 160); il est vrai qu'il s'y rendait en deux heures (janvier 1506). En 1580, l'avocat au Parlement Guillaume Aubert obtint une charge de conseiller et avocat général du roi à la cour des Aides; il dut renoncer à plaider et se résigner à n'être plus qu'avocat consultant; mais pour augmenter ses émoluments, il obtint du duc de Mayenne, le 24 février 1592, la permission de plaider pour les parties dans les affaires où le roi ne serait pas intéressé. V. G. Fagniez : *Mémorial juridique et historique de Mᵉ Guillaume Aubert*, au t. XXXV (1909) des *Mémoires de la Société de l'histoire de Paris et de l'Ile de France*, p. 54-55.

(2) Delachenal, *cit.*, p. 161-162. — 1542, 12 janvier : Provision de l'office de procureur général au Parlement de Rouen pour François Morelon, avocat au Parlement de Paris. *Catal. des actes*, nº 32992. Il avait épousé Perrette Bouguier; il mourut le 12 avril 1553. Cf. Fl. Vindry, *op. cit.*, t. I, 2ᵉ fascic., p. 328, nº 345.

l'année, à honoraires fixes et annuels, appelés avocats
pensionnaires (1). M° Bochard fut ainsi pensionné par le
duc de Bourbon (2), M° Louis Anjorrant par Louise de
Savoie (3); M°° Pierre Séguier et Antoine Minard, en
1532, l'étaient par la ville de Paris, le premier au lieu de feu
M° Jacques Piedefer, le second au lieu de feu Bochard (4).
Trente ans plus tard, deux autres avocats fameux, Denis
du Mesnil, frère de l'avocat du roi, et Barnabé Brisson,
avaient ce titre honorifique, mais assez peu lucratif (5).
En 1582, la ville de Lyon pensionnait M° Antoine du Lac
et Christophe Sève (6). Le célèbre Loisel fut choisi comme
avocat « pensionnaire et conseil » par le duc d'Alençon
(à 5 écus 1/2 par jour), Catherine de Médicis, M°° d'An-
goulême, les Montmorency, la maison d'O, le chapitre
de N.-D. de Paris, l'ordre de Malte et plusieurs communautés (7). Le père de Charles Loyseau avait été avocat
pensionnaire de la duchesse de Valentinois, et celle-ci lui
en témoigna sa reconnaissance en acceptant d'être la
marraine de son fils (8).

Sans cesse en procès, l'Université de Paris n'avait pas

(1) Delachenal, *op. cit.*, chap. III.

(2) 1522, 11 août : Arch. nat., X¹ᵃ 4870, f° 408, et Delachenal, *op. cit.*,
p. 70.

(3) *Livre de raison de M° Nicolas Versoris*, éd. cit., p. 105, n° 8, an 1520.
Licencié ès lois, Anjorrant, sieur de Lutingy, devint conseiller laïque, puis, le
4 février 1520, président des Requêtes du Palais à la place de feu Jean de la
Haye. Il avait épousé Marguerite du Drac. Il mourut le 20 août 1529, et fut
enterré à Saint-Jacques en Grève. V. Arch. nat., X¹ᵃ 1522, f°° 46, 68 v°;
X¹ᵃ 1532, f° 408. Blanchard, *Catalogue*, p. 39, 48.

(4) Ils ne recevaient que 100 sous tournois par an. Cf. *Registres cités*,
Délibérations citées, t. II, p. 146, 150.

(5) *Registres cités*, t. V, p. 94.

(6) Delachenal, *op. cit.*, p. 268 et *Pièces justificatives*, n° XXX. Du Lac
touchait 3 écus et 1/3 d'écu soleil, soit 56 fr. 52.

(7) Cl. Joly, *Vie de Loisel* en tête des *Divers Opuscules*, éd. cit.,
p. XXVII. Eusèbe de Laurière, *Abrégé de la vie de M. Loysel*, en tête de
l'édition des *Institutes coutumières de A. Loysel*, éd. Dupin et Laboulaye,
t. I, p. LVI à LVIII.

(8) Loyseau, *op. cit.*, liv. III, chap. 3, p. 312, n° 46.

trop en 1599 de quatre avocats pensionnaires — et autant
de procureurs (1).

Les plaideurs pauvres, ou ceux qui n'avaient pu arrêter
le choix d'un avocat, demandaient au Parlement de leur en
désigner un dès le début du procès; il était toujours fait
droit à leur requête, et cette désignation d'office, devenue
rare au xviᵉ siècle, s'appelait : *distribution de conseil* (2).

A l'audience, installé sur un des bancs qui lui sont
spécialement réservés, l'avocat devait rigoureusement
respecter les règlements, l'ordre des présentations et de
l'inscription des causes sans chercher à devancer son
tour, se présenter à l'appel de sa cause, ne jamais être
en retard, parler décemment et brièvement en ne disant
que ce qui semblait utile, et porter le costume d'usage :
longue robe noire, manteau et chaperon fourré (3).

Hors de l'audience, par lui-même ou par ses clercs,
l'avocat rédigeait certains actes de procédure : demandes,
défenses, répliques et dupliques, contredits et salva-
tions; le résumé des plaidoiries était écrit par le greffier,
mais dans un délai de deux ou trois jours les avocats
pouvaient le voir et le corriger (4).

La grande ordonnance de mai 1579 (art. 161) obligea
les avocats — et aussi les procureurs — à signer les délibérations, les inventaires et toutes les écritures faites

(1) *Description de Paris par Thomas Platter le jeune, de Bâle* (*Mémoires
de la Société de l'histoire de Paris et de l'Ile de France*, t. XXIII, p. 185).
(2) Delachenal, *op. cit.*, chap. iv. Cf. Arch. nat., X¹ᵃ 4971, f° 38 v°,
12 juillet 1558.
(3) Delachenal, *op. cit.*, chap. v. Cf. Ordonnances des 13 janvier 1539,
août 1539 (art. 42, 44); arrêts des 4 janvier 1536, 18 décembre 1587,
25 mai 1576, dans Girard et Joly, *op. cit.*, t. I, p. 156 à 160, 165 à 170.
Arrêt de règlement du 13 novembre 1560 : Arch. nat., X¹ᵃ 4948 à la date.
(4) Delachenal, *op. cit.*, chap. vii. Un arrêt de règlement du 10 décembre
1568 décide que la *Requête civile* ne s'obtiendrait plus qu'avec une consultation de 3 ou 4 avocats signée par eux. Les moyens invoqués seraient
communiqués aux gens du roi avant la plaidoirie, et les avocats qui auraient
donné la consultation devraient assister celui qui plaiderait ladite requête.
Cf. F. de Jouy, *Arrêts et règlements recueillis et mis en ordre*, vᵒ *Requête
civile*, p. 577. Paris, Durand et Pissot, 1753, in-4ᵒ.

pour leurs clients, puis, au-dessous de leurs signatures, à
inscrire et à parapher eux-mêmes la somme reçue en
honoraires (1). Jusqu'en 1602, cet article, susceptible
d'amener des critiques malveillantes, ne fut pas appliqué.
Le 11 mai de cette année, un malencontreux arrêt du
Parlement voulut le mettre en vigueur : mais, le 15, les avocats refusèrent de s'y conformer. Le Parlement déclara
(18 mai) que ceux qui refuseraient d'obéir seraient rayés
de la matricule, et presque tous préférèrent se démettre.
Devant cette grève, les plaidoiries cessèrent (21 mai);
heureusement qu'une déclaration royale, tout en confirmant, le 25, l'arrêt incriminé, rendit aux avocats rayés
le droit d'exercer à nouveau. La paix fut vite rétablie,
quand on vit que l'arrêt demeurait ainsi lettre morte (2).
Comme les plaidoiries, ces écritures devaient être brèves,
ne contenir que l'indispensable. Au Palais et au dehors,
l'avocat restait toujours tenu d'obéir au Parlement ; celui-
ci conservait le droit de le surveiller, de le réprimander,
même de le mettre à l'amende, de prononcer sa suspension et de taxer ses honoraires ; en revanche il le protégeait, rendait hommage à son mérite, au besoin en le
consultant ; enfin l'avocat jouissait du *committimus*, de
tous les privilèges et de toutes les exemptions concédés
aux membres du Parlement (3). Comme les conseillers
et les présidents, il y en eut qui prêtèrent de l'argent
au roi dans les moments critiques (4).

(1) Isambert, *op. cit.*, t. XIV, 2e partie, p. 380.

(2) Delachenal, *op. cit.*, p. 284 à 290.

(3) Delachenal, *op. cit.*, chap. ix. — Un arrêt du 8 avril 1522 reconnaissait
aux avocats du Parlement le *committimus* pour les causes pendantes devant
le prévôt de Paris ; pour les autres, il leur fallait une permission spéciale.
Cf. Papon, *op. cit.*, liv. IV. tit. IX, n° 4. Depuis le 12 janvier 1559, le com-
mittimus ne fut maintenu qu'aux douze plus anciens. Delachenal, *op. cit.*,
p. 148, 149. Arch. nat., X¹ᵃ 1590, f° 216. Mais, pour jouir de ce privilège,
l'avocat devait exercer d'une façon continue au Palais. Cf. Papon, *op. cit.*,
liv. VII, tit. 7, n° 15 ; 7 janvier 1521, 1ᵉʳ octobre 1555.

(4) 1587, octobre : remboursement à Jean Barjot, avocat au Parlement,
de son prêt de 450 livres fait au roi le 6 mars 1587, *Catal. cit.*, n° 30828.

Aussi la profession d'avocat au Parlement était très considérée ; un arrêt du Conseil privé déclara (4 mars 1544) qu'elle ne dérogeait pas à la noblesse, et Anne de Terneres (?), seigneur du Chappe, qui venait d'être reçu, fut, par lettres royaux enregistrées le 23 janvier précédent, maintenu dans tous les privilèges que conférait la noblesse (1). Elle permet d'arriver à des emplois recherchés : en 1532, François I⁰ʳ confie à M⁰ François Lombard une mission secrète auprès du roi de Portugal (2) ; seize ans plus tôt (27 février 1516), l'avocat au Parlement Jean de Harlus avait été nommé maître des Comptes en remplacement de Jean Raguier (3) ; on sait d'ailleurs que presque tous les conseillers, présidents et gens du roi, avaient débuté au barreau.

Les alliances entre familles de magistrats et familles d'avocats étaient fréquentes, et il ne faut pas s'étonner si certaines noces prenaient des proportions énormes. Quand, au prix de grandes difficultés qui lui prouvèrent « que les mariages se font au ciel », le bon Loisel put épouser Marie Goulas, fille de feu Léonard Goulas, avocat au Parlement, et nièce par sa mère de l'avocat du roi, Baptiste du Mesnil, ce dernier accepta généreusement de se charger de la noce et d'en payer les frais ; il invita les présidents, les conseillers, les gens du roi ses confrères, quantité d'avocats et de procureurs ; la noce dura trois jours « avec les plus honorables festins », dans lesquels il ne parut pas de viande de boucherie, mais 22 cerfs, biches, chevreuils, sangliers et autres pièces de gibier (4). Les alliances avec les familles de procureurs n'étaient pas non

(1) Delachenal, *op. cit.*, p. 140, 141. — Arch. nat., X¹ᵃ 1552, f⁰ 169 v⁰. On sait que le brevet de chevalier ès lois n'a jamais existé.

(2) Le 8 novembre, il reçut pour son voyage 150 liv. t. *Catal. cité*, n⁰ 5082.

(3) *Catalogue cité*, n⁰ˢ 16, 110. Est-ce le même qui se trouvait avocat du roi en la chambre des Comptes à l'avènement de François I⁰ʳ ? cf. *ibid.*, n⁰ 51.

(4) Marie Goulas apportait en dot 6.000 livres. V. *Vie d'Antoine Loisel*, par Claude Joly, *loc. cit.*, p. xv, xvi.

plus à dédaigner, et Loisel en donne la raison : « comme en général j'ay remarqué que plusieurs sont devenus fameux advocatz par la connoissance et alliance des procureurs qui ont en cela plus de pouvoir que n'auroient les faveurs des conseillers, gens du Roy, ny présidens, au moins quand d'ailleurs ils sont aucunement capables, car les grands advocats s'advancent assez d'eux-mêmes » (1).

En effet, par leur talent, beaucoup d'avocats amassèrent au xvi° siècle des fortunes considérables (2); d'autres se rendirent fameux en composant d'importants ouvrages de droit (3); enfin, grâce au progrès de la prose française, auxquels plusieurs contribuèrent, l'éloquence du barreau ne cessa de grandir : il suffit de lire les plaidoiries qui nous ont été conservées de Poyet, Noel Brulart, Denis Riant, Pierre Séguier, Christophe de Thou, Baptiste du Mesnil, Pibrac, Mangot, Jacques Canaye, Jacques Faye, Versoris, Pithou, du Vair et Pasquier (4).

Les doyens de l'ordre avaient le droit de siéger sur les fleurs de lys et d'accompagner les conseillers désignés pour aller tenir les Grands Jours. Quant au *doyen*, c'est-à-dire l'avocat le plus ancien, le premier au tableau, il remplaçait les lieutenants généraux des juges de toutes les juridictions inférieures du ressort, mais, avec raison, il préférait ne pas quitter le Palais. Un règlement du 8 juin 1596 permit à un avocat, après vingt ans de pratique, d'entrer aux Requêtes de l'Hôtel; on l'assimilait à un lieutenant général ayant quarante ans d'âge et dix ans d'exercice (5).

(1) Loisel, *Opuscules cités*, p. 584.
(2) Delachenal, *op. cit.*, chap. xiv.
(3) Ainsi Dumoulin, Loyseau, Loisel, etc. — 1547, 5 mars : la Grand'-Chambre permet à M° François Hotman, avocat au Parlement, de faire imprimer et vendre son petit livre « *de gradibus cognationis et affinitatis* » avec privilège exclusif pendant trois ans. Arch. nat., X¹ª 1559, f° 256 v°.
(4) En quelques mots, dans son excellent *Dialogue des avocats*, Loisel caractérise le mérite de ces divers avocats. — Cf. Delachenal, *op. cit.*, p. 328.
(5) Delachenal, *op. cit.*, p. 86, 157, 158.

Le *bâtonnier* avait, à cette époque, un caractère bien différent de celui qu'on lui reconnaît de nos jours ; il n'était que le principal dignitaire de la confrérie de Saint-Nicolas, dont faisaient partie tous les avocats, et il portait le bâton (nous dirions la bannière) du saint. A vrai dire, il n'est fait mention de lui qu'à partir de 1602 ; mais la charge, à défaut du nom, existait du fait même qu'il y avait une confrérie. A cette date, le bâtonnier était devenu un des chefs de l'ordre ; car c'est à lui et au doyen que l'on signifiait les actes intéressant le barreau. Notons qu'au xvi° siècle les expressions barreau et ordre étaient en usage, quand on parlait de la compagnie des avocats (1).

Les Procureurs au Parlement. — Les règlements de discipline, les conditions de résidence, d'exactitude et d'obéissance à la Grand'Chambre, de probité et de moralité, les recommandations de brièveté dans les écritures et de travail, étaient les mêmes pour les procureurs inscrits au Parlement que pour les avocats de cette cour souveraine ; entre eux, les rapports demeuraient continuels, et tous faisaient partie de la même confrérie de Saint-Nicolas (2).

Pour être reçu procureur, il faut, encore au xvi° siècle, être âgé de vingt-cinq ans (3) et avoir subi avec succès une enquête sur la vie, les mœurs et, dès la fin du règne de François Ier, sur la religion (4). Bientôt on obligea les

(1) Delachenal, *op. cit.*, p. 35, 36, 44.

(2) Aubert, *op. cit.*, t. I, chap. vii, § 2. — Ordonnances des 13 janvier 1529, 11 février 1554, mai 1579, dans Isambert, *op. cit.*, t. XII, p. 308 ; t. XIV, p. 410 ; et Girard et Joly, *loc. cit.*, p. 156 à 160, 165 à 170, 178, 179. — 1585, 4 juin : arrêt de règlement qui défend aux procureurs de postuler à l'audience s'ils ne portent des habits convenables. Cf. Guénois, *Conférence des ordonnances*, t. II, tit. IV, § 20, et Fr. de Jouy, *op. cit.*, v° *Procureurs*, p. 515.

(3) Arch. nat., X^{1a} 1513, f° 6 v° : 28 nov. 1509. Cet âge était exigé parce que les procureurs « contractent journellement avec les parties et pour elles en jugement » dit La Roche Flavin, *op. cit.*, liv. III, chap. I, n° 23.

(4) Après la conjuration d'Amboise, l'enquête sur la religion fut plus rigoureuse.

A.   16

procureurs (novembre 1539) à suivre les processions
publiques, à prêter serment de profession de foi catholique, à n'employer que des clercs et des serviteurs catholiques (1). Cependant les édits qui instituèrent des chambres de l'Édit autorisèrent les procureurs protestants à
exercer.

La capacité professionnelle était constatée, avant la
réception, par un examen passé devant deux conseillers
désignés par le Parlement, auxquels, depuis l'édit de
juillet 1556, se joignaient des présidents. La commission
nommée en 1529 (18 août) (2) pour procéder à ces examens comprenait les conseillers, Jacques Mesnager,
Christophe Hennequin, Jean Prévôt, Nicole Sanguin,
Jean Tronson et Pierre de la Porte (3). Le Parlement

(1) Comme les avocats. Cf. Delachenal, *op. cit.*, p. 29 à 31.

(2) Arch. nat., X¹ᵃ 1532, fᵒ 404 vᵒ.

(3) Il a été parlé du conseiller Tronson. — Christophe Hennequin, seigneur de
Dammartin, 3ᵉ fils de Jean Hennequin et de Catherine Lesguisier, marié en 1514
à Bonne Courault, dame de Dammartin, avait été reçu conseiller en juillet 1504
(X¹ᵃ 1509, fᵒ 202). Il mourut en 1531, et son successeur, Pierre de Hacqueville, fut reçu le 24 mai de cette année (X¹ᵃ 1534, fᵒ 227 vᵒ). Cf. Blanchard,
Présidents au mortier, p. 263. Dans le *Catalogue* qui suit, il le fait recevoir conseiller en 1491. — Jacques Mesnager, reçu conseiller en 1522 (Blanchard,
Catalogue, p. 65 l'appelle Jean). François Iᵉʳ le chargea de missions diplomatiques (Aubert, *Le Parlement de Paris au xviᵉ siècle*, tirage à part,
p. 85). Il mourut en 1535 et son successeur, Antoine Chabanier, fut reçu le
21 avril (X¹ᵃ 1538, fᵒ 222 vᵒ). — Jean Prévôt fut président des Requêtes du
Palais le 7 février 1530. Arch. nat., X¹ᵃ 1533, fᵒ 80 vᵒ; seigneur de Morsan,
Villabry, Saint-Germain, Prévôt avait été reçu conseiller vers 1506. Le 8 août
1534 il résigna son office de conseiller à son fils Nicolas, qui fut reçu le 18
(X¹ᵃ 1537, fᵒ 354 vᵒ, 397 vᵒ). Il avait épousé Marie Brachet. Cf. Blanchard,
Présidents au mortier, p. 246, 251, 253. *Catal. cit.*, p. 42, 67, 84. — Nicole
Sanguin, reçu conseiller le 9 mars 1512, mort à la fin de 1546 ou en janvier
1547. Arch. nat., X¹ᵃ 1557, fᵒ 175 vᵒ. Jean Lopin est reçu à sa place le 27 jan-
vier 1547 (X¹ᵃ 1577, fᵒ 77). Sanguin avait débuté comme avocat du roi aux
Requêtes de l'Hôtel. Il fut enterré à Saint-Merry. Cf. Blanchard, *Catal. cit.*,
p. 45-98.

Pierre de la Porte, reçu conseiller le 27 novembre 1518 au lieu de feu
Pierre Prudhomme. Cf. Blanchard, *Catal.*, p. 47 et 65. Fils de Jean de la Porte,
avocat du roi au Châtelet, et de Laurence le Trouvé, il épousa Jeanne de
Saillat. Le 21 nov. 1543, son fils Eustache lui succéda au Parlement. Cf. X¹ᵃ,
1552, fᵒ 12 vᵒ.

attendait qu'il y eût plusieurs candidats à interroger.
pour procéder à l'examen : le 2 mai 1515, il ordonna
que François Lambert, Jean Pellé, Maximilien de Brou
et Jean Formaget, seraient appelés à l'examen; or cet
examen n'eut lieu que le 14 février suivant : tous méri-
tèrent d'être reçus. Les dispenses de cet examen étaient
très rarement accordées, et seulement à des candidats
déjà connus pour leur valeur et leur expérience (1).

Il fallait aussi faire un stage, comme clerc, après la
réception et avant de pouvoir exercer en titre : dans ces
conditions furent reçus M°° François le Jay et Jean de la
Rougerie qui, en attendant, travaillèrent, l'un au greffe
civil, l'autre au greffe criminel; Jacques de Vaulx, occupé
à celui des Généraux des Aides, et Jean du Mesnil à celui
des Requêtes du Palais (2). C'est que la cour n'entendait
pas laisser le nombre des procureurs croître dans de trop
grandes proportions. Ainsi, en 1524 (15 novembre), après
un rapport des gens du roi, elle décida de ne recevoir
que huit des candidats « ou quel nombre ne seront comprins ceulx qui auront banc et pratique des procureurs
vivants » (3). En 1542, conformément au rapport des
conseillers Nicole Sanguin et Jean Maigret (4) qui avaient
examiné et reçu Imbert le Bigot (clerc de M° Pierre

(1) Arch. nat., X¹ᵃ 1518, fᵒˢ 74, 75. — 1568, 26 mai : vu le rapport des
commissaires du Parlement chargés d'examiner Pierre Poncet, praticien du
Palais, sur la théorie et pratique, vu qu'il a « démission et pratique de
M° Jehan Girault l'aisné et de la dicte charge de procureur et pratique de
feu M° Nicolle Bernaige », Pierre Poncet reconnu capable prêtera serment et sera reçu. Ibid., X¹ᵃ 1628, fᵒ 102 vᵒ. — A la fin du xvi° siècle,
Denis Chelle est reçu après enquête et examen : Ibid., X¹ᵃ 1675, fᵒ 199 vᵒ;
1580, 16 juin : réception de M° Antoine Brulart. Cf. ibid., X¹ᵃ 1688, fᵒ 316 vᵒ.
(2) 1518, 10 mars, Arch. nat., X¹ᵃ 1520, fᵒ 108.
(3) Ibid., X¹ᵃ 1527, fᵒ 4.
(4) Jean Meigret ou Maigret, de Lyon, avocat, puis conseiller clerc le
14 novembre 1521 (Arch. nat., X¹ᵃ 1524, fᵒ 3 vᵒ), quatrième président de
la Grand'Chambre le 12 juin 1551, mourut en mai 1556. Il fut enterré à l'Hôpital
des Enfants Rouges. Cf. Épitaphier du vieux Paris, éd. Raunié, t. III,
p. 585, nᵒ 1452. Blanchard, Présidents au mortier, p. 203, 204 et Catal.,
p. 30.

Gohorry), elle alla même jusqu'à déclarer, « vu le grand nombre des procureurs, qu'on n'en recevrait plus d'ici trois ans » (1).

Comme l'enquête sur la vie, les mœurs et la religion, l'examen de capacité était obligatoire pour tous les candidats, même pour ceux qui pouvaient justifier d'une longue pratique chez un avocat ou chez un procureur (2). Cependant on trouve quelques exceptions : ainsi, Jean du Blocq, principal clerc de M° Jean Bouche, procureur, fut reçu sans examen, à cause de son âge et de sa grande expérience (28 mai 1568) (3).

Souvent le fils d'un procureur encore en exercice obtenait lui aussi un office de procureur au Parlement, mais « à la charge de soy tenir et exercer ledit estat de procureur au siège et soubz son dit père tant qu'il vivra : autrement, s'il se distraict d'avec son père, la court ordonne qu'il ne pourra exercer ledit estat durant la vie de son père ». Les deux offices se confondaient donc en un seul (4).

L'examen subi avec succès, les conditions d'admission remplies, le nouveau procureur prêtait serment (5), et on l'inscrivait au rôle officiel des procureurs admis à exercer dans le ressort du Parlement de Paris, non seu-

(1) Arch. nat., X¹ᵃ 1549, f° 325, 2 uoût. — Le 24 octobre 1544, la Grand'-Chambre confirma cette déclaration en défendant de recevoir de nouveaux procureurs pour ne pas dépasser le nombre existant : *ibid.*, X¹ᵃ 1558, f° 563.

(2) Ainsi furent reçus Pierre Baron, clerc de M° de Loynes, qui avait « fréquenté céans la pratique l'espace de onze ans » : Simon Marion, clerc de M° Martin, avec quatorze ans de pratique ; Louis Suchet, clerc de M° François Maupin ; Toussaint Chauvelin, clerc de M° Mathurin Dubrée ; Louis Cochet, clerc de M° Charles du Marchais, et Pierre Ribot, clerc de M° Férault, avec quinze et seize ans de pratique. Arch. nat., X¹ᵃ 1545, f° 577, 13 août 1540.

(3) *Ibid.*, X¹ᵃ 1623, f° 107.

(4) 1516, 17 décembre. Arch. nat., X¹ᵃ 1519, f° 22.

(5) Outre les textes déjà cités, Cf. *ibid.*, X¹ᵃ 1578, f° 778 v°; admission, le 26 juin 1555, de M° Jean Ramillon, clerc du greffe des Requêtes de l'Hôtel, au rôle des procureurs au Parlement.

lement à la Grand'Chambre, mais aussi dans toutes les chambres, aux Requêtes du Palais (1) et dans les autres juridictions du ressort.

Les affaires ne manquant pas, les procureurs se faisaient aider par des clercs qui apprenaient ainsi la pratique avant de se faire recevoir à leur tour procureurs en titre (2) ; une sage précaution des procureurs consistait, dès la rentrée de novembre, à désigner au greffe quels stagiaires les remplaceraient s'ils tombaient malades ou s'ils devaient s'absenter ; ces remplaçants prenaient le nom de *substituts*. Un arrêt de règlement du 18 décembre 1537 avait exigé de tout candidat aux fonctions de procureur qu'il eût été trois ans substitut ou maître clerc, et décidé que ce temps compterait dans les dix ans de stage désormais nécessaires (3).

La résignation était admise chez les procureurs aux conditions fixées par le Parlement (4).

Depuis longtemps l'usage des lettres de grâce à plaider par procureur était tombé en désuétude. De même le mandat du procureur (la procuration) ne se trouvait plus limité à la durée d'une session ; grâce à une

(1) Cf. La Roche Flavin, *op. cit.*, liv. II, chap. 15, n° 73.

(2) Un arrêt du 11 février 1550 ordonna d'enregister la déclaration du 29 juin 1549, et accorda un délai de quatre mois pour permettre aux clercs des procureurs de se faire recevoir procureurs. Cette déclaration, en effet, défendait à tout clerc et à tout solliciteur qui n'avait pas prêté le serment de procureur d'exercer et de poursuivre aucune affaire (Arch. nat., Y. 10, fᵒˢ 129, 130 v°. Cf. Girard et Joly, *op. cit.*, t. I, p. 171 ; Isambert, *op. cit.*, t. XIII, p. 93).

(3) Girard et Joly, *op. cit.*, *loc. cit.* La Roche Flavin, *op. cit.*, liv. II, chap. 15, n°ˢ 39, 79.

(4) 1529, 10 octobre : Jacques Falluard, procureur au parlement, résigne au profit de son gendre Jacques Amy, procureur audit parlement, « son siège, banc et place... en la grant salle du dit Pallays aboutant des deux bouts aux bancs de maistres Jacques Grandet et Urbain Bontemps, aussi procureurs ». Le 7 décembre, Falluard remet sa charge à Amy sous réserve « de son allé et venir au banc, comme il a de coustume, et de prendre le proffict de sa dicte pratique en ce qu'il en pourra expédier ». V. *Recueil d'actes notariés relatifs à l'histoire de Paris et de ses environs au xvⁱ siècle*, par E. Coyecque, t. 1, 1498-1545, n°ˢ 1126, 1138.

requête générale présentée au début de chaque session,
elle continuait à être valable sans qu'il fallût recourir à
la Chancellerie ni payer aucun droit; et, à partir de 1528,
il fut admis qu'une procuration vaudrait jusqu'à ce
qu'elle fût expressément révoquée par celui qui l'avait
donnée. Un arrêt du 26 novembre 1581, simple confirmation d'une ancienne jurisprudence, déclara que le
procureur d'un mineur ne pouvait plus exercer après la
mort du tuteur qui l'avait constitué (1).

L'utilité des procureurs demeure toujours incontestée:
tous les plaideurs, disait La Roche Flavin, fussent-ils
rois ou cardinaux, devaient y recourir, et sitôt présentation faite, en vertu de la procuration, ces mandataires
deviennent maîtres de la cause. « Comme tels, ils ont
tout pouvoir et puissance de comparoistre en jugement,
décliner, demander renvoy, contester, conclure ». C'est
au procureur que toutes significations sont faites; « c'est
luy par lequel la partie est représentée; c'est luy qui est
forclos, et sur forclusions à luy faictes, ou bien sur
ses productions, contestations, déclarations et consen-
temens, les arrests sont donnés » (2).

Des arrêts obligeaient les procureurs à inscrire sur un
registre spécial les causes dont ils étaient chargés et, avec
les noms de leurs clients, « les demeurances et domi-
ciles » (3), coter au bas le jour « que l'assignation (de
leur client) sera escheue » (4); à consigner les sommes
qu'ils en avaient reçues (5). Pour éviter les complaisances

(1) Laurent Jouet, *La jurisprudence du Palais réduite en maximes.*
Maxime LXXI, Paris, J. Guignard, 1676, in-4°.

(2) La Roche Flavin, *op. cit.*, liv. II, chap. 15, n°° 1, 2.

(3) Arrêt de règlement du 18 novembre 1560. Arch. nat., X¹ᵃ 4983, à la
date.

(4) Parce que le greffier des présentations ne devait mettre au rôle ordinaire aucune cause dont l'assignation fût échue « auparavant les deux
derniers parlements ». Arrêt de règlement du 30 octobre 1560. Arch. nat.,
X¹ᵃ 1505, f° 396 v°.

(5) 1538, 20 juillet; 1547, 1ᵉʳ février. Cf. de Jouy, *op. cit.*, v° *Procureurs*,
p. 516; Imbert, *op. cit.*, liv. I, chap. 35.

abusives, on leur enjoignait encore de parapher « de leur nom le nom du rapporteur sur leurs déclaracions, et ce ne souffrent plus mettre par leurs clercs, sur peine d'amende arbitraire pour la première foys, et suspension de leurs estatz pour la seconde » (1). Avant de les notifier, ils devaient communiquer leurs conclusions aux avocats et ne faire aucun accord, aucune transaction, en cas d'amende, d'excès ou de crime, sans en avoir d'abord parlé aux gens du roi. Enfin leurs inventaires portaient leurs signatures, et ils tenaient registre de tout ce qu'ils fournissaient aux parties (2).

Le Parlement taxait les honoraires des procureurs comme ceux des avocats (3). Tous ceux qui étaient inscrits à la cour travaillaient dans la grande salle, chacun à une place spéciale désignée par son nom et occupée par son banc et son tablier. Au commencement du xvıᵉ siècle, ils arrivaient encore au Palais à 5 heures du matin (4).

La distribution de Conseil s'appliquait aux procureurs comme aux avocats; mais ils étaient, eux aussi, devenus si nombreux, que les plaideurs n'avaient plus que l'embarras du choix, et la désignation d'office devint rare. Au contraire, les *procureurs pensionnés* par des seigneurs, des évêques, des abbés, des communautés, des corporations, les universités et les villes sont très nombreux. En

---

(1) 1542, 13 avril : « Veu que les procureurs ou leurs clercs sur leurs déclarations de despens supposent le nom du rapporteur pour avoir commissaires à leur plaisir pour tauxer leurs despens ». Arch. nat., Xıa 1548, fᵒ 451.

(2) La Roche Flavin, *op. cit.*, *loc. cit.*, nᵒˢ 96, 100, 106, 115, d'après l'ordonnance de 1585. — L'arrêt rendu, les épices payées, les « clers gardessacs » rendaient aux procureurs, mais non aux solliciteurs ni aux plaideurs, les sacs de procès produits par ces procureurs en indiquant le jour de la remise. *Id.*, *ibid.*, liv. II, chap. 12, nᵒ 22 (arrêt de règlement du 17 février 1580).

(3) Papon, *op. cit.*, liv. VI, tit. XII, nᵒˢ 7, 8, 13.

(4) La Roche Flavin, *loc. cit.*, nᵒˢ 5, 21, 39, 68 à 70; 73, 79; 96 à 161. — Ces bancs leur étaient conférés comme des offices par le *bailli du Palais* « qu'anciennement on appeloit le concierge d'iceluy » (Loyseau, *op. cit.*, *Cinq livres du doict des offices*, liv. II, chap. vi, nᵒˢ, 48, 49.

décembre 1523, l'abbaye de Saint-Victor de Paris se trouve
si satisfaite de son procureur pensionnaire, M° Antoine
de Loynes, qu'elle porte de quarante à cent sous tournois
ses honoraires annuels (1). Treize ans plus tard, le célèbre
Jean de Luc, à qui le Dauphin et la Dauphine confiaient
leurs intérêts, touchait une pension de 30 livres parisis (2). En 1599, l'Université de Paris pensionnait autant
de procureurs que d'avocats, c'est-à-dire quatre (3).

Pour ne pas retarder la marche des procès, les plaideurs
non domiciliés à Paris continuaient, comme par le passé,
à élire domicile pendant la durée de l'affaire chez leurs
procureurs (4).

Dans les cérémonies publiques, les procureurs au Parlement viennent derrière les avocats et, comme eux,
portent la robe noire à grandes manches et le chaperon
à bourrelet ; c'est le costume qu'ils revêtaient pour prêter
serment à la rentrée solennelle de novembre (5). Une fois
inscrits au Palais, ils jouissent des privilèges et exemptions accordés aux membres du Parlement, et du droit de
committimus, réduit, il est vrai, aux causes engagées
devant le prévôt de Paris, et réservé depuis le 4 janvier,
1559, aux douze plus anciens de la corporation (6).

La Grand'Chambre et, plus directement encore, le procureur général, veillaient à ce qu'ils observassent stricte-
ment les règlements ; en 1524, sept d'entre eux, contre
lesquels plainte avait été portée, furent réprimandés et,
pour cette première fois, menacés de suspense ; un autre,
Jean Moret, plus coupable, fut même rayé du tableau, et un

(1) *Chronique parisienne de Pierre Driart*, édit. cit. à la date.
(2) *Catalogue des actes de François I*, n°° 27, 204.
(3) *Description de Paris par Thomas Platter*, loc. cit., p. 185. En 1587
et 1588, la ville de Paris pensionnait les procureurs Jacques le Coigneux et
Pierre Louvet ; en 1591 Jean Jodelet (à 6 h. 5 st. par an). V. *Registres des
délibérations citées*, t. IX, p. 92, 103, 104, t. X, p. 164, cf. t. XIV, p. 13.
(4) N. Weiss, *La chambre ardente*, p. 30 et passim.
(5) La Roche Flavin, op. cit., loc. cit., n°° 11, 12.
(6) Arrêts du 8 avril 1522 (Papon, *op. cit.*, liv. IV, tit. IX, n° 4) et du
4 janvier 1559 (Arch. nat., X¹ᵃ 1590, f° 216).

successeur (René Bruyant) lui fut donné (1). La sentence n'était prononcée qu'après une sérieuse enquête confiée à deux conseillers du Parlement et *le procureur de la communauté des procureurs*, c'est-à-dire le chef élu de la corporation, dûment entendu (2).

Le nombre des procureurs semblait illimité comme celui des avocats, et nous avons vu que déjà en 1524 le Parlement le trouvait excessif. En 1537, on en comptait plus de deux cents; plusieurs s'entendaient, faute de place, pour louer ensemble un même banc dans la grande salle (3). Cinq ans plus tard, la Grand'Chambre déclarait que pendant trois ans elle ne recevrait plus de nouveaux procureurs (4), et le 16 octobre 1544 François Iᵉʳ confirma cette déclaration; il alla même plus loin par l'édit de Moulins d'août 1546 : dans un délai de deux mois le Parlement devrait lui fournir les noms de tous les procureurs inscrits, la date de leur réception et la liste de tous ceux qui, moins capables, mériteraient d'être rayés. Mais édits et règlements ne semblent pas avoir été observés, car, le 29 août 1559, François II défendit encore de recevoir des procureurs tant que le nombre existant n'aurait pas été réduit. Enfin Charles IX (11 décembre 1566) fixa irrévocablement à deux cents le nombre légal (5).

(1) Les sept procureurs visés sont Mᵉˢ Jean Daubours, Étienne Rochart, Thomas Petit, Guillaume Berruyer, Louis Rouher, Jean Pelé et Pierre Gaigneron (18 novembre). C'est le 13 décembre que Moret fut rayé. Cf. Arch. nat., X¹ᵃ 1527, fᵒˢ 6, 31. En 1556 (4 janvier), les gens du roi se plaignent des agissements des procureurs. Cf. *Ibid.*, X¹ᵃ 1584, fᵒˢ 2 vᵒ, 3.

(2) 1548, 19 novembre. *Ibid.*, X¹ᵃ 1564, fᵒ 17 vᵒ : les conseillers enquêteurs sont Jean Maigret et Eustache Chambon ; le procureur de la communauté des procureurs était alors Mᵉ René Guillemot.

En 1541, 19 mai, le procureur Mᵉ Pierre Thomas, devenu fou furieux, fut conduit par deux huissiers au couvent des Mathurins. Cf. *Ibid.*, X¹ᵃ 1563, fᵒ 66.

(3) Arch. nat., X¹ᵃ 1527, fᵒ 4, 15 novembre. — Girard et Joly, *op. cit.*, t. I, p. 165, 166.

(4) Arch. nat., X¹ᵃ 1549, fᵒ 325; 2 août.

(5) Isambert, *op. cit.*, t. XII, p. 884; 912; t. XIV, p. 5. Arch. nat., X¹ᵃ 8615, fᵒ 20. — Girard et Joly, *op. cit.*, *loc. cit.*, p. 170, 175. Additions, p. cxliii, liste des procureurs en 1608.

Un singulier édit d'août 1561 voulut réunir les charges de procureurs à celles des avocats, mais il ne put être appliqué (1). Plus raisonnable, la grande ordonnance de Moulins (février 1566, art. 84) déclara qu'à l'avenir le Parlement, représenté par les gens du roi, les présidents et trois ou quatre conseillers, fixerait lui-même le nombre des procureurs à recevoir, après avoir entendu les plus anciens procureurs; en outre, pour éviter la fraude ou la faveur, elle stipula que l'examen de capacité des candidats aurait lieu dès la rentrée de novembre, en présence des magistrats de la Grand'Chambre (2).

Six ans plus tard (juillet 1572), la pénurie d'argent décida Charles IX à ériger en offices, moyennant le paiement d'un droit au trésor royal, toutes les charges des procureurs de France. Henri III confirma la mesure (20 octobre 1585), et, l'année suivante (juin 1586), il voulut obliger les procureurs de Paris à demander confirmation de leurs titres, en versant à lui-même ou à Scipion Sardini une somme qui variait de cent à deux cents écus suivant l'importance de la charge. Irrités, procureurs du Parlement et du Châtelet s'entendirent pour organiser la grève et ne parurent plus aux audiences; bien plus, ceux du Parlement tinrent aux Augustins des assemblées tumultueuses. Le roi leur signifia qu'il leur accordait un mois pour obéir, et le Parlement essaya de les raisonner : ce fut sans succès; seuls les anciens consentirent à revenir; enfin, le 12 juillet (1586), Henri retira son édit et alors, le 14, le calme se rétablit (3).

Solliciteurs des procès. — Au xv⁰ siècle, la multiplicité des procès avait favorisé l'apparition d'agents d'af-

<hr>

(1) Girard et Joly, *op. cit.*, p. 174.

(2) Isambert, *op. cit.*, t. XIV, p. 189.

(3) Girard et Joly, *op. cit.*, p. 177, 178, 180; P. de l'Estolle, *Mémoires-Journaux*, éd. cit., t. II, p. 341, 345, 346. — *Mémorial juridique et historique de Mᵉ Guillaume Aubert*, éd. cit., *loc. cit.*, p. 74, n° 63.

faires nommés *solliciteurs*, qui offraient leur service aux
plaideurs pour diriger les procès et tout régler avec les
avocats et les procureurs.

Louis XI leur donna une consécration quasi officielle,
quand il en choisit un pour lui-même (1), et ils en profi-
tèrent pour croître en nombre et se signaler par des
empiétements ; d'ailleurs les scrupules ne les gênaient
pas toujours (2). Un arrêt du 24 décembre 1521 rappela
qu'ils ne faisaient pas partie du Parlement (3) ; un autre
(15 nov. 1535) leur défendit de porter le chaperon des
avocats (4). Les ecclésiastiques ne pouvaient devenir
« solliciteurs des procès », sauf pour leurs abbayes,
prieurés, églises, collèges ou communautés, jamais pour
les particuliers, à moins que ce ne fût gratuitement (5).

Ces praticiens faisaient une sérieuse concurrence
aux procureurs, qui avaient cependant obtenu qu'ils ne
pussent bailler comme eux des requêtes à la cour ni
en signer ; pour l'avoir oublié, Jean Martin, solliciteur
du seigneur de la Rochefoucauld, fut enfermé à la Conciergerie (6).

François Ier, ainsi que Louis XI, eut un solliciteur atti-
tré, personnage sérieux et estimable, Louis Caillaud (7),

(1) Aubert, *op. cit.*, t. I, p. 228 ; La Roche Flavin, *op. cit.*, liv. II,
chap. 18. Cf. F. Godefroy, *Dictionnaire de l'ancienne langue française*,
v° *Solliciteur*, textes de 1347, 1454, 1459.

(2) Delachenal, *op. cit.*, p. 63, 64. — Sur l'audace des solliciteurs qui
se mêlaient aux procureurs, se mettaient à quatre ou cinq pour leur louer
un banc dans la salle, payaient les messagers pour en obtenir livraison des
sacs de procès, faisaient du commerce et exploitaient les plaideurs souvent
sans avoir même étudié le droit, V. Bibl. nat. F. imprimés 21746, in-4°, 1685,
Paris, N. Pepingné, p. 48, un recueil d'arrêts et d'édits rendus contre eux.

(3) Papon, *op. cit.*, liv. IV, tit. IX, n° 5 : ils ne jouissaient donc pas des
privilèges et exemptions accordés au Parlement.

(4) Arch. nat., X^{1a} 4899, f°s 6 v°, 7 v°.

(5) 1546, 3 décembre ; à la requête du procureur général. Arch. nat.,
X^{1a} 1559, f° 29.

(6) 1516, 29 janvier. — Cas semblable (17 avril) de Martin Lavertour (?)
En les élargissant, la cour les rappelle à l'observance des règlements.
Arch. nat., X^{1a} 1518, f°s 68, 149 v°.

(7) Licencié ès droits, Caillaud avait été reçu conseiller clerc au lieu de

conseiller au Parlement, qui fut dispensé de siéger pendant un an afin de mieux remplir ses fonctions nouvelles; il continuait cependant à toucher ses gages tout en recevant du roi, à titre de solliciteur, 565 livres prises sur les parties casuelles (1).

Henri II donna le titre de « solliciteur général » à l'avocat, M° Laurent de Croisettes, qu'il avait choisi comme solliciteur de ses affaires au Parlement (2). Le titre persista, et des lettres patentes du 7 juillet 1564 décidèrent que « le solliciteur général des affaires du roi en la court de Parlement » serait dispensé de consigner les droits exigés par l'édit de novembre de l'année précédente (3). Il est à croire que ce personnage faisait partie de la cour, comme les avocats du roi et le procureur général.

Les églises et les abbayes, les communautés, les corporations eurent leurs solliciteurs pensionnaires, comme elles avaient des avocats et des procureurs pensionnaires (4).

feu Adrien du Drac le 28 novembre 1532; *ibid.*, X¹ᵃ 1535, f° 21. Le 2 janvier 1538, il fut reçu président à la deuxième chambre des Enquêtes au lieu de Pierre de l'Estoile; il mourut le 26 janvier 1544 et fut enterré à Saint-Paul. Jacques Spifame le remplaça comme président. Le 29 février 1536, Jean Anjorrant lui avait succédé comme conseiller clerc. Arch. nat., X¹ᵃ 1540, f⁰⁰ 79, 211; X¹ᵃ 1536, f° 21; X¹ᵃ 1552, f° 264. — Blanchard, *Catalogue cité*, p. 51.

(1) 1538. Cf. *Catalogue des actes de François I*ᵉʳ, n°° 5225, 5226, 29113.

(2) Le 19 janvier 1545 il est mention d'un « de Croisettes plaidant ». Papon, *op. cit.*, liv. VII, tit. VII, n° 59. — 1554, 12 novembre : Lettres de Henri II au procureur du roi au Châtelet, lui ordonnant de s'adresser à Laurent « de Croisettes », substitut du procureur général et solliciteur général des affaires du roi (Arch. nat., Y. 10, f° 272). Cf. Delachenal, *op. cit.*, p. 64. Arch. nat., X¹ᵃ 1554, f° 48. 1557, 25 janvier. — On sait que depuis longtemps déjà le procureur du roi au Parlement avait le titre de procureur général.

(3) Isambert, *op. cit.*, t. XIV, p. 172.

(4) 1518, 13 septembre : M° Liger, solliciteur de Notre-Dame de Paris (Coyecque, *L'Hôtel-Dieu de Paris au Moyen âge*, t. II, Délibération du chapitre de Notre-Dame, n° 1913). — 1526, 13 février : M° Antoine Borne, solliciteur de l'abbaye de Saint-Victor, est décédé (*Chronique parisienne de Driart*, édit. cit. à l'année). — On trouve encore les noms des solliciteurs au Parlement, M° Du Breuil en 1554 (Coyecque, *loc. cit.*, n° 2106), M° Martin Grandiize (?) « solliciteur ordinaire suyvant le conseil », le 30 octobre

Aussi la communauté des solliciteurs prit de l'extension, et un édit du 29 juin 1549 les obligea tous à prêter serment (1); on espérait relever le niveau de ces praticiens, qui trop longtemps s'étaient recrutés parmi les procureurs incapables, et dont quelques-uns avaient l'audace d'occuper les bancs des avocats ou des procureurs au nom desquels ils avaient la prétention d'exercer. Cet édit atteignit son résultat, d'autant mieux qu'il statua qu'à l'avenir les solliciteurs seraient d'abord reçus procureurs au Parlement, puis exerceraient leur profession auprès d'une juridiction royale, s'ils désiraient pouvoir agir en justice. Mais il leur était toujours interdit de postuler et de faire aucun des actes réservés aux procureurs (2).

Voilà donc les solliciteurs reconnus, régulièrement organisés au XVI° siècle, rivalisant avec les procureurs pour représenter et aussi, trop souvent, hélas! pour exploiter les plaideurs (3).

CHAPITRE VIII

Greffes; greffiers et notaires du Parlement. Chancellerie du Parlement.

Le nombre des greffes et des greffiers du Parlement n'a pas varié au XVI° siècle (4) : il y a toujours un greffier civil — qui est le greffier en chef, — un greffier criminel et un greffier des présentations; comme par le

1543 ; Arch. nat., X¹ᵃ 1551, fᵒ 615 vᵒ. Cf. Godefroy, loc. cit. Nicolas du Ru, solliciteur de la ville de Paris... 30 octobre 1559.

(1) Isambert, op. cit., t. XIII, p. 93.

(2) La Roche Flavin, op. cit., loc. cit., liv. II, chap. 15, nᵒˢ 40, 75 et ch. 12.

(3) Papon, op. cit., liv. VII, tit. VII, nᵒ 15, 1ᵉʳ octobre 1565, cite comme « avocat solliciteur » Lamoureux. — Le « solicitor » anglais se distingue de notre ancien solliciteur.

(4) Sur ces greffes et leurs titulaires au siècle précédent, V. Aubert, *Histoire du Parlement*, t. I, liv. I, chap. 8.

passé, ils doivent être notaires et secrétaires du roi (1). Leurs lettres de provision sont vues, lues, discutées à l'assemblée des Chambres, après enquête sur leur âge — vingt-cinq ans au moins, — leur vie, leurs mœurs et, depuis les troubles suscités par l'hérésie de Luther et de Calvin, sur leur religion. En outre, des commissaires désignés par les magistrats leur faisaient subir un examen de capacité qui portait surtout sur la pratique. Rapport du tout était adressé aux chambres assemblées; et, si le résultat semblait satisfaisant, le candidat qui avait obtenu du roi les lettres de provision prêtait serment, et son admission suivait (2).

A l'avènement de François Iᵉʳ, les titulaires sont : au greffe civil, Mᵉ Nicolas Pichon (3), laïque, bien que jusqu'alors l'office ait été donné à un clerc; au greffe criminel, Mᵉ Antoine Robert, l'éditeur du *Stilus Curie Parlamenti* de Guillaume du Breuil (4); et au greffe des présentations, Mᵉ Denis Pesquet (5).

(1) 1543, 2 juin : pour être reçu greffier des présentations, au lieu de feu Mᵉ Nicolas Avrillot, Mᵉ Simon Hennequin dut s'engager à obtenir, avant un an, un office de notaire-secrétaire du roi. Arch. nat., Xᴵᵃ 1551, fᵒ 65. Cf. La Roche Flavin, *op. cit.*, liv. II, chap. VIII et chap. IX, nᵒ 22. Avrillot avait été reçu greffier des présentations, le 14 mai 1521, au lieu de Jean Billon passé maître des Comptes : Arch. nat., Xᴵᵃ 1523, fᵒ 189 vᵒ. — Simon Hennequin, sieur de Souyndre(?), 3ᵉ fils de Simon Hennequin et de Henriette Noël, de Reims, devint plus tard receveur général des deniers communs de Champagne et de Brie. Cf. Blanchard : *Présidents au mortier*, p. 265.

(2) La Roche Flavin, *op. cit.*, *loc. cit*, nᵒ 21.

(3) Pichon mourut le 7 août 1518; sa fille Marie épousa Séraphin du Tillet, qui acheta l'office et lui succéda. Arch. nat., Xᴵᵃ 1516, fᵒ 2; Xᴵᵃ 1520, fᵒˢ 306, 309. Il avait épousé Marie Thiboust, fille de Robert Thiboust et de Odette Buillet. Cf. Blanchard, *op. cit.*, additions et corrections, p. 497.

(4) Antoine Robert, seigneur du Plessis Grassot et de Bercy, mourut vers le 12 septembre 1521; son successeur, Nicolas Malon, fut reçu le 7 décembre : Arch. nat., Xᴵᵃ 1524 à la date. *Livre de raison de Mᵉ Nicolas Versoris*, édit. cit., *loc. cit.*, p. 118, nᵒ 50. — Robert donna, en 1512, chez Guillaume Eustace et en 1515 chez Galliot du Pré deux éditions différentes du *Stilus Curie*. Cf. Aubert, *Guillaume Du Breuil, Stilus Curie Parlamenti*, p. LIII à LXVI, 1909, A. Picard (Collection de textes pour servir à l'étude et à l'enseignement de l'histoire).

(5) Pesquet avait succédé (1486) à Pierre Bonvalet qui avait résigné le

Leur nomination revenait donc au roi, auquel le Parlement soumettait la liste des trois candidats ayant recueilli le plus de voix au scrutin ouvert dans l'assemblée des chambres; cette liste était dressée après l'enquête et l'examen dont il a été parlé. Celui qui gagnait les préférences des magistrats pouvait être spécialement désigné, mais le roi demeurait libre de choisir même en dehors de la liste (1).

Comme les autres membres de la cour, à l'avènement d'un nouveau monarque, les greffiers du Parlement étaient soumis à la confirmation de leur charge; en 1547, le Parlement demanda pour eux qu'ils n'eussent, à cette occasion, aucun droit fiscal à payer; il le réclama aussi pour les quatre notaires attachés aux greffes (2). Les greffes du Parlement et des autres cours souveraines ne furent pas, au XVI° siècle, soumis aux édits qui réunissaient au domaine royal les greffes pour les bailler à ferme, parce que, pour eux, l'exercice ne pouvait être séparé de l'office, car le propriétaire devait se faire recevoir et exercer en personne (3). Les greffiers avaient des *clercs* qu'ils choisissaient, payaient eux-mêmes, et dont ils répondaient; le greffier civil en avait ordinairement quatre, celui du criminel deux et celui des présentations un. En 1544, ces

18 novembre 1485; lui-même résigna en 1517, et Jean Beldon fut reçu à sa place le 7 mai de cette année. Il eut pour clerc Jean Pays. Beldon mourut en février 1520, et son successeur Jean Billon fut reçu le 31 mai : Arch. nat., X¹ᵃ 1490, f° 300 v°; X¹ᵃ 1514, f° 262; X¹ᵃ 1519, f° 139 v°; X¹ᵃ 1522, f°° 177, 179 v°.

(1) A la mort de Nicolas Pichon (7 août 1518), les chambres assemblées décidèrent, le 12, selon la coutume, « de procéder à l'élection audit « office »; furent désignés : « M° Loys Pommier, clerc du dit greffe (civil), Jehan Parent, notaire et secrétaire du Roy, et l'un des 4 notaires de la court; Jehan le Clerc; tous gens d'église ». Un second vote désigna au roi, à l'unanimité, Louis Pommier, licencié en décret, et le Parlement écrivit au roi pour qu'il ratifiât ce choix. L'affaire traîna en longueur, et Séraphin du Tillet, gendre de Pichon, qui avait acheté l'office, fut nommé; la réception eut lieu le 4 février 1519. Arch. nat., X¹ᵃ 1520, f°° 308, 309; X¹ᵃ 1521. f° 67.

(2) 1547, 14 mai : Arch. nat., X¹ᵃ 1560, f° 92 v°.

(3) La Roche Flavin, *loc. cit.*, n° 6.

charges de clercs furent érigées en office ; et, en 1582 le nombre des clercs du greffe civil se trouva porté à seize (1).

Le greffier civil. — Le greffier civil est le greffier en chef du Parlement ; dans les cérémonies, il marche en tête de la cour, vêtu de la robe rouge et de l'épitoge ; au Palais il précède les gens du roi : c'est un personnage. Le roi le choisissait sur la liste des trois candidats dressée par le Parlement, mais la vénalité s'exerçait avec succès. Séraphin du Tillet, gendre de Pichon, acheta la charge, et l'Étoile nous dit que Jean du Tillet, son frère, la paya 25.000 écus. Les prix allèrent en augmentant : en juillet 1581, le greffe civil fut adjugé 45.000 écus à la veuve du maître des Comptes Grand'Ru (2), et cela en vertu de l'édit de mars 1580 par lequel Henri III avait réuni au domaine tous les offices de greffiers et de clercs des greffes pour les revendre aux enchères, malgré les justes et énergiques remontrances du Parlement (3).

Le greffier civil choisissait, ai-je dit, lui-même des clercs pour l'aider, et les payait sur ses gages (4) et les

(1) Arch. nat., X¹ᵃ 8614, f° 259 v°, 28 juin 1544. Girard et Joly, *op. cit.*, liv. III, chap. 20 au t. II, p. 1363, 1364. Les greffiers devaient aussi payer des clercs subalternes, copistes ou « gardesacs », dont parle longuement La Roche Flavin, *op. cit.*, liv. II, chap. 12 et 13.

(2) P. de l'Estoile, *Mémoires-Journaux*, édit. cit., t. II, p. 12-13. Séraphin du Tillet fut reçu le 4 février 1519. Il était fils de Hélie du Tillet et de Mathurine Petiton. Son jeune frère Jean, pour lequel il avait résigné, fut reçu le 3 septembre 1530. Cf. Arch. nat., X¹ᵃ 1521, f°° 67,77,78 ; X¹ᵃ 1553, f° 400 ; X¹ᵃ 1536, f° 213. Il succéda à son père dans la charge de receveur général des finances de la mère de François I°ʳ et mourut avant mars 1539 ; à cette date, son frère Jean apparaît tuteur de ses 3 filles : Marie, Françoise et Anne ; cf. *Catal. des actes cités*, n°° 31123 à 31126. — Jean du Tillet, seigneur de la Bussière, ardent gallican, poussa au schisme pendant la crise gallicane de 1551. Cf. L. Romier : *La crise gallicane de 1551*, dans *Revue historique*, 1912, t. CIX, p. 38, 41 et notes. Il mourut le 2 octobre 1570, après avoir composé d'utiles ouvrages d'érudition.

(3) Isambert, *op. cit.*, t. XIV, p. 478.

(4) Cinq sous parisis par jour depuis le milieu du xvᵉ siècle. Cf. ordonnance du 4 février 1458 dans le *Recueil des ordonnances*, t. XIV, p. 447, et Arch. nat., X¹ᵃ 8605, f° 184 v°.

produits de sa charge ; néanmoins on trouve mention de sommes à eux attribuées par le roi (1).

En 1546, la Grand'Chambre trouva leur nombre exagéré et parla, le 27 janvier, de réformer cet abus (2). Cependant l'usage s'était établi d'avoir quatre clercs au greffe civil, dont un spécialement occupé aux chambres des Enquêtes. En 1521 (6 juillet) et en 1543 (22 juin), François I⁰ʳ supprima le bail à ferme des greffes des bailliages, sénéchaussées et prévôtés du domaine royal pour les ériger en offices (3) ; en 1544 (23 juin), il appliqua cette mesure aux charges des clercs du greffe de la cour, afin de pouvoir les vendre, et désormais ces clercs purent jouir des privilèges des membres du Parlement et aussi du *committimus* aux Requêtes du Palais (4). Un édit de décembre 1577 confirma cette décision qui s'appliquait à tous les clercs des greffes du royaume ; le 19, le Conseil privé les soumit à un règlement et à la taxe, en dépit de la vive opposition de la Grand'Chambre et des greffiers du Parlement ; après des remontrances et des lettres de jussion, l'enregistrement eut lieu le 20 février 1578, mais il fallut les déclarations royales de septembre 1578 du 20 mai et d'août 1579 pour vaincre les dernières résistances.

Désormais le bénéfice de la vente de ces offices appartint au roi et, le 19, le nombre des clercs du greffe civil

(1) Probablement pour avoir travaillé pendant les vacances ; en 1542 (14, 17, 23 novembre), François I⁰ʳ ordonne à Nicolas Hardy, receveur des exploits et des amendes, de prélever, sur les 1,000 livres attribuées au Parlement, 120 livres parisis pour M⁰ Simon Cornu, 60 pour M⁰ Gabriel Moisson, clercs du greffe civil, et 60 pour René Tabur, autre clerc dudit greffe, détaché aux chambres des Enquêtes. Arch. nat., X¹ᵃ 1550, f⁰ˢ 2 v⁰, 3, 35. — Cf. La Roche Flavin, *loc. cit.*, n⁰ 38.

(2) Arch. nat., X¹ᵃ 1557, f⁰ 176.

(3) Girard et Joly, *op. cit.*, t. II. Additions au liv. III, chap. 21, p. 1904, 1905. — Le 9 décembre 1567, Charles IX confirma ces dispositions (*Ibid.*, p. 1874, 1876).

(4) Arch. nat., X¹ᵃ 8644, f⁰ 259 v⁰. — En 1535 (19 août), le principal et le plus ancien clerc du greffe civil, Pommier, avait été exempté de la contribution du don gratuit levé sur le clergé. *Ibid.*, X¹ᵃ 8612, f⁰ 375.

A.   17

« écrivans à la peau » fut ramené à 16 par un arrêt du
Conseil (23 octobre 1582). Les titulaires devaient payer
chacun 375 écus à l'adjudicataire, Mᵉ Claude Richard, mais
ils obtinrent l'hérédité de leurs offices. Le procès-verbal
de l'adjudication faite d'un de ces offices, le 6 décembre
suivant, à René Crié, nous a été conservé. Henri III ratifia
cette vente (3 janvier 1583) (1). Les clercs aidaient le greffier, mais ne le remplaçaient pas : quand celui-ci devait
s'absenter pour le service du roi — et avec l'autorisation
du Parlement, — il se faisait remplacer par un des quatre
notaires de la cour (2).

Les fonctions du greffier civil n'ont pas changé (3) :
rédacteur et notaire, il est aussi dépositaire responsable
des sommes d'argent et des objets précieux consignés par
les plaideurs ou déposés en garde à son greffe, et cela
jusqu'à ce qu'il en ait été déchargé par la création du
receveur des consignations (4) (juin 1578). Si le roi, pressé
d'argent, demande à emprunter ces sommes ou ces
valeurs précieuses — le cas n'est pas rare au xvıᵉ siècle,

(1) Girard et Joly, *op. cit.*, t. I, p. 101 à 107, 109 à 111, et t. II, liv. III,
chap. 20, p. 1363 à 1365. En plus des seize clercs réglementaires,
Mᵉ Jacques Chenart conserva son office. Outre les 375 écus, les titulaires
auraient dû payer le sou par livre prélevé sur tout acquéreur d'offices, plus
150 écus, chacun et solidairement, pour les frais d'instance déboursés par
Richard pendant les négociations. Un arrêt du Conseil les en exempta le
20 novembre. Les seize titulaires étaient : Erné Jean l'aîné, Erné Jean le
jeune, Claude Bérenger, René Crié, Antoine Goujon, Jean Chasles, Claude
Martin l'aîné, et Claude Martin le jeune, Jean de la Noue, Germain Baudry,
Macé le Thellier, Hervé Bergeron, Charles Daune, Michel Chesvelon,
Guillaume Oudineau et Baptiste Marchand.
(2) La Roche Flavin, *op. cit.*, liv. II, chap. 8 et 9, nᵒˢ 25, 27; Jean du
Tillet, envoyé avec le premier président Lizet et les conseillers Nicole Sanguin
et Jean Tronson vers le roi, à Villeneuve-Saint-Georges, fut remplacé par le
notaire Jean de Vignolles (13 décembre 1531). Arch. nat., Xıᵃ 1534, fᵒˢ 30,
38 vᵒ.
(3) Cf. ordonn. du 19 janvier 1521, Arch. nat., Xıᵃ 1523, fᵒˢ 226 rᵒ à 228.
(4) G. Picot, *Histoire des États Généraux*, 2ᵉ édit., t. III, p. 237. Le
17 janvier 1536, François Iᵉʳ imposa aux greffiers des cours souveraines la
tenue d'un registre spécial pour les amendes et les confiscations judi-
ciairement adjugées au roi (Arch. nat., Y, 9, fᵒ 60).

— il peut les obtenir du greffier en remplissant les formalités d'usage(1).

Avant tout, le greffier civil veille à la mise au rôle, à la rédaction et à la transcription des actes, des pièces de procédure et aussi à leur conservation; sur l'ordre des présidents, il signe les commissions d'enquêtes et reçoit les accords dûment conclus; lorsque le Parlement a décidé l'enregistrement des actes royaux, des traités signés par le roi, des arrêts, etc., c'est le greffier civil qui procède à toutes les formalités nécessaires; quand on vote, il consigne sur son registre les noms des candidats, ceux des votants et les résultats des scrutins (2). Il met au net les plaidoiries, tient un registre spécial des affaires du roi et du domaine royal, ainsi que des lettres patentes et des missions adressées à la cour. Pour qu'il écoute mieux à l'audience, il lui est défendu de rien signer pendant sa durée; car il doit tout retenir, recueillir les arrêts,

(1) *Catal. des actes*, n° 13483 : 1548, 5 novembre. Ordre aux greffiers et aux receveurs des deniers consignés au Parlement, cour des Aides, Requêtes du Palais, Châtelet et Trésor, de remettre ces deniers à Jean Laguette, trésorier et receveur général des finances extraordinaires des parties casuelles, pour être employés aux besoins de l'État. — 1528, 20 juillet : le roi mande au Parlement de faire verser par le greffier du Tillet à Pierre d'Apestigny, receveur général des finances, 1.700 écus soleil consignés au greffe par Claude Sanguin, marchand et bourgeois de Paris. Arch. nat., X¹ᵃ 8612, f° 113. — 1540, 11 février : Lettres donnant acte de la remise faite au roi, par Jean du Tillet, de 3.500 livres consignées en ses mains et provenant de la vente aux enchères de la terre de Limours, *Catalogue cité*, n° 11, 873. — Cf. *Ibid.*, n° 13846 et Arch. nat., X¹ᵃ 1549, f° 879 v°. — 1542, 18 août : François 1ᵉʳ ordonne au Parlement qu'on lui envoie, au plus tôt, tout l'argent consigné aux greffes de la côur.

(2) Malgré la surveillance du greffier, plusieurs registres avaient été dérobés : « ce jour la Court m'a ordonné fere une certificacion que les registres du conseil de la dicte court des années commencées l'an mil CCCCXLIII, quatre, cinq, six, sept, huit, neuf et cinquante *inclusive* ont esté perdus et furent desrobés par ung nommé Bertrand Grebert, parcheminier; lequel pour réparacion du larcein fut condamné a estre pandu et estrangié par arrest de la dicte court prononcé le VII° jour de février mil CCCC IIII ˣˣ XIII enregistré au criminel », lit-on à la date du 31 octobre 1520. Arch. nat., X¹ᵃ 1522, f° 329. En marge, dessin d'un gibet et d'un pendu. Cf. Grün, *Notice citée*, chap. xxvii, p. colxviii.

et rectifier au besoin les erreurs du clerc audiencier
chargé spécialement de les transcrire.

Ni lui, ni ses clercs, ne doivent rien exiger des plaideurs, en plus de la taxe permise par les ordonnances et
règlements, à peine de punition corporelle, et le plaideur
qui leur offrirait quoi que ce soit se verrait frapper
d'une amende de cent livres. L'ordonnance de janvier
1551 le rappela encore, tout en recommandant aux divers
greffiers de payer régulièrement leurs clercs (1).

La transcription des arrêts sur le registre et la délivrance des copies de ces arrêts n'ont lieu que lorsque
le président qui les a rendus et le conseiller rapporteur
les ont signés (2).

Un arrêt du 13 mars 1536 rappela les anciens règlements applicables au greffier civil et à ses collègues (3).
Depuis, beaucoup d'autres furent publiés. Sous Henri II,
un édit (mars 1550) leur défendit d'enregistrer les arrêts
si, à leur reddition, il n'y avait pas eu au moins dix
conseillers présents, et, pour éviter toute erreur, ils
furent désormais obligés d'y assister eux-mêmes ou
de se faire représenter par un clerc assermenté,
soumis aux mêmes conditions que le greffier dont il
dépendait (4). En marge des arrêts et des jugements, ils
devaient, conformément à l'art. 63 de l'ordonnance de
Moulin, écrire les noms des présidents et des conseillers

(1) Isambert, *op. cit.*, t. XIV, p. 84, art. 77. — Cf. arrêt du 18 avril 1537,
cité par La Roche Flavin, *op. cit.*, liv. II, chap. 12, n° 8. Le procureur, sous
peine de suspension d'office, le solliciteur à peine d'une amende arbitraire,
ne devaient rien offrir aux greffiers ou à leurs clercs ; bien plus, avocats et
procureurs devaient dénoncer toute désobéissance. Un arrêt de règlement du
17 février 1530 (n. st.) leur promettait même la moitié de l'amende encourue
(*Id.*, *ibid.*, n° 9). Les clercs du greffe, copistes ou gardesacs, ne devaient
rien transporter des registres, sacs, dossiers, etc., hors du Parlement sans
ordre des greffiers, ni recevoir ou enregistrer aucun arrêt qui n'eût été signé
du président et du rapporteur. *Id.*, *ibid.*, n°s 24, 13, n° 2.

(2) La Roche Flavin, *op. cit.*, liv. II, chap. 8, 9, n°s 33 à 38, 44, 67. Cf.
chap. 8.

(3) Girard et Joly, *op. cit.*, t. II, p. 1359.

(4) Isambert, *op. cit.*, t. XIII, p. 153.

qui avaient siégé (1). Cette ordonnance leur laissa la délivrance des commissions sur requêtes, mais seulement après que ces requêtes avaient été signées par le président et par le rapporteur (2). La rédaction et la taxe des écritures se trouvèrent réglées par les ordonnances de janvier 1561 et de mai 1579 : on exigeait désormais vingt-cinq lignes à la page, et quinze syllabes par ligne; les greffiers des cours souveraines toucheraient trois sous tournois par feuillet (3). Les écritures des plaideurs ne seraient admises que si ceux-ci les avaient signées (4); Les procureurs remettraient eux-mêmes au greffe civil les déclarations de dépens, et le greffier les parapherait sans rien prendre pour cela. Le salaire des greffiers serait fixé à nouveau par les cours souveraines, puis affiché aux différents greffes, pour éviter qu'il fût réclamé plus qu'il n'était dû (5).

L'achat et le soin matériel des registres, leur reliure, leur transport (6), le soin des sacs où s'empilaient les pièces de procédure appartenaient au greffier; la note des frais était soumise au Parlement, qui seul donnait l'autorisation de payer, en prélevant les sommes nécessaires sur le produit des exploits et des amendes (7).

(1) 1566, février. Isambert, *op. cit.*, t. XIV, p. 189.

(2) Isambert, art. 64, 65.

(3) *Id.*, *ibid.*, p. 84, art. 78, 80.

(4) 1561, 20 novembre. Arch. nat., X¹ᵃ 4969, fᵒ 45.

(5) Ordonnance dite de Blois, mai 1579, art. 141, 160; dans Isambert, *op. cit.*, t. XIV, p. 380.

(6) 1526, 20 août : le greffier civil paye trente-deux sous parisis au relieur Antoine Bonnemère pour la reliure du registre du Parlement commençant à la Saint-Martin 1525. Arch. nat., X¹ᵃ 1529 fᵒ 376. — 1538, 8 juin : le Parlement fait payer la reliure des registres du Conseil des années 1503-1504, 1507-1508, 1534-1535, 1535-1536; des matinées de 1536-1537; des plaidoiries de 1522-1523; il fait aussi payer les frais de « drap et cuir de la tablette servant à régler le parchemin », d'une règle, et le rhabillage « des lyasses et jugéz et iceulx recoléz » au libraire Jean Canivet; le total atteignit 14 livres 10 sous parisis; l'ouvrier qui avait exécuté le travail s'appelait Tympan Ponce. Arch. nat., X¹ᵃ 1541, fᵒ 447.

(7) 1538, 12 avril : 20 livres parisis au clerc du greffe civil, Mathieu Gallet, qui avait porté les sacs de la salle Saint-Louis (affectée par le roi aux plai-

C'est encore le Parlement qui examinait les mémoires des libraires chargés de fournir les livres du greffe, et qui en ordonnait le paiement (1). De même, il vérifiait les envois des parcheminiers désignés par le roi pour donner aux greffes des cours souveraines le parchemin nécessaire, sans qu'ils eussent à payer aucun droit (2).

Le chancelier pouvait demander communication des registres et des sacs, mais le greffier veillait à ce qu'il ne les gardât pas longtemps; d'ailleurs il avertissait le Parlement qui prenait les mesures nécessaires (3). Le roi avait naturellement le droit de les faire visiter; et, après la soumission de Paris (30 mars 1594), Henri IV chargea Guillaume du Vair, M⁰ des Requêtes de l'Hôtel, de faire rechercher et supprimer par les avocats au Parlement Antoine Loisel et Jean Pithou tout ce qui avait été, pendant la Ligue, consigné d'injurieux à son égard dans les registres de la Cour. Le 6 avril, le conseiller Philibert Mazuier fut adjoint à du Vair (4).

Peut-être le greffier civil avait-il encore la garde de la

doiries criminelles) « dans un nouvel édifice pour ce faict au-dessoubz du greffe des présentations ». Arch. nat., X¹ᵃ 1538, f⁰ 208 v⁰. — Même année, 21 mai : 15 livres parisis à Marie Lefèvre, lingère au Palais, pour « certaine quantité de sacs de toile par elle livrée au greffe civil ». *Ibid.*, X¹ᵃ 1541, f⁰ 393 v⁰. — 1541, 22 décembre : le Parlement ordonne à Nicolas Hardy, receveur des exploits et des amendes, de payer à Marie Gustineau, lingère, les 21 livres, 2 sous parisis à elle taxés pour fourniture semblable.

(1) Au libraire Galliot du Pré, 14 livres parisis pour avoir déposé au greffe civil « les textes des décrets et loix pour servir aux affaires d'icelle court ». 1530, 28 novembre. Arch. nat., X¹ᵃ 1534, f⁰ 12 v⁰.

(2) 1549, 18 novembre : permission aux marchands parcheminiers Jean et Guillaume Prévost, père et fils, d'amener au Palais, avec exemptions des droits, le parchemin destiné aux greffiers du Parlement, de la chambre des Comptes, de la cour des Aides et de la chambre du Trésor. Enregistre le 11 août 1552. V. Grün, *Notice citée*, p. xxx.

(3) 1527, 27 février et 20 mars : le Parlement décide de demander au chancelier le renvoi du registre du conseil de l'année 1528 qu'il garde trop longtemps. Arch. nat., X¹ᵃ 1530, f⁰ 470 v⁰, 471.

(4) Et non Pierre Pithou, comme on lit dans la *Vie d'Antoine Loisel* par Claude Joly, *loc. cit.*, p. xxxi, en 1594. Cf. Grün, *Notice citée*, *loc. cit.*, p. ccxlvii.

bibliothèque ou librairie des Enquêtes dont il est fait mention le 21 août 1518 (1).

Greffier criminel. — Le greffier criminel vient après le greffier civil et a le pas sur le greffier des présentations (2); à l'audience, il se place au dernier banc après les conseillers (3). Comme il demeure chargé de tenir registre des affaires criminelles, dès l'origine les titulaires furent des laïques. Lui aussi devait avoir titre et office de notaire du roi et, pour s'aider, choisissait et payait ses clercs (4).

C'est au greffe criminel que s'enregistraient les élargissements des prisonniers (5); cependant, s'il ne s'agissait que d'un délit puni d'une amende civile, l'élargissement devait être enregistré par le greffier civil (6).

La nomination du greffier criminel se faisait comme celle du greffier civil et, malgré les ordonnances, dès le début du xvi⁰ siècle, elle fut, elle aussi, soumise à la vénalité (7). En 1581, à la mort du titulaire, Claude Malon,

(1) Le Parlement ordonne à son receveur des exploits et amendes, Hervé de Kerquifinem, de payer à Jean Bonhomme, libraire de Paris, 18 livres tournois pour « avoir baillé et livré pour la dicte court ung cours de loix et ung autre de decret pour mettre en la librairie » des Enquestes ». Arch. nat., X¹ᵃ 1520, f° 330.

(2) Arrêt du 11 décembre 1528. La Roche Flavin, *op. cit.*, liv. II, chap. viii, chap. ix, n° 16 et chap. x, n° 9.

(3) La Roche Flavin, *loc. cit.*, n° 21.

(4) Mention de M⁰ Philippe Hubert, clerc au greffe criminel (20 mai 1544), dans mon *Ms. du procès criminel du chancelier Poyet.*

(5) Sur ces élargissements sous caution déjà fréquents aux xiv⁰ et xv⁰ siècles, V. Aubert, *Le Parlement de Paris et les prisonniers* (*Bulletin de la Société de l'histoire de Paris et de l'Ile de France*, juillet-octobre 1898).

(6) Aubert, *Histoire du Parlement*, t. 1, p. 238 à 242. — Cf. Ordonnance de mars 1550 (dans Isambert, *op. cit.*, t. XIII, p. 160), qui vise surtout les prisonniers.

(7) 1522, 28 novembre. Nicole Malon est reçu greffier criminel au lieu de feu Antoine Robert dont il était un des héritiers universels et dont il avait acheté l'office. Arch. nat., X¹ᵃ 1524, f°ˢ 9, 15. *Livre de raison de M⁰ Nicolas Versoris*, éd. cit., p. 113, n° 50. Malon avait épousé Anne Duval, fille de Jean Duval, changeur au Trésor. Par lettre du 5 mai 1556 il obtint pour son fils Claude la survivance de l'office.

l'office fut réuni au domaine et vendu 10.500 écus à l'avocat Esprit Boucher qui fut reçu le 16 janvier de l'année suivante (1).

Au milieu du xvi⁰ siècle, le roi fit construire de nouveaux locaux pour servir au greffe criminel tout près de la Tournelle et de la salle Saint-Louis « où l'on plaide les causes criminelles » (2).

Greffiers des présentations. — Chargé spécialement de recevoir et de consigner sur ses registres les actes de présentation remis par les procureurs, puis d'en établir le rôle, le greffier des présentations demeurait astreint aux mêmes règlements que le greffier civil. Des clercs l'aidaient, et la cour l'engageait à les payer suffisamment, afin qu'ils ne fussent pas tentés, à l'exemple de M⁰ Jean Lefèvre, d'accepter de l'argent des parties désireuses de voir mettre leurs causes en bon rang sur le rôle (3).

Pour éviter la multiplication des congés et des défauts, une ordonnance datée de Saint-Germain-en-Laye obligea, en 1529 (13 janvier), les procureurs à remettre le samedi matin avant 11 heures, au greffe des présentations, sur une feuille de papier, toutes les cédules, tous les congés et tous les défauts qu'ils voudraient faire appeler à la cour aux jours ordinaires, c'est-à-dire les lundis et mardis ; ils en formeraient une liasse et la signeraient. Le greffier les passait alors à son clerc qui les insérait dans un registre coté, daté du jour de la remise et de la présentation afin qu'on ne pût rien y ajouter. Communication de ce registre était donnée au greffier criminel, et des

(1) P. de l'Estoile, *Mémoires-Journaux*, éd. cit., t. II, p. 36. Boucher siégea en 1583 au Grands Jours de Troyes. Cf. Grün, *Notice citée*, p. ccx.

(2) 1557, 15 février. Grün, *Notice citée*, p. xxxviii.

(3) 1528, 5 décembre. Arch. nat., X¹ᵃ 1532, f⁰ 19 v⁰, 20 r⁰. Lefèvre fut suspendu de son office, puis emprisonné quelque temps ; mais touché de ce fait que le greffier, Nicolas Avrillot, le payait peu, le Parlement ne le suspendit d'office que jusqu'après la fête de Noël, et déclara qu'il n'encourrait « aucune note diffame » ; enfin il invita Avrillot à le mieux rétribuer. Plus sévère, le procureur général reprit l'affaire et fit décréter de prise de corps le clerc indélicat, le 31 décembre. *Ibid.*, f⁰ 59 v⁰.

extraits pouvaient lui en être délivrés (1). Un arrêt de règlement du 30 octobre 1560 défendit au greffier des présentations d'inscrire au rôle ordinaire les causes dont les assignations étaient échues « auparavant les deux derniers parlements » (2).

Tant que siégeaient les magistrats, ce greffier restait à la barre des huissiers, ou bien il demeurait à son greffe de 7 heures à 11 heures du matin et de 4 à 6 heures du soir.

Dans un but fiscal, Henri III institua (août 1575) près de toutes les juridictions du royaume des greffiers des présentations (3). Le 3 septembre, le procureur général invita le Parlement à délibérer sur cet édit avant de procéder à sa vérification ; l'affaire traîna en longueur, et le 18 juillet 1577, le roi adressa des lettres de jussion. Le 2 septembre, la cour céda, mais à la condition que « les greffiers des présentations seront tenus de faire registres, l'un des congés, l'autre des défaux », registres qu'ils devront communiquer à tous les procureurs et à leurs clercs le matin de 8 heures à 11 heures et dans l'après-midi de 2 heures à 5 heures ; « pour la présentation et l'expédition de chaque défaut ou congé, ils ne prendront que 12 deniers tournois ». Quant à la confection des rôles, la Grand'Chambre déclarait ne pouvoir admettre les modifications proposées ; l'année suivante, elle essaya même, dans un arrêt d'interprétation, de revenir sur quelques concessions (11 février 1578) ; mais Henri III n'en tint pas compte et confirma intégralement son édit (5 mars) (4). Obligé de constater que cette mesure de son prédécesseur n'avait pas été heureuse pour les plaideurs à cause de la négligence des greffiers des présentations

(1) Isambert, op. cit., t. XII, p. 306.
(2) Arch. nat., X¹ᵃ 1568, f° 396 v°.
(3) Bibl. nat., nouv. acquisit. fr., 3651, p. 933. — Fontanon, *Les Édicts et ordonnances des rois de France*, t. I, p. 44.
(4) Girard et Joly, op. cit., liv. I, tit. 10, au t. I, n. 77 à 80.

trop nombreux et trop peu payés, Henri IV augmenta
les droits de présentation (1).

Greffiers des Requêtes du Palais. — On sait que la
chambre des Requêtes du Palais avait son greffe spécial, tenu par un notaire secrétaire du roi qualifié de
greffier. Au xvii° siècle, à côté de ce greffier principal, il
y avait un *greffier des présentations;* tous deux étaient
reçus en la chambre des Requêtes après que le procureur
général avait examiné leurs lettres de provision et avait
enquêté sur leur vie, leurs mœurs, leur capacité et leur
religion. Pour les aider, ils avaient deux garde-sacs, un
clerc audiencier et trois huissiers (2).

Notaires du Parlement. — Au-dessous des greffiers,
on trouve aux greffes du Parlement des auxiliaires
appelés notaires; au nombre de quatre depuis le 28 janvier 1373, ils jouissent de tous les avantages et privilèges
des notaires et secrétaires du roi parmi lesquels celui-ci
les choisissait (3). En effet, tout arrêt en forme des cours
souveraines devant être rédigé par un secrétaire du roi,
on exigeait ce titre des greffiers et des notaires du Parlement (4). Quand M° Martin Berruyer (successeur

(1) Girard et Joly, op. cit., liv. III, tit. 20, p. 1360, 1361.

(2) Hors du Palais, ils n'avaient pas rang dans les réunions de la cour.
Cf. La Roche Flavin, op. cit., liv. II, chap. xi. On peut citer comme greffiers
principaux des Requêtes au xvi° siècle : Raoul de la Faye et son successeur François Baleban (Arch. nat., X¹ᵃ 1528, f° 627 v°, 30 juillet 1525 et
X¹ᵃ 1540, f° 140, 1ᵉʳ février 1538).

(3) Aubert, op. cit., t. I, p. 244 à 248. — En décembre 1556, Henri II
révoqua ses lettres de novembre 1554 par lesquelles il créait quatre-vingts
nouvelles charges de notaires et secrétaires du roi. Le 5 janvier suivant, le
Parlement déclara qu'il enregistrerait le plus tôt possible ces lettres de révo-
cation. Arch. nat., X¹ᵃ 1584, f° 7 v°, 8 v°.

(4) Chassaing de Borredon, *Recherches sur le collège des notaires et
secrétaires du Roi depuis 1482* dans les positions des thèses soutenues par
les élèves de l'école des Chartes, 30 janvier 1905. — Les privilèges des notaires
et secrétaires royaux confirmés en décembre 1518 furent enregistrés au Parlement le 11 août 1519. Arch. nat., X¹ᵃ 8611, f° 311. — Ils avaient le droit
de prendre gratuitement à tous les greffes et tabellionages royaux des expéditions d'arrêts, de sentences ou d'appointements, et leurs veuves conservaient
ce droit; ils n'avaient rien à payer pour la signature et le sceau mais, les

de Gilbert Bayard qui avait résigné en 1530) (1), résigna
son office de notaire au Parlement en faveur de son
frère Claude, avec l'approbation de Henri II, il eut
soin de stipuler que ledit Claude devrait, dans le délai
d'un an, avoir obtenu une charge de secrétaire du roi,
sinon la résignation serait considérée comme nulle (2).

La nomination d'un notaire du Parlement appartenait
au roi (3) ; le Parlement procédait à la réception du titulaire ainsi nommé après avoir statué sur les oppositions
qui avaient pu se produire. En 1547 (6 août), Mᵉ Pierre du
Vendel (3) s'opposa à la réception de Mᵉ Pierre Regnaut, en
faveur duquel il venait de résigner, en alléguant certaine
convention conclue entre eux ; le procureur général inter-
vint alors et s'opposa, lui aussi, parce qu'il y avait eu vente
et achat de la charge. Cependant l'affaire s'arrangea ; et, le
6 septembre, Regnault fut reçu (4). Aussi bien l'opposition
du procureur général n'avait sans doute eu lieu que pour
sauvegarder les principes trop oubliés, car la vénalité

greffiers du Châtelet et des Requêtes du Palais n'en tenant pas assez compte,
il y eut des procès ; un édit du 12 février 1586 renouvela ces privilèges.
Cf. Isambert, *op. cit.*, t. XII, p. 192. — Le 25 février 1558, ils obtien ..t
l'autorisation d'exercer leurs fonctions dans toutes les chancelleries du
royaume. Isambert, *op. cit.*, t. XIII, p. 509.

(1) 1530, 9 décembre. Arch. nat., Xᴵᵃ 1534, fᵒ 22 vᵒ.

(2) 1548, 11 juillet. *Ibid.*, Xᴵᵃ 1563, fᵒ 134 vᵒ.

(3) 1545, 26 janvier : les amis et parents de Mᵉ Jean de Vignolles, notaire
et secrétaire du roi (seigneur du Jarrier et successeur de Mᵉ Antoine Regnaut.
Cf. Arch. nat., Xᴵᵃ 1521, fᵒ 1 vᵒ, 12 nov. 1518 et *Catalogue des actes de
François Iᵉʳ*, nᵒ 21076], un des quatre notaires au Parlement, annoncent à
la cour son décès et l'heure du service qui sera célébré le lendemain à Saint-
Germain-l'Auxerrois. *Le 6 février*, le Parlement reçoit à sa place Mᵉ Germain
de Marle, licencié ès lois, que le roi avait nommé le 2 du même mois. Arch.
nat., Xᴵᵃ 1554, fᵒˢ 286 vᵒ et 322. — D'après le ms. Clairambault 754, fᵒ 385,
en 1548 les quatre notaires étaient Martin Berruyer, Pierre du Vendel, Guy
Lormier et Germain de Marle.

(4) Arch. nat., Xᴵᵃ 1560, fᵒˢ 374 vᵒ, 586. — En mai 1547, les quatre notaires
en exercice étaient Martin Berruyer, Guy Lormier (successeur de Gaillard
Burdelot qui avait résigné. Cf. Xᴵᵃ 1537, fᵒ 240 ; 1534, 27 avril, Burdelot
avait lui-même succédé à Jean Beldon (21 août 1517) : devenu greffier des présentations : Xᴵᵃ 1519, fᵒ 245 vᵒ), Pierre du Vendel et Germain de Marle. Arch.
nat., Xᴵᵃ 1560, fᵒ 632.

s'exerçait ici comme ailleurs (1), et les notaires, qui
payaient fort cher leurs charges de secrétaires royaux (2),
cherchaient naturellement à rentrer dans leurs déboursés
en vendant, à leur tour, leur charge de notaire.

Les notaires du Parlement pouvaient suppléer le greffier civil absent (3); cependant leurs principales fonctions
consistaient à rédiger les lettres de mandement, les déclarations faites aux chambres, les expéditions hors registres,
à collationner les pièces, à répondre aux requêtes, délivrer des commissions, à faire des inventaires et à administrer les biens mis sous séquestre; mais, depuis 1344,
la rédaction des arrêts leur était interdite.

En somme, ils avaient plusieurs attributions communes
avec les greffiers, et on comprend que ces derniers aient
quelquefois empiété sur eux; le 31 janvier 1519, les notaires
du Parlement s'en plaignirent et demandèrent à la Grand'-
Chambre de les protéger(4). Au début du siècle suivant,
le 22 mai 1601, conformément à leur requête, après
avoir entendu le procureur général, le Parlement décida
qu'à l'avenir tous les sceaux des biens meubles et titres
des successions des pairs, des comtes, barons et autres
personnages de distinction seraient apposés, puis levés
par les notaires des cours souveraines, et par eux seuls;
enfin qu'eux seuls aussi en dresseraient l'inventaire (5).

(1) A la mort de Jean le Camus, Jean Dupré fut reçu notaire du Parlement, et François Ier lui donna dispense pour avoir acheté sa charge. Arch.
nat., X¹ᵃ 1521, f° 47 v°.
(2) Germain de Marle avait épuisé toutes ses ressources dans l'achat de sa
charge de secrétaire du roi et il obtint même un délai pour payer. Arch.
nat., X¹ᵃ 1554, f° 322, et *Catalogue des actes*, n° 25472.
(d) 1581, 13 décembre : Jean de Vignolles remplace Jean du Tillet. Arch.
nat., X¹ᵃ 1584, f°° 30, 38 v°.
(4) Arch. nat., X¹ᵃ 1521, f° 67.
(5) La Roche Flavin, *op. cit.*, liv. II, chap. xiv, p. 130. — Sur les notaires
et secrétaires du roi, Cf. P. Viollet : *Histoire des institutions politiques
et administratives de la France*, t. II, pp. 139-141 ; et *Le Roi et ses ministres*, pp. 199-207.

Chancellerie du Parlement de Paris.

Au xiv° siècle, on ne pourrait dire qu'il y eut une chancellerie royale « du Parlement de Paris » (1); mais au siècle suivant, on en trouve une parfaitement distincte de la grande Chancellerie. Cependant tous les actes de juridiction émanés de la cour ne doivent être scellés que du grand sceau royal, et n'ont de valeur qu'à cette condition. Le *signet* ou cachet du Parlement ne sert jamais à sceller les actes royaux : il ne scelle que les actes de police intérieure de la cour, ou quelques mandements et quelques requêtes présentées au roi au nom des gens du Parlement (2).

D'après La Roche Flavin (3), la chancellerie particulière du Parlement avait été établie pour « expédier toutes lettres et remèdes de justice, c'est-à-dire selon les loix », et on l'appelait aussi chancellerie ordinaire.

Au xvi° siècle, elle se compose d'un ou de plusieurs maîtres des Requêtes de l'Hôtel; en leur absence, du garde-sceaux (4), qui doit être conseiller du Parlement, de la Grand'Chambre ou de la Tournelle. Il y a aussi *l'audiencier* et le *contreroleur* qui jouissent des mêmes privilèges que les secrétaires royaux d'après une ordon-

(1) O. Morel, *La grande chancellerie royale et l'expédition des lettres royaux*, 1328-140, p. 120. — Paris, A. Picard, 1900, in-8°.

(2) *Id., ibid.* — D'après Grün, *Notice sur les Archives du Parlement de Paris*, chap. xviii, p. clxxxvii, le signet ou cachet était apposé sur toutes les expéditions délivrées par le Parlement; quand elles étaient envoyées à la grande Chancellerie pour y être scellées, le chancelier était obligé de les sceller sans y rien changer.

(3) *Op. cit.*, liv. XIII, chap. lxxxix.

(4) En l'absence des maîtres des Requêtes de l'Hôtel, le garde-sceaux tient les sceaux et fait fonction d'un maître des Requêtes (*Id., ibid.*, n° 15). En leur absence à tous, le Parlement députe des conseillers pour présider et tenir le sceau à la chancellerie du Palais, comme il fut fait le 21 septembre 1558. La chancellerie du Parlement, dit Grün (*Notice* n° ide, loc. cit., p. clxxxviii), scellait toutes les lettres qui pouvaient recevoir le petit sceau ; le maître des Requêtes de l'Hôtel qui tenait le sceau scellait plusieurs fois par semaine.

nance de 1551 ; les *référendaires* et *rapporteurs* de la chancellerie, dont les charges furent érigées en office par Charles VIII en 1490. François Ier leur permit, en 1522, d'exercer la profession d'avocat, de faire des enquêtes et d'exécuter les arrêts. A cette chancellerie on employait *deux sceaux* (1) : le grand pour sceller les lettres de grâce, et le sceau commun, plus petit, pour sceller les lettres de simple justice.

Un *huissier* assurait le service, mais ne pouvait faire d'exploit dans l'intérieur même de l'enclos du Palais qu'en ce qui regardait la chancellerie; il lui est interdit d'exécuter les commissions adressées aux huissiers du Parlement ou des Requêtes du Palais.

Un *chauffe-cire* apposait le sceau aux lettres (2).

Six anciens procureurs désignés par le premier président conservaient les minutes de cette chancellerie et les déposaient dans une salle des Grands-Augustins; on les appelait greffiers-gardes des minutes de la chancellerie du Parlement (3).

CHAPITRE IX

Huissiers du Parlement.

On appelait huissiers du Parlement les fonctionnaires « commis à la garde des huys, estans lesdits huissiers distribuez aux portes des chambres où sont messieurs les

---

(1) Sceau du Parlement sous Charles VII (an. 1436, 1439); Charles VIII (an. 1492); Louis XII (an. 1505); François Ier (an. 1516) : Ecu de France couronné et soutenu par deux anges à genoux; contre-sceau, écu de France ; « sigillum Francisci Dei gratia Francorum regis in absencia magni, Parisius ordinatum » (le sceau est rond et de 90 millimètres); sous Henri II (an. 1550); Charles IX (an. 1561) ; dans Douet d'Arcq, *Collection des sceaux*, nos 4384, 4385, 4387, 4388, 4389, 4890.

(2) La Roche Flavin, *id.*, *ibid.*

(3) Grun, *Notice cités*, *loc. cit.*, p. CLXXXVIII.

présidens et conseillers de la cour de Parlement » (1).
« Représentans le Roy immédiatement pour la justice souveraine et pour l'exécution de ses arrêts », ils ont plus
d'autorité, plus de considération et aussi de plus grands
privilèges que les sergents des autres juridictions royales ;
et, pour témoigner de cette autorité, ils portent à la main
une verge ou baguette dans tout le ressort du Parlement
auquel ils sont attachés (2).

Le nombre des huissiers du Parlement de Paris, fixé
à douze au XIVᵉ siècle, à quatorze par Louis XI et bientôt
à seize (3), s'éleva à vingt, puis à vingt-deux, à la fin du
règne de François Iᵉʳ, et ce dernier chiffre fut maintenu
pendant la période qui nous occupe (4).

Depuis l'arrêt de règlement du 21 novembre 1405, seuls
les huissiers de la Grand'Chambre et des Enquêtes avaient
le droit de se dire « *huissiers du Parlement* »; ceux des
Requêtes du Palais devaient prendre le titre de « *huissiers-sergents* »; partout ailleurs il n'y avait en réalité
que des sergents. Leur titre et leurs privilèges excitèrent
toujours la jalousie des sergents du Châtelet, de la cour
des Aides, comme des autres juridictions, et cette rivalité
amena de longs et fastidieux procès (5).

(1) Girard et Joly, *op. cit.*, liv. 1, tit. XII, préface.
(2) La Roche Flavin, *op. cit.*, liv. II, chap. XVI, nᵒˢ 18 et 21.
(3) Aubert, *Le Parlement de Paris de Philippe le Bel à Charles VII.
Organisation*, chap. XIII. — *Histoire du Parlement de Paris de l'origine à François Iᵉʳ*, t. 1, liv. 1, chap. IX.
(4) 1544, 12 mai : François Iᵉʳ porte de seize à vingt le nombre des huissiers.
Arch. nat., X¹ᵃ 8614, fᵒ 194 vᵒ. Le mois suivant il en créa cinq autres, mais
en fait les listes des 20 septembre 1548, 21 avril 1551, 23 novembre 1552 n'en
mentionnent que vingt-deux. Cf. Girard et Joly, *op. cit.*, t. 1, p. 280 et additions, p. CXXXII.
(5) 1544, 5 mai : les soixante sergents à cheval du Châtelet ne pourront hors
Paris, « sous ombre de leur qualité d'huissier », demander un salaire plus
élevé que de coutume... « les exécutions et les exploits et les exécutions
des commissaires qui sont émanés d'icelle (court de Parlement) pour faction
d'enqueste » continueront à estre réservés aux huissiers du Parlement et à
eux seuls; par exception, les sergents à cheval du Châtelet pourront en leurs
exploits se dire « huissiers-sergents à cheval du Roy en son Chastellet », mais
pas simplement huissiers. — Le 12 juillet 1548, un autre arrêt défend à tout

A la tête du corps des huissiers du Parlement se plaçait le *premier huissier*, leur chef, chargé spécialement d'appeler les causes à l'audience (1). Sa robe rouge, son chapeau de drap d'or fourré orné d'une grande plume garnie de perles, lui donnaient grand air. Jusqu'au 18 janvier 1453, il avait pu rester couvert en parlant aux présidents ou à la cour; au xvi⁰ siècle, il continuait à faire l'appel des causes assis dans sa chaise (2).

Les honneurs et les privilèges ne mettaient pas le premier huissier à l'abri des justes réprimandes ou des punitions en cas de faute grave. Ainsi, le 7 septembre 1524, Jean de Surry, successeur de Jean Pagevin (3), est condamné pour défaut de surveillance à 400 livres d'amende et à la perte de son droit de garder les prisonniers, parce que des Cars, complice du connétable de Bourbon, avait failli, le 11 juin précédent, s'échapper de la maison où il se trouvait détenu (4).

sergent de venir instrumenter au Palais et dans son enceinte, à moins qu'il n'y soit autorisé par le Parlement. Cf. Imbert, *Pratique judiciaire civile et criminelle*, annotée par Guénois, 8⁰ édit., 1606, liv. I, chap. 1, p. 10, 11. — 1571, 5 mai : le Parlement défend aux sergents du Châtelet de se qualifier huissiers, de faire aucun exploit dans la grande salle du Palais (Arch. nat., Y 12, f⁰ 298).

(1) Le plus ancien des huissiers-sergents des Requêtes du Palais s'intitulait lui aussi « *premier huissier-sergent des requestes du Palais* ». Cf. 1520, 5 décembre, Arch. nat., X¹ᵃ 1523, f⁰ 13. Ce personnage était alors Jean Maillart.

(2) Arch. nat., X¹ᵃ 1547, f⁰ 84; 30 juin 1541.

(3) 1517, 17 septembre. Arch. nat., X¹ᵃ 1519, f⁰ 279. De Surry fut remplacé par Jacques de Mailly qui fut reçu le 22 mai 1528. *Ibid.*, X¹ᵃ 1531 à la date. — Surry touchait en 1519 une rente de 60 livres sur la recette des amendes. Cf. *Catalogue des actes de François I⁰ʳ*, n⁰ 23605.

(4) *Journal d'un bourgeois de Paris sous François I⁰ʳ*, éd. Lalanne, p. 209, éd. Bourrilly, p. 165-187. — *Livre de raison de M⁰ Nicolas Versoris*, éd. Fagniez, p. 144, n⁰ 159. Le droit de garder chez eux des prisonniers était d'un usage fréquent chez les huissiers et constituait pour eux une source de profit, car les prisonniers payaient pension. Le mardi 6 mai 1544, « a esté ordonné que M⁰ Louis Martiné (ou Martinet), substitut du procureur général du Roy au Chastelet de Paris, tiendroit prison en l'hostel de Jean Bachelier, huissier en la cour de céans ». Le 15 mai, Bachelier déclare accepter et Martiné se constitue prisonnier chez lui. Le 30, jour de Pentecôte, Martiné

Tous les huissiers du Parlement, même ceux des
Requêtes du Palais, jouissaient du *committimus* et des
privilèges ou exemptions accordés aux membres de la
cour souveraine (1); dans les cérémonies officielles, ils
faisaient partie du cortège de l'illustre assemblée.

Lorsqu'ils n'étaient pas occupés aux portes des chambres ou des salles du Palais, et lorsqu'on ne les appelait
pas à la barre, les huissiers devaient se tenir dans la
grande salle (2). Dans l'exercice de leurs fonctions,
spécialement quand ils allaient signifier ou exécuter
les arrêts, ils se trouvaient exposés aux injures et
aux violences des plaideurs malheureux : aussi le Parlement les protégeait et sévissait sévèrement contre tous
ceux qui les molestaient (3). Il défendait encore leurs
droits quand il les voyait menacés : c'est ainsi qu'il
mit une excessive lenteur à enregistrer, même avec de
grandes réserves (1er février 1536), l'édit du 6 novembre

obtient d'aller à la messe mais accompagné d'un huissier et sans
communiquer avec personne. Louis Martiné, impliqué dans le procès du
chancelier Poyet, avait aussi été substitut de M° Jean Martiné, procureur
du roi aux Requêtes de l'Hôtel. V. mon *Ms. du procès criminel* du chancelier Poyet, f°° 48, 81, 82, 184, 185 et 373. — Le 20 juin 1544, un conseiller
du roi, au Châtelet de Paris, M° Jean le Royer, seigneur de la Cloche, était
prisonnier en l'hôtel de Nicolas Carat, huissier du Parlement (même Ms. à
la date).

(1) 1544, 16 juin: arrêt confirmant des arrêts antérieurs : 1535, 18 février :
arrêt qui exempte les huissiers du Parlement des fonctions de tuteur et de
curateur; 1553, 10 mars : arrêt qui attribue aux huissiers-sergents des
Requêtes du Palais les privilèges des huissiers du Parlement. Cf. Girard et
Joly, *op. cit.*, liv. I, chap. xii, t. I, p. 145, 146, 150 à 152. — Pour être
confirmés en leurs charges, à l'avènement d'un nouveau roi, ils étaient,
comme les greffiers, dispensés de tous droits. V. Arch. nat., X¹ª 1560, f° 92
v°, 14 mai 1547.

(2) Ordonnance du 13 janvier 1529. Isambert, *op. cit.*, t. XII, p. 308.

(3) La Roche Flavin, *op. cit.*, liv. II, chap. xvi, n°° 83 à 104. Pour
avoir rossé un huissier dans l'exercice de ses fonctions, Simon Salvoue fut
condamné à une amende de 300 livres parisis, dont la moitié fut délivrée à
Dieppe, valet de la garde-robe et à René Pintrel, barbier du roi. *Catalogue
des actes*, n°° 28256. En 1560, François II déclara que l'office d'un huissier
tué dans l'exercice de ses fonctions serait conservé à sa veuve et à ses
héritiers. La Roche Flavin, *loc. cit.*, n° 96.

1527 qui accordait aux huissiers du Grand Conseil l'autorisation de faire des exploits et d'exécuter les arrêts des
cours souveraines (1). Les dispositions pour protéger
leur personne et maintenir leurs droits furent toutes confirmées et renouvelées par l'ordonnance de mai 1579
(art. 190) (2).

En retour, le Parlement exigeait d'eux la politesse,
l'exactitude à observer tous les règlements de leur profession, une probité scrupuleuse et l'engagement formel de
ne pas exiger plus que ce qui était fixé par les ordonnances (3). En 1519, le 4 juin, justement mécontente de ne trou_
ver aucun des huissiers de service — ils servaient alors
à tour de rôle par moitié — à son poste et prêt à venir
rétablir l'ordre dans les chambres, la Grand'Chambre,
après avoir infligé un blâme sévère, les mit tous à
l'amende, et en profita pour leur imposer d'abord la
défense de faire à l'avenir figurer leurs noms sur les
requêtes des plaideurs, puis l'obligation, « pour garder
équalité entre eux », de se répartir également les déclarations de dépens qui procuraient des bénéfices (4).
Aussi bien les gens du roi les surveillaient et requéraient
contre les délinquants l'application des pénalités prévues.
Le 11 août 1545, l'avocat du roi, Gabriel de Marillac, au
nom du procureur général, dénonça l'huissier Lingault,
qui laissait aux mains de son clerc ou de son valet

(1) Arch. nat., X¹ᵃ 8612, f° 390.
(2) Isambert, *op. cit.*, t. XV, p. 422.
(3) Ces préceptes remontaient au xiv° siècle; ils furent renouvelés le
28 novembre 1562. Cf. Girard et Joly, *op. cit.*, t. 1, p. 261-262. — Comme
ils pouvaient avoir à dresser des procès-verbaux, vaquer à des commissions,
les huissiers devaient être un peu versés dans la pratique et, avant d'être reçus,
avoir subi un examen. Il leur était donc utile d'avoir passé quelque temps
chez un procureur, ou un avocat et d'avoir fréquenté le Parlement. Cf. La
Roche Flavin, *op. cit.*, chap. 16, n° 20. Un arrêt de règlement du 13 novembre
1540 les oblige à consigner dans leurs exploits le domicile de ceux pour
qui et contre qui ils instrumenteront. Arch. nat. X¹ᵃ 4983 à la date.
(4) Arch. nat., X¹ᵃ 1521, f° 208; il avait fallu aller chercher les huissiers
à leur domicile.

la clef de la chambre du Conseil; il dénonça aussi un huissier de service qui n'était pas à son poste et, dans ses conclusions, il allait jusqu'à demander que la cour leur infligeât une amende et la prison jusqu'à l'entier paiement de cette amende. Le Parlement se contenta de suspendre Lingault pendant huit jours de son droit de signifier les requêtes, les commissions et les mandements, enfin d'ordonner à tous les huissiers de toujours garder avec eux les clefs des chambres, et de ne jamais quitter leur poste quand ils seraient de service (1). A vrai dire, les huissiers ne se montraient guères dociles : le 29 avril 1547, comme les magistrats voulaient pénétrer dans les chambres, ils ne trouvèrent aucun des sept huissiers de service pour ouvrir les portes ; le 26 juillet suivant, même négligence. Dans ces deux circonstances, les coupables furent punis d'une simple amende : la prison qu'ils avaient méritée leur fut épargnée (2). Les pénalités édictées par les ordonnances et les règlements étaient cependant très sévères; mais la cour savait, peut-être même à cause de cette sévérité, qu'elles n'étaient presque jamais appliquées (3).

Avec les plaideurs, et dans tous les exercices de leur profession, les huissiers devaient se montrer modestes, polis, jamais insolents ni arrogants, sous peine d'amende honorable et de punition exemplaire (4). La vergé ne servait que d'insigne ; leur seule arme, l'épée, ne sortait du fourreau qu'à la dernière extrémité ; des agents, des records,

(1) Arch. nat., X¹ᵃ 1556, f° 80. Ambroise Lingault avait été reçu huissier du Parlement le 8 octobre 1543 au lieu de feu Jean Dupuy. Cf. *ibid.*, X¹ᵃ 1554, f° 571 v°.

(2) Arch. nat., X¹ᵃ 1560, f° 39, 29 avril. Les sept huissiers payèrent chacun une amende de 100 sous parisis ; f° 328, 26 juillet. Etienne Canto, Jean Buchelier, Pierre de Launay, Martin Guérin, Jacques des Champs, Jean David et François Favier furent condamnés chacun à 10 livres parisis d'amende.

(3) Le 1ᵉʳ août 1560, les huissiers des Requêtes du Palais Bello et Malingre furent cependant condamnés à la prison et à l'amende pour avoir désobéi. Cf. Girard et Joly, *op. cit.*, t. I, p. 277.

(4) La Roche Flavin, *op. cit.*, liv. II, chap. xvi, n°⁵ 34, 35.

les accompagnaient pour leur prêter main-forte ; et, en cas de nécessité, ils pouvaient requérir pour les aider quiconque se trouvait à leur portée (1).

En aucun cas, l'huissier ne devait réclamer plus quel a somme fixée par les ordonnances et les règlements, même si dans une seule journée il faisait plusieurs exploits ou plusieurs exécutions ; jamais il ne devait rien accepter de celui contre lequel il instrumentait (2). Au milieu du xvie siècle, il versait dans une bourse commune les honoraires reçus des plaideurs pour le collationnement des pièces au greffe, les six sous parisis qu'il touchait chaque jour lorsqu'il gardait chez lui un prisonnier, et les dons ou gages encaissés lorsqu'il se rendait à la session des Grands Jours. Tous se partageaient ces bénéfices qui, en cas de maladie, permettaient de constituer une caisse de secours mutuels (3). Pour exécuter un arrêt dans le ressort d'un autre parlement, il fallait demander « *pareatis* au baillif ou seneschal » et aussi « au parlement du ressort duquel est le lieu » (4).

Au xvie siècle, on trouve toujours six huissiers de service à la fois, mais les autres devaient se présenter au Palais le matin à 8 heures et, dans l'après-midi, entre 3 et 4 heures ; seuls étaient dispensés de cette formalité ceux qui se trouvaient occupés aux chambres des Enquêtes. Six huissiers accompagnaient aussi le greffier criminel quand il se rendait à une exécution capitale ; pour les amendes honorables et les fustigations publiques, quatre suffisaient (5).

Les fonctions des huissiers n'ont pas varié (6) ; ils ont

(1) La Roche Flavin, *op. cit.*, *loc. cit.*, nos 36 à 41.
(2) *Id.*, *ibid.*, nos 42, 43.
(3) Girard et Joly, *op. cit.*, t. I, p. 281, 282. Le partage était effectué par le premier huissier.
(4) La Roche Flavin, *op. cit.*, liv. XIII, chap. 77, no 1. Arrêt du 2 juillet 1543.
(5) Girard et Joly, *op. cit.*, *loc. cit.*
(6) Aubert, *op. cit.*, *loc. cit.* ; Girard et Joly, *op. cit.*, liv. I, chap. xxvi,

toujours à maintenir l'ordre, faire la police au Palais, sans égard pour les personnes, porter les exploits, les assignations, signifier les requêtes et les arrêts, percevoir les amendes, arrêter ceux qui étaient décrétés de prise de corps, procéder aux saisies, à certaines enquêtes, à des expertises ou des inventaires et, d'une façon générale, assurer l'exécution des arrêts du Parlement. L'entretien des salles et des chambres, la surveillance du chauffage et de l'éclairage rentraient dans leurs attributions de police intérieure (1). A l'audience, tous se tenaient debout, sauf le premier huissier qui restait sur son siège au parquet et les deux huissiers qui s'asseyaient aux hauts sièges à l'entrée de ce parquet pour empêcher le public d'y pénétrer (2). A leur entrée et à leur sortie du Palais, les présidents devaient toujours être accompagnés par des huissiers de service chargés de maintenir la foule à distance (3).

Nous avons déjà vu que la Grand'Chambre confiait à la garde des huissiers, en leur domicile, des prisonniers de marque ou ceux dont la santé demandait des ménagements (4). Au xvi° siècle, cette garde rapportait six

t. I, p. 280 à 283. Cet auteur s'occupe des huissiers des différentes chambres ; mais, dans l'ensemble, leurs fonctions demeuraient les mêmes. — Dans les cas urgents, la Grand'Chambre députait un huissier pour signifier à un plaideur de comparaître le lendemain matin dès l'ouverture de l'audience et, s'il désobéissait, le menacer d'une amende de 50 livres parisis. Cf. Arch. nat., X¹ᵃ 1519, f° 279, 17 septembre 1517.

(1) La Roche Flavin, *op. cit.*, liv. II, chap. xvi, n°ˢ 18 à 41, 127, 1546, 3 septembre : ordre de la cour à l'huissier Péan d'aller avec un des maîtres des œuvres dans la chambre du plaidoyer examiner si la toiture a besoin de réparation et de rédiger, à ce sujet, un rapport fidèle. Arch. nat., X¹ᵃ 1584, f° 559.

(2) La Roche Flavin, *op. cit.*, liv. II, chap. xv, n° 27.

(3) *Id.*, *ibid.*, liv. II, chap. xvi, n° 17.

(4) 1580, 30 avril : un des régents de l'Université de Paris, M° Bernardin Georges, « attendu l'indisposition de sa personne et le danger de peste qui estoit en la Conciergerie », demanda et obtint de quitter les cachots de la Conciergerie et de s'installer chez un huissier du Parlement. Arch. nat., X¹ᵃ 1583, f° 212 v°. — 1580, 21 mai : M° Christophe Hérouard, lieutenant général civil et criminel du bailli de Chartres, était prisonnier chez l'huissier

sous par jour par prisonnier, sans compter les dons en argent ou en nature présentés par la famille du détenu. Les six sous quotidiens devaient, comme il a été dit plus haut, être versés dans la bourse commune.

La *nomination* des huissiers du Parlement appartenait au roi : les candidats devaient être Français, avoir vingt-cinq ans, jouir d'une bonne santé et d'une bonne réputation, avoir subi avec succès une enquête sur leur vie, leurs mœurs, leur religion, justifier d'une connaissance suffisante de la pratique et fournir un cautionnement qui servirait à indemniser les plaideurs ou les personnes que leur négligence aurait pu léser ; en outre, à partir de la seconde moitié du xvie siècle, on exigeait d'eux, comme des autres membres de la cour, une profession de foi catholique. Alors, après les conclusions du procureur général, les candidats pourvus par le roi étaient agréés par la Grand'Chambre ; ils prêtaient serment, puis étaient enfin reçus (1). Comme pour les autres offices de judicature, la *vénalité*, toujours interdite en principe, s'exerçait de fait, et la *résignation*, ainsi que la *survivance*, étaient admises (2).

Jean Bachelier. Il demanda son élargissement provisoire, aux conditions ordinaires. Le Parlement y consentit, et lui assigna pour résidence la demeure d'un bourgeois de Paris, non suspect, en lui défendant de fuir et de communiquer directement ou indirectement avec les témoins cités contre lui ; les dimanches et jours de fête il pourrait aller aux offices (*Ibid.*, f° 282). — L'huissier reconnu coupable de complaisance exagérée à l'égard du prisonnier qu'il gardait (tel de Jouy envers Laurencin) pouvait être suspendu pour trois ans. *Journal d'un bourgeois de Paris sous le règne de Françoys Ier*, éd. Bourrilly, p. 285.

(1) La Roche Flavin, *op. cit.*, liv. II, tit. XVI, n°s 18 à 21. Arch. nat., X¹ᵃ 1668, f° 336 v°, 21 juin 1560.

(2) 1515, 23 juin : sur la présentation des lettres royaux, Jean Augirard demande la charge de l'huissier, Eustache Guerreau, qui avait résigné. Mais Guerreau fit opposition et obtint qu'Augirard, avant d'être reçu, promettrait de lui verser, dans le délai d'un an, 700 livres tournois pour l'indemniser des gages que lui Guerreau aurait dû continuer à toucher sa vie durant, conformément à ce qu'ils avaient convenu entre eux. Jusqu'à l'entier paiement des 700 livres, Guerreau percevrait les revenus de la charge. Arch. nat., X¹ᵃ 1517, f° 300. Survivance de l'office de Mathieu Machoco en faveur

Grâce aux bénéfices réalisés dans l'exercice de leurs
fonctions et par la vente plus ou moins déguisée de leurs
charges, les huissiers du Parlement de Paris finissaient
par acquérir de belles fortunes.

En 1518, l'un d'eux, Jean Augirard, avança 402 livres
12 sous parisis au Parlement pour payer les frais de
voyage des conseillers Verjus et de Loynes envoyés par
la Grand'Chambre pour conférer avec François Iᵉʳ (1). La

de son gendre Pierre Regnault. *Ibid*, 2 avril 1529. Arch. nat., Xⁱᵃ 1522,
fᵒ 186 vᵒ. — 1517, 19 août : Jean Turgier est reçu huissier sur la résignation
de Nicolas le Cointe qui avait remplacé le 18 juin précédent Georges
Masson, lui-même résignant. *Ibid.*, Xⁱᵃ 1519, fᵒ 171, 249. — 1517,
17 novembre : réception d'Etienne Canto sur la résignation de Jean Lejart.
Ibid., Xⁱᵃ 1520, fᵒ 3. — 1519, 27 juillet : réception de Nicolas Carat sur la
résignation de Jean Bourgeois, qui lui-même avait succédé à son père Louis
Bourgeois (23 juin 1516) résignant. *Ibid.*, Xⁱᵃ 1521, fᵒ 266 vᵒ; Xⁱᵃ 1518,
fᵒ 213). — 1520, 4 juin : Pierre Richier est reçu au lieu de Mathurin Baudu
qui avait résigné. *Ibid.*, Xⁱᵃ 1522, fᵒ 202. — 1543, 30 avril : réception de
Martin Guérin sur la résignation de Gilbert Billart. *Ibid.*, Xⁱᵃ 1550, fᵒ 377
vᵒ. — 1535 : Jean Bachelier l'aîné, résigne en faveur de son fils Jean qui est
reçu le 12 novembre. *Ibid.*, Xⁱᵃ 1539, fᵒ 3. — 1540 : Eustache Plchon avait
la survivance de Louis Bonnevin, qui avait résigné aux mains du roi; il est
reçu le 6 septembre. *Ibid.*, Xⁱᵃ 1545, fᵒ 638 vᵒ. — 1537, 27 juin : Jacques de
Mailly, premier huissier a provision de survivance de son office en faveur
de son fils François. *Ibid.*, Xⁱᵃ 1543, fᵒ 203 vᵒ. — 1541, 23 décembre : Jacques de Launay qui avait obtenu du roi de résigner en faveur de son fils
Pierre avec la clause « à la survivance d'eulx deux » demande, à cause de
son âge, à céder complètement et immédiatement son office à son fils; après
délibération, le Parlement accepte. *Ibid.*, Xⁱᵃ 1542, fᵒ 30. Jacques de Launay,
d'abord notaire au Châtelet, avait été reçu huissier le 3 décembre 1516 au
lieu de feu Louis Tillet. *Ibid.*, Xⁱᵃ 1519, fᵒ 13 vᵒ.

(1) Arch. nat., Xⁱᵃ 1520, fᵒ 173. — A Augirard décédé succéda Guillaume
Gastellier qui fut reçu le 21 janvier 1523. *Ibid.*, Xⁱᵃ 1525, fᵒ 59. — Conseiller depuis 1505, André Verjus remplaça, comme président de la deuxième
chambre des Enquêtes, Philippe Pot décédé (le 22 mars), et fut reçu le 19 juin
1535. Le 26 avril 1543, il résigna son office de conseiller qui fut attribué à
son neveu, Jacques Verjus, tandis que sa charge de président passait à Jean
de Gouy. Il mourut le 30 avril 1544. Blanchard, *Catalogue des conseillers*,
p. 42, 63. Arch. nat., Xⁱᵃ 1522, fᵒ 578; Xⁱᵃ 1523, fᵒ 366 vᵒ; Xⁱᵃ 1550,
fᵒ 417 vᵒ. — Fils de Jean de Loynes, bailli de Beaugency et d'Anne Bourgoing, François de Loynes, docteur in utroque marié à Geneviève, fille du
premier président Jean le Boulenger, était conseiller depuis le 22 janvier 1501.
Le 20 décembre 1522 il fut reçu président de la troisième chambre des
Enquêtes instituée le 31 janvier précédent. Il mourut le 30 juin 1534, et fut

fortune, jointe à la capacité, permit à quelques-uns de s'élever à des positions plus hautes; ainsi, le 16 octobre 1521, Claude Pagevin obtint des lettres de provision pour la charge de clerc et auditeur ordinaire en la chambre des Comptes au lieu de Jean Aguenin dit Leduc (1).

Le 18 février 1535, un arrêt du Parlement décida qu'un huissier n'était pas tenu d'accepter la tutelle de mineurs (2).

Voilà quelle était l'organisation du Parlement de Paris à l'avènement des Bourbons. L'accroissement continu des affaires et la nécessité de leur donner une solution plus prompte, avaient amené les rois du XVIᵉ siècle à augmenter le nombre des présidents et des conseillers et à créer de nouvelles chambres, mais en réalité l'organisation de l'illustre cour souveraine n'avait pas varié. Quant à la magistrature, recrutée presque exclusivement dans la bourgeoisie, elle est toujours aussi remarquable par la simplicité et la pureté des mœurs que par la science et l'équité. L'indépendance, qu'elle doit surtout à la vénalité des charges, lui permet tantôt de soutenir la royauté contre les ambitions rivales, tantôt de lutter contre elle au profit de la nation et de la liberté; sans exagération, on peut dire qu'elle mérite l'admiration de la postérité.

enterré à Saint-André-des-Arcs. Sa fille Marie avait épousé le futur chancelier François Errault. A sa mort, son office de conseiller laïque revint au général sur le fait des Aides, Robert Dauvet, qui fut reçu le 30 juillet (1534) et sa charge de président aux Enquêtes passa à Pierre Clutin. Arch. nat., X¹ᵃ 1525, fᵒ 31; X¹ᵃ 1526, fᵒˢ 364, 397 vᵒ; X¹ᵃ 1527, fᵒ 2; X¹ᵃ 1533, fᵒ 631. — Blanchard, *Catalogue cité*, p. 40, *Généalogies des maîtres des requêtes de l'Hôtel*, p. 275; *Catalogue des actes de François Iᵉʳ*, nᵒ 26374 : pension de 600 livres tournois.

(1) *Catalogue des actes de François Iᵉʳ*, nᵒ 1439. — Pagevin avait été reçu huissier le 22 mai 1517 au lieu de Jean Texier qui avait résigné, et il fut lui-même remplacé par Pierre Luday, qui fut reçu le 31 janvier 1522. Le 26 juin 1525, Jean Landry était reçu au lieu de Luday. Arch. nat., X¹ᵃ 1519, fᵒ 149 vᵒ; X¹ᵃ 1524, fᵒ 70; X¹ᵃ ...

(2) Arch. nat., Y. 12, fᵒ 255.

TABLE DES MATIÈRES

CHAPITRE VII

BAR-LE-DUC. — IMPRIMERIE CONTANT-LAGUERRE.

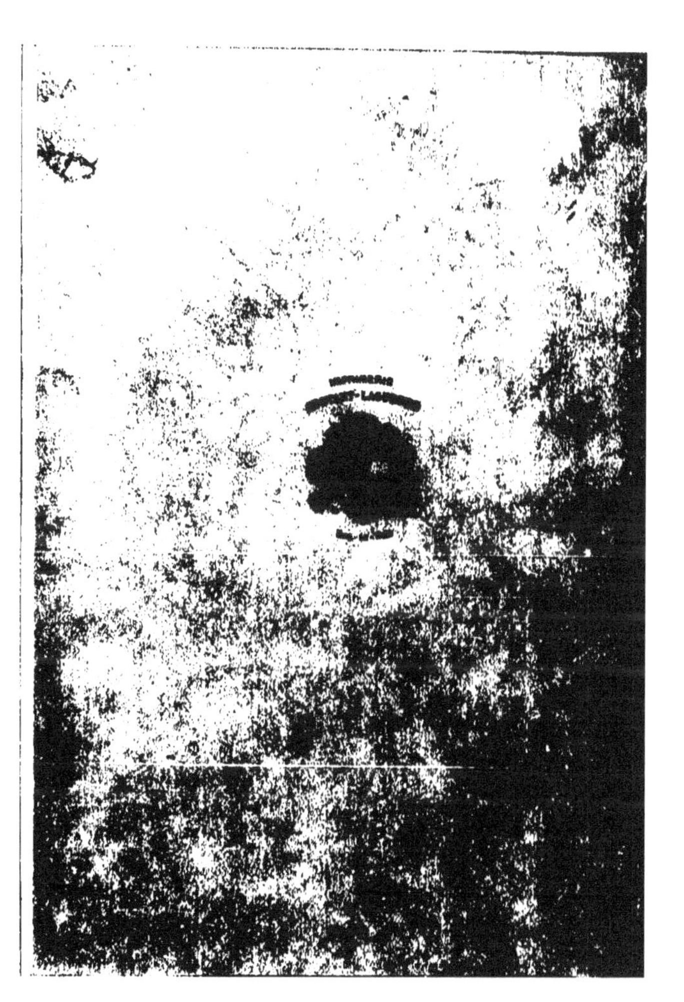

www.ingramcontent.com/pod-product-compliance
Lightning Source LLC
Chambersburg PA
CBHW051519050726
47595CB00002B/384